高等院校金融学核心课程教材

投资银行理论与实务

（修订本）

张国胜　编著

清华大学出版社
北京交通大学出版社
·北京·

内 容 简 介

本书共10章，主要内容包括投资银行的内涵与发展、证券发行与承销、证券交易、信贷资产证券化、投资基金管理、项目融资、企业并购、风险投资、投资银行的其他业务、投资银行的内部管理与外部监管等。

本书可作为高等院校经济类本科生和研究生的微观金融学教材使用，也适用于金融界从业人员、专家学者及对投资银行感兴趣的各类人士，特别适合作为外语、经贸院校双语教学的中文参考教材。

本书封面贴有清华大学出版社防伪标签，无标签者不得销售。
版权所有，侵权必究。侵权举报电话：010-62782989　13501256678　13801310933

图书在版编目（CIP）数据

投资银行理论与实务/张国胜编著. —修订本. —北京：北京交通大学出版社：清华大学出版社，2014.4（2020.1重印）
（高等院校金融学核心课程教材）
ISBN 978-7-5121-1883-6

Ⅰ.①投⋯　Ⅱ.①张⋯　Ⅲ.①投资银行-高等学校-教材　Ⅳ.①F830.33

中国版本图书馆 CIP 数据核字（2014）第 064407 号

责任编辑：张利军　　　特邀编辑：吕　宏
出版发行：清 华 大 学 出 版 社　　邮编：100084　电话：010-62776969　http://www.tup.com.cn
　　　　　北京交通大学出版社　　邮编：100044　电话：010-51686414　http://www.bjtup.com.cn
印　刷　者：北京时代华都印刷有限公司
经　　销：全国新华书店
开　　本：185×260　印张：19.25　字数：480千字
版　　次：2014年5月第1版　2019年4月第1次修订　2020年1月第6次印刷
书　　号：ISBN 978-7-5121-1883-6/F·1347
印　　数：9 001～11 000册　　定价：42.00元

本书如有质量问题，请向北京交通大学出版社质监组反映。对您的意见和批评，我们表示欢迎和感谢。
投诉电话：010-51686043，51686008；传真：010-62225406；E-mail：press@bjtu.edu.cn。

高等院校金融学核心课程教材
编委会

主　任：宋逢明[1]（清华大学经济管理学院教授）
副主任：彭龙（北京外国语大学国际商学院教授、校长）
　　　　　谢太峰（首都经济贸易大学金融学院教授、院长）
　　　　　张国胜[2]（北京第二外国语学院经贸与会展学院教授、副院长）
　　　　　贾墨月（首都经济贸易大学金融学院教授）
　　　　　毛二万（北京外国语大学国际商学院教授）
编委会成员（以姓氏字母顺序）：
　　　　　贾墨月（首都经济贸易大学金融学院教授）
　　　　　毛二万（北京外国语大学国际商学院教授）
　　　　　彭　龙（北京外国语大学国际商学院教授、校长）
　　　　　宋逢明（清华大学经济管理学院教授）
　　　　　田新民（首都经济贸易大学继续教育学院教授、院长）
　　　　　王一鸣（北京大学经济学院教授）
　　　　　谢太峰（首都经济贸易大学金融学院教授、院长）
　　　　　叶春明（北京第二外国语学院经贸与会展学院教授）
　　　　　张晋生（首都经济贸易大学金融学院教授）
　　　　　张国胜（北京第二外国语学院经贸与会展学院教授、副院长）

---

[1] 系列教材的总主编。
[2] 系列教材的执行主编，具体负责系列教材的编写组织工作。

序

金融学是研究在不确定性（风险）环境下优化配置资本资源的学科，包括研究现代金融机构、金融市场及整个金融经济运动的规律。从西方金融学科的发展来看，金融学总是伴随着金融业的发展而变化。在金融产业发展的不同历史阶段，金融学的覆盖范围、研究重点和学科体系被赋予了不同的内涵。最初，其内容主要是货币理论。当银行业迅速发展起来以后，其讨论的重点是货币、银行与信用理论，建立起了以货币调控为中心内容的货币经济学理论体系。当金融市场发展到一定程度以后，金融学转向研究市场经济主体，强调金融在现代市场经济中的核心功能。可以预言，随着现代信息科学、网络技术的发展，网络金融等一系列新分支会成为未来金融学的重要构成部分。在国内，一般来说，人们通常把20世纪50年代以前形成的以货币供求和资金流动为主要研究对象的货币金融理论体系称为传统金融学，把此后形成的以市场交易的估值与定价作为核心内容的金融理论体系称为现代金融学。其中，20世纪50年代至80年代发展起来的组合投资理论、资本结构理论、资产定价理论、期权定价理论、有效市场假说，以及以Arrow-Debrau经济为分析工具，将西方高级微观经济学的一般均衡和福利经济学基本定理引入金融市场构建的金融市场均衡机制，奠定了现代金融学的理论基础。由于经济体制变迁的历史原因，我国金融学科的设置与成熟市场经济国家存在一定的差异。传统上，我国金融学科依附于财政学科的发展，倾向于综合平衡的宏观层面，重心在货币理论。随着我国社会主义市场经济体制改革的不断深入，金融产业在国民经济中活动的表现形式和职能地位不断发生变化，尤其是资本市场的建设和银行业向综合化经营方向发展，带来了金融学高等教育理念的许多变化，也对金融学教材的编写提出了新的挑战。许多专家学者意识到，高等学校不仅需要培养掌握宏观货币金融理论的管理者，更需要培养大量懂得金融实际运作、掌握现代金融经营管理技能的专业人士。这显然带来了一个突出的问题：如何中西结合，兼容并蓄，构建我们自己的适应金融产业发展需要的高等学校教材体系？

20世纪90年后期以来，教育部和国务院学位委员会对研究生学科专业和本科专业目录进行了修改和调整，这一变革也曾引发了一场金融学科建设的大讨论。许多高校在教材建设方面进行了改革：既大力引进西方的现代金融理论，亦保护原有的学科发展资源。之后，教材建设如雨后春笋，呈现出百花齐放、百家争鸣的发展态势，取得了长足进步。但从实践来看，当前我国金融学教材建设仍然不能满足金融产业快速发展的形势，依然任重道远。现有的金融学教材依然存在以下明显的欠缺：一是存在重理论、轻实务的倾向，教材中包含的国内金融实务，特别是改革开放以来的创新内容偏少，不利于学生操作能力的培养，在理论与实践的结合方面还有待完善；二是涵盖的门类繁多且条块分割，一些理论内容虽然表述形式不同，但重叠率很高，造成学生在学习上产生混淆甚至倦怠，例如西方利率理论和汇率理论在许多教材中低水平重复，而且教材之间的联系缺少逻辑性，理论阐述也欠详尽；三是对于从事旅游、国际贸易、国际商务和其他服务性行业的应用型专业学生来说适用性较差，没能体现出服务于特定行业的特色教育。

本系列教材就是在这一背景下产生的。本系列教材秉承"基本理论知识够用，注重实际运用与操作技能培养"的理念，定位于"国际化、复合型"人才培养目标，注意理论与实践的有效结合。在系列教材的结构上，遵循学科主流观点，从宏观金融、微观金融和交叉学科三个层次上加以整合。其中，在宏观层面，兼顾传统与先进，设置货币金融学和国际金融学等基础教材，强调金融全球化趋势下的通识理论教育；在微观层面，选择金融经济学、公司金融学、投资学和金融市场学作为专业基础教材，强调宏观与微观的有机结合，此外还选择国际结算、商业银行经营学、投资银行理论与实务、金融衍生产品交易、基金理论与实务等作为骨干教材，反映了当前国内主要金融实务的需求（保险、信托除外）；在交叉层面，主要设置了金融工程学教材，体现了金融和数理分析、信息技术及工程方法论等交叉而形成的主流学科的需要。

与同类教材相比，本系列教材的主要特点表现在以下几个方面。

（1）结构层次分明，数量精干，内容精练。本系列教材精选的12部教材，按2:4:6的比例，分别强调对金融基本理论、基本知识和基本技能的递阶式知识传播，注重内容体系的提炼概括，做到目标明晰、简明易懂。特别是部分内容吸收了最新的国内金融产业在市场、制度、管理等许多领域的创新成果，是作者们多年实际工作经验和教学实践相结合的产物。

（2）注重金融实践能力和操作能力的培养，适用于应用型人才培养目标。本系列教材的作者大多具有银行、证券、基金等金融行业的从业经历，目前工作在高校经贸、外语等专业的教学第一线，熟悉国内外金融产业的运行机制，具有丰富的高等教育经验。在系列教材的编写过程中，他们能够用一般抽象理论分析现实金融问题。多数实务类教材以案例的形式引进了许多最新的案例，以培养学生解决实际问题的能力。以金融风险管理的内容为例，作者们注重理论与实践的紧密结合，将新一轮金融危机的发生、发展及其演变趋势融入相关章节之中，从表象出发阐述风险控制模型，不仅提高了操作技能，也增加了学生的学习兴趣和感性认识。

（3）突出了"国际化、复合型"人才培养导向，特别适合从事旅游、国际贸易、国际商务等服务性行业各个层面的学生作为金融专业用书使用。在内容的编排上，多数教材强调"语言表达能力、国际商务沟通能力、数据信息处理能力"三个核心竞争力，注重内涵式人才培养。在多数教材中，尽量对专业或行业术语给出英文概念标注，或部分英文注释标注，或以附录的形式给出相关中英文术语等，以利于双语教学参考。

总之，本系列教材总结了过去教材编写的得失经验，在内容、结构、形式等方面既有继承性，又有创新性，是一类新教材的尝试。然而，由于作者们水平所限，疏漏之处在所难免，恳请读者多提宝贵意见，以便日后更加完善。

宋逢明
2014年5月于清华园

前　言

投资银行作为资本市场上一种高级形态的中介机构，在业界一直被认为是资本市场的核心。它一方面充当资金供需的媒介，为资金盈余方提供投资渠道，使资金需求方获得发展所需资金，从而提高资源配置效率；另一方面以其专业化服务，联结市场的不同参与主体，从而营造证券市场，推进证券市场的发展。随着经济全球化、金融全能化向纵深发展，投资银行在现代市场经济和金融体系中发挥着不可替代的重要作用。与发达国家相比，我国投资银行伴随新兴证券市场虽然起步较晚，但发展很快。经过20多年的跳跃式发展历程，已逐步进入规范化发展道路，在国民经济中发挥着越来越大的作用。

与快速发展的投资银行产业不相适应，国内投资银行教育相对滞后。在现行金融学人才培养和学科建设中，许多院校尚未把投资银行学列入核心专业课程，理论研究也明显落后。本书理论联系实际，立足现实，放眼国际，在借鉴国外发达市场经济国际投资银行的经验基础上，探索适合中国国情的投资银行学内容，希望借以推动微观金融的学科建设。

本书的特色表现在以下几个方面。

一是强化理论运用能力和实务知识视野的培养，适用于应用型人才培养目标。本书是作者多年证券公司部门工作实践和金融学高等教育经验相结合的结晶，书名命名为"投资银行理论与实务"，也遵循了"理论知识够用，实务知识全面"的基本原则。

二是立足现实，注重创新。近年来，国内投资银行开展了许多业务创新，如推出信用交易、股票指数期货和其他许多客户理财产品，都产生了一定的影响。本书在内容选材上，注意吸收中外投资银行的业务创新，特别是覆盖国内投资银行在制度创新、产品创新和监管创新的新进展、新成果。

三是放眼未来，强调业务创新与风险管理两个永恒主题的均衡。创新虽然是投资银行产业的基本特征，但风险也随之而来。20世纪30年代和21世纪发生的至今尚未结束的金融危机，都预示着这一行业的高风险性。本书在结构安排上，注意了风险管理、行业监管等内容的整合吸收。

四是突出"国际化、复合型"人才培养导向，在合理组织投资银行业务范畴和理论基础的同时，强调了投资银行的国际商务沟通能力。书中每一章都以附录的形式给出重点专业或行业术语的中英文标注，特别利于双语教学参考之用。

本书在编写过程中，得到北京科技大学张峰荣、北京第二外国语学院白宇飞老师和北京第二外国语学院吕径传、范莹莹、沈峰、史明浩、卫杏鹏、焦洁等研究生的帮助，并获得北京第二外国语学院校级精品教材和金融学特色专业建设项目的支持，在此一并感谢！

本书可供经济类本科生和研究生的微观金融学教材之用，也适用于金融界从业人员、专家学者及对投资银行感兴趣的各类人士，特别适合用于外语、经贸院校双语教学的中文参考教材。限于作者水平，不足之处在所难免，恳请读者多提宝贵意见。

编　者

2014 年 5 月

目 录
CONTENTS

第1章　投资银行的内涵与发展 1
1.1　投资银行的含义 1
　　1.1.1　投资银行业务的基本概念 1
　　1.1.2　投资银行与商业银行的区别与联系 2
　　1.1.3　投资银行的功能 3
1.2　投资银行的经营理念与行业特征 5
　　1.2.1　投资银行的经营理念 5
　　1.2.2　投资银行业的行业特征 5
1.3　投资银行的历史演进 8
　　1.3.1　发达国家投资银行业的历史演进 8
　　1.3.2　新兴国家和地区投资银行业的历史演进 14
　　1.3.3　中国投资银行业的历史演进 18
1.4　投资银行业的发展趋势 22
　　1.4.1　经营模式全能化 22
　　1.4.2　经营范围全球化 24
　　1.4.3　经营方式专门化 25
思考题 25

第2章　证券发行与承销 26
2.1　概述 26
　　2.1.1　证券发行的当事人 26
　　2.1.2　证券发行的管理制度 30
　　2.1.3　证券发行的类型 30
　　2.1.4　证券承销方式 31
2.2　股票的公开发行与承销 32
　　2.2.1　股票承销的一般流程 32
　　2.2.2　股票承销的工作内容 33
2.3　债券的公开发行与承销 44

  2.3.1 投资银行债券承销业务的一般程序 …………………………… 44
  2.3.2 债券的信用评级 ………………………………………………… 45
 思考题 ……………………………………………………………………… 48

第3章 证券交易 ……………………………………………………………… 49
 3.1 证券交易概述 …………………………………………………………… 49
  3.1.1 证券交易市场 …………………………………………………… 49
  3.1.2 证券交易方式 …………………………………………………… 51
  3.1.3 证券交易程序 …………………………………………………… 52
  3.1.4 证券交易机制 …………………………………………………… 53
  3.1.5 投资银行在证券交易中的作用 ………………………………… 54
 3.2 证券经纪业务 …………………………………………………………… 55
  3.2.1 开设账户 ………………………………………………………… 55
  3.2.2 委托买卖 ………………………………………………………… 56
  3.2.3 竞价成交 ………………………………………………………… 58
  3.2.4 证券结算 ………………………………………………………… 60
 3.3 做市业务 ………………………………………………………………… 61
  3.3.1 投资银行充当做市商的动机 …………………………………… 61
  3.3.2 做市商制度的特点与形式 ……………………………………… 61
  3.3.3 做市商的成本与收益 …………………………………………… 62
  3.3.4 做市商制度的利弊 ……………………………………………… 62
 3.4 证券自营业务 …………………………………………………………… 63
  3.4.1 自营商的投机交易 ……………………………………………… 64
  3.4.2 自营商的套利交易 ……………………………………………… 64
  3.4.3 自营业务的原则 ………………………………………………… 64
 思考题 ……………………………………………………………………… 68

第4章 信贷资产证券化 ……………………………………………………… 69
 4.1 资产证券化概述 ………………………………………………………… 69
  4.1.1 资产证券化的内涵 ……………………………………………… 69
  4.1.2 资产证券化的起源与发展 ……………………………………… 69
  4.1.3 资产证券化的特征 ……………………………………………… 70
  4.1.4 资产证券化的主体 ……………………………………………… 71
  4.1.5 资产证券化的价值 ……………………………………………… 72
 4.2 资产证券化的运作 ……………………………………………………… 72
 4.3 资产证券化的主要原理 ………………………………………………… 78
  4.3.1 核心原理：基础资产现金流分析 ……………………………… 78
  4.3.2 资产重组原理 …………………………………………………… 79
  4.3.3 风险隔离原理 …………………………………………………… 79

		4.3.4 信用增级原理	80
4.4	资产证券化的类型		80
	4.4.1	资产证券化的种类	80
	4.4.2	不良资产证券化	85
思考题			95

第5章 投资基金管理 96

5.1	基金的定义与种类		96
	5.1.1	基金的定义	96
	5.1.2	基金的种类	97
5.2	证券投资基金的当事人		100
	5.2.1	基金投资者	100
	5.2.2	基金管理人	101
	5.2.3	基金托管人	101
	5.2.4	其他当事人	102
5.3	证券投资基金的运作		103
	5.3.1	基金的设立	103
	5.3.2	基金的发行与交易	103
	5.3.3	基金投资管理	103
	5.3.4	信息披露	104
5.4	证券投资基金的选择与业绩评价		105
	5.4.1	投资基金的选择	105
	5.4.2	投资基金的业绩评价	107
5.5	共同基金		110
	5.5.1	全球共同基金的发展情况	110
	5.5.2	美国的共同基金	111
思考题			118

第6章 项目融资 119

6.1	项目融资概述		119
	6.1.1	项目融资的定义	119
	6.1.2	项目融资的基本特征	120
	6.1.3	项目融资的当事人	121
	6.1.4	项目融资的一般程序	123
	6.1.5	项目融资的适用范围	124
6.2	项目可行性分析与风险评价		124
	6.2.1	项目可行性分析	124
	6.2.2	项目融资的风险评价	125
6.3	项目投资结构设计		127

####### 6.3.1 公司型合资结构 ······ 127
####### 6.3.2 合伙制结构 ······ 128
####### 6.3.3 非公司型合资结构 ······ 129
####### 6.3.4 信托基金结构 ······ 130
6.4 项目的融资结构模式设计 ······ 131
####### 6.4.1 投资者直接安排的融资模式 ······ 131
####### 6.4.2 投资者通过项目公司安排融资的模式 ······ 132
####### 6.4.3 以"设施使用协议"为基础的融资模式 ······ 132
####### 6.4.4 以"生产支付"为基础的融资模式 ······ 133
####### 6.4.5 以"杠杆租赁"为基础的融资模式 ······ 133
####### 6.4.6 BOT 项目融资模式 ······ 135
6.5 项目融资的资金选择 ······ 141
####### 6.5.1 确定资金结构时需要考虑的因素 ······ 142
####### 6.5.2 股本资金与准股本资金 ······ 142
####### 6.5.3 债务资金 ······ 144
6.6 项目担保的安排 ······ 147
####### 6.6.1 项目担保的基本形式 ······ 147
####### 6.6.2 项目担保的类型 ······ 148
思考题 ······ 151

第7章 企业并购 ······ 152
7.1 并购业务概述 ······ 152
7.1.1 企业并购的概念 ······ 152
7.1.2 企业并购的动因 ······ 153
7.1.3 企业并购的类型 ······ 156
7.1.4 投资银行在企业并购中的作用 ······ 160
7.2 并购的运作 ······ 161
7.2.1 自我认识、风险评估与交易规模的选择 ······ 161
7.2.2 候选企业的筛选 ······ 162
7.2.3 首次报价 ······ 162
7.2.4 与目标公司的接触 ······ 165
7.2.5 意向书、尽职调查、谈判和融资方式 ······ 167
7.2.6 法律文书的签署 ······ 168
7.3 反并购防御 ······ 169
7.4 股票回购 ······ 173
7.4.1 股票回购的定义与类型 ······ 173
7.4.2 股票回购的动因 ······ 174
7.4.3 股票回购的原则 ······ 175
7.4.4 股票回购的操作程序 ······ 175

7.5 杠杆收购·····175
7.5.1 杠杆收购的含义和特点·····175
7.5.2 杠杆收购的融资方式·····176
7.5.3 杠杆收购的价值来源·····176
7.5.4 杠杆收购的主要程序·····177
思考题·····179

第8章 风险投资·····180
8.1 风险投资概述·····180
8.1.1 风险投资的概念·····180
8.1.2 风险投资的要素·····181
8.1.3 风险投资的特征·····183
8.1.4 风险投资在科技成果转化中的作用·····184
8.1.5 风险投资的高风险与高收益性·····185
8.2 风险投资的运作机制·····186
8.2.1 风险投资的生命周期与投资人的介入时机·····186
8.2.2 风险投资的参与方·····189
8.2.3 风险投资的运作流程·····189
8.3 风险投资的决策分析·····197
8.3.1 技术分析·····197
8.3.2 产品生命周期分析·····198
8.3.3 知识产权分析·····199
8.3.4 风险企业分析·····200
8.4 风险投资的风险分析·····201
8.4.1 信息不对称风险·····202
8.4.2 风险企业面临的一般风险·····202
8.4.3 风险分析方法·····204
8.5 风险投资的退出机制·····205
8.5.1 风险投资退出机制概述·····205
8.5.2 风险投资退出的时机选择·····206
8.5.3 风险投资的退出方式·····206
8.5.4 国际风险投资退出渠道分析·····208
8.5.5 创业板市场概述·····208
思考题·····211

第9章 投资银行的其他业务·····212
9.1 证券投资咨询业务·····212
9.1.1 证券投资咨询概述·····212
9.1.2 投资银行开展证券投资咨询的具体业务·····214

  9.1.3 证券投资咨询业务的风险管理 218
  9.1.4 我国证券投资咨询业务的发展 220
 9.2 委托理财业务 223
  9.2.1 委托理财业务概述 223
  9.2.2 投资银行开展委托理财业务的模式、管理与创新 229
  9.2.3 委托理财业务在中国 232
 9.3 金融工程业务 242
  9.3.1 金融工程的理论基础 242
  9.3.2 金融工程在投资银行中的应用 243
 思考题 254

第10章 投资银行的内部管理与外部监管 255
 10.1 投资银行的内部管理 255
  10.1.1 投资银行的组织结构 255
  10.1.2 投资银行的风险管理 257
 10.2 投资银行的外部监管 265
  10.2.1 投资银行监管的基本原理 265
  10.2.2 投资银行监管体制 269
  10.2.3 投资银行资格监管 272
  10.2.4 投资银行运行监管 274
 思考题 276

附录A 专业词汇（汉英对照） 277

参考文献 291

第 1 章

投资银行的内涵与发展

学习目标

1. 通过对投资银行的业务范围、与商业银行的比较以及其经营理念和行业特征的了解,领悟投资银行的内涵。
2. 通过对美、日、欧等发达国家或地区的投资银行业发展历程及现状的学习,了解未来国际投资银行的发展趋势。
3. 通过对我国投资银行业的发展历程回顾和现状的分析,了解限制我国投资银行业发展的主要因素,预测我国投资银行的行业前景。

1.1 投资银行的含义

1.1.1 投资银行业务的基本概念

由于历史发展的原因,投资银行的称谓在各国不尽相同。美国称之为投资银行(investment bank),日本称之为证券公司(securities company),德国称之为私人承兑公司(private acceptance corporation),英国、澳大利亚等称之为商人银行(merchant bank),法国称之为实业银行(banque d'affaires)。投资银行虽然称谓中含有"投资"和"银行",但是其本身并不从事生产性投资,仅仅是协助政府或企业发行证券,或帮助投资者获得这些证券。它也并非一般意义上的"银行",本身并不吸收存款和发放贷款,其主要职能是借助资本市场,以中介人的身份协助不同主体开展直接投融资活动。人们之所以称它为"银行",除了本身是金融体系的重要组成部分外,还由于在历史上与商业银行业务融合使人们形成的认识习惯。

要准确把握投资银行的基本概念,需要从投资银行业务的特征出发,明确投资银行的业务范围。随着金融环境的变化,当代投资银行的业务范围已经从传统的承销角色扩展到广泛到各式各样的金融服务,根据投资银行业务的变迁过程,美国的著名金融投资专家 Robert Lawrence Kuhn(1990)对投资银行业务范围由宽到窄给出以下 4 种定义。

(1)最广义。投资银行业务包括所有的金融市场业务,如几乎包含了所有位于美国华尔街的公司的业务,从国际企业承销、分支机构零售业务到各式各样的金融服务(如房地产和保险服务业等)。

(2) 次广义。投资银行业务包括所有资本市场的业务,主要包括证券承销、证券交易、兼并收购、资产管理、项目融资、风险投资和资产证券化等,但是不包括证券零售、房地产中介、抵押贷款及保险等业务。

(3) 次狭义。投资银行业务只限于证券承销、证券交易和兼并收购业务。

(4) 最狭义。投资银行业务仅指证券承销和证券交易业务,这相当于我国证券公司的核心业务,包括了初级市场的承销和次级市场的经纪与自营业务等。

目前,业内和学界比较倾向第二种定义,认为投资银行业务包含所有资本市场业务,而主营业务属于投资银行业务的金融机构被称为投资银行(机构)。当然,这个定义是动态的,因为随着资本市场业务的不断发展,投资银行业务的范围与内涵也日新月异,投资银行机构已经从单纯的经营证券买卖发展成为资本市场上最活跃、最具影响力的高级形态中介机构。例如,除上述传统业务外,公司理财、财务顾问和投资咨询等业务也已独立快速发展,构成投资银行的重要业务。

在我国,按照证券法及其他法律法规,传统的股票承销与交易等业务由证券公司独立开展,因此证券公司构成投资银行主体;其他业务则涉及了商业银行(针对债券发行承销)和信托公司、基金公司、财务公司、保险公司、金融咨询公司、金融资产管理公司等非银行金融机构。习惯上,国内狭义的投资银行业务往往专指证券公司的证券承销活动。

1.1.2 投资银行与商业银行的区别与联系

投资银行和商业银行是现代金融市场中两类最重要的中介机构,从本质上来讲,两者都是资金盈余者(投资者)与资金短缺者(筹资者)之间的中介,它们一方面使资金供给者(通过投资)能够充分运作多余资金以获收益;另一方面又帮助资金需求者获得所需资金以满足产业等发展要求。因此,从中介层面上看,二者的功能是相同的。然而在发挥金融中介作用的过程中,投资银行的运作方式与商业银行有本质上的不同。

首先,从融资功能看,投资银行是直接融资的金融中介,而商业银行则是间接融资的金融中介。在为筹资者寻找合适的融资机会、为投资者寻找合适的投资机会的过程中,投资银行在一般情况下并不介入投资者和筹资者之间的权利和义务关系之中,只是收取一定的佣金,而由投资者与筹资者直接享有相应的权利并承担相应的义务。例如,投资者通过认购某企业股票,这时投资者就直接与该企业发生了权利与义务关系,但投资银行并不介入其中的权利与义务。这种融资方式称作"直接融资方式"。但商业银行则同时具备资金投资者和资金供给者的双重身份,承担相应的权利与义务。对于存款人来说,商业银行是资金的需求方;而对于贷款人来说,它又是资金供给方。这样,资金存款人与贷款人之间并不直接发生权利和义务关系,而是通过商业银行间接发生关系,这种融资方式称作"间接融资方式"。

其次,从业务构成上来看,商业银行主要分为三类:负债业务(存款业务、借款业务等)、资产业务(贷款业务、投资业务等)和表外业务(中间业务等)。所以,存贷业务是商业银行的本源和实质。而投资银行业务领域广泛,但都与资本市场尤其是证券市场相联系,是在证券的承销及相关经纪业务基础上衍生发展起来的。除了功能和业务收入构成的差别,投资银行与商业银行在经营方针与原则、监管体制、保险制度等其他方面,也有一定的区别，表1-1概括了两者的差异。

表1-1 投资银行与商业银行的比较分析

	投资银行	商业银行
本源业务	证券承销	存贷款
融资功能	直接融资，侧重长期融资	间接融资，侧重短期融资
业务概貌	无法用资产负债表反映	表内与表外业务
主要活动领域	资本市场	货币市场
根本利润来源	佣金	存贷利差
经营方针与原则	在控制风险前提下，稳健与开拓并重	追求安全性、流动性、收益性的结合，坚持稳健原则
监管部门（宏观管理）	专门的证券管理机构，或包括财政、中央银行及证券交易所等多层次管理机构	中央银行或专门的银行业监管机构
保险制度	投资银行保险制度	存款保险制度

1.1.3 投资银行的功能

投资银行作为资本市场上一种高级形态的中介机构，之所以能称为资本市场的核心，其原因就在于它的特有功能。归纳起来，投资银行的功能主要体现在以下3个方面。

1. 充当资金供需的媒介

如上所述，投资银行采用直接信用方式充当资金供需的媒介，它一方面使需要资金的企业通过发行证券获得发展所需资金，另一方面为资金盈余方提供投资渠道，这是最基本的功能。由于商业银行本身要保持资产的流动性，因此在贷款业务中，对贷款的质量和期限往往要求比较高，它更侧重于对客户提供短期的贷款。相比之下，通过投资银行发行债券和股票时，往往与企业的经营状况联系起来，且发行方式、发行时间、证券种类、期限等可以方便选择，获取资金具有很强的相对稳定性和长期性，因此投资银行是企业筹措中长期资金的媒介。

2. 构造证券市场

证券市场是资本市场的主要构成，一般由证券发行者、证券投资者、市场监管者及中介机构4个主体构成，其中投资银行作为中介的核心，以其专业化服务，起着联系不同主体、推进证券市场发展的作用。

第一，投资银行是促成证券发行者和证券投资者进行交易的核心。在证券发行市场上，投资银行通过向发行人和投资人提供专业咨询服务，降低了发行成本，提高了融资效率。例如，投资银行凭借自身丰富的经验，通过调查研究，向证券发行人建议发行方案，为其提供有关行业、企业、市场的分析材料作参考。又如，投资银行向证券市场投资者提供不同证券的信息资料和投资策略，推动了证券发行市场的需求，等等。在证券发行过程中，投资银行可以参与证券承销，这将使发行人发售不出或者须降价出售的风险转嫁给投资银行，从而使发行风险和成本大大降低。在证券交易市场上，投资银行以做市商、经纪商和交易商的身份参与二级市场，起着重要支撑市场的作用。作为经纪人，它满足了错综复杂的证券买卖对于代理人的需求，使交易按特定程序、特定规则，在特定场所，通过特定方式进行，维护了交易场内的秩序，降低了交易成本，提高了交易效率。作为做市商和交易商，它一方面将零星资金和零散证券集合起来，方便了客户交易，同时其吞吐大量证券，活跃了市场交易，对市场人气有带动作用。

第二，投资银行促进了各种有关信息在证券市场上的传播和流通，提高了证券市场的有效性。投资银行在证券市场中进行的信息收集、加工、传播，降低了买卖双方的信息成本，同时使交易公开化、公平化、公正化。例如，它按照信息公开制度将企业财务报告及时向投资者公布，或者对企业和证券进行调查、研究、分析，向投资者提供投资咨询信息，从而使投资者拥有更可能多的信息，避免了信息不对称的误导。

第三，投资银行促使证券市场发挥价格机制作用。投资银行通过活跃买卖双方的交易、充分披露证券市场的各种信息，使价格的变化反映出市场的供求状况，进而使证券市场充分发挥价格机制作用。

第四，投资银行所开展的多种金融工具的创新，为市场带来了多样化的金融产品和交易的便利。投资银行一直是金融领域开拓机构。它们不断推陈出新，设计并推出新的金融产品，开拓新的业务领域。20世纪70年代以来，衍生产品（包括期货、期权、互换基金等衍生工具）在全球的迅猛发展，都与投资银行的创新工作密不可分。金融产品创新不仅活跃了包括证券市场在内的各类金融市场，也为投资银行自身有效控制风险，保障收益的稳定性提供了多样化的操作工具。

第五，投资银行通过代理发放债息、股息、红利、代理偿还本金等服务业务，便利了投资者获取投资收益，降低了相关成本，提高了证券市场整体的营运效率。

3. 提高资源配置效率

投资银行提高资源配置效率的功能主要表现在以下几个方面。

（1）通过投资银行的资金媒介作用，使能获取较高收益的企业通过发行证券方式来获得必要资金，同时也为资金盈余者提供了获取更高收益的投资渠道，这促进了资源的优化配置。

（2）投资银行帮助企业发行证券，不仅使企业获得发展所需的巨额资金，而且将企业的经营管理置于广大股东和债权人的监督之下，有利于建立有效的激励机制与约束机制和产权明晰的企业制度，从而推动企业的发展。

（3）投资银行的兼并与收购业务推动了经营管理不善的企业进行内部或外部的重组，壮大了优势企业的实力，从而促进了产业结构的合理调整。

（4）投资银行的风险基金管理业务有利于初始成长期的高新技术企业获得发展资金，从而推动了产业的升级换代和经济结构的进步。

（5）投资银行的发展便利了政府债券的发行，使得政府有足够的资金来进行基础设施的建设和管理，从而为经济的稳定发展奠定基础。同时，政府还可以通过债券的买卖来调节货币的供应量，贯彻宏观经济政策，等等。

1.2 投资银行的经营理念与行业特征

1.2.1 投资银行的经营理念

投资银行是服务性金融机构,在创造服务产品的过程中,主要遵循4个经营理念:均衡效益最大化、财务最优化、独立判断与尽职调查、金融创新制胜原则。

1. 均衡效益最大化

均衡效益最大化是投资银行业最重要的经营理念,其目标是均衡各方客户利益,以最小的全系统付出获取最大的全系统收益。体现在承销过程中,这种经营理念要求投资银行为证券发行者实现最低的融资成本,为投资者取得最佳的风险——报酬比率。一般来说,证券发行者和投资者的利益在一定程度上是相互冲突的,如债券发行者要求低的票面利率,而债券投资者则相反。因此,投资银行家必须权衡交易双方的利益,作出最优化的均衡决策。这需要投资银行有高超的利益协调能力,为双方利益找到一个合理的共同区域,进而实现自身和社会的高效益。

2. 财务最优化

财务最优化是指在特定情况下实现最优的财务结构和融资机制。为了实现财务最优化的目标,投资银行必须分析客户公司的各个方面,制定财务战略并构建相应的财务结构和融资机制。值得注意的是,兼顾长短期利益是必要的。例如,在确定证券的首次公开发售价格时,如果定价过高,在证券发售后,其行情可能很低迷,投资者对该公司证券的信心就会发生动摇,这样一来反而影响了企业的长期融资成本。

3. 独立判断与尽职调查

独立判断是投资银行信誉的基石,而尽职调查则是这种独立性最基本的表达方式。投资者都认为,当投资银行代表发行者时,他们应该承担为客户创造最佳交易的义务。为了让投资者相信投资银行所提供的关于发行者的财务报告书和情况介绍等材料的真实可靠性,投资银行必须对发行者的情况进行独立判断,使材料陈述的内容与实际情况完全相符。如果投资银行不能独立判断和尽职调查,它不仅名誉扫地,甚至还可能牵扯上法律责任,从而失去竞争地位。

4. 金融创新制胜原则

从某种程度上讲,创新是投资银行的灵魂。传统的承销形式单一,每一种股票或债券都大同小异而缺乏创造性。但是近几十年来,不断涌现的金融衍生工具和产品已经改变了这种状况,不断创新已经成为投资银行业基本的思维方式、重要的竞争手段和风险管理理念。每家投资银行都在努力开发更满意、更有效的金融工具,以此来争夺客户,战胜竞争对手。

1.2.2 投资银行业的行业特征

尽管投资银行业总是处在不断的发展变化之中,但是它仍然具有相对稳定和鲜明的行业特征。这些特征既是该行业区别于其他行业的标志,也是其保持稳定和持续发展的基础。

1. 投资银行的专业性

投资银行是面向不同的需求主体,需要特定的专长来解决特定问题。与其他金融行业相比，在专业知识和技能方面，它有更高、更宽的要求。其具体内容主要包括以下几个方面。

（1）金融学理论知识。金融学理论知识构成了整个投资银行的知识基础。只有对某些金融技术的理论有深入的了解，才可能更好地运用金融技术开展专业服务。这些理论包括微观企业价值理论、组合投资理论、财务管理理论和金融工程原理等。

（2）金融实践经验。金融实践经验是投资银行专业性的一部分。从千百例金融实践中积累起来的经验，是更好开展未来业务的前提。投资银行凭借自己的理解力，对过去的金融实践的经验进行回顾和总结，会有助于其改进和提高未来的工作。

（3）经营才能和行业专长。第一流的投资银行家懂得：熟悉经营原理和行业的特殊性专长，能够为客户提供出色的服务。他们善于对公司进行分析，善于把握不断变化的行业竞争结构，并洞察出企业成功的因素。还善于将不同金融工具的技术特征与公司现在的业务需求结合起来，以完成对最佳融资方案的设计与实施。

（4）市场悟性和远见。投资银行业务既是一门科学也是一种艺术。市场悟性和远见与知识和经验一样，具有同等重要的作用。最优秀的投资银行家总是能在适当的时候作出合适的决定，而他们在作决定时更多地依靠经验知觉而不是单纯依靠理论分析。

（5）人际关系技巧。投资银行业属于服务性行业范畴，它的每一项业务都必须与人打交道，因此处理人际关系的能力对投资银行业的重要性是显而易见的。

2. 投资银行的道德性

道德性对投资银行业来说是至关重要的，它构成了投资银行业的发展条件。因为道德是产生信心和信赖的源泉，如果没有客户的信用，投资银行业将无法生存。

投资银行业涉及了许多道德问题，主要包括以下几个方面。

（1）利益冲突问题。这是内容最多和范围最广的一个问题。当一家投资银行参与的交易涉及多方利益的时候，就容易产生利益冲突。在交易中，它也许会偏向交易中对立双方之一的利益，也许会偏向于个人包括亲友的利益，这些都是投资银行所要经受的道德考验。

（2）信息披露与保守秘密问题。投资银行有为客户保守机密的责任，同时它还承担着向投资公众披露有关信息的义务，这是在对待客户信息方面两个互相牵制的行为。从表面上来看，这两者是矛盾的，但从市场的角度来看，都是为了维护市场的公平和效率。而在实践中求得二者的绝对平衡是艰难的。例如，投资银行和证券发行者往往会借口保守机密而对某些重要信息不进行及时披露，这样做无疑有利于某些利益关联人，但对投资公众来说是不公平的。向公众披露不完整准确的信息，遗漏重要事实的信息披露和错误陈述都是不道德的，都要受到相关惩罚。

（3）内幕交易问题。由于市场的不完善性和信息的不对称性，不道德的投资银行家可能利用内幕消息进行直接或间接的交易并从中获利。

除上述之外，投资银行还会在诸如信息收集、信息传播、私下交易、客户关系、手续责任等很多方面也涉及道德问题。

3. 投资银行的创新性

随着金融机构之间的竞争日益激烈，投资银行为了立于不败之地，就必须利用拥有的人才、技术、信息优势，不断创新来满足客户的多样化需求。对投资银行来说，创新性的管理意味着开发出新的、更好的金融产品，提供更好的服务，开创更有效率的工作方式等。

一般而言，投资银行创新性的具体内容包括以下几个方面。

(1) 制度创新。指投资银行走向全能化和规模经济的趋势及投资银行组织形态的创新和组织结构的创新。

(2) 业务创新。是指随着电子、计算机、通信网络技术的不断革新和发展,投资银行的传统业务在经营方式和业务内容上的开拓和创新。

(3) 产品创新。是指随着金融工程技术的发展,通过运用经济学、金融学、数学、计算机科学、系统工程等多门科学知识与技术,进行金融产品的综合设计与创造,层出不穷地推出融资工具、并购产品、基金新产品、金融衍生产品等来满足社会需求。

专栏 1-1

高盛公司(The Goldman Sachs Group)的商业原则

(1) 我们的客户的利益总是第一位的。过去的经验说明,如果我们为客户提供了满意服务,我们自己就会取得成功。

(2) 我们的资产是我们拥有的人员、资本和声誉,其中声誉是最难挽回的,我们致力于完全遵守有关适用法律、规定和职业道德的字面含义和内在精神。要想取得持续成功必须坚持不懈地遵循这条标准。

(3) 我们为自己工作所达到的专业水准而自豪。在追求卓越的过程中我们从不动摇。尽管我们从事了许许多多涉及方方面面的业务活动,但如果我们必须在最大和最好之间作出选择,我们宁愿选择后者。

(4) 做每件事强调的是专业创新和想象力。尽管我们承认老办法可能是最好的,但我们仍然努力寻求一种解决客户问题的最好办法。我们首创了许多已经成为本行业标准的业务和技术,对此我们非常自豪。

(5) 为了找出并聘请到每项工作的最佳人选,我们付出了超常的努力。尽管我们的业务涉及的金额数以亿计,但是挑选雇员时我们是一个一个认真选择的。在服务行业里,我们知道如果没有最优秀雇员是无法取得成功的。

(6) 与其他大多数公司相比,我们公司的雇员得到的发展机会更多更大。我们明确了最优秀的雇员能够承担的最大责任范围。雇员的发展只取决于个人的能力、业绩和对公司的贡献。而与种族、宗教、性别、年龄、国别、残疾,或者其他不正当的标准和事项无关。

(7) 在每一件工作中,我们都强调团队精神。虽然个人的创新性是一贯被提倡的,但我们发现团队合作通常能产生最好的结果。我们不欢迎那些把个人利益置于公司和客户利益之上的人。

(8) 与其他企业相比,我们公司的员工对公司有着强烈的献身精神,对工作倾注了最大努力。我们认为这是取得成功的一个重要因素。

(9) 我们所取得的利润是公司成功的关键。利润补充了公司资本,吸引并留住了最好的员工。高盛把利润慷慨地分给所有帮助其取得成功的人。收益性对未来至关重要。

(10) 我们认为公司的规模是一项需要努力保持的资产。我们希望有足够大规模以承接客户可能考虑的任何大项目。同时规模也小到足以保持我们所珍视的忠诚、亲密和才智,它们对于公司的成功起到了巨大的作用。

> （11）我们不断地努力以预见客户经常变化的需要，开发出新型服务来满足这些需求。我们很清楚金融世界不会一成不变，安于现状将最终导致失败。
> （12）作为与客户正常交往的一部分，我们经常会得到一些秘密的信息。辜负客户对我们的信任、不正当或不小心地使用这些信息是不可想象的。
> （13）我们从事的行业竞争性很强。我们积极寻求扩大客户关系。但是，我们必须始终坚持正当竞争，从不诋毁其他公司。
> （14）正直和诚实是我们业务的核心。我们期望自己的雇员在每件事上保持高度的道德水准，无论是在他们为公司从事的工作还是个人生活都是如此。

1.3 投资银行的历史演进

投资银行的产生和发展是一个历史的过程，是金融业和金融资本发展到一定阶段的产物。充分了解投资银行的演进过程，能使人们更好地理解投资银行的本质、特点和职能，并对未来发展趋势进行预测。

1.3.1 发达国家投资银行业的历史演进

1. 美国的投资银行业

美国投资银行的发展历史实际上是美国几百年经济发展历程的一个真实写照。美国的投资银行业起步于19世纪初期，在南北战争期间迅速发展。从19世纪70年代末到20世纪初期经济大危机前，投资银行在美国经济中一直起着非常重要的作用。1933年经济危机之后，美国国会通过了《格拉斯－斯蒂格尔法案》，在银行业和证券业之间建立了防火墙制度，使得投资银行的发展受到诸多制约。进入20世纪80年代后，美国投资银行业重新在国内外急剧扩张，实力和规模大大增强。到了1999年，美国国会通过了《金融服务现代化法案》，为金融混业经营提供了法律基础，美国投资银行业赢得了更加广阔的发展空间。2007年爆发的新一轮金融危机，严重影响着美国投资银行业。由于危机还在持续，其影响至今尚难以有效评估。综观美国投资银行的发展，可以分为以下4个阶段。

1）初步发展时期（19世纪初至20世纪20年代末）

进入19世纪，随着美洲大陆殖民扩张和贸易的发展，美国的投资银行业务逐渐崭露头角。美国的投资银行与其他欧洲同行的不同之处在于，它们是在与证券业的互动发展中壮大起来的。例如，人们公认美国投资银行创始人是萨尼尔·普顿姆。他于18世纪90年代来到华尔街，成为一名主要的股票经纪人，而后成立了经营外汇的普顿姆－华德全投资银行，并进入证券交易领域。从他的背景上可对美国投资银行业务窥见一斑。在政府信用扩张和工业大量筹资的情况下，美国投资银行迅速拓宽了业务领域，不仅从事承兑持有汇票为贸易融资，而且紧跟美国经济发展占领了大批证券承销业务领域。而英国的商人银行显然已暮气沉沉。家族统治的没落加之英国经济的衰落，使得19世纪末这一行业的重心移到美国。在这百年的历史中，经过以下两个阶段的发展，投资银行业在华尔街的声望和地位有了显著的提高。

第一阶段：美国内战期间及其前后，大量政府债券和铁路债券塑造了美国特色的投资银行。18—19世纪，资本主义国家为解决经济发展给基础设施带来的巨大压力，掀起了基础建设的高潮，投资银行在筹资中扮演了重要角色，其自身也得到了突飞猛进的发展。例如，摩根公司1879年在伦敦承销25万股纽约中央铁路公司的股票，与此同时，它也获得了在中央铁路委员会中的代表权，取得了银行业对铁路的控制权。在美国内战期间，政府发行了大量的债券。在债券的发行过程中，投资银行作为中介机构起着重要作用。同时，通过安排证券发行、进行证券承销等，投资银行也获利不菲。例如，美国著名投资商号塞利格曼家族（Selrgmans），利用内战带来的在欧洲市场上行销联邦政府债券的机会，到19世纪70年代已发展成为欧洲市场上五大投资商号之一。

此时，投资银行家已奠定了其作为证券承销商和证券经纪人在证券市场的突出地位。经纪人事务所与投资银行家事业的根本差别是中心和侧重点不同。经纪人只是将股票和债券作为商品，随时准备买进卖出，并利用其他方式为感兴趣的买主和卖主做买卖。而投资银行家则从战略的高度出发，为股票发行公司筹划服务，或为政府筹资出谋划策。

第二阶段：19世纪末20世纪初，企业兼并和工业集中挖掘出了投资银行的巨大潜力。1898—1902年，发生了美国历史上第一次并购浪潮，其特征是横向并购。在企业兼并大量融资的过程中，投资银行家凭借其信誉和可行的融资工具为企业筹集了大量的资金。投资银行家是这一时期美国产业中几乎每一个重要部门的参与成员。这次浪潮之后，投资银行开拓了其在企业收购、兼并方面的业务，成为重整美国工业结构的策划者，改变了美国大部分工业的形势。例如，通用电气公司、美国钢铁公司和国际商船公司就是在这一期间摩根公司的领导下创建的。

在这百年的历史中，投资银行业有了迅猛的发展，投资银行家实力日益增强，并且互相合作，左右美国金融业，牵制美国工业。同时，投资银行业和商业银行也相互渗透，商业银行也从事证券的承包业务。到19世纪20年代，经济的持续繁荣带来了证券业的高涨。整个20年代，许多美国人都接受了关于投资的速成教育，人们热烈地议论证券交易所的行情和种种谣言。大银行和信托公司更是通过投资附属公司，或直接用存款人的钱承保新股票和从事直接的投机，这在当时符合管理传统，并被认为是促进经济发展的运营资金的合理方式。

2）金融管制时期（1933年到20世纪70年代）

1929年经济大崩溃前，投资银行业基本上是没有法制监管的。投资银行业在自由的环境中高速发展，必然导致一些银行家的投机取巧。1929年10月28日，高涨的股市撕下了繁荣的面具，从此狂跌不止，拉开了整个世界20世纪30年代大萧条的序幕。股市危机的连锁反应是银行业危机，大批投资银行纷纷倒闭，证券业萎靡。经过对这场危机的沉痛思考，受命于危难的罗斯福政府上台，开始了对金融业的立法监管，其内容之一便是严格确立了美国投资银行业在今后几十年中所遵循的业务范围。

在一系列的银行法和证券法中，最著名的《格拉斯－斯蒂格尔法案》将商业银行和投资银行严格分离。它规定了存款保险制度，禁止商业银行从事投资银行业务，不允许其进行包销证券和经纪业务；同时禁止投资银行吸收存款、发放贷款、开具信用证和外汇买卖业务。此后，许多既从事商业银行业务又从事投资银行业务的大银行将两种业务分离开来，成立了专门的投资银行和商业银行。例如，摩根公司分成摩根斯坦利公司（Morgan Stanley Inc.）和JP摩根公司，前者成为专门的投资银行，后者则成为商业银行。花旗银行（Citibank）、美洲银行（Bank of America）等完全脱离了投资银行业，所罗门兄弟公司

（Salomon Brothers）、美林公司（Merrill Lynch & Co., Inc.）和高盛公司（Goldman Sachs Inc.）则选择了投资银行业。《格拉斯－斯蒂格尔法案》及其后的《1934年证券交易法》、《1938年玛隆尼法案》、《1940年投资公司法》、《1940年投资顾问法》等一系列法规为促进证券业的发展，规范金融机构的行为，保证金融市场的秩序发挥了重要作用。投资银行业也成为美国立法最健全的行业之一。投资银行不需要承担多大风险就能满足商业领域的需要。第二次世界大战期间，欧洲的投资银行深受打击，而美国的投资银行未受战火侵害，加之处于较规范的市场中而得以从容发展。

从第二次世界大战结束直至20世纪70年代，美国经济相对平稳增长，美元坚挺，利率稳定，通货膨胀率降低。这一期间投资银行和商业银行基本遵循《格拉斯－斯蒂格尔法案》的规定，分别在证券领域和存贷领域巩固了各自的地位。但进入70年代后，石油危机使世界经济形势发生动荡，通胀加剧，利率变动剧烈，金融业活动日益复杂化。金融业的激烈竞争、金融环境的变化、金融业务的不断创新等，冲击了在金融管制下较为封闭的投资银行和商业银行。加之工业和金融业的国际化趋势，为了保住市场，寻求新的利润点，投资银行和商业银行在开始创新服务的同时逐渐渗入对方的业务领域。

3）放松管制时期（20世纪70年代到1999年）

现代经济的发展，对开放性的要求日益迫切。对于金融业，管制与反管制始终是对立运动的两股力量。当经济增长要求冲破旧有的束缚时，管制的放松就以官方默认的方式或金融机构规避壁垒、暗度陈仓的方式得以获得。1975年，美国证券交易委员会（SEC）放宽了对股票交易手续费的限制，实行手续费的完全自由化。交易手续费的自由化使美国证券公司的收入结构发生了根本的变化，即不能过多倚重二级市场经纪业务的佣金收入来维持投资银行的生存和发展，从而促使美国证券公司不得不为寻找新利润来源而重新调整发展战略，向多元化拓展。20世纪80年代以来，许多企业开始不通过中介机构融通资金，而是通过诸如第四市场直接获得资金，甚至大企业还设立了自己的内部投资银行部门，这种所谓"脱媒"现象对投资银行产生了很大冲击，使之面临客户流失的严重挑战和生存危机，投资银行需要找到更多的盈利增长点，提供更加细致和更加专业化的服务来提高门槛，抢回客户。

资本市场上金融工具的不断丰富、衍生品交易需求和规模的空前扩大、跨国企业购并的蓬勃发展，加上西方国家新一轮的"私有化"浪潮的兴起，促使投资银行利用其丰富的经验、熟练的财务技能、深入的分析能力以及高素质的金融工程师来为客户量身服务，由此催生了更加细分的业务，包括风险投资、巨额辛迪加贷款安排、财务咨询、研究分析等业，使得投资银行的业务重心逐渐偏离其本源业务。

20世纪80年代以后，美国金融管制的放松也一定程度上助长了金融创新，扩大了企业资金来源，降低了资金交易成本。也正是这一时期，投资银行业务创新层出不穷，利率互换、货币互换、零息债券、期指期货、参与抵押债券等，都是这一阶段出现的。

在管制逐步放松的过程中，投资银行不仅为资本市场提供了更多的融资和风险控制工具，丰富了融资形式，还增强了资本市场的流动性以及运行效率。尤其重要的是投资银行在企业并购方面的介入，标志着投资银行已经从单纯的外部融资领域进入到了核心产权资本的操作层面，这无疑强化了这种金融机构对企业乃至整个金融市场影响的深度。可以说，业务多元化的现代投资银行已经从最初的单一承销服务机构转变为资本市场的高级组织形态。

4）混业经营阶段（1999年至今）

投资银行与商业银行的分业与混业一直是美国在政策与立法中争论的主要问题之一。20世纪80年代以来，随着全球经济一体化的发展，分业经营的金融体制无法适应国际市场的需要，投资银行与商业银行分业经营已经阻碍美国投资银行的发展，金融市场的发展在客观上要求逐步放宽对投资银行业务的限制。1999年7月，美国众议院在参议院通过的基础上，通过了一项名为《金融服务现代化法案》的议案，并于11月4日确定了该法案的最终文本。该法案旨在终止银行、证券公司和保险公司的分业经营。《金融服务现代化法案》引起美国及国际金融界普遍关注，被认为是促进美国金融制度和银行改革的实质性转变。

这项法案的主要内容有以下几个方面。

（1）任何参与在性质上属于金融活动的公司都可以在同一个控股公司名下成为其分支机构。保险承销商和房地产开发商不允许成为该集团企业的子公司，但可以以分支机构的名义经营。这种组织形式使美联储和财政部都能在监管这类集团企业方面发挥重要作用。

（2）严格限制工业企业拥有银行的规定继续有效。

（3）法案将授权成立一种新形式的金融机构，这种批发性的金融机构拥有与国民银行同等的经营权，但只能接受没有联邦储备保险公司保险的、金额超过10万美元的存款。

（4）为获取保密的银行资料而采用欺诈手段或冒充客户的做法是违反联邦法律的不正当行为。

（5）银行必须公开其自动取款机的收费标准。

《金融服务现代化法案》的出台，取消了20世纪30年代大萧条以来实行的限制商业银行、证券公司和保险公司混业经营的法律，掀起了金融机构新一轮的兼并高潮。特别是促进银行、证券公司和保险公司业务范围的扩展，形成三位一体的发展趋势，对美国金融体系产生深远的影响。该法案是具有里程碑意义的法案。

20世纪末，IT产业泡沫破裂加上2001年的"9·11"事件等多重打击，使得美国经济呈现衰退。美国政府为挽救经济，采取了低利率和减税等一系列刺激经济的政策。这些政策使大量资金流入沉寂多年的房地产市场。随着资金的不断流入，房地产价格不断攀升，美国房地产市场的次级抵押贷款业务得到快速发展①。在金融监管不断放松以及金融机构经营模式改变的大背景下，蓬勃发展的次贷市场又进一步催生了次贷衍生产品如次债、抵押化债务债券、信用违约掉期等市场的繁荣，次贷及其衍生产品蕴含的风险也越来越大。2006年以后，随着房地产泡沫积累过度，房屋存量增加、房价过高而且利率开始逐步攀升，导致消费需求减少，交易量萎缩，房地产价格开始下降，经济增长开始放缓。2007年下半年，国内次贷危机最终爆发，并诱发至今仍在蔓延的全球金融危机。

在这场危机中，美国华尔街正遭遇一场前所未有的风暴洗礼：由于流动性和经营性困难，有着158年历史的第四大投资银行雷曼兄弟公司（Lehman Brothers Holdings Inc.）破产；第五大投资银行贝尔斯登（Bear Stearns Cos.）和第三大投资银行美林证券公司

---

① 次级抵押贷款（Subprime Mortgage Loan）简称"次贷"，是指银行或贷款机构提供给那些信用等级或收入较低、无法达到传统抵押贷款标准的客户的一种贷款。在美国，主要是信用评分在620分以下的借款人借款，这些借款人多是信用记录较差、违约风险较高的低收入、少数族群、受教育水平低、金融知识匮乏的家庭和个人。在房贷市场，次级抵押贷款利率通常比优惠利率高2~3个百分点。

（Merrill Lynch & Co., Inc.）被摩根大通（JP Morgan Chase & Co.）和美国银行（Bank of America Co.）收购，至此，曾经的华尔街前五大投资银行仅剩下两家。金融危机影响着投资银行发展理念、发展模式和监管框架。有许多学者断言，这场百年来最严重的一次危机，甚至改变着世界的金融格局和体系，可能意味着全球经济与金融发展的又一个新时代的到来。

2. 英国的投资银行业

英国是世界上金融业发展最早的国家，投资银行业和证券市场都具有悠久的历史。英国曾经是世界上经济力量最雄厚的国家，伦敦也曾是世界重要的、最大的金融中心。进入近现代以后，在资本主义各国政治经济发展不平衡规律的作用下，英国的经济实力和地位有所下降，但仍是资本主义世界经济大国之一，伦敦作为世界金融中心之一的重要地位仍不可动摇，这为英国投资银行业的发展带来了良好的机遇。

1）英国商人银行的起源和发展

商人银行最早出现在 18 世纪，19 世纪发展迅速。最早的商人银行是以商人身份存在的。当时英国在世界贸易中占据了绝对优势地位，伦敦也就成为当时最主要的国际金融中心。如同伦敦的金首饰行创立了存款银行一样，伦敦主要从事橡胶、木材和棉花交易的商人发现他们能在为其他小型交易商融资和担保中获利。通过对交换票据的担保以方便资金流通，也同时为交易者提供融资。最早出现的商人银行是巴林兄弟公司，它从事商人银行业务可追溯到 1717 年。巴林兄弟公司最初是从事木材生意的，由于它与荷兰商业公司的密切关系，后来逐步涉足商人银行业务。其他的许多承兑委员会成员也是从从事商业活动开始的，如布朗希普利公司等。在拿破仑战争期间，商人银行在英国得到了蓬勃发展。这个时期，欧洲大陆的大批商人及其家族为寻求政治避难所而迁入伦敦。这些商人在伦敦站稳后，就开始寻找可开发的致富门路，创建了大批公司，其中最为著名的是罗斯柴尔德斯父子公司。这些刚成立的公司由于其同欧洲大陆广泛的联系，因而垄断了同海外的联系体系网络，但同时促进了伦敦商人银行海外业务的发展。汉布罗斯公司也是凭其广泛的海外联系建立起来的，它成立于 1839 年，长期充当斯堪的纳维亚各国在伦敦的代表。1877 年成立的拉扎德兄弟公司、摩根·格伦费尔公司与美国有大量联系，后者成为美国摩根家族在英代表。所有这些发展起来的商人银行都把承兑信贷业务当成早期发展基础。各个商人银行广泛的海外联系将承兑业务延伸到国外，承兑行有足够的能力去承担票据承兑风险，一旦由承兑行背书，商业票据就成为第一级短期资产。1840 年伦敦票据年交易量达 4.25 亿英镑，到 1913 年达 20 亿英镑，其中主要业务由商人银行开展，且大多数为国际业务。国际承兑业务和广泛的海外联系又使其他业务得以发展。新业务包括为外国政府票据融资，如巴林兄弟公司、拉扎德兄弟公司、汉布罗斯公司和罗斯柴尔德斯父子公司等都曾为外国政府和公司进行短期或长期的融资。这些业务的开展使当时的商人银行又蒙上了一层神秘面纱。

第一次世界大战后，英国作为国际贸易中心的地位下降，商人银行业务也随之下降。特别是国际业务方面，国际存款减少，国际票据发行量也减少。商人银行开始转向国内业务。这种趋势在 20 世纪 30 年代后加速发展。当时世界性经济衰退使公司出现兼并浪潮，商人银行开始辅助公司发行证券、进行资本筹集和提供金融咨询。同时商人银行提高了它们的国内投资管理业务，发展了新的投资工具——共同基金。第二次世界大战后，英国商人银行发展经历了停滞发展时期、复苏时期、高速发展时期几个阶段。特别在 20 世纪 60 年代以后，商人银行不遗余力在投资管理方面开展业务，使投资管理得到迅速发展，管理形式主要有单位信托和投资信托等。

2）英国商人银行业务种类与发展趋势

英国商人银行在其发展过程中，已形成具有自身特色的业务种类：批发银行业务、与公司有关的金融服务及投资管理业务。批发银行业务主要是相对于清算银行的零售业务而论的。商人银行不进行一般的个人存贷业务，而只进行金融机构、公司等的大额、中长期存贷业务。另外，商人银行也提供一般银行服务，开展代理、租赁、租购、保险经纪和金融交易等。与公司有关的金融服务主要包括为股票新上市的公司当财务顾问和为公司收购与兼并充当顾问。投资管理业务包括养老基金管理和信托基金管理等，是商人银行凭借其专长和技能代客管理与投资。

商人银行与商人银行之间，商人银行与清算银行之间的竞争，使商人银行的业务出现多样化趋势，传统的三大主要业务面临着越来越多的外部挑战。商人银行为了适应业务多样化趋势已开始开发其他业务，主要包括租赁和代理业务、保险业务、运输业和房地产业务等。

3. 日本的投资银行业

日本的投资银行称证券公司，这些证券公司常常属于某个大企业集团。在业务上，日本的证券公司趋于系统化，与美国和欧洲的同行相比，机构形式比较单一。日本证券公司的利润主要来源于其证券零售、代理与交易业务，这部分业务量也占其全部业务的较大份额，这与美国和欧洲的投资银行有很大的不同。

1）日本投资银行业的发展历程

日本证券公司的发展是伴随着日本政府证券交易法的制定、修改及证券市场的发展而发展起来的。其发展大体可分为下面4个阶段。

（1）明治时期到第二次世界大战结束。这期间日本出现了证券公司，但业务并不发达。那时大企业发行的股票往往由同一财团内部消化掉了，而企业债券承销业务又几乎为银行所垄断，因此证券公司的业务范围就十分有限，只是做一些证券买卖经纪业务。

（2）第二次世界大战结束到20世纪60年代中期。这是日本证券公司的发展时期。第二次世界大战后日本在美国的管制下进行了广泛的政治经济改革，采取了一系列培育、扶植市场的措施，才使得证券公司得以复苏和发展。1948年5月，日本颁布了第一部证券交易法，采用美国分业经营的模式，从而确立了日本证券公司存在、发展的基础。1949年又成立了东京、名古屋、京都、神户、大阪等证券交易所。这些政策刺激和促进了证券市场的发展。

（3）从20世纪60年代中期到20世纪80年代初。这是日本证券公司受到严格管制的阶段，特别是70年代以后，日本政府十分注重证券公司的管理，提高公司质量，扩大其规模。

（4）20世纪80年代以来，日本证券公司进入业务创新与规模扩大阶段。证券公司经分化改组发展为野村、大和、山一、日兴四大证券公司。其中，山一证券于1997年11月破产。1997年，日本出现了第二次世界大战后最大的金融机构倒闭风潮。11月3日，名列日本第七位的三洋证券因其债主拒绝把200亿日元债务的还款期押后而被迫向法院申请保票令，成为日本金融史上第一家宣布破产清盘的证券公司。11月24日，日本第四大证券公司山一证券在成立100周年之际突然宣布破产，公司本身负债即达3.2万亿日元，成为日本第二次世界大战后规模最大、负债金额最多、影响最大的倒闭事件。随后，德阳银行、丸庄证券又成为这一倒闭风潮的牺牲品。山一证券是大部分日本公司的主要股票包销商,自从日本泡沫经济破灭后,日本股市已连续7年陷入低迷状态,严重影响了证券行业的经营。1997年11月中旬,山一证券最高层领导团向黑帮支付"掩口费"被曝光而集体辞职后,新任社长野泽正平在普查公司账目时,发现了高达2 648亿日元的隐藏负债,其中六成来自于客户的一种所谓"旋转木马"式的非法交易安排,这种非法交易安排在20世纪80年代的日本证券界十分普遍;四成是无记载的外汇买卖亏损。山一证券主要为协助其客户在年底结算前不把证券投资的短期亏损入账,通过在开曼群岛成立的几家空壳公司以高于市值的价格购入客户的证券投资,待年结过后,再售回给客户,以赚取其中保证的差价。从20世纪90年代开始,日本股市长期低迷,证券行无法确保客户可用已商定的价格购回他们高价售予证券公司的股票,在没有法律保障的前提下,便要承担其中的亏损并产生滚雪球效应。山一证券的百年基业就是被这种违规交易摧毁的。

2)日本证券公司的产业结构与业务种类

日本证券公司已发展形成了一个较为完整的体系,在这个体系的中心,是著名的几大证券公司——野村、日兴、大和等,接下来是一些二级和三级公司,它们无论从资本,还是从交易额上都远远小于这几家大公司。另外,日本证券业市场上有越来越多的外国证券公司,它们构成另一个层次。

日本的《证券交易法》第28条第2款,对证券公司的业务作了基本规定。证券交易法规定的业务主要有:证券公司自营有价证券,主要是零售业务、委托买卖证券业务、中介业务;承购和批售证券。这几种业务都须得到大藏大臣的许可,获得许可的证券公司可以经营股票国债、地方债、政府保证债券、金融债、事业债、证券投资信托受益证券等业务,上述业务以外的其他业务原则上禁止经营。在证券公司不损害公共利益和确保投资者利益的前提下,经大藏大臣许可,可以兼营其他业务,兼营的业务主要有:代收购买债券款,代付债券本息等;作为中介人买卖黄金,代理保管黄金;以债券为担保发放贷款;经营国内外可转让定期存单等。另外,还可以从事国外证券投资、外国人对日证券投资以及与此相关的外汇业务。

1.3.2 新兴国家和地区投资银行业的历史演进

1970年以前,在一些新兴国家和地区中,几乎没有任何投资银行或商人银行机构。而在20世纪70年代以后,新加坡、韩国等国和中国香港、台湾地区已发展成新的国际投资银行业中心。

1. 中国香港的投资银行业

1)概述

中国香港的投资银行和世界各国的投资银行一样,在历史上主要从事发行和买卖公司债券及提供金融咨询服务,但是它又有自己的特点。作为国际金融中心,从20世纪70年代中后期开始投资银行更有显著的发展。因为香港在1965年至1978年3月及1979年8月至1981年5月间,曾停发商业银行许可证,所以"存款吸收公司"(DTC)大增,至1982年6月达358家。DTC只需办理登记手续,有关资本等限制较商业行为宽。在DTC中,有不少是经营投资银行业务的,他们承办大宗亚洲美元辛迪加贷款,进行外汇市场、货币市场操作,并办理票据承兑、投资管理等业务,其客户多为非居民,且属批发银行业务。20世纪

80年代以后，香港投资银行的业务则趋于多样化，并且走出传统业务领域进入日益扩大的当地资本市场。目前，香港投资银行的主要业务有：向公司贷款、安排项目融资、提供项目咨询服务，经营和认购债券、安排货币和利率调换，以及进行资本市场交易等。香港投资银行的规模目前发展较快，这与其稳定的经济发展有关。其中，获多利、宝源和怡富这三家老牌的外资投资银行，在公司财务的业务上占主导地位。

由于香港所处的优越的地理环境和特殊的政治经济条件，它的投资银行具有4个特征：第一，作为国际金融中心，香港成为远东最大的辛迪加贷款中心；第二，没有政府债券市场；为改变债券二级市场的幼稚状态，投资银行组建了"香港资本市场协会"和"港元货币市场基金"来鼓励、促进证券二级市场的发展；第三，资本市场迅速扩大；第四，积极与内地沟通联系。

1997年5月爆发的东南亚金融危机对中国香港投资行业产生了一定影响。1998年1月12日，香港最大的华资投资银行百富勤由于持有大量东南亚债券和贷款，在东南亚货币大幅贬值下债务人无力偿债，加之苏黎世银行决定放弃入股，使百富勤集团以股权换资金的方案失败，在此情况下，往来银行停止贷款，遂使百富勤集团陷入严重的财政危机而不得不宣布清盘。由此可见，在金融自由化、全球化和全球经济一体化带来更多发展机遇的同时，也存在着风险。如何在更加瞬息万变的金融市场中加强内部风险控制，也就成了在投资银行业进一步发展中必须认真思考的问题。

2）香港投资银行与商业银行的关系

香港资本市场的发展基本受英国影响，完全依照自由市场机制运作。商业银行与投资银行的合业经营，使香港的投资银行和商业银行关系很密切。具体表现在以下几个方面。

（1）许多投资银行是商业银行的分支。香港的投资银行始建于1971年，在1971—1974年获得了发展。但它们中间有许多与现存的商业银行有联系，或者仅仅是商业银行的分支。

（2）在业务竞争上，投资银行在证券包销与金融资产经营中很活跃，也进行票据贴现、设备租赁、合并和收购的咨询、联合贷款等，侵入了商业银行的禁区，但因它们多是商业银行的分支，故投资银行不开立往来账户和支付转账便利，而主要经营批发业务，以避免与商业银行的直接竞争。

（3）投资银行对现有的商业银行起着补充的作用。投资银行的出现填补了银行业的缺口；通过投资、证券包销和寻找新的出路，不仅对资本构成产生作用，还大大解除了商业银行的紧张压力；通过商人银行办理商业票据和其他短期票据的贴现，促进了香港二级货币市场的形成与发展。

3）香港投资银行的业务发展状况

香港的投资银行始建于1971年，在1976—1979年，随着经济的繁荣，获得了很大发展，出现了怡富、宝源、获多利、利获家和记、亚洲太平洋资金公司、东友有限公司、大陆伊利诺斯（香港）有限公司和罗富齐（香港）有限公司，以及由英国巴克莱银行、美国美林国际银行和日本的野村证券公司组成的"三叉戟国际财务有限公司"（香港）。除获多利、大陆伊利诺斯（香港）有限公司和罗富齐（香港）有限公司三家外，其余的都是合营，且大多数与银行界、贸易界和技术部门联合起来。这时期投资银行都把它们的活动集中在证券包销和金融资产上，并且在当时旺盛的证券市场上获得厚利。此外，它们还提供合并和收购的咨询服务，办理交货单贴现、集团贴现、票据贴规、设备租赁和联合贷款等。

近年来，由于新技术的应用，香港投资银行的业务也获得了发展并有所创新。

2. 中国台湾的投资银行业

台湾证券交易所成立于 1962 年，其投资银行业起步时间不长，商业银行与投资银行实行分业经营模式。目前有券商近 300 家，加上证券投资信托公司、期货商、投资咨询等其他服务业机构已形成了比较完备的结构体系。目前，台湾证券公司业务分为经纪、自营、辅导承销三大类。

台湾对证券公司从事具体业务要求十分严格，在资金方面，从事经纪业务需 2 亿台币，发行需 4 亿台币，自营需 4 亿台币，同时公司上市须经 2～4 年的辅导期。在投资银行业监管方面，20 世纪 80 年代以来，重新分配了管理权责，由参与者自律并结合现有管理规定（如交易所）加以规范。改革主管机构，如银行、财政等有关部门的官僚主义作业方式，按照"管理权限应当依照效率标准进行分配"的原则，采取了一系列市场自由化的措施。

（1）开放证券公司的设立。证券商的设立改为许可制，使其财务与业务经营更加灵活。例如，将交割结算基金的缴存上限由新台币 5 000 万元调低为 3 000 万元；违约损失准备由 2 亿元降至 500 万元整，等等。

（2）开放证券投资信托公司的设立。由于台湾证券市场个人投资者比重很高（约占 94%），为稳定股市、提高投资品质，20 世纪 80 年代中期起，陆续有 4 家证券投资信托公司成立。但因审核严格，投资信托公司并未发挥显著作用。20 世纪 90 年代修订证券投资事业管理规则，投资信托公司增至 15 家，到 1995 年 9 月共发行 26 种开放型共同基金、19 种封闭型共同基金。

（3）开放证券公司办理证券信用交易。目前，券商开办信用交易已有数十家，数额占总信用交易额的 53% 左右，大幅提高了券商市场交易的效率。

（4）开放券商办理资券相抵当日冲销交易。当日冲销属买空卖空的投机性交易，容易造成市场的剧烈波动，但对股票价格的连续性及扩大证券交易规模有所助益。台湾在 1995 年 1 月开始实施此项交易。目前仅限于当日融资买进与融券卖出的互抵，其交易金额占市场交易总额的 10% 左右。

在投资银行业务国际化潮流的影响下，近年来台湾的证券公司纷纷部署海外分支机构，以募集资金进入台湾股市，加强本身国际业务的经验。目前已有许多券商设立了海外营业据点。与此同时，台湾开放外资进入岛内证券市场，开放外国证券公司来台设立分支机构，允许外国公司发行台湾存托凭证，不但为投资人提供了多样化的投资渠道，还可以引进外国证券公司的管理、经营技术，提高岛内证券业的品质。

3. 新加坡的投资银行业

1）概述

新加坡的投资银行是东盟国家中很有代表性的一个，它的第一家投资银行是创立于 1970 年 3 月的渣打商人银行。尽管新加坡投资银行的兴起较之东盟其他国家迟了一些，但其发展却有后起之秀的态势。导致新加坡投资银行兴起的原因主要有以下几个方面。

（1）东南亚的经济潜力巨大。东南亚资源丰富，工商业发达，而沿海石油的勘探，又吸引着许多国家的投资者，经济前景乐观。

（2）新加坡国内政局稳定，金融情势良好，行政办事效率高，有优良的基础设施和可与世界各地联系的发达的通信系统,加上多年的发展,形成了稳固的国际金融地位。

(3) 开拓新市场的需求。欧美金融中心的发展已达饱和状态,竞争环境迫使商人银行和其他金融机构向海外寻求获利较高的新型业务,它们着手在新加坡和其他东盟国家与当地的合伙人设立合作事业,国外资本和经验的投入便导致了投资银行的产生。

(4) 亚洲美元市场的兴起也促进了新加坡投资银行的建立和发展。东南亚经济开发后,亚洲美元市场面貌大为改观,资金从原来向欧洲美元市场倾流,变成了欧洲美元市场的资金向亚洲美元市场回流的现象。目前,绝大部分投资银行都参与了亚洲美元市场的业务。

(5) 新加坡政府的开放政策。新加坡政府通过金融管理局的筹划,采取较为开放的政策,吸引了国际金融机构和银行家在境内建立企业,从而把新加坡发展为一个国际金融中心。这些开放的政策主要有:取消非居民扣缴利息所得税的规定,废除任何外汇管制规定,开放取得参与亚洲美元市场业务的许可等。

新加坡投资银行虽不能接受居民存款,但它在亚洲货币单位(ACV)的业务上却与一般的商业银行无异,并且也提供多种其他金融服务,包括发行并承销股票与债券,资产管理,充当公司合并、托管及其他公司事务的顾问和中介,公司融资、联合贷款、分期付款和租赁融资,进行黄金交易等。

2) 新加坡的投资银行业务

就东盟整体而言,业务主要包括金融市场、放款、国际事务、公司服务投资管理和其他服务等六大领域。新加坡由于国情不一样,其投资银行业又可具体体现为以下内容。

(1) 安排中长期融资和银团贷款。新加坡投资银行安排长期银团融资及股权参与较之直接提供中长期融资意义来得深远。事实上这也是所有投资银行办理业务的一个重要原则。新加坡及东盟其他国家尤为如此。例如,在整个亚洲美元市场中,新加坡投资银行的份额可能占不到总资产与负债的4%。这是由新加坡投资银行本身特点所决定的,因其资本无最低额的规定,资本额大多相对短缺,故难以直接提供大额融资和承担巨大的风险。

(2) 承销和发行证券。投资银行另一个重要领域即为亚洲证券市场,许多投资银行过去几年就专营证券市场上的股票与债券的承销与发行业务。在国内外的证券发行中,大部分是由投资银行发行的。

(3) 安排公司合并、股权取得与资本重组,此外,还办理账款与债券的买卖与贴现。

(4) 投资咨询与管理。这是投资银行与证券市场有关的另一项业务。虽然新加坡大部分个人储蓄流向中央储蓄基金及邮政储金,由此导致对资金管理的机会相对缺乏,但由于投资银行拥有资金信托管理专家,因而储蓄基金、公司与个人基金及投资信托基金都由投资银行提供咨询与管理服务。

(5) 从事租赁与设备融资业务。投资银行可提供重型设备、船舶、飞机及车辆等租赁融资业务,以弥补金融公司融资的不足,但其服务对象较之金融公司更偏重于大额交易的客户。由于新加坡对租赁的租税奖励办法尚不明确,致使大多数投资银行热衷于办理设备分期付款业务。

(6) 从事商品买卖和黄金交易。主要是一些英国人持股的商人银行,它们从事商品买卖业务,尤其是进行黄金与白银的交易。

(7) 接受亚洲美元存款。一般投资银行不得接受居民存款,但为了发展亚洲美元市场,经货币管理局批准,新加坡投资银行可接受亚洲美元存款。

3) 新加坡投资银行与商业银行的关系

新加坡投资银行是按公司法注册，并经金融管理局核准后开业，不得办理商业银行业务，特别是居民存款业务。但由于新加坡要发展亚洲美元市场并希望成为东南亚金融中心，因此又允许一些拥有相当资本和专家的投资银行接受亚洲美元存款。其投资银行与商业银行的关系表现在以下几个方面。

（1）在业务限制上，投资银行不允许吸收居民存款及办理活期存款，但经金融管理局许可后，可受理外汇交易和亚洲美元市场操作业务。而商业银行禁止从事一般的商业交易，并规定对个人放款与透支不得超过资本的 60%，对个人担保放款与透支不得超过 5 000 新加坡元。

（2）在准备金及流动资产比率方面，对投资银行没有规定，商业银行则必须维持金融管理局规定的存款负债比例和流动性比例，金融管理局也会随时修正现金准备比例，以作为管理银行流动性的一种货币政策工具。

（3）在利率方面，投资银行不受任何放款透支等固定利率的限制，而是看各种贷款的条件，如资金的供需。而商业银行在实行利率自由化以前（1975 年 7 月），利率一直由新加坡银行公会统一制定，利率自由化后，银行才自行制定利率。

（4）在中长期融资上，投资银行主要对公司机构提供中长期融资或安排长期银团融资与股权参与，而商业银行一般从事短中期融资，方式是依靠透支、信用证、信托收入措施及票据等。

（5）在所有者成分上，投资银行大多为国内与国外金融机构的合作事业单位，而商业银行不是国内设立的，就是外国银行的分行。

（6）在资金来源上，投资银行资金主要来源于资本、准备金、国际资本市场借款及国内金融机构的拆款，而商业银行资金主要来自资本、提拨准备、客户活期、定期与储蓄存款、银行界拆款及其他金融机构的存款。

（7）在客户与市场方面。投资银行主要为公司与机构服务，且主要进入地区性与国际性市场；商业银行主要为个人和本国企业服务，且主要在国内市场。

1.3.3 中国投资银行业的历史演进

在中国，投资银行的产生与发展是与证券市场的发展密不可分的，中国的证券公司就是起实际作用的投资银行。中国的投资银行业务在 20 世纪 80 年代就已开展，当时的中国国际信托投资公司、中国银行在境外设立的商业银行及一些证券公司在一定层次和程度上扮演投资银行角色。20 余年风雨的中国投资银行发展到目前，已经经历了数量增长时期、蓄势整理时期、重组规范时期和市场改革后的高速发展时期。

1. 中国投资银行业的发展历程

1) 数量增长时期（1985—1996 年）

中国投资银行正式登上历史舞台是 1985 年成立的深圳特区证券公司，此后，中国投资银行伴随着中国证券市场的成长而迅速扩张。1990 年深沪两地证券交易所挂牌交易后，中国投资银行业正式登上了中国经济的舞台。在中国证券市场发展的初期，证券经营机构在没有风险的情况下就可以获得高额收益，市场也没有严格的准入限制，银行、信托公司等竞相跻身证券业。到 1996 年年底，各类投资银行拥有营业网点 2 600 多家，平均每家拥有营业网点 6 家，430 家投资银行与兼营机构每家平均总资产为 3.72 亿元，平均净资产不到 5 000 万元。

从结构层次来看，中国投资银行已基本上形成三个层次：全国性投资银行、地方性投资银行、兼营性投资银行，其中全国性投资银行主要是华夏、南方、国泰、海通等几家大投资银行，地方性投资银行主要是各省、市人民银行、财政部等办的专营证券机构，兼营性投资银行包括信托投资公司、租赁公司等非银行金融机构办的证券营业部。

2）蓄势整理时期（1997—1998 年）

1996 年中国实行了银证分离，规定了分业经营的模式，中国投资银行业格局进行了第一次大规模的调整，各商业银行分行下属的信托投资公司均撤销，只保留了四大国有商业银行总行的信托投资公司并经营证券业务，各省人民银行兴办的投资银行独立为省级投资银行，同时一些投资银行通过兼并重组信托投资公司的证券营业部，规模得以迅速扩大。当时，中国证券市场形成了投资银行专营与信托投资公司、财务公司、融资租赁公司兼营的格局，截至 1998 年年底，专营证券的公司有 96 家，信托投资公司有 243 家，财务公司有 69 家，融资租赁公司有 16 家，证券营业部总数为 2 440 家。从规模大小上看，差异很大。有注册资本超过 10 亿元人民币的全国性大投资银行，也有注册资本仅 1 000 万元人民币的小投资银行。

从网点布局来看，投资银行主要分布在全国经济较为发达的地区级以上城市。全国性投资银行摊子很大，遍布全国各大中城市，在各大城市都设有分公司，而大部分中小投资银行主要在自己所处的直辖市或各省省城开营业网点。深圳和上海是投资银行网点最为密集的地方，几乎所有的投资银行都在这两座城市设有营业部或管理总部。

从业务经营来看，形成了大而全、小而全的格局。各家投资银行都在经纪、自营、承销三大传统业务上展开争夺，三大业务对利润贡献比率平均约为 40%、28%、18%，其他收入（主要是保证金息差收入）约占 14%。投资银行全行业盈利与亏损步调基本一致，呈现一荣俱荣、一损俱损态势，盈亏程度基本与券商的规模呈正相关。从证券业的集中度来看，证券业出现了越来越集中的趋势，利润平均化初现端倪。据统计，1997 年排名前十位的投资银行共占有一级市场承销业务 70% 左右的份额，二级市场上排名前十位的投资银行占据了 31.16% 的市场交易份额；1998 年排名前六位的投资银行在一级市场份额高达 52%，二级市场交易额几乎占总交易额的 50%。各投资银行机构出现重组与分化，一小部分实力强大的投资银行兼并经营不善的投资银行，从而占据大部分市场，而大部分中小投资银行则以特色业务取胜，对市场进行分化占领。

3）大规模重组与规范发展时期（1999—2005 年）

1999 年 7 月 1 日《证券法》的颁布实施，直接促成了中国投资银行进入大规模重组规范发展时期。首先，《证券法》规定的中国投资银行实行分类管理，综合商和经纪商的划分直接促使投资银行掀起增资扩股的热潮。尤其是中小投资银行期待通过增资扩股尽快将自己由地方性、经纪类小投资银行变成全国性、综合类投资银行，使自己的业务得到扩展。而原本达标的投资银行则欲在国内外进一步做大业务，扩充实力，继续保持同行业在原先，纷纷制造超大型投资银行，向国际水准迈进。其次，《证券法》从法律上规定了中国金融业分业经营的模式，加速了证券业同银行业、信托业、保险业分业经营的步伐，由此又诞生了一批由信托重组而成的大型投资银行。例如，1999 年 10 月重庆市的信托公司、财政证券、证券交易中心共同重组成为西南证券；最著名的是由四大商业银行与人民保险下属的五家信托投资公司所属的证券职能部门合并为一家、拥有 174 家营业部和 45 亿人民币注册资金的中国第二大投资银行——银河证券。另外，许多地方性的证券交易中心、期货交易所等也都在进行重组成为投资银行。经过十几年的发展，中国投资银行已经呈现出地域集中、产业集中的特征。

2002—2005 年，受证券市场萧条的影响，中国投资银行进入阶段性低谷。中国证监会加强了对投资银行的监督管理，在短短不到 5 年的时间里，有二十几家证券公司被行政接管、关闭或被重组，尤其是关闭了资金实力雄厚的南方证券公司、大鹏证券公司和汉堂证券公司等，给市场上其他投资银行以强烈的震撼。

4）股权分置改革的高速发展时期（2005 年至今）

股权分置是指上市公司的一部分股份上市流通，一部分股份暂不上市流通。由于历史原因，截至 2004 年年底，上市公司 7 149 亿股的总股本中，非流通股份达 4 543 亿股，占上市公司总股本的 64%，非流通股份中又有 74% 是国有股份。股权分置现象在客观上造成部分股份不能在交易系统按照市价上市交易和流通，而只能在场外市场（如产权交易市场等）以净资产为基础进行交易和流通，导致两类股票的计价基础产生差异。因为两类股东的利益诉求不同：非流通股股东追求每股净资产的增长，而流通股股东则追求市价的增长，影响了上市公司治理结构的完善。其结果是，同股不同权，上市公司治理结构存在严重缺陷，容易产生"一股独大"、甚至"一股独霸"的现象，使流通股股东特别是中小股东的合法权益受害。股权分置改革的目标，是实现非流通股的全流通，实质是通过非流通股股东和流通股股东之间的利益平衡协商机制，消除 A 股市场股份转让制度性差异的过程。

2005 年是中国大规模推行股权分置改革重要的一年。5 月，中国证监会发布了《关于上市公司股权分置改革试点有关问题的通知》，标志着中国资本市场股改的开始；8 月，中国证监会等五部委联合发出了《关于上市公司股权分置改革的指导意见》，要求从全局和战略的高度充分认识股权分置改革的重要性和紧迫性，为改革试点工作的平稳推进提供有力支持；9 月，《上市公司股权分置改革管理办法》正式出台，之后上海证券交易所、深圳证券交易所、中国证券登记结算有限责任公司联合发布了《上市公司股权分置改革业务操作指引》，中国上市公司股权分置改革全面正式实施。在股权分置改革过程中，投资银行主要为上市公司提供咨询服务，包括制定流通股与非流通股的对价补偿方案、协助召开鼓动大会、制作审核材料等。

股权分置改革消除了我国证券市场的制度性痼疾，它对于改善金融市场、宏观经济环境，改善上市公司经营管理，提升上市公司价值空间，保护中小股民的利益，降低股票市场的风险都起到了积极的重要作用。改革自身也带来了 2006 年以来证券市场的快速发展。经过 4 年的实践，当前股权分置改革已基本完成。随着各上市公司非流通股限售解禁期满，中国资本市场的全流通时代已经到来。

2. 中国投资银行业发展现状的分析

截至 2008 年 12 月，中国有证券公司 107 家，注册资本金合计超过 1 700 亿元，有证券投资咨询机构 100 家。截至 2009 年 8 月，中国有证券投资基金管理公司 60 家（其中，中外合资基金 33 家），合计注册资本金 86 亿元，这些基金公司发行的证券投资基金达 511 只；另外，有境外合格投资机构（QFII）87 家。从目前的证券公司注册规模看，排名前五位的投资银行分别是海通证券股份有限公司（注册资本82.28亿元）、国信证券股份有限公司（注册资本70亿元）、申银万国证券股份有限公司（注册资本67.16亿元）、中信证券股份有限公司（注册资本66.30亿元）、中国银河证券股份有限公司（注册资本60亿元）。

我国的投资银行业逐步进入规范化发展的道路，表现在法律法规逐步完善、市场容量逐步放大，在国民经济中发挥的作用也越来越大。但整体来看由于新兴的资本市场尚处于初级阶段，投资银行的业务构成及发展还存在诸多问题。具体表现在以下几个方面：

（1）资本、资产规模偏小，国际竞争力弱。中国投资银行资本实力与国际知名投资银行相比不可同日而语。截至2009年9月，在中国100多家投资银行中，注册资本金在40亿元人民币以上的为10家，注册资本金为20亿元人民币以上的有18家，虽然资本总额较以前有了显著的增加，但与境外著名投资银行数千亿美元的规模相比，中国投资银行业仍然还是相去甚远。在资产总额方面，差距也很明显。

（2）业务范围相对比较狭窄，收入结构不合理。在业务开拓方面，西方投资银行积极开发使用新金融品种及以利率为基础的期货、期权、远期合约、掉期、互换交易、资产担保证券等。投资银行拥有自身优势，设计出各不相同的金融品种以满足不同客户的需要，同时可获得较高收入。相比之下中国投资银行业务范围极其狭窄，收入结构不合理。目前，我国证券公司以本源业务即证券承销和经纪为主，我国各大证券公司的业务收入构成基本上呈5∶2∶2∶1的比例，即二级市场经纪收入占50%，自营收入占20%，一级市场承销收入占20%，其他投资银行业务收入占10%。虽然近年来在信用交易、客户资产管理等方面也逐步丰富了业务品种，但对新型投资业务如项目融资、外汇买卖并没有广泛开展，对国际上的各种创新型金融业务如期权、掉期、资产证券化、并购重组等几乎尚未涉足，少数国内的大投资银行虽略有涉及国际创新业务，但因经验不足、实力不济、经营不规范等方面因素，使得自身业务发展与经济效益受到很大影响。这说明在我国证券市场上，投资银行业务的开展还处于一个较低的水平层次上，技术性、创造性含量低；简单劳动投入多、成本高；传统的投资银行业务占绝大比例，尤其是二级市场的经纪业务，过分依赖于二级市场的行情，不利于投资银行的发展。

（3）法律环境与制度建设相对滞后。在中国证券市场与投资银行的二十几年发展历程中，法律环境和制度环境一直是制约中国投资银行发展的关键因素之一。从1984年飞乐音响股份成立开始，关于证券方面的立法就一直没有能够跟上市场的节拍，更不要说去引导市场了。在证券交易所运行将近3年后，1993年4月22日，《股票发行与交易管理暂行条例》才正式颁布实施。1998年12月29日，酝酿了5年多的《证券法》终于获得人大常委会的通过，于1999年7月1日起正式实施，而此时，中国的证券市场已经快10岁了。由于立法工作的相对滞后，中国证券市场与投资银行在发展的过程中出现了许多问题。首先，由于法律、制度的不配套，造成许多在国际上通行的投资银行业务在中国无法开展，致使投资银行的创新业务在中国还处于朦胧阶段。其次，由于法律制度对投资银行、上市公司、投资者的违纪行为缺乏相应的法律处罚，或有法却处罚不严，导致了投资银行、上市公司联合造假、虚假上市、内幕交易等一系列违规行为时有发生，证券市场投机气氛浓厚。红光、郑百文利用虚假信息骗取上市就是典型的例子。最后，法律环境的滞后，导致监管部门对证券市场的监管缺乏强有力的司法保证。从而纵容了投资银行机构和其他投资者的投机作风，几度在中国证券市场掀起风波。例如，1992年8月10日，深圳发售1992年新股认购抽签表，出现百万人争购抽签表的场面，由于工作人员作弊，私留抽签表，造成股民游行请愿，发生震惊全国的"8·10风波"。

1.4 投资银行业的发展趋势

当今的世界经济正朝着一体化方向发展，各国金融监管的放松，资本跨国流动日益频繁，使得金融市场已在世界范围内逐步融为一体，各国经济、金融政策影响的互动性已十分明显。同时，金融创新不断深入，衍生工具迅速增长。在这样的时代背景下，投资银行的发展呈现以下经营模式全能化、经营范围全球化和经营方式专门化等趋势。

1.4.1 经营模式全能化

历史上，美国、日本等国家形成的证券业与储蓄业的严格分离，为减少银行风险、维护证券市场的正常秩序、促进金融和经济的安全稳定曾作出过重大贡献。但进入20世纪80年代以来，传统的业务分工已不能再适应两者各自所面临的激烈竞争。银行业与投资银行业在大力拓展新业务领域的同时，交叉经营日益增多。这既是竞争的需要，也是金融业不断完善、发展的要求。

经营模式全能化具体表现在以下几个方面。

1. 金融自由化放松和解除了参与市场的控制性约束

金融自由化的全球潮流，要求把市场机制引入金融领域，把用于工业部门的竞争原则引入到金融服务业中，改善市场效率并为用户提供方便。

在美国，由于分业经营在新的经济形势下已使商业银行效率低下，发展乏力，管理层进行了广泛而大胆的改革，拥有雄厚资本基础的银行被准许参与广泛的金融服务经营活动，包括证券、投资信托、保险等。这种放松对证券公司和银行彼此进入对方领域的控制政策最初始于1977年。美国联邦储备银行首先批准银行作为托管人提供的证券代理人开展业务，又批准了若干其他业务，如承收或处理商业票据、贴现经纪人及抵押债券的承收和处理等。1989年，美联储批准银行可销售和使用公司债券。而到了1999年，《金融服务现代化法案》的通过，终止了银行、证券公司和保险公司分业经营的历史。这项议案，给合业经营创造了广阔的空间，引起美国及国际金融界普遍关注，被认为是促进美国金融制度和银行改革的实质性转变。2005年金融业融合经营的形势得到进一步的发展。

在英国，金融自由化历程始于20世纪80年代。1986年《大爆炸法案》开始了英国金融业的重组。英国清算银行、商业银行开始积极征寻经纪人和代理商，打破了传统业务分工。该法案规定：取消妨碍经纪人和代理商提供代理服务的资格审查体制；伦敦股票交易所向国外开放；取消证券收费标准。其结果是传统投资银行和商业银行界限几乎不复存在，投资银行开始经营存贷业务，商业银行开始从事证券业务。

在日本，由大藏省的金融体制管理委员会在1988年发起了一项关于改革日本金融体制可行性的全面研究，将重点放在放松和解除对参与经营的限制上。至今关于证券业和银行业自由化的进程是：允许银行通过设立证券子公司的形式介入证券业。1994年10月，日本大藏省允许第一劝业银行、富士银行、三和银行、樱花银行和三菱银行5家大型城市银行，设立专门从事投资银行业务的分支机构。虽然子公司与母公司间的防火墙仍然存在,但允许母公司进入多种业务领域已是大势所趋。

由此可以看出,全球金融自由化浪潮已改变着传统的金融结构,要求银行和证券业在面向用户的情况下开放彼此业务领域。

2. 证券化的推进要求银行参与证券经营

证券化是近几十年来世界金融领域的重要创新,包括融资证券化和资产证券化。融资证券化是指资金短缺者通过发行各种证券直接向投资者融资,意即直接融资。与向金融机构借款这种被称为间接融资的方式相对,直接融资绕过了作为存贷中介的商业银行。由于商业银行传统经营原则是收益性、安全性和流动性,使其在发放贷款时对申请贷款人进行种种严格限制,许多借款人在得不到银行的支持下瞄向直接融资市场,同时一些资信高的公司也为了降低筹资成本、能够方便快捷地随时筹资而转向证券市场。证券业正是投资银行大显身手的地方。在国际金融市场上,分业经营的商业银行面临来自全能银行的竞争。在这种情况下,商业银行不得不大量介入投资银行业务,利用广泛的业务网络、丰富的业务经验和高水平的金融人才,在证券业领域与投资银行竞争。此外,在企业兼并的活动中,商业银行也积极参与,提供信息服务与融资。

资产证券化是指将缺乏流动性的资产转换为在金融市场可以出售的证券的行为。资产证券化技术带来了资金融通史上的又一次变革。它通过盘活非流动性资产,提高了资产的运行效率,将资金流动性要求体现得淋漓尽致,给金融市场的参与方带来了新的活力。对于投资银行来说,它可以参与资产担保市场操作,组织证券的抵押、管理、承销活动,处理分销和私募,为证券创造二级市场;对于商业银行而言,资产证券化也使其成为参与证券营运的直接主体之一,通过将其发行的诸如不动产抵押贷款、设备租赁贷款等进行证券化操作,已不再是原有简单意义上经营存、放、汇业务的存贷中介者,在这里发挥的就是投资银行的作用。在资产证券化的冲击下,商业银行更多的是出于为满足用户需要而提供现代的多样化服务,同时与其他金融机构和投资银行争夺业务。另外,在投资银行协助商业银行进行其资产证券化的操作时,两者在优势互补中加强了联系。

3. 金融工具的创新,使商业银行和投资银行在新的业务领域内融合交叉

金融工具的不断创新,其实质是转嫁和分散风险。投资银行和商业银行纷纷推出多种金融衍生工具,这些创新金融工具可分为三类:第一,期权或认股权证及相关债务工具,包括附有认股权证的债券等;第二,高收益工具,包括高收益债券,即所谓垃圾债券、零息债券等;第三,套期保值类工具,包括期货、互换或掉期等。利用这些工具,投资银行自身或帮助客户避险及进行套利。商业银行也依靠各种创新金融工具吸收资金,与市场利率挂钩,开展如发行零息债券和进行利率互换、货币互换等业务。

在上述几个因素的作用下,商业银行和投资银行的业务界限已日益模糊,投资银行除了不吸收活期存款外,其他商业银行业务都有所涉及;而商业银行在涉猎证券业的同时,其存款结构也在发生变化,活期存款比重下降,定期存款比重上升。这一切都表明两者间的防火墙已不再鲜明,银行业跻身证券业的步伐正不断加快。证券业与存贷业的功能已不能再从传统的视角去加以理解,两者的相互接纳及接纳的程度都将依照市场经济竞争及有效配置资源的原则来进行。

1.4.2 经营范围全球化

随着世界经济日趋国际化，跨国公司的国际化生产日益全球化，跨国投资银行也不断发展壮大。目前，世界大型投资银行如 JP 摩根、高盛等，在全球大多数国家都设有办事处，并拥有跨国证券交易所的会员资格，其业务范围遍及全球。这种典型的全球战略主要源于以下几点。

1. 金融市场全球化

进入 20 世纪 80 年代，金融市场全球化正在扎根，首先是无管制的欧洲货币市场的发展。1992 年欧共体国家实现经济自由化和金融一体化。该体系中单一银行业许可制度允许一个欧共体成员国的银行在欧共体的所有成员国自由开设分支机构，不必经所在国批准；综合银行制度允许各银行在整个欧共体地区提供证券服务。此外，为欧共体之外的金融机构制定了互惠原则。但欧洲管理理事委员会批准欧共体以外的国家在欧共体设立金融机构时，也要求欧共体的成员国在该国享受同样优惠待遇。1999 年 1 月 1 日，欧元正式启动，欧洲货币市场一体化迈出了重要一步。1992 年在瑞士召开的巴塞尔会议，使银行监管者在银行资产、风险暴露和资本需要等方面取得了一致意见。世界各国都在逐步取消金融管制，允许向外国银行开放国内资本市场，允许本国居民到外国投资或贷款时拥有更大的自由，从而促使资本自由流动，借款双方可以跨国寻求交易。

2. 信息技术的发展和跨国交易金融创新的取得

数字化通信、计算机联网等信息技术在国际金融领域建立了广泛而高效的信息传输系统，使人们一天 24 小时内全球范围都可以得到金融信息并进行交易。先进的电子信息技术提高了效率，降低了交易成本，使投资随时进入世界金融和资本市场成为可能，促进了资本和金融交易的全球化。此外，互换交易，期权、期货交易等使得资本流动更加灵活畅通。互换交易使一种货币迅速且成本低廉地转换成另一种货币，使浮动利率与固定利率相互转换，从而使金融市场全球化成为可能。在功能完善的信息服务导向下，投资银行可以更加自如、高效地从事国际金融活动，从而满足国际金融市场对日益增多的创新业务的需求。

3. 资本市场发展的不平衡性

纽约、伦敦和东京曾经都是巨大的盈利场所，它们的发展已高度成熟和同质，导致利润率降低。作为短期利润的来源，在亚洲、北欧和拉丁美洲的新兴市场中的低效会成为获取利润的目标。投资银行可以在这些市场中充分发挥自己的优势，在大量外来资本的流入下，开展投资与筹资的中介服务。

4. 国际筹资债务化

目前，国际筹资活动更倾向于债券筹资，而非贷款筹资。其原因有二：一是债务危机，使银行大量减少国际贷款；二是欧洲债券筹资的方便和灵活。1982 年爆发的债务危机对国际信贷市场产生了深远影响。跨国银行对发展中国家紧缩信贷，从而使欧洲信贷额减少，同时非银行金融机构投资者和个人投资者鉴于债务危机，宁愿投资于风险小的欧洲债券，也不愿投资于银行存款和票据。这是因为欧洲债券风险小，投资者多为政府部门、国有公司、大型公司等信誉良好者，且有欧洲债券二级市场，增强了其流动性。另外，发行者还利用各种投资工具吸引投资者，如可转换债券等。这样，作为筹资与投资中介的投资银行就大有可为了。它可在世界各国证券市场同其他金融机构及银行展开竞争。

在以上这些金融全球化的新发展下,投资银行出于竞争的压力和利益的驱动,其跻身于国际市场已成为必然。通过在国外设立广泛的分支机构、代理行、营业点,或者入股当地投资银行或其他金融机构,投资银行为金融全球化的不断推进作出了相应贡献。近些年的许多大型工程项目,包括铁路交通、能源工程、开发自然资源工程等的项目融资,也都是通过跨国投资银行进行的。此外,在发展中国家,跨国投资银行推出了诸如企业民营化及相关财务重组咨询、海外发行证券筹资安排等业务。

1.4.3 经营方式专门化

现代的投资银行存在以下两种发展特征。一是大型投资银行,其业务面涉及广泛,不但经营传统的承销证券业务、经纪业务等,而且还开展了公司理财、资金管理和投资咨询等业务。大型投资银行资金雄厚,技术全面,在世界金融市场有着卓著的声誉,并与各国政府和大公司保持着良好的关系。它们靠提供多样化服务来增强竞争力。近年来,金融业的合营与兼并也愈演愈烈,其规模之大、影响之广均属空前。为此,必须有相当规模的资本集中,才能够在全世界范围内调配资源,满足用户多元化的需求。在防范金融风险已成为金融市场严峻课题的今天,资本雄厚、经营有方、业务多样的大型投资银行更容易抵御风险,左右市场。二是经营多元化也会导致缺乏专门领域的优势,同时会导致固定成本的增加,而且经营多元化及跨国经营会带来相应的管理难题。因此,许多投资银行正在走重点发展、特色经营的道路。根据自身的优势和不足制订重点战略计划,根据各项业务的进入成本和投资回报,相应调整不同业务领域的投资,以达到最佳业务构成。在这种情况下,那些超大型公司在业务上也各有侧重。

思考题

1. 名词解释:投资银行业。
2. 简述投资银行与商业银行的异同。
3. 理解投资银行的创新性、专业性和道德性行业特征的方法。
4. 分析我国投资银行现状中面临的问题,讨论解决这些问题的思路及措施。
5. 试述美国投资银行的发展历史。
6. 比较分析美国、英国、日本和德国投资银行业发展的异同。
7. 试述投资银行的主要发展趋势。
8. 讨论金融创新对投资银行的发展作用。

第 2 章

证券发行与承销

学习目标

1. 了解证券发行的当事人及其各种作用。
2. 了解证券发行管理制度中,注册制和核准制的基本含义。
3. 熟悉投资银行在承销过程中,三种主要承销方式。
4. 重点掌握投资银行承销股票的一般流程及其相关工作内容。
5. 了解现阶段我国首次公开发行股票的相关法规。
6. 熟悉债券信用评级的一般程序及其相关工作内容。

2.1 概　　述

证券市场按其功能分为发行市场和交易市场,其中发行市场又称一级市场,是证券活动的起点。所谓证券发行(securities offering),是指企业或政府机构为筹集资金,依据法律规定的条件和程序,向社会投资者出售代表一定权益的有价证券的行为。

2.1.1　证券发行的当事人

在证券发行过程中,涉及发行人、投资者、承销商、证券监管机构和其他当事人。

1. 发行人

发行人是指为筹集资金而发行证券的政府或企业,它们是证券的供给者和资金的需求者。发行人的多少和发行数量的多少,决定了发行市场的规模和发达程度。

一般来说,发行人主要包括以下几类。

(1) 政府。中央政府为弥补财政赤字或筹集经济建设所需资金,在证券市场上发行国债;地方政府为本地公用事业建设,发行地方政府证券(如市政债券)等。

(2) 股份公司。对筹建中的股份有限公司,发行股票是为了获得法定注册资本;而对已经成立的股份有限公司而言,发行股票和债券则是为了扩大资本来源,满足经营需要。

(3) 金融机构。商业银行和非银行金融机构为筹措资金,经过批准后可发行金融债券。

(4) 其他企业。非股份公司经过批准,可在证券市场上通过发行企业债券等方法筹集资金。

2. 投资者

投资者是指通过买卖证券来进行投资的各类机构法人和自然人,他们是证券市场的资金供给者。证券投资者类型很多,投资理念、目标也各不相同。有的通过买卖证券赚取收益,有的意在持有以获取股息,有的则旨在参与公司的经营管理,获得长期资本增值,等等。一般来说,证券投资者可以分为机构投资者和个人投资者两大类。机构投资者是各类法人机构,包括企业、金融机构、基金和其他投资机构。机构投资者在社会经济活动中的资金来源、投资目的、投资方式虽然不同,但一般具有投资的资金量大、收集和分析信息的能力强、注重投资的安全性、通过有效的投资组合来分散投资风险、对市场影响大等特点。个人投资者是指从事证券投资的社会自然人,他们是证券市场上最广泛的投资者,其主要目的是追求中短期盈利,十分重视本金的安全性和流动性。

3. 承销商

当一家发行人发行证券时,往往要聘请投资银行来帮助它销售证券,这时投资银行所扮演的角色就是承销商。投资银行借助自己在证券市场上的声誉和能力,在规定的发行有效期内将证券销售出去,这一过程称为证券承销(underwriting of securities)。承销商是证券发行的核心和灵魂,其在股票发行中的作用是不可替代的。一般来说,发行人通常会选择一家投资银行作为主承销商或辛迪加经理人,再由主承销商牵头组成一个承销辛迪加(underwriter syndicate)小组来进行证券承销。选定主承销商后,发行公司将和主承销商就发行证券的类型、承销方式、发行的价格范围及发行股票的数量进行讨论,而后投资银行发出意向书以正式确定随后签署的承销协议。

➡ 专栏 2-1

中国证券承销的资格管理

中国投资银行在证券发行与承销方面的业务资格包括股票(含A、B股)、可转换公司债券、国债、企业债券的承销及上市保荐资格。

在《中华人民共和国证券法》修订实施前,经中国证监会核准的所有综合类证券公司及比照综合类管理的证券公司,均可从事股票(包括B股)、可转换公司债券和企业债券的承销业务,中国证监会不再颁发单项承销业务资格许可证。具有主承销资格的证券公司可从事股票(包括B股)、可转换公司债券和企业债券的主承销业务。海外证券经营机构欲担任B股主承销商须向中国证监会申请资格。

保荐制度实施后,中国证监会不再受理证券公司主承销业务资格申请,凡中国证监会核准的综合类证券公司和比照综合类证券公司,并持续符合中国证监会监管要求的,均可按照《证券发行上市保荐制度暂行办法》的要求申请开展主承销业务。

在修订后的《中华人民共和国证券法》于2006年1月实施后,经中国证监会批准,证券公司可以经营证券承销与保荐业务。经营单项证券承销与保荐业务的,注册资本最低为1亿元人民币;经营证券承销与保荐业务且经营证券自营、证券资产管理、其他证券业务中一项以上的,注册资本最低限额为5亿元。除资本金外,证券公司从事证券承销与保荐业务还须满足证监会的其他规定。

1. 保荐人和保荐代表人的资格条件

1）保荐人

证券经营机构按中国证监会规定申请注册登记为保荐人，并向中国证监会提交自愿履行保荐职责的声明、承诺。有下列情形之一的证券经营机构不得注册登记为保荐人：① 保荐代表人数量少于两名；② 公司治理结构存在重大缺陷，风险控制制度不健全或者未有效执行；③ 最近24个月因违法违规被中国证监会从名单中去除；④ 中国证监会规定的其他情形。

2）保荐代表人

个人申请注册登记为保荐代表人的，应当具有证券从业资格、取得执业证书且符合下列要求，通过所任职的保荐人向中国证监会提出申请：① 具备中国证监会规定的投资银行业务经历；② 参加中国证监会认可的保荐代表人胜任能力考试且成绩合格；③ 所任职保荐机构出具由董事长或者总经理签名的推荐函；④ 未负有数额较大到期未清偿的债务；⑤ 最近36个月未因违法违规被中国证监会从名单中去除或者受到中国证监会行政处罚；⑥ 中国证监会规定的其他要求。

保荐代表人有下列情形之一的，中国证监会将其从名单中去除：① 被注销或者吊销执业证书；② 不具备中国证监会规定的投资银行业务经历；③ 保荐机构撤回推荐函；④ 调离保荐机构或其投资银行业务部门；⑤ 负有数额较大到期未清偿的债务；⑥ 因违法违规被中国证监会行政处罚，或者因犯罪被判处刑罚；⑦ 中国证监会规定的其他情形。

2. 股票和可转换公司债券的上市保荐业务资格

1）上市保荐人

沪、深证券交易所都实行股票和可转换公司债券的上市保荐制度。公司向交易所申请其首次公开发行的股票、上市后发行的新股和可转换公司债券上市，已经上市公司股票被暂停上市后公开申请恢复上市的，根据中国证监会2001年《亏损上市公司暂停上市和终止上市实施办法（修订）》，应当由保荐人推荐。

2）上市保荐人的条件

保荐人应当经中国证监会注册登记并列入保荐人名单，同时是具有沪、深证券交易所会员资格的证券经营机构；恢复上市保荐人还应当具有中国证券业协会《证券公司从事代办股份转让主办券商业务资格管理办法（试行）》中规定的从事代办股份转让主办券商业务资格。

3. 国债承销业务的资格条件和资格申请

目前，我国国债主要分为记账式国债和凭证式国债两种类型。记账式国债在证券交易所债券市场和全国银行间债券市场发行并交易。证券公司、保险公司和信托投资公司可以在证券交易所债券市场上参加记账式国债的招标发行及竞争性定价过程，向财政部直接承销记账式国债；商业银行、农村信用社联社、保险公司和少数证券公司可以在全国银行间债券市场上参加记账式国债的招标发行及竞争性定价过程，向财政部直接承销记账式国债。凭证式国债通过商业银行和邮政储汇局的储蓄网点，面向广大投资者发行。

财政部、中国人民银行、中国证监会于2006年7月审议通过了《国债承销团成员资格审批办法》,规定国债承销按照国债品种组建,包括凭证式国债承销团、记账式国债承销团。其中,记账式国债承销团成员分为甲类成员和乙类成员。中国境内商业银行等存款类金融机构和邮政储蓄银行可以申请成为凭证式国债承销团成员。中国境内商业银行等存款类金融机构及证券公司、保险公司、信托投资公司等非存款类金融机构,可以申请为记账式国债承销团成员。

国债承销团的组建须遵守公开、公平、公正的原则,在保持成员基本稳定的基础上实行优胜劣汰。国债承销团成员资格有效期为3年,期满后,成员资格依照《国债承销团成员资格审批办法》再次审批。

1) 国债的承销业务资格

承销团申请人应当具备下列基本条件:① 在中国境内依法成立的金融机构;② 依法开展经营业务,近3年在经营活动中无重大违法记录;③ 财务稳健,资本充足率、偿付能力或者净资本状况等指标达到监管标准,具有较强的风险控制能力;④ 具有负责国债业务的专职部门及健全的国债投资和风险管理制度;⑤ 信息化管理程度较高;⑥ 有能力且自愿履行《国债承销团成员资格审批办法》规定的各项义务。

申请凭证式国债承销团成员资格的申请人除具备基本条件外,还须具备下列条件:注册资本不低于人民币3亿元或者总资产在人民币100亿元以上的存款类金融机构;营业网点40个以上。申请记账式国债承销团乙类成员资格的申请人除具备基本条件外,还必须具备以下条件:注册资本不低于人民币3亿元或者总资产在人民币100亿元以上的存款类金融机构,或者注册资本不低于人民币8亿元的存款类金融机构。申请记账式国债承销团甲类成员资格的申请人除应当具备乙类成员资格条件外,上一年度记账式国债业务还应当位于25名以内。

2) 申请与审批

记账式国债承销团成员的资格审批由财政部会同中国人民银行和中国证监会实施,并征求中国银监会和中国保监会的意见。凭证式国债承销团成员的资格审批由财政部会同中国人民银行实施,并征求中国银监会的意见。

申请人应在申请有效期内提出申请,并提交以下申请材料:申请书;本机构概况;法人营业执照和金融业务许可证(复印件);上一年财务决算审计报告复印件;前两年国债承销和交易情况。申请人申请凭证式国债承销团成员资格的,应当将申请材料分别提交财政部和中国人民银行;申请人申请记账式国债承销团成员资格的,应当将申请材料分别提交财政部。

4. 企业债券的上市推荐业务资格

上海证券交易所和深圳证券交易所对企业债券上市实行上市推荐人制度。企业债券发行人向两个交易所申请上市,必须由交易所认可的1~2个机构推荐,并出具上市推荐书。上市推荐人应当符合下列条件:具有交易所会员资格;具备股票主承销商资格,且信誉良好;最近1年内无重大违法、违规行为;负责推荐工作的主要业务人员熟悉交易所章程及相关业务规则;交易所认为应当具备的其他条件。

具备条件的会员在推荐企业债券上市时,应当向交易所提出申请,经交易所审查确认后,具有上市推荐人资格。发行人应与上市推荐人签订上市推荐协议，规定双方在上市申请期间及上市后1年内的权利和义务。上市推荐协议应当符合交易所债券上市规则和上市协议的有关规定。

2.1.2 证券发行的管理制度

由于各国证券市场发育程度的差异，以及政治、文化、历史等多种因素的影响，各国证券发行管理体制形式存在一定的差异。概括而言，一般分为注册制和核准制两种基本发行管理制度。

1. 注册制

注册制是指证券发行者在准备发行证券时，必须将依法公开的各种资料完全、准确地向证券主管部门呈报并申请注册。注册制的实质是一种证券发行者的财务和经营信息公开制度，它要求发行者对所提供信息的真实性、可靠性承担法律责任。注册遵循的是公开原则，它并不禁止质量差、风险大的证券发行。

如果证券发行者在注册申报的资料中有意谎报、瞒报，蒙骗证券主管部门使发行注册生效，根据相关法律，证券投资者有权起诉，对下列当事人追究民事及刑事责任：证券发行者、承销商、参与证券注册申报资料起草与审定并签章证明属实的注册会计师及律师等。注册制比较适合证券市场发展历史较长、各项法律法规健全、行业自律规范、投资者素质较高的国家和地区。

2. 核准制

核准制是指证券发行人不仅必须依法公开其发行证券的真实情况，而且该证券必须经证券主管部门审查符合条件者才能获准发行。核准制遵循的是实质管理原则，它是在信息公开的基础上，把那些不符合条件的低质量证券拒之于证券市场门外。

证券主管部门审核的证券发行条件一般包括：① 发行主体的营业性质、管理人员的资格能力；② 资本结构是否合理、稳健；③ 公开资料是否充分、真实，等等。核准制一般适合于证券市场处于发展初期、法律法规尚需健全、投资者结构不甚合理的国家和地区。我国股票的公开发行目前采用核准制。

2.1.3 证券发行的类型

1. 公募发行和私募发行

按发行对象的不同，证券发行分为公募发行和私募发行。

公募发行是指发行人通过中介机构向不特定的社会公众广泛地发售证券。在公募发行的情况下，所有合法的社会投资者都可以参加认购。为了保护投资者的合法权益，各国对公募发行都有严格的要求，发行者一般有较高的信用，并符合证券监管部门规定的各项发行条件和程序才能发行。采用公募发行的优点在于：第一，以众多的投资者为发行对象，筹集资金潜力大，适合于证券发行数量较多、筹集额较大的证券发行；第二，投资者范围广，可避免囤积证券或被少数人操纵，造成不利于交易市场健康发展的情形；第三，一般来说，只有公募发行的证券方可申请在交易所上市，因此这种方式可增强证券的流动性，有利于提高发行人的社会信誉。但公募发行也存在一些缺点，如发行过程比较复杂，登记核准所需时间较长，发行费用也较高。

私募发行又称内部发行，是指向特定的投资人发行证券的方式。私募发行的对象大致有两类：一类是个人投资者，如公司的老股东或发行人自己的员工；另一类是机构投资者，如大的金融机构或与发行人密切往来的企业等。私募发行有确定的投资人，发行手续简单，可以节省发行时间和费用。不足之处是投资者数量少，不利于提高发行人的社会信誉。

公募发行和私募发行各有优劣，一般来说，公募发行是最基本、最常见的方式。然而在西方成熟的证券市场中，随着养老基金、共同基金和保险公司等机构投资者的迅速增长，私募发行近年来呈现逐渐增长的趋势。目前，我国A股发行采用的是以公募发行为主、多种形式并存，境内外资股（B股）的发行则主要采用私募发行方式，即所谓向定向投资者"配售"方式。

2. 溢价发行、平价发行和折价发行

根据证券发行价格与证券票面面额的关系，证券发行分为溢价发行、平价发行和折价发行，这里所谓证券票面面额，是指证券所代表的资产面值。溢价发行是指按高于面额的价格发行证券，又包括时价发行和中间价发行两种方式，其中时价发行指以同类证券（以股票为主）的流通价格为基准确定发行价格，在英国和美国，这种发行方法比较普及。中间价发行是指以介于面额和时价之间的价格来发行证券，这种发行方法在德国比较普遍，因而称"德国方式"。平价发行也称等额发行或面额发行，即以证券面值为发行价格，在日本这种方法比较普遍。折价发行是指以低于面额的价格出售证券，即按面额打一定折扣发行证券，很多债券，尤其是零息债券就是采用这种方式。

世界上的许多国家一般都规定股票不得低于面值发售。例如，英国的公司法规定原则上不准折价发行。我国相关法规也规定股票不得低于面值发售。

2.1.4 证券承销方式

根据投资银行在承销过程中承担的责任和风险的不同，承销可分为包销、尽力推销和余额包销3种方式。

1. 包销

包销是指投资银行按议定的价格直接从发行人手中购进将要发行的全部证券，然后再出售给投资者。投资银行必须在指定的期限内，将包销证券所筹集的资金全部交付发行人。采用这种销售方式，承销商要承担销售和价格的全部风险。如果证券没有全部销售出去，承销商只能自己买进并持有剩余的证券。对于发行人而言，这种方式将发行失败的风险转移到承销商，并迅速获得筹集资金，因此这种方式特别适合于那些资金需求量大、社会知名度低且缺乏证券发行经验的发行人。但是，承销商承担的风险是要获得补偿的，这种补偿通常就是通过扩大包销差价来实现。

2. 尽力推销

尽力推销是指承销商只作为发行公司的证券销售代理人，按照规定的发行条件尽力推销证券，发行结束后未售出的证券退给发行人，承销商不承担发行风险。因此，尽力推销也称代销。采用这种方式，投资银行与发行人之间纯粹是代理关系，投资银行为推销证券而收取手续费。尽力推销一般在投资银行对发行人信心不足或包销谈判失败、发行人为减少发行费用等情况下发生。

3. 余额包销

余额包销通常发生在普通股东行使其优先认股权时，是指需要再融资的上市公司在增发新股之前，向现有股东按其目前所持有股份比例提供优先认股权，在股东按优先认股权认购股份后若还有余额，承销商有义务全部买进这部分剩余股票，然后再转售给投资公众。

我国目前 A 股的发行承销，从理论上讲，大都属于包销这种方式。与国际惯例不同的是，主承销商在承诺销售全部证券的同时，先是按照约定好的统一发行价格代销，并不获取销售价格差额，也并不事先发生购买证券的款项支付。向公众发行完毕后，主承销商按已经售出的股票金额收取手续费，同时购买没有销出的剩余股票。

2.2 股票的公开发行与承销

2.2.1 股票承销的一般流程

股票是股份有限公司按照公司法的规定，为筹集公司资本而签发的证明股东所持股份的凭证，是主要有价证券的一类。股票融资是公司直接融资的最主要方式之一。股票的公开发行包括首次公开发行（Initial Public Offerings，IPO）和二次发行。一般来说，IPO 和二次发行的基本过程相似，下面只就 IPO 的一般操作程序加以讨论。

投资银行参与股票 IPO 承销的一般流程如图 2-1 所示。

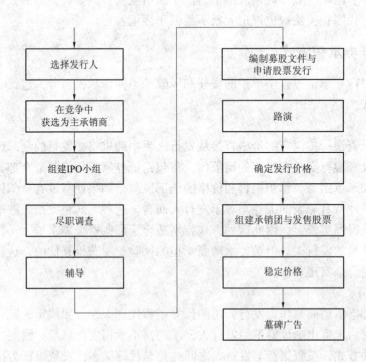

图 2-1 投资银行股票承销业务的一般流程

2.2.2 股票承销的工作内容

1. 选择发行人

发行人的素质如何将关系到投资银行承销所承担的风险,直接决定证券承销的成败。投资银行在选择发行人时一般要考虑以下几方面:是否符合股票发行条件、是否受市场欢迎、是否具备优秀的管理层、是否具备增长潜力。对于股票的发行条件,应当符合国家的相关法律法规及证券监管部门的要求。我国《股票发行与交易管理暂行条例》规定,新设立股份有限公司申请公开发行股票,应当符合以下条件:其生产经营符合国家产业政策;其发行的普通股票限于一种,同股同权;发起人认购的股本数额不少于公司拟发行的股本总额的35%;在公司拟发行的股本总额中,发起人认购的部分不少于人民币3 000万元,但国家另有规定的除外;发起人在近3年内没有重大的违法行为。原有企业改组设立股份有限公司申请公开发行股票,除满足上述条件,还要符合条件:① 发行前一年末,净资产在总资产中所占比例不低于30%,无形资产在净资产中所占比例不高于20%(高新技术等特殊企业,由国务院另行规定);② 近三年连续盈利。

2. 在竞争中获选为主承销商

发行人和承销商的选择是双向互动过程。一般来说,考虑到发行保荐和发行后推荐上市等问题。发行人在股票发行过程中,会选择一个或几个承销商担任主承销商,自始至终负责发行承销的具体事宜。因此投资银行在选定合适的发行人后,就开始了艰难的推介和公共关系活动,以努力使自己成为目标发行公司的主承销商。由于主承销商是股票公开发行的灵魂,因此发行人在选择主承销商时非常慎重。常见的标准包括以下几个方面。

(1) 声誉和能力。发行公司总是倾向于大型投资银行,这是因为它们信誉卓著,拥有优良的业绩和较大的市场份额,特别是在证券承销方面有强大的实力。

(2) 承销经验和同类产业发行能力。发行人往往要求主承销商在证券承销方面具备丰富的经验,尤其是对发行人所在行业有足够认识。例如,美国的 Alex Brown 公司,虽然称不上一流投资银行,但因为对美国高成长性行业有深入的研究,与众多高成长性公司有广泛的接触,成功承销了一批高成长性公司,有很高的知名度。

(3) 证券分销与造市能力。投资银行是否有能力将证券销售出去、销售后市场满意度如何,是发行人选择主承销商的重要依据。例如,发行人要计划在全国范围内发行证券,则一个地区性的投资银行就无法胜任主承销商,一般只能充当分销商。

(4) 承销费用。承销费用是发行股票的主要成本,其高低直接影响发行人对主承销商的选择。毫无疑问,在相同条件下,发行人总是青睐于承销费用低的投资银行。

投资银行在充分认识到上述因素的基础上,应结合发行人的具体情况,找出发行人的主要关注点,有针对性地开展自我推介和公共关系工作。

3. 组建 IPO 小组

投资银行获选为主承销商后,首先要牵头组建 IPO 小组。IPO 小组除主承销商外,还包括公司的相关管理人员、律师、会计师、行业专家和印刷商等。主承销商是 IPO 小组的核心,其作用本章上一节中作了介绍。公司管理人员的经验素质在很大程度上影响到发行的成败。在我国,IPO 小组几乎包括发行人高管层的所有重要成员,包括公司董事长、总经理、财务总监、总工程师、总经济师等。律师的作用主要包括:① 在证券发行申请过程中和申请过程之后向公司提供如何使公司的行为遵守证券法的建议；② 为向证券主管部门申请核准或注册做准备工作，如检查董事会和股东会议的会议记录、设立股份有限公司的文件、合同和租赁条约、对主要资产的所有者地位进行确认等；③ 与其他成员相配合，解决由证券监管机构的询问导致的问题，同时对各种申请的报告和文件进行必要的修正。律师的能力和对申请过程中的经验是证券发行成功与否的关键。会计师的主要作用包括：对发行人的资产进行评估；对发行人的财务状况进行分析；提出有法律效力的资产评估报告和财务报告；编制证券发行所需要的财务报表；帮助回答证券监管机构关于会计问题的询问并说明这些财务报表符合证券发行的要求。IPO小组引进行业专家，是为更好地了解发行人的行业状况、行业前景及发行公司在行业中所处的位置，推出最适合发行人的证券发行计划。印刷商虽然不是专业中介人，但在承销业务中也必不可少。因为在承销过程中，有些活动需要在极短的时间内完成，这就需要印刷商在这个时间内完成诸如注册文件、招股说明书及其他发行文件的大量印刷工作，所以发行人也要选择高质量、高效率的印刷商。

4. 尽职调查

尽职调查（due diligence）是指中介机构（包括投资银行、律师事务所和会计师事务所等）在股票承销时，以本行业公认的业务标准和道德规范，对股票发行人及市场有关情况及有关文件的真实性、准确性、完整性进行的核查、验证等专业调查。

从法律上讲，公司通过资本市场向社会公众发行股票时，如果出现虚假陈述、重大遗漏等欺诈公众的事件，除了发行人之外，包括承销商在内的所有中介机构都必须承担法律责任。但是如果中介机构能够证明自己已经以其行业的业务标准和道德规范，以应有的勤勉和专注对发行人及有关文件进行了审查，仍无法发现欺诈行为，自己也是受害者，则可以免责。因此，作为主承销商的投资银行所进行的尽职调查，一方面直接关系到其风险和承销利益，另一方面也直接关系到承销商对招股说明书的保证责任。

由于尽职调查主要由主承销商负责，因此主承销商往往要准备一份详尽的调查提纲，对本次发行的招股说明书中将要披露的全部内容进行全面审查。其主要调查范围包括以下几个方面。

（1）发行人。主承销商对发行人的审查内容至少应当包括：发行人的一般情况，本次发行情况；有关发行人的主要会计数据，本次募股的有关当事人，发行人经营的风险与对策，本次募股资金的运用，发行人公司的股利分配政策，发行人公司结构，发行人的经营业务，主要固定资产状况，安全与环保发行人的主要产品与业务，发行人的主营收入构成，主要原材料供应，发行人的董事、监事和高级管理人员情况，发行人以往的经营业绩、股本及其变动，发行人的负债及主要合同承诺，资产评估情况，财务会计资料，盈利预测重要合同及重大诉讼事项；发行人公司发展规划等。

（2）市场。为了维护自己的利益，保证发行成功，降低承销风险，同时也为了维护投资者利益，主承销商应当对股票一级市场和二级市场的情况做必要的调查。

（3）产业政策。为了保证发行的成功，承销商也应对国家关于发行人主营业务的产业政策做必要的了解。

5. 辅导

在我国，为了保障股票发行核准制的实施，提高首次公开发行股票公司的素质及规范运作的水平，中国证监会分别于 2001 年 10 月、2006 年 5 月发布实施了《首次公开发行股票辅导工作办法》和《首次公开发行股票并上市管理办法》。根据规定，凡拟在中国境内首次公开发行股票的股份有限公司在提出首次公开发行股票申请前，应按照中国证监会的有关规定聘请辅导机构（主要是指成为主承销商的保荐人）进行辅导，并履行相关辅导程序。

辅导内容的范围包括：核查辅导对象在公司设立、改制重组、股权设置和转让、增资扩股、资产评估、资本验证等方面是否合法、有效，产权关系是否明晰，股权结构是否符合有关规定；督促辅导对象实现独立运营，做到业务、资产、人员、财务、机构独立完整，主营业务突出，形成核心竞争力；核查辅导对象是否按规定妥善处置了商标、专利、土地、房屋等的法律权属问题；督促规范辅导对象与控股股东及其他关联方的关系；督促辅导对象建立和完善规范的内部决策和控制制度，形成有效的财务、投资及内部约束和激励制度；督促辅导对象建立、健全公司财务会计管理体系，杜绝会计虚假；督促辅导对象形成明确的业务发展目标和未来发展计划，并制订可行的募股资金投向及其他投资项目的规划；针对辅导对象的具体情况确定书面考试的内容，并接受中国证监会及其派出机构的监督；对辅导对象是否达到发行上市条件进行综合评估，协助辅导对象开展首次公开发行股票的准备工作。

6. 编制募股文件与申请股票发行

股票公开发行是一个相当复杂的过程，要准备大量的材料，需要许多中介机构及相关机构的参与。主承销商必须协调好各有关机构的工作，以保证所有材料在规定时间内完成。在我国，这个过程至少要花费数月甚至一年以上时间。我国申请首次公开发行股票的公司（以下简称"发行人"），应按《公开发行证券的公司信息披露内容与格式准则第9号——首次公开发行股票并上市申请文件》的要求制作申请文件。在申请文件的目录中，招股说明书、资产评估报告、审计报告等是最主要的募股文件。

1）招股说明书

招股说明书（prospectus）是公司发行股票时就发行中的有关事项向公众作出披露，并向特定或非特定投资人提出购买或销售其股票的要约或邀请的法律文件。公司发售新股必须制作招股说明书，编制招股说明书是发行准备阶段的基本特征。

招股说明书是公开发行股票的最重要文件，它必须向所有潜在的投资者保证，这是充分公正的信息披露。在招股说明书的准备过程中，IPO小组中各成员有较明确的专业分工。一般是发行人的管理层在其律师的协助下负责招股说明书的非财务部分，作为承销商的投资银行负责股票承销合约部分，发行公司内部的会计师准备所有的财务数据，独立的会计师对财务账目的适当性提供咨询和审计。招股说明书各部分完成，经IPO小组成员一起讨论修改，请发行人董事会表决通过后，送交证券监管机构登记备案。

在美国，招股说明书分为初步招股说明书和最终招股说明书。初步招股说明书一般是在登记备案后发放给经纪人和预期的投资者，其目的是为了收集投资者的兴趣表示。初步招股说明书又被称为红鲱鱼（red herring），因为在其封面上必须用红墨水写上"初步招股说明书"的字样和免责条款。在美国的SEC规则下，初步招股说明书可以不包括发行价格、承销折扣及其他与发行价格有关的问题。在生效日到来时，可以在初步招股说明书中加入价格和生效日期，而后公司就可发行最终招股说明书。

招股说明书应当按照各国的有关法律、法规的规定，遵循特定的格式和必要的记载事项的要求来进行编制。在我国，中国证监会专门制定了《公开发行股票公司信息披露的内容与格式准则第1号——招股说明书的内容与格式》，对招股说明书的编制作出了详细规定。

> 专栏 2-2

《招股说明书摘要》的制作

根据《公开发行股票公司信息披露实施细则》规定，发行人应以不少于 1 万字的篇幅编制《招股说明书概要》（以下简称《概要》），在承销期开始前 2~5 个工作日内刊登在至少一种证监会指定的报刊上及发行人选择的其他报刊上。《概要》应简要地提供招股说明书的主要内容，但不得误导投资人。

在《概要》标题下必须载明下列文字："本招股说明书概要的目的仅为尽可能广泛、迅速地向公众提供有关本次发行的简要情况。招股说明书全文方为本次发售股票的正式法律文件。投资人在作出认购本股的决定之前，应首先仔细阅读招股说明书全文，并以全文作为投资决定的依据。"

根据中国证监会颁发的《招股说明书概要的内容与格式》，完整的招股说明书概要的内容与格式包括：封面、目录、正文、附录和备查文件五大组成部分。

其中，正文是招股说明书的核心部分，主要内容包括以下几个方面。

1. 主要资料

主要资料是以较少篇幅，把招股说明书中关键内容摘要刊登在招股说明书之首，以使投资人尽快了解说明书提供的主要信息，包括发行人简介、本次发行情况介绍、主要会计数据、预计发行时间表等内容。

2. 释义和绪言

释义对招股说明书中具有特定含义的词汇作出明确的定义、解释和说明。绪言中必须载入《招股说明书的内容与格式》所要求的内容与文字。

3. 发售新股的有关当事人

发售新股的有关当事人包括发行人、财务顾问、承销商、推荐人以及发行人和主承销商的律师事务所、发行人的会计师事务所、资产评估机构等，需列出这些当事人的机构名称、所在地、电话传真及本次发行有关的联系人姓名等。

4. 风险因素及对策

介绍本次发行中可能存在的经营风险、行业风险、市场风险、政策性风险和其他风险因素。在陈述完各项风险之后，还可以说明发行人采取或准备采取哪些措施来减少上述风险的影响。

5. 募集资金的运用

说明对募集资金的计划用途、投资项目的情况、资金运用时间表。

6. 股利分配政策

说明发行人关于股利分配的各项政策。如果发行人是已经存在的股份有限公司，还应披露历年分红派息情况。

7. 验资报告

注册会计师对发起人投入所筹备的股份有限公司的股本及其他净资产项目进行验证后出具的验资报告。

8. 承销

介绍地区、发行对象、股票种类、定价方式、承销成员的名称及其承销量、发行费用等。

9. 发行人情况

简要介绍发行人的全面情况,包括发行人的名称、成立日期、住所、历史情况、组织结构和管理结构、员工情况、业务范围、主营业务及产品、投资项目情况,等等。

10. 发行人公司章程或公司章程草案的摘录

摘录承包发行公司章程或章程草案中的主要内容,如股东大会的职权和议事规则、董事会和监事会的组成、职权和议事规则等。

11. 董事、监事、高级管理人员及重要职员的基本情况

(略)

12. 经营业绩

主要介绍如发行人在过去至少三年中的经营状况和业绩表现。

13. 股本情况

介绍公司的股权结构和董事、监事及高级管理人员的持股情况。

14. 债务

陈述发行人的主要借款情况,包括银行贷款、公司债及对外担保等情况。

15. 主要固定资产

介绍发行人拥有或占有的主要固定资产的种类、用途、折旧情况等。

16. 财务会计资料

全文引用具有证券业从业资格的会计师事务所出具的审计报告及发行人编制的财务报表。

17. 资产评估

介绍发行人根据国家有关法规要求,聘请有资格从事证券相关业务的评估机构对其资产进行有效评估的情况。

18. 盈利预测

如果发行人认为有提供盈利预测的需要,并确信有能力对最近期间的盈利情况作出比较切合实际的预测,则发行人可在招股说明书中提供盈利预测数据,但发行人应提醒投资者不要过于依靠该项资料进行投资判断。

19. 公司发展规划

介绍发行人已经制订的、有一定依据的、比较现实可行的发展计划和安排。

20. 重要合同、重大诉讼事项和其他重要事项

简要介绍发行人已签订的重要合同和作为一方当事人的尚未做出判决的重大诉讼事项。并披露发行人认为对投资者做出投资判断有重大影响的其他事项。

21. 招股说明书及备查文件查阅地点

(略)

2)其他文件

其他文件包括资产评估报告、审计报告、法律意见书、律师工作报告等。审计报告是审计人员向发行人及利害关系人报告其审计结论的书面文件，也是审计人员在股票发行准备中尽职调查的结论性文件。审计人员出具的审计报告应当作为招股说明书的附录文件，由审计人员对其内容的真实性、准确性和完整性负责。法律意见书是律师对公司发行准备阶段审查工作依法作出的结论性意见。发行人聘请的律师（发行人律师）参与企业的重组工作，并对公司各种法律行为、法律文件的合法性进行审核，在完成发行准备工作后，律师应当就其审核工作作出结论性意见，出具法律意见书。律师工作报告是对公司发行准备阶段律师的工作过程、法律意见书所涉及的事实及其发展过程、每一法律意见所依据的事实和有关法律规定作出的详尽、完整的阐述，并就疑难问题展开讨论和说明。

在准备完募股文件后，发行人将包括这些文件在内的发行申请资料报送证券监管机构，证券监管机构的专家组（包括律师、会计、财务分析者、行业专家）将对此进行审查。专家组通过审查文件来确定这些文件中是否对发行的相关信息进行了充分且适当的披露，尤其注意是否有错误陈述或重大事件的遗漏，这些错误陈述或遗漏会影响投资者在已有充分信息下的投资决策。在注册制下（如美国），证券监管机构不对预期发行的质量进行评价或评估，这一结论由市场作出。在我国的核准制下，中国证监会牵头的证券发行审核委员会依法对发行质量作出判断并将决定是否允许公开发行。

7. 路演

路演（road show）是股票承销商帮助发行人安排的发行前的调研与推介活动。一般来讲，承销商会先选择一些可能销出股票的地点，并选择一些可能的投资者，主要是机构投资者，然后，带领发行人逐个地点去召开会议介绍发行人的情况，了解投资人的投资意向。

路演是决定 IPO 成功与否的重要步骤，成功的路演可以达到下述三个目的。第一，通过路演让投资者进一步了解发行人。在大约两周的时间内，发行人、高层管理人员会同主承销商前往各主要金融中心城市，拜访潜在的投资者，使投资者有机会通过路演了解发行人的管理工作，并向发行人提出质询。第二，增强投资者信心，创造对新股的市场需求。尽管多数国家的证券监管机构禁止发行人在路演时发送除了初步招股说明书之外的任何书面材料和作盈利预测，但是路演还是给发行人提供了一个展示公司管理层风貌、公司素质和陈述公司长期商业计划的机会。由于路演是发行人积极推销的唯一机会，很多机构投资者和个人投资者就在路演演说陈述中形成对发行公司管理层的看法，进而作出买或不买股票的决定，因此成功的路演可以创造新股的市场需求。第三，从投资者的反应中获得有用的信息。发行人可以从路演中了解到投资者对此次发行的反应，从而客观地决定发行量、发行价及发行时机等。

路演可分为巡回路演和网上路演，中国证监会要求新股发行公司在新股发行前，必须通过互联网采用网上直播方式向投资者进行推介。通过实时、开放、交互的网上交流，使中小投资者进一步了解了企业的内在价值，消除了中小散户与其他投资主体和发行人的信息不对称现象，也起到了舆论监督、强化信息披露和增加透明度的作用。

8. 确定发行价格

确定发行价格是 IPO 中最复杂的一件事，也是发行成功与否的最重要环节之一。要成功地对 IPO 的股票进行定价，主承销商既要有丰富的定价经验，对发行人及其所属行业有深刻了解，同时对一级市场和二级市场上各类投资者的需求又要有准确的判断。

1）影响发行价格的因素

影响发行价格的因素主要包括以下几个方面。

（1）经营业绩。发行人的经营业绩特别是税后利润水平直接反映一个公司的经营能力和上市时的价值，因此直接影响股票的发行价格。

（2）发展潜力。公司的发展潜力（一般用盈利等效益指标的增长率表示）越大，其未来现金流收入优势越明显，因此市场所能接受的发行价格就越高。

（3）发行数量。不考虑资金需求量，单从发行数量上来考虑，若本次发行股票数量较大，则价格应当定得低一些，否则可定得高一些，这符合供求关系要求。

（4）行业特点。发行人所处的行业发展前景也会影响到公众对本公司发展前景的预期，处在朝阳行业的公司发行股票时，发行价格可以定得高一些。

（5）股市状态。股市二级市场的价格水平直接影响到发行股票的上市后预期价值，事实上，在股市处于"熊市"的时候发行股票，价格只能降低，甚至发行股票都不是明智的时机选择。

2）股票的估值技术

对拟发行股票的合理估值是定价的基础。通常的估值技术有两大类：可比公司法和贴现现金流量法。

（1）可比公司法。是指对股票进行估值时，对可比较的或者代表性的公司进行分析，尤其注意有着相似业务的公司的新近发行及相似规模的其他新近的首次公开发行，以获得估值基础。主承销商审查可比较的发行公司的初次定价和它们的二级市场表现，然后根据发行公司的特质进行价格调整，为新股发行进行估价。在运用可比公司定价法时，可以采用比率指标进行比较，比率指标包括市盈率（P/E）、市净率（P/B）、企业价值与利息、所得税、折旧、摊销前收益的比率（EV/EBITDA）等，其中最常用的比率指标是市盈率和市净率。市盈率是指股票市场价格与每股收益的比率。其中，每股收益通常指每股净利润，其确定方法包括全面摊薄法和加权平均法。通过市盈率法估值时，首先应计算出发行人的每股收益；然后根据二级市场的平均市盈率、发行人的行业情况（同类行业公司股票的市盈率）、发行人的经营状况及其成长性等拟定新股市盈率；最后，依据发行市盈率与每股收益的乘积决定估值。市净率是指股票市场价格与每股净资产的比率。通过市净率定价法估值时，首先应根据审核后的净资产计算出发行人的每股净资产；然后，根据二级市场的平均市净率、发行人的行业情况（同类行业公司股票的市净率）、发行人的经营状况及其净资产收益率等拟定新股市净率；最后，依据发行市净率与每股收益的乘积决定估值。

（2）贴现现金流量法。可比公司法反映的是市场供求决定的股票价格，而贴现现金流量法体现的是股票内在绝对价值的价格。该法通过预测公司未来的现金流量，按照一定的贴现率计算公司每股的净现值，即发行价格。

运用贴现现金流量法的计算步骤如下。

① 预测公司未来的自由现金流量。预测的前提是本次发行成功地筹集到必要的现金并运用于相关项目投资。公司自由现金流量，是指公司在持续经营的基础上除了在库存、厂房、设备、长期股权等类似资产上所需投入外，能够产生的额外现金流量。现金流量的预测期一般为5~10年，预测期越长，预测的准确性越差。

② 预测公司的永续价值。是公司预测时期末的市场价值，可以参照公司的账面残值和当时的收益情况选取适当的行业平均市盈率倍数或者市净率进行估算。

③ 计算加权平均资本成本：

$$WACC = \sum K_i b_i$$

式中，WACC 为加权平均资本成本；K_i 为各单项资本成本；b_i 为各单项资本所占的比重。

④ 计算公司价值：

$$公司价值 = \sum_{t=1}^{n} \frac{FCF_t}{(1+WACC)^t} + \frac{V_t}{(1+WACC)^n}$$

式中，FCF_t 为企业 t 时刻的自由现金流量，V_t 为 t 时刻目标企业的终值。

⑤ 公司股权价值与每股价值：

$$公司股权价值 = 公司价值 - 净债务价值$$
$$公司每股价值 = 公司股权价值 / 发行后总股本$$

贴现现金流量法能比较可靠地预测出未来现金流量，同时根据现金流量的风险特性又能确定出恰当的贴现率。但在实际操作中，情况往往与模型假设条件相距甚远，影响了该方法的使用。例如，当现金流为负或贴现率估计偏差可能较大，估值的误差也较大。

3）发行价格确定体制

确定发行价格的方式主要有两种：固定价格法和公开定价法。固定价格法为欧洲和中国香港的证券市场所采用，我国内地传统上也采用这种方法，但随着询价机制的不断完善，这一方式也在发生变革之中。在固定价格法下，发行价格早在股票发售前就已由主承销商和发行人协商确定下来。由于主承销商和发行人都难以判断在此固定价格水平上投资者对该股票的需求量究竟有多少，为保证发行的成功，通常会将发行价格定得比较低。中国香港和国内 IPO 市场上经常出现的巨大的超额认购倍率正是因为这个原因。公开定价法能够根据市场情况的变动和新股需求量的变化调整发行价格，主要为美国证券市场所采用。

➡ **专栏 2-3**

美国式累计订单方式

主承销商通常要经过竞标、谈判、市场调查三次定价。

第一次定价是在发行公司选择主承销商时，发行人会要求几家竞争承销商给出他们各自预期的实际发行价格估计值。在其他条件相同的情况下，发行人倾向于选择估价较高的投资银行作为它的主承销商。

第二次定价是在主承销商完成尽职调查后，在编制并申请 SEC 发行的初步招股说明书中，主承销商与发行人确定价格区间。

第三次定价是在统计各分销商的客户需求订单基础上，最终确定发行价格，写入正式招股说明书，在正式公开发售前一天公布。

> 专栏 2-4

中国的股票发行询价机制

在我国现阶段，获准首次公开发行股票的发行人，是通过向特定机构投资者（以下简称"询价对象"）询价的方式确定股票发行价格的。发行人及其主承销商在刊登首次公开发行股票招股意向书和发行公告后向询价对象进行推介和询价，并通过互联网向公众投资者进行推介。询价对象是指符合《证券发行与承销管理办法》规定条件的证券投资基金公司、证券公司、信托投资公司、财务公司、保险机构投资者、合格境外机构投资者，以及中国证监会认可的其他机构投资者。

询价分为初步询价和累计投标询价。发行人及其主承销商通过初步询价确定发行价格。在发行价格区间内通过累计投标询价方式确定发行价格。这里的累计投标询价方式，是指在发行中根据不同价格下投资者认购意愿确定发行价格的一种方法。通常，在发行价格区间内（并报中国证监会核准），投资者按照不同的发行价格申报认购数量，主承销商将所有投资者在同一价格之上的申购量累计计算，得出一系列在不同价格之上的总申购量；最后，按照总申购量超过发行量的一定倍数（即超额认购倍数），确定发行价格。

9. 组建承销团与发售股票

1）组建承销团

一般来说，主承销商会组成一个由承销辛迪加和代销商（selling group）组成的承销团来进行证券的出售。承销辛迪加中的每一个成员都有权承销一部分 IPO 证券，一般由其他投资银行组成；而代销商成员不承担任何承销风险，只是代销股票。

主承销商选择承销团成员时，主要标准包括：有不错的客户基础和销售渠道；愿意且有能力担任做市商；分销商愿意在股票上市交易后对它进行分析研究。组成承销团的做法对主承销商来说既有好处也有不利之处。好处表现在：其一，承销辛迪加中的每一个承销商都承担了承销风险的一部分；其二，承销团的成员有义务保证发行后市场的流动性，承销团的成员越多，对该股票进行做市和提供研究咨询服务的投资银行也就越多；其三，单个投资银行的客户基础和推销力量毕竟是有限的，承销团则可以取长补短。当然，主承销商获得好处的同时也要付出代价：第一，主承销商在与别人分享承销费时放弃了一些经济利益；第二，投资银行间的竞争是相当激烈的，某个承销团成员出色的表现可能会胜于主承销商、给发行人留下深刻印象，从而在发行人未来的发行中占据优势。

2）签署承销合同

在确定了发行价格和承销报酬之后，就应签署承销合同。承销合同有三种：承销商间协议、交易商协议和承销协议。承销商间协议（agreement among underwriters）是主承销商与其他辛迪加成员就承销事项明确各自权利义务的合同文件。交易商协议（dealer agreement）是赋予不是辛迪加成员的证券交易商销售新发行股票的权力，这些交易商将帮助股票发行人把股票推向市场。交易商协议允许交易商以低于发行价的折扣价购买证券。承销协议是股票发行人就其所发行股票的承销事宜与股票承销商签订的具有法律效力的文件。

承销协议通常包括介绍、陈述和保证、发行条款、要件、契约保证、条件、补偿及撤销等内容。介绍（introduction）包括承销辛迪加的成员名单、发行证券的种类及发行规模；陈述和保证（representation and warranties）列明了公司的保证，此外还应包括该公司已设立为股份公司并被承认了资格的陈述和保证；发行条款（terms of the offering）包括承销商同意购买股票并付款、发行时间及所有的绿鞋条款等；契约保证（covenants）列明了双方的权利和义务；条件（condition）包括公司情况申述的全面性、准确性及任何一方都不得在发行日前出售股票的承诺等；补偿（indemnification）免除了承销商由于发行人在申请材料中的错误陈述和遗漏而导致的责任；撤销（cancellation）条款部分包括允许承销商在发行日至发行完毕期间撤销发行，只要承销商能说明原因和提出正当理由。

3）确定承销报酬

承销报酬的支付形式根据不同的承销方式而不同。在尽力推销中，投资银行只是收取代理手续费用，这种费用一般在选定主承销商的时候就已经确定。而在包销中承销报酬是承销差价。所谓承销差价，就是按招股说明书上的发行价格与投资银行支付给发行人的价格之间的差额。在美国，承销差价是在第三次定价时候，通过主承销商与发行人协商决定。一般来说，承销差价的决定比发行价格的决定要简单，这是因为承销差价可以参考相似的IPO中投资银行所收取的承销差价。

承销差价一般被分成三部分报酬：第一部分是管理费，是支付给负责发行准备工作的承销商的费用，其中主承销商将得到较大的份额；第二部分是承销费，旨在支付与承销有关的各类费用，如广告费、承销商律师费、印刷费等，在支付上述费用后，其剩余部分根据承销商在承销中所承担的风险程度进行分配；第三部分是销售费，根据所有承销商与分销商之间证券分销的数量进行分配。因此，负责发行准备工作的承销商（主要是主承销商）将得到三份收入：管理费、承销费和销售费，其他承销商将得到承销费和销售费，而销售集团成员将得到销售费。

4）确定股票发售方式

根据我国《证券发行与承销管理办法》，现阶段我国首次公开发行股票可以根据实际情况，采用向战略投资者配售、向参与网下配售的询价对象配售及向参与网上发行的投资者配售的功能方式。其中，向参与网上发行的投资者配售方式，是指通过交易所交易系统公开发行股票。根据规定，发行人及主承销商网下配售股票，应当与网上发行同时进行。投资者按价格区间上限进行申购，如通过网下累计投标询价最终确定的发行价格低于价格区间上限，差额部分退还投资者。每一申购单位为1 000股，申购数量是1 000股的整数倍，但最高不得超过当次社会公众上网发行数量或者9 999.9万股。

当采用向参与网下配售的询价对象配售及向参与网上发行的投资者配售等两种发行方式时，关于发行数量分配，实践中往往采用回拨机制，即为了保证发行成功和公平对待不同类型投资者，先人为设定不同发行方式下的发行数量，然后根据认购结果，按照预先公布的规则在两者之间适当调整发行数量。

在历史上，我国股票发行还曾采取过全额预缴款方式、储蓄存款挂钩方式和上网竞价等方式。前两种股票发行方式都属于网下发行的方式，其中全额预缴款方式又包括"全额预缴款、比例配售、余款即退"和"全额预缴款、比例配售、余款转存"两种方式。

10. 稳定价格

在证券承销中，为保证证券发行成功，也为维护本次发行之后的永久承销声望，投资银行通常会对所承销的股票实行稳定价格策略。通常有三种稳定价格的技巧：联合做空策略；"绿鞋期权"策略；提供稳定报价策略。

1) 联合做空策略

联合做空策略是指主承销商在分配证券给辛迪加成员时，分配的额度比原先讲定的要少，这样人为造成一笔该证券的空头。例如，原先打算承销 50 000 股的承销商可能在分配那天实际只得到 45 000 股，如果它已将预计的 50 000 股卖出，则他必须进入市场买进另外 5 000 股以弥补它的空头，这样，普通股的价格就会稳定在发行价格之上。联合做空受到投资者的欢迎，因为他们可以很快抛出股票而获利，但发行人则可能不情愿，因为当股票出现热销时他可能会觉得其股份在一开始卖得太便宜。针对这种情况，投资银行就可能采取"绿鞋期权"。

2) "绿鞋期权"策略

绿鞋期权（green shoe option）在我国又称超额配售选择权，是指新股发行时，发行人授予主承销商在该次发行的股票上市后 30 天内，可以按同一发行价格，超额发售不超过本次计划发行数量的一定比例股份的权利，超额发售的股份被视为本次发行的一部分。1963 年在美国波士顿绿鞋制造公司发行股票时首次采用该条款而得名。中国证监会于 2001 年 9 月 3 日公布了《超额配售选择权试点意见》，标志着绿鞋期权在我国的开始。

"绿鞋期权"策略的目的是稳定和支持二级市场该股票价格。具体操作：主承销商与发行人达成协议，允许承销商在既定发行规模的基础上，可视市场情况使用发行人授予的超额配售权；主承销商卖出包括超额部分（已处在卖空地位）的全部股票，一旦股票下跌至发行价，则主承销商可用超额发行所获资金按低于市场价格回购超额部分股票，再以发行价卖给先前申购的投资者（相当于对冲），从而支撑了价格，同时赚得差价；而当股价上涨超过发行价时，直接要求发行人增发超额部分股票，对冲空头头寸。

3) 提供稳定报价策略

提供稳定报价策略是指主承销商在承销期中报出一个不低于发行价的买入价，市场中任何该股票的卖家都可以按这个报价出售股票；这个报价就是支持该股票的稳定价格。提供稳定报价策略能使投资者对新发行的股票充满信心，从而有利于股票在二级市场的表现。

 专栏 2-5

中国银行 H 股发行附加超额配售权

中国银行股份有限公司于 2006 年 5 月 18 日至 23 日向全球发行 H 股，招股价 2.92 港元，发行总股本 255.685 9 亿股。在招股说明书中，发行人赋予联席全球协调人超额配售权：联席全球协调人自国际购买协议签订日期至在中国香港公开发售申请日最后一日的 30 天内，可随时要求中国银行股份有限公司按照全球发售股份的相关条款及条件，以发售价额外发行共 383 528 800 股股份。中行 H 股发行在全球特别是中国香港受到热烈追捧。截至 2006 年 6 月 6 日，联席全球协调人已悉数行使超额配售选择权，共增加发行 383 528 800 股 H 股。占全球发售 H 股份的约 15%。经香港联交所上市委员会批准，超额配售股份于 2006 年 6 月 9 日在中国香港主板开始上市买卖。

11. 墓碑广告

在股票发行结束后，投资银行会在报纸和杂志上刊登墓碑广告（tombstone）。墓碑广告是刊登在报纸和杂志上的加边框的广告，它说明了发行的特点，它更多地带有公告的性质而不仅仅是广告，墓碑广告是股票承销过程中的关键组成部分。

虽然一般读者对墓碑广告并没有多大兴趣，但是对于从事证券承销业务的投资银行家们来说墓碑广告具有很重要的意义，因为在墓碑广告中，各投资银行排列的位置，明确地体现了其在投资银行界所处的地位。

在墓碑广告中，主承销商的名称通常列在承销商名单的最上面，如果几家投资银行共同担任主承销商，列在最左方的投资银行，具有决定承销团成员及销售比率的权限。紧接着主承销商的是投资银行业中具有较高声望的投资银行，在华尔街，这些投资银行被称为特殊阶层。只要特殊阶层的投资银行参加承销辛迪加，就意味着可以保证该种证券的健全性，因此，特殊阶层是权威的象征。排在特殊阶层后面的是主要阶层的投资银行，它们的权力仅次于特殊阶层，业务量也很大，其承销的分量虽然较特殊层小，但在投资银行业中也有相当大的发言权。排在主要阶层后面的投资银行是准主要阶层的投资银行，它们是争取主要阶层地位的强有力的候补者。名列准主要阶层后面的投资银行是次要业者，次要业者之中有很多投资银行具有直接分销给一般投资者的推销能力。这一层次的投资银行也分很多级，在墓碑广告上只刊登此阶层中地位最高的一群投资银行名称。可以说，墓碑广告是投资银行地位的见证石。

2.3 债券的公开发行与承销

债券发行是发行人以借贷资金为目的，依照法律规定向投资者要约发行代表一定债权和兑付条款的债券的经济行为。债券发行是企业融资另一种重要形式。

2.3.1 投资银行债券承销业务的一般程序

与股票发行承销相比，投资银行的债券承销程序相对简单，一般包括：获取债券承销业务、组建承销辛迪加和实施发行3个主要环节。

1. 获取债券承销业务

投资银行有以下两条获取发行业务的途径。一是投资银行主动与发行人接触，在了解发行人的设想与要求之后，主动编制发行方案的建议书提交发行人。发行建议书应包括债券发行的全部要素，承销团组织的设想，主承销商及承销团成员的认购计划，债券的分销计划，等等。如果发行人对发行建议书比较满意，就会与投资银行进一步磋商与修订有关细节。在发行建议书进一步完善后，发行人与投资银行签订债券发行合同，由该投资银行担任主承销商并组建承销团。二是参加竞争投标。公募债券发行人为降低债券的发行成本，获取最佳的发行方案，常常采用招标方法来选投资银行。投资银行应主动参与投标。投标的标书一般有统一的格式，其主要内容应包括债券发行的全部要素，最主要的是利率的设定、承销费用的计算等。投资银行可以单独投标，也可以联合其他金融机构组成投标团，以示实力。发行人在规定的截止日期前将各家标书全部收齐，然后进行开标，中标人与发行人签订债券的承销合同后，便开始着手组建承销辛迪加。

2. 组建承销辛迪加

承销阶段的一项核心工作是组建一个承销辛迪加。与股票辛迪加不同，债券的辛迪加一般不再只是由投资银行参与，这是因为许多国家包括中国对商业银行及其他金融机构参与债券尤其是国债的承销和分销都不限制，一般来说承销辛迪加主要由经理集团与承销集团组成。经理集团为中标的投标团，其成员都为实力雄厚的大型投资银行或商业银行，由其负责向发行人投标，其中首席经理银行为主承销商，中标后负责与发行人签约。经理集团负责本次债券的全部承销工作，并认购其中大部分债券，其内部配额一般按首席经理银行、一般经理银行、协同经理银行从多到少排列。承销集团成员为一般的投资银行和商业银行，主要承销经理集团负责部分之外的债券，又由包销商和代销商两部分组成。包销商从承销辛迪加一次购进一定数量的债券进行分销，独立承担分销风险；承销商则仅负责摊销，其收入是按摊销的数量提取手续费。经理集团要与承销集团成员签订协议书，明确双方的权利与义务。组建承销辛迪加的目的是为了将债券尽快销售出去，这涉及承销团成员的两个问题：一是诚信，即承销团成员必须在合同规定的到期日将款项交给发行人；二是风险，即承销团成员还承担着市场价格下跌而受损的风险。

3. 实施发行

组建承销辛迪加后，便进入了债券的发行阶段。严格地说，债券发行与股票发行并无二致，读者可参看前文，这里不再赘述。

2.3.2 债券的信用评级

债券的信用评级是指专业的证券评级机构根据发行人提供的信息材料，并通过调查、预测等手段，就某一特定债券对其发行人的信用等级所作出的一种评价，这也是债券公开发行与股票公开发行的一个重要差别环节。对债券进行信用评级的根本目的是将债券发行人的信誉和偿债的可靠程度公之于投资者，以保护投资者的利益，同时也为债券的成功销售提供需求保证。

1. 信用评级的依据

债券信用评级的实质是评价发行人的偿债能力、债券发行人的资信状况和投资者所承担的投资风险。评级的主要依据包括：债券发行人的偿债能力即发行人的盈利预期、资产负债比例和按期还本付息的能力等；债券发行人的资信状况，主要考察发行人的过去偿债情况及市场信誉等；投资者承担的风险水平，主要分析发行人破产或重组的可能性大小，一旦出现意外，债权人所受保护的程度等。

2. 信用评级的程序

一般的信用评级程序如下（见图 2-2）。

1）提出评级申请并提供相关材料

信用评级首先是由发行人向证券评级机构提出评级申请，并根据评级机构的要求提供详细的书面材料。一般来说，给证券评级机构的资料是非公开的。它通常比提交证券管理部门的发行注册申报书的内容更多。证券评级机构收到材料后，会就书面材料中的值得进一步调查的问题和其他有关情况提出询问。发行人向证券评级机构提供的资料包括：代表公司法人的法律凭证；债券发行概要，包括债券发行额、期限、还本付息和附加条款等票面要素；发

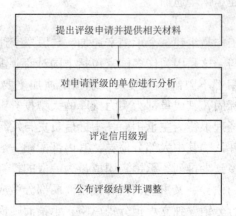

图 2-2 信用评级的一般流程

行债券的用途;公司近几年的财务情况,包括会计报表、偿还债务计划、负债计划等;公司概况,包括公司的资本、经营目标、组织结构、经营者、主营业务、销售状况、财政政策和管理状况;发行条件要点。

2) 对申请评级的单位进行分析

证券评级机构将根据其所掌握的资料,主要是从产业分析、财务分析、信托证书的分析和国际风险分析等方面对被评级单位进行综合分析。

产业分析主要包括两方面的内容:一是判断该公司所属的产业的生命周期,以及判断在经济环境变化中的敏感度等;二是评价该公司在同行业中的竞争能力,分析公司生产经营的各个方面在同业中所处的地位及今后的趋势。财务分析主要是依据一些指标对财务状况进行评价,这些指标包括:① 收益性指标,包括销售利润率、投资收益率和利息支付能力等;② 负债比率,包括负债比率、长期负债比率和短期负债比率等;③ 财务弹性指标,包括资金流动比率、速动比率、营运资金比率、应收账款周转率、存货周转率;④ 清算价值。信托证书是规定债券发行人和债权人权利和义务的文件,对它进行分析也是债券评级机构的评级内容之一,主要包括财务限制条款和债券的优先顺序两方面。财务限制条款是防止公司的财务状况出现恶化的限制条款,在信托证书上通常将其视为保护债权人利益的特约条款,它由债券发行人与承购公司共同制定。债券的优先顺序是指当债务人不履行或不能履行偿债义务时,法律上对债权人求偿权的优先顺序。

当一国政府、金融机构、公司在其他国家或国际金融市场上发行债券时,还需要对其进行国际风险的分析。由于一国偿还债务的能力和愿望是由其政治、社会和经济结构状况决定的,因此国际风险分析包括:① 政治风险分析,包括政治制度、社会情况、国际关系等;② 经济风险分析,包括债务国的外债情况、国际收支情况、汇率制度、经济体制与经济增长和总体经济实力等。

3) 评定信用级别

在调查分析的基础上,证券评级机构会根据债券风险程度的大小决定发行人的信用等级,并与发行人进行联系征求其对评级的意见。经发行人同意后,最后决定信用评级。如果发行人不服评级机构的评定,则可以提交理由,申请变更信用级别,并由发行人提交追加资料，评级人根据追加资料，再次进行讨论，重新决定信用级别。根据惯例，一般这种变更只能一次。

信用机构评定的债券信用级别往往是通过一些符号来表示，如标准－普尔（Standard & Poor's）和穆迪（Mood's）公司的债券评级就是用大小写英文字母表示的，分别如表2－1和表2－2所示。

表2－1　标准－普尔等级评定系统

标志	名称	特征描述
AAA	最高级	有非常强的本息偿还能力
AA	高级	有很强的本息偿还能力，条件逊AAA
A	中高级	中上品质，目前对本息偿还的保障尚属适当，条件逊AA
BBB	中级	中级品质，目前对本息偿还保障尚可，但未来经济条件变化时，约定条件可能不足于保障本息安全
BB	中低级	中下品质，具有一定投机性，保障条件属中等
B	半投机级	具有投机性，缺乏投资性，未来本息缺乏适当保障
CCC	强投机级	具有投机性，债息尚能支付，但经济条件不佳时，债息可能停付
CC	超强投机级	同上，比CCC更差
C	充分投机级	债信不佳，本息可能已经违约停付、无力支付债息
D	最低级	品质最差，不会履行债务，前途无望，但尚有残值

表2－2　穆迪等级评定系统

标志	名称	特征描述
Aaa	最佳级	最佳，质量最高，风险最小，本息偿还有充分保证，又称金边债
Aa	高级	证券保护措施不如Aaa，且某些因素可能使远期风险略高于Aaa
A	中高级	担保本息偿付的措施适当，但含有某些损害因素
Baa	中低级	担保本息偿付的措施在短期内适当，但长期不妥
Ba	投机级	担保本息偿付的措施似乎可以，但有投机因素和其他不确定因素
B	不宜长期投资级	不具备吸引投资的特点，从长远看本息偿付的保护不可靠
Caa	较差级	属于低等级债券，本息偿付将被延迟，甚至危及支付
Ca	较高投机级	经常发生本息推迟偿付，或者其他明显问题
C	最低级	最低等级债券

4）公布评级结果并调整

证券评级机构评定完信用级别后，一方面通知评级申请人，同时将评级结果汇编成册，公开发行。根据各申请人的财务、经营活动变化，评级机构会定期调整债券信用级别。这是由于公司债券或地方政府债券的质量是随其经营活动发展而变化的，评定的级别也不可能一成不变。因此，证券评级机构必须定期发布最新的债券评级结果，及时调整过去的评定等级。

思考题

1. 比较公开发行和私募；比较溢价发行、平价发行和折价发行。
2. 证券承销有哪几种方式，它们之间有什么区别？
3. IPO 小组的成员有哪些？它们的各自作用是什么？
4. 什么是尽职调查？股票发行中尽职调查的内容有哪些？
5. 现阶段我国首次公开发行股票的募股文件主要包括哪些？
6. 路演在股票的公开发行和承销中有哪些作用？
7. 分析组建承销团对主承销商的利弊。
8. 比较在我国实践中，各种股票发售方式的优劣。
9. 在股票承销中，投资银行对稳定价格有哪些技巧？
10. 试述投资银行股票承销的一般流程。
11. 试述债券发行的一般流程。
12. 什么是信用评级？信用评级的目的和依据分别是什么？
13. 试述信用评级的程序。

第 3 章

证 券 交 易

学习目标

1. 了解证券交易的一般性知识，包括证券交易市场、交易方式和交易机制等。
2. 了解投资银行在证券交易中的角色地位。
3. 熟悉我国现行证券经纪业务的账户管理和证券结算体制。
4. 熟悉证券委托买卖的相关实务工作内容。
5. 熟悉集合竞价方式和连续竞价方式。
6. 了解投资银行的做市商业务和自营业务。

3.1 证券交易概述

证券交易（security trading）是指已发行的证券在证券市场上买卖的活动。证券交易与证券发行有着密切的联系，两者相互促进、相互制约。一方面，证券发行为证券交易提供了对象，决定了证券交易的规模，是证券交易的前提；另一方面，证券交易使证券的流动性特征显示出来，从而影响到证券发行的顺利进行。

3.1.1 证券交易市场

证券交易市场也称二级市场、次级市场，是指对已经发行的证券进行买卖、转让和流通的市场。证券交易市场主要分为场内交易市场和场外交易市场两种形式。

1. 场内交易市场

场内交易市场又称证券交易所市场，是指由证券交易所组织的集中交易市场，有固定的交易场所和交易活动时间。这里所谓的证券交易所，是指由证券管理部门批准的，为证券的集中交易提供固定场所和有关设施，并制定各项规则以形成公正合理的价格和有条不紊的秩序的正式组织。证券交易所接受和办理符合有关法令规定的证券上市买卖，投资者则通过证券商在证券交易所的席位进行证券买卖。具体来说，证券交易所的基本职能包括：提供证券交易的场所和设施；制定证券交易所的业务规则；接受上市申请并安排证券上市；组织并监督证券交易；管理和公布市场信息等。

从组织形式上看,证券交易所可分为会员制和公司制两种类型。会员制证券交易所是以会员协会形式成立的不以营利为目的的组织,主要由证券商组成,实行会员自治、自律、自我管理。只有会员及享有特许权的经纪商,才有资格在交易所中进行交易。会员制证券交易所的最高权力机构是会员大会,理事会是执行机构,理事会聘请经理人员负责日常事务。目前,大多数国家的证券交易所均实行会员制,我国上海证券交易所和深圳证券交易所都实行会员制。公司制证券交易所以营利为目的,它是由各类出资人共同投资入股建立起来的公司法人。公司制证券交易所对本所内的证券交易负有担保责任,必须设有赔偿基金。在公司制下,交易所的证券商及其股东不得担任证券交易所的董事、监事或经理,以保证交易所经营者与交易参与者的分离。美国纽约证券交易所、瑞士的日内瓦证券交易所都采用公司制。

专栏 3-1

证券交易所的会员、席位与交易单元

上海证券交易所(以下简称"上交所")和深圳证券交易所采取会员制。它们通过接纳证券公司入会,组成一个自律性的会员制组织。在我国,证券交易所接纳的会员分为普通会员和特殊会员。普通会员是经有关部门批准设立并具有法人地位的境内证券公司。境外证券经营机构设立的驻华代表处,经申请可以成为证券交易所的特殊会员。证券交易所对会员进行监督管理,其中重要的一环是制定具体的会员管理规则,包括总则、会员资格管理、席位与交易权限管理、证券交易及相关业务管理、日常管理、监督检查和纪律处分等。

在传统意义上,交易席位是证券公司在证券交易所大厅内进行交易的固定位置,其实质还包括了交易资格的含义,即取得了交易席位后才能从事实际的证券交易业务。从沪深证券交易所的相关管理制度看,交易席位代表了会员在证券交易所拥有的权益,是会员享有交易权限的基础。

交易单元,是指证券交易所会员取得席位后向证券交易所申请设立的、享有及行使相关交易权利,并接受证券交易所监管及服务的基本业务单位。会员应当通过在上交所申请开设的交易单元进行证券交易。因此,交易单元是交易权限的技术载体。一般来说,会员在取得席位后,可根据业务需要向交易所申请设立1个或1个以上的交易单元。

2. 场外交易市场

场外交易市场是指在交易所外由证券买卖双方当面议价成交的市场,它没有固定的场所,也没有正式的组织,实际上是一种通过电讯系统直接在交易所外面进行证券买卖的交易网络。场内外交易市场的共同特点是它们都是在国家法律限定的框架内,由成熟的投资者参与,接受政府管理机构的监管。但是场外交易比交易所上市所受的管制少,更显得灵活方便,因而为中小型公司和具有发展潜质的新公司提供了二级市场,特别是许多新科技型公司都在场外市场交易。另外,场外市场也存在缺乏统一的组织、信息不灵等特点。

一般来说,场外市场可以分为以下3类。

(1)柜台市场。柜台市场(Over The Counter,OTC),也称店头市场。在这一市场交易的证券主要是按照法律规定公开发行而未能在证券交易所上市的证券。证券发行后不在交易

所挂牌上市,主要原因或者是达不到交易所挂牌条件,或者是不愿意接受交易所严格的信息披露限制,或者是出于减少手续费及增加灵活度的考虑。柜台市场采用议价交易的做法,由买卖双方协商决定,一般只进行即期交易。柜台市场一般有固定的场所,主要是证券经营商的营业部,但它不是严格意义上的固定场所,因此仍然属于场外交易市场中的一种。目前,柜台市场最为典型、最为发达的是美国的纳斯达克(NASDAQ)。近年来,NASDAQ系统发展很快,其成交量已超过纽约证交所。事实上,美国有1/3的普通股、大部分公司债券和所有的政府债券、市政债券,都是在以NASDAQ为主的场外交易市场完成的。

(2)第三市场(又称店外市场)。它是由交易所会员直接从事大宗上市股票交易而形成的市场。由于大宗交易可以降低向交易所支付的佣金费率,就产生了交易所会员直接完成交易的情况。在这个市场上,其主要客户是机构投资者。

(3)第四市场。是指投资者完全绕开证券经纪商,相互之间直接进行交易所形成的市场。由于科技迅速发展,特别是计算机和通信技术日益发达,买卖双方只需利用计算机系统,通过终端设备即可进行交易。第四市场具有交易成本低、成交快、保密好等优点,只是监管起来比较麻烦。

3.1.2 证券交易方式

早期的证券交易主要是现货交易,即所谓一手交钱一手交货。随着证券市场的逐步成熟和证券交易规模的日益扩大,证券交易方式也在不断发生变化:从低级逐渐走向高级,从简单走向复杂,从单一发展为复合,等等。

根据不同标准,证券交易方式主要有以下分类。

1. 根据交易完成的交割期限分为现货交易、远期交易和期货交易

最原始的现货交易是指交易完成时钱货两清,交易时间和交割时间是同时完成的。在现代证券交易中,证券的成交与证券的实际清算和交割之间通常存在短的时差(一般3天以内),但只要在成交之后到清算和交割之前,证券与资金处于冻结状态,都称为现货交易。远期交易是指证券交易双方许诺在将来某一特定时间内,以协定的价格进行证券买卖的交易方式,在这种方式下,交易时间和交割时间是不同的。例如,3个月的远期协议,成交日和清算交割日就要跨度约3个月。期货交易是远期交易的标准化形式,在期货交易中,也是双方约定未来以某种价格买卖某种证券,但在和约中,交易的品种、规格、数量、期限、交割地点等已经标准化。因此,期货交易更有利于流通和管理,往往既能在场内交易,也能在场外交易,而远期协议只能在场外交易。

2. 根据交易的价格形成方式分为做市商交易和竞价交易

做市商交易是指证券交易的买卖价格均由做市商给出,证券买卖双方并不直接成交,而是从做市商手中买进或向做市商卖出证券,做市商则以其自有资金或证券进行证券买卖。竞价交易是指证券交易双方的订单直接进入或由经纪商呈交到交易市场,在市场的交易中心以买卖价格为基础按照一定的原则进行撮合。我国的交易所内的股票、期货、债券等均采用竞价交易。

3. 根据证券交易付款资金的来源分为现金交易和保证金交易

现金交易是指证券买卖过程中,投资者支付全部证券价款,买进委托全部以现金完成。保证金交易又称信用交易、垫头交易,是投资者通过交付保证金取得经纪人信用而进行的交易。保证金交易可以分为信用买进交易和信用卖出交易。信用买进交易又称保证金购买（buying on margin），是指对行情看涨的投资者交付一定比例的初始保证金，由经纪商垫付其余价款，为他买进指定证券。信用卖出交易又称卖空交易（short sales），是指对市场看跌的投资者本身没有证券，就向经纪商交纳一定比例的初始保证金（现金或证券）后，借入证券在市场卖出，并在未来买回该证券还给经纪商。

我国过去是禁止保证金交易的。2005年10月重新修订后的《证券法》取消了这一规定。随后，中国证监会发布了《证券公司融资融券业务试点管理办法》，沪、深证券交易所也公布了融资融券交易试点的实施细则。因此，保证金交易在我国已合法开展。

3.1.3 证券交易程序

在证券交易活动中，投资者在证券市场上买卖已发行的证券须遵循一定程序。许多国家的证券交易已采用电子化形式，在这种情况下，证券交易的基本程序包括开户、委托、成交、结算等几个阶段，如图3-1所示。

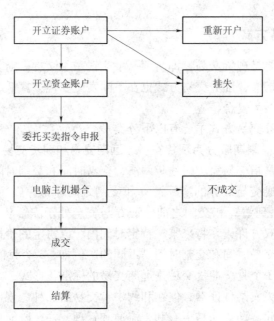

图3-1 证券交易程序

开户包括开立证券账户和资金账户，其中证券账户用来记载投资者所持有的证券种类、数量和相应的变动情况；而资金账户用来记载和反映投资者买卖证券的货币收付和结存金额。资金账户主要分为现金账户（cash account）和保证金账户（margin account）两种。其中，现金账户最为普遍，在这种账户下，一切都用现金交易，因此只要能迅速地付款和交付证券，客户就可以在这种账户下委托经纪商进行证券买卖。大部分个人和几乎所有大额投资者如保险公司、企业或政府的退休基金、互助基金等，开设的都是这种账户。在保证金账户下，客户可以用少量的资金买进大量的证券，大部分资金由经纪商给投资者垫付，作为经纪商给投资者的贷款。这种交易也称为信用交易，大多衍生产品由于可以买空和卖空，一般都在保证金账户下进行。从我国过去的情况看，投资者的资金账户一般是在经纪商那里开立的。通过开立资金账户，可以建立投资者和经纪商的委托代理关系。而现阶段我国普遍实行第三方存管制度，这一制度可以在一定程度上防范经纪商挪用投资者交易结算资金的现象，从而起到保护投资者的作用。

在证券交易所市场，投资者买卖证券是不能直接进入交易所办理的，而必须通过具有会员资格的经纪商才能在证券交易所买卖证券。在这种情况下，投资者向证券经纪商下达买进或卖出的指令，称为委托。证券交易所在证券交易中接受报价的方式主要有口头报价、书面报价和计算机报价三种。其中，计算机报价是指证券经纪商通过计算机系统进行证券买卖申报，做法是：将买卖指令输入计算机终端，并通过计算机系统传给证券交易所的交易系统计算机主机，计算机主机接收后即进行配对处理，并按一定规则自动撮合。目前，我国通过证券交易所进行的证券交易均采用计算机报价方式。

在成交价格方面，如果是在竞价市场，买卖双方的委托由经纪商交到交易市场，交易市场按照一定的规则进行订单匹配，匹配成功后按投资者委托订单规定的价格成交；如果是做市市场，交易价格由做市商报出，投资者接受做市商的报价后，即可与做市商完成交易。根据各国证券市场的实践，委托订单匹配原则主要有：价格优先原则、时间优先原则、按比例分配原则、数量优先原则、客户优先原则、做市商优先原则和经纪商优先原则等，其中各证券交易所普遍使用价格优先原则为第一优先原则。我国采用价格优先原则和时间优先原则。

证券成交后，首先需要对买方（或卖方）在资金方面的应付额（或应收额）和在证券方面的应收券种和数量（或应付券种和数量）进行计算，这一过程称为清算，包括资金清算和证券清算。清算结束后，需要完成证券由卖方向买方的转移和资金由买方向卖方的转移，这一过程称为交收或交割。清算和交收是证券结算的两个方面。对于不记名证券，完成了清算和交收，交易过程即告结束；而对于记名证券，完成清算和交收，还有一个登记过户的过程，只有完成了登记过户交易过程才告结束。在我国的交易所市场，证券结算是通过中国证券登记结算有限责任公司加以完成的，中国证券登记结算有限责任公司在上海和深圳两地各设一个分公司，分别针对在上海证券交易所和深圳证券交易所的上市证券，为投资者提供证券登记结算服务。

3.1.4 证券交易机制

证券交易机制的实质是证券成交价格的形成方式。证券交易机制可以从不同角度划分。

从交易时间的连续特点划分，有定期交易系统和连续交易系统。在定期交易系统中，成交的时点是不连续的。在某一段时间到达的投资者的委托订单并不马上成交，而是要先存储起来，然后在某一约定的时刻加以匹配。其特点：批量指令可以提供价格的稳定性；指令执行和结算的成本相对比较低。在连续交易系统中，在营业时间里订单匹配可以连续不断地进行，因此两个投资者下达的指令，只要符合成交条件就立即成交，而不必再等待一段时间定期成交。其特点：为投资者提供了交易的即时性；交易过程中可以提供更多的市场价格信息。

从交易价格的决定特点划分，有指令驱动机制和报价驱动机制。指令驱动机制是一种竞价市场，也称为"订单驱动市场"。在竞价市场中，证券交易价格是由市场上的买方订单和卖方订单共同驱动的。如果采用经纪商制度，投资者在竞价市场中将自己的买卖指令报给自已的经纪商，然后经纪商持买卖订单进入市场，市场交易中心以买卖双向价格为基准进行撮合。报价驱动机制是一种连续交易商市场，或称"做市商市场"。在这一市场中，证券交易的买价和卖价都由做市商给出，做市商根据市场的买卖力量和自身情况进行证券的双向报价。投资者之间并不直接成交，而是从做市商手中买进证券或向做市商卖出证券。我国交易所市场采用的是指令驱动系统机制，外汇市场则部分采取了报价驱动机制。

3.1.5 投资银行在证券交易中的作用

投资银行主要以3种角色进行证券交易业务：证券经纪商、证券自营商和证券做市商。

1. 证券经纪商

证券经纪商（brokers）就是接受客户委托、代理客户买卖证券并以此收取佣金的投资银行。证券经纪商以代理人的身份从事证券交易，与客户是委托代理关系，它必须遵照客户发出的委托指令进行证券买卖，并尽可能地以最有利的价格使委托指令得以执行，但它不承担交易中的价格风险。证券经纪商之所以存在，是因为证券交易的特殊性、交易规则的严密性和操作程序的复杂性，决定了广大证券投资者很难直接进入交易市场（特别是交易所市场）进行交易活动，因此需要通过具备一定条件的证券经纪商来进行交易。证券经纪商的主要作用在于：充当买卖媒介，发挥着沟通买卖双方并按一定要求迅速、准确地执行指令和代办手续的媒介作用，从而提高了证券的流动性和效率；提供咨询服务，这些咨询服务包括上市公司的详细资料、公司和行业的研究报告、经济前景的预测分析和展望研究、有关证券市场的变动趋势分析、有关资产重组的评价和推荐等。

2. 证券自营商

证券自营商（trader）是指以盈利为目的，运用自有资本进行证券买卖的投资银行。证券自营商并不接受投资者委托，而是为自己直接买卖证券并从中获利。证券自营商可以分为三大类：一是从事投资业务的投机商，它们从证券价格的变化中谋求资本利得；二是从事套利业务的套利商，主要从相关价值错位中套取利润；三是从事风险套利活动的风险套利商，主要从股票市场的并购活动或公司破产重组等其他形式重组活动中套利。

投资银行担任证券自营商角色有以下几个特点：第一，投资银行必须有一定量的资金，以满足其资金周转的需要；第二，买卖证券主要不是为了获取股利、利息和红利，而是为了赚取买卖差价；第三，投资银行自己承担自营交易的风险。

3. 证券做市商

证券做市商（dealers）是指运用自己的账户从事证券买卖，在报价驱动系统机制下，通过不断的买卖报价维持证券价格的稳定性和市场流动性，并从买卖报价的差额中获取利润的金融服务机构。具体来说，做市商对它做市的证券不断向公众交易者报出买卖价格，并在所报价格上接受公众买卖要求，买进卖出某一个证券。做市商通过买卖的适当差额来补偿其所提供的服务成本费用，实现利润。

与经纪商相比，做市商不依靠佣金收入，而是靠买卖差价来赚取收入。另外，尽管证券做市商与证券自营商一样都是靠买卖差价来赚取收入，但两者之间也有明显差别：其一，做市商从事交易的主要动机是创造市场并从中获利，而自营商持有证券头寸并非做市的需要，而是希望从价格变动中获利；其二，做市商通常在买卖报价所限定的狭小范围内从事交易，所赚的差价是有限的，因而做市商冒的风险相对小一些，而自营商则是为了从差价中赚取盈利,差价越大越好,其冒的风险较大。

3.2 证券经纪业务

证券经纪业务是指证券经纪商通过其设立的证券营业部,接受客户委托,按照客户的要求,代理客户买卖证券的业务。在证券经纪业务中,经纪商不垫付资金,不赚差价,只收取一定比例的佣金作为业务收入。证券经纪业务可分为柜台代理买卖和证券交易所代理买卖两种。从我国证券经纪业务的实际内容来看,柜台代理买卖比较少。因此,证券经纪业务目前主要是指经纪商按照客户的委托,代理其在证券交易所买卖证券的有关业务。

目前,我国具有法人资格的证券经纪商是指在证券交易中代理买卖证券,从事经纪业务的证券公司。证券经纪业务是证券公司的传统业务之一,在我国的一般证券公司中,证券经纪业务收入属于稳定收入,一般占总收入的50%以上。

投资银行的经纪业务活动贯穿于证券交易的一般流程(参见图3-1),主要包括开设账户、委托买卖、竞价成交、证券结算等基本业务。

3.2.1 开设账户

按我国现行的做法,投资者入市应事先到中国证券登记结算有限责任公司上海分公司和深圳分公司及其代理点开立证券账户。在具备了证券账户的基础上,投资者可以与经纪商建立特定的经纪关系,这一关系的过程包括签署《风险揭示书》、《客户须知》,签订《证券交易委托代理协议》,开立客户交易结算资金第三方存管协议中的资金台账等。

在我国,证券账户是指中国证券登记结算有限责任公司为申请人开出的记载其证券持有及变更的权利凭证。开立证券账户是投资者进行证券交易的先决条件。对于股票账户来说,它还是认定股东身份的重要凭证,具有证明股东身份的法律效力。根据《中国证券登记结算有限责任公司证券账户管理规则》的规定,中国证券登记结算有限责任公司对证券账户实施统一管理,其上海、深圳分公司及中国结算公司委托的开户代理机构为投资者开立证券账户。这里,开户代理机构是指中国结算公司委托代理证券账户开户业务的证券公司、商业银行及中国结算公司境外B股结算会员。

我国投资者在证券公司开立的资金账户是指客户交易结算资金第三方存管协议中的资金台账,该账户是由投资者在证券公司营业部开立并专门用于投资者的证券买卖交易,证券公司通过该账户对投资者的证券买卖交易进行前端控制、清算交收和计付利息。按照我国现行制度,证券公司全面实施了"客户交易结算资金的第三方存管"。在该制度下,证券公司负责客户的证券交易及根据证券交易所和证券登记结算公司的交易结算数据清算客户的资金和证券;存管银行负责管理客户交易结算资金管理账户,向客户提供交易结算资金存取服务,并为证券公司完成与登记公司和场外交收主体之间的法人资金结算服务。在该制度下,投资者开立资金账户时,需要与证券公司和选定的商业银行(作为客户交易结算资金的存管银行)三方共同签署《客户交易结算资金银行存管协议》,并选择存管银行开立交易结算资金管理账户。

3.2.2 委托买卖

上述经纪关系的建立只是确立了投资者与证券经纪商之间的代理关系，而并没有形成实质上的委托关系。当投资者办理了具体的委托手续，包括投资者填写委托单（柜台委托）、自助委托（电话、磁卡、网上委托等）和证券公司受理委托，则投资者和证券公司之间就建立了受法律约束和保护的委托关系。证券交易中的委托单，如果经投资者和证券公司双方签字和盖章，性质上就相当于委托合同。这种委托关系表现为，投资者（客户）是授权人、委托人，证券公司是代理人、受托人。

1. 资金存取

投资者委托买入证券时，需事先在其证券交易结算资金账户中存入交易所需资金。投资者存入的资金、证券交易后的资金交收及资金余额等情况，反映在投资者的资金账户中。投资者在资金账户中的存款可随时提取，并可按活期存款利率定期得到计付的利息。

按照我国现行的客户交易结算资金第三方存管方式的一般模式，存管银行为投资者开立一般存款账户和交易结算资金管理账户，同时证券公司为投资者设立一个客户证券资金台账。投资者的资金存取通过一般存款账户进行，而交易结算资金管理账户用来记载投资者证券交易结算资金的变动情况。证券公司通过客户证券资金台账对投资者的证券买卖交易进行前端控制，并进行清算交收和计付利息。证券公司客户证券资金台账和存管银行的客户交易结算资金管理账户一一对应。

2. 委托指令与委托形式

1）委托指令

委托指令是投资者要求证券经纪商代理买卖证券的指示。其基本要素包括：证券账号、日期、品种、买卖方向、数量、价格。其中，委托买卖证券的价格，是委托能否成交和盈亏的关键，一般分为以下 6 种类型。

（1）限价委托指令（limit order）。客户向经纪商买卖某种证券的指令时，不仅提出买卖数量，而且对买卖的价格作出限定，即在买入时，限定一个最高价，只允许经纪商按低于或等于其规定的价格成交；在卖出时，限定一个最低价，只允许经纪商按高于或等于其规定的价格成交。限价委托的一个最大特点是，证券的买卖可以按照投资人希望或更好的价格成交，有利于投资人实现盈利计划。

（2）市价委托指令（market order）。市价委托只给出交易数量而不给出具体的交易价格，但要求该委托进入交易撮合系统时，以市场上最好的价格进行交易。市价委托的好处在于，它能保证即时成交，相对于其他类型的委托报价方式而言，它消除了因价格限制不能成交所产生的价格风险。从各国股市交易的经验看，机构投资者基于对市场信息的判断而对交易的即时性要求很高，这类投资者普遍采用市价委托报价方式。

（3）定价即时交易委托（immediate or cancel）。客户根据市场上现行的价格水平，要求经纪商按照给定的委托价格立即到市场上进行交易。如果委托进入市场时，市场上的价格正好是委托或比委托价格更好的价格，则可以马上成交，否则其委托自动取消。这种委托报价方式与限价委托方式的主要区别是，它要求即时交易而不等待。

（4）定价全额即时委托（fill or kill）。客户根据市场上现行的价格水平，要求经纪商按照给定的委托价格和交易数量立即到市场上进行交易。若委托进入市场时市场的价格正好是委托价格或比委托价格更好，同时又能全额满足，则可以马上成交，否则其委托自动取消。与定价即时交易委托方式相比，定价全额即时委托要求必须是全额交易。

（5）止损委托（stop order）。这种委托要求经纪商在市场价格达到一定水平时，立即以市价或以限价按客户指定的数量买进或卖出，目的是保护客户已经获得的利润。它本质上是限价委托和市价委托的结合应用。

（6）开市和收市委托（market at open or close）。开市和收市委托要求经纪商在开市或闭市时按市价或限价委托方式买卖证券。与前几种委托报价方式相比，该委托主要区别在于限定成交时间，而对具体的报价方式则没有严格要求。

各国证券市场特别是股票市场，由于历史成因和交易制度的差异，在委托价格方式的选择上各有侧重。纽约证券交易所几乎涵盖了上述所有委托报价类型，而市价委托和限价委托则在世界上主要的证券市场上被普遍采用。根据《上海证券交易所交易规则》和《深圳证券交易所交易规则》规定，客户可以采用限价委托和市价委托的方式委托会员买卖证券，但大多数投资者在股票交易中的电话、网上委托都属限价委托。

证券经纪商对客户负有使委托指令获得最好的足额执行的责任，这具体表现为：第一，经纪商必须不折不扣地执行客户的指令，既不能不经客户同意改变指令执行的时间、价格和内容，也不能过分劝告客户改变指令，并且在执行指令前的任何时间都保留客户取消指令的权利；第二，经纪商必须对客户在交易中获得的收益负保密责任；第三，经纪商不能违反证券交易的法规，而且必须对因其自身的错误而造成的损失负责。

2）委托形式

投资者发出委托指令的形式有柜台委托和非柜台委托两大类。

（1）柜台委托。是指委托人亲自或由其代理人到证券营业部交易柜台，根据委托程序和必需的证件采用书面方式表达委托意向，由本人填写委托单并签章的形式。采用柜台委托方式，投资者和证券经纪商面对面办理委托手续，加强了委托买卖双方的了解和信任，比较稳妥可靠。

（2）非柜台委托。主要有电话委托、传真委托和函电委托、自助终端委托、网上委托（即互联网委托）等形式。另外，如果投资者的委托指令是直接输入证券经纪商交易系统并申报进场，而不通过证券经纪商人工环节申报，就可以称为投资者自助委托。

① 电话委托。是指委托人通过电话方式表明委托意向，提出委托要求。在实际操作中，电话委托又可分为电话转委托与电话自动委托两种。电话转委托是指投资者将委托要求通过电话报给证券经纪商；证券经纪商根据电话委托内容代为填写委托书，并将委托内容输入交易系统申报进场；委托人应于成交后办理交割时补盖签章。电话自动委托属于自助委托方式，它是指证券经纪商把计算机交易系统和普通电话网络连接起来，构成一个电话自动委托交易系统；投资者通过普通的双音频电话，按照该系统发出的指示，借助电话机上的数字和符号键输入委托指令，以完成证券买卖的一种委托形式。

② 传真委托或函电委托。是指委托人填写委托内容后，将委托书采用传真或函电方式表达委托意向，提出委托要求；证券经纪商接到传真委托书或函电委托书后，代为填写委托书，并经核对无误以后，及时将委托内容输入交易系统申报进场，同时将传真件或函电件作为附件附于委托书后。

③ 自助终端委托。是指委托人通过证券营业部设置的专用委托计算机终端，凭证券交

易磁卡和交易密码进入计算机交易系统委托状态，自行将委托内容输入计算机交易系统，以完成证券交易的一种委托形式。证券经纪商的委托系统对自助终端委托过程有详细记录。

④ 网上委托。近年来，随着互联网技术的发展，许多证券公司纷纷开展网上经纪业务，一种全新且方便快捷的委托方式即网上委托应运而生。网上委托就是证券经纪商通过基于互联网或移动通信网络的网上证券交易系统向投资者提供用于下达证券交易指令、获取成交结果的一种服务方式，包括需下载软件的客户端委托和无须下载软件、直接利用所属证券公司网站的页面客户端委托。网上委托的上网终端包括电子计算机、手机等设备。

3.2.3 竞价成交

证券市场的市场属性集中体现在竞价成交的环节上，特别是高度组织化的证券交易所内，会员经纪商代表众多的买方和卖方按照一定规则和程序公开竞价，达成交易。

1. 竞价原则

证券交易按价格优先原则、时间优先原则竞价成交。价格优先原则表现为：价格较高的买进申报优于价格较低的买进申报，价格较低的卖出申报优先于价格较高的卖出申报。时间优先原则表现为：买卖方向、价格相同的，先申报者优于后申报者。先后顺序按交易主机接受申报的时间确定。

2. 竞价方式

目前，我国证券交易所一般采用两种竞价方式：集合竞价方式和连续竞价方式。

上海证券交易所规定，采用竞价交易方式的，每个交易日的9：15—9：25 为开盘集合竞价时间，9：30—11：30、13：00—15：00 为连续竞价时间。深圳证券交易所规定，采用竞价交易方式的，每个交易日的9：15—9：25 为开盘集合竞价时间，9：30—11：30、13：00—14：57 为连续竞价时间，14：57—15：00 为收盘集合竞价时间。

1）集合竞价

所谓集合竞价，是指在规定的一段时间内接受的买卖申报一次性集中撮合的竞价方式。

我国集合竞价是这样确定的：首先，系统对所有买入有效委托按照委托限价由高到低顺序排列，限价相同者按照进入系统的时间先后排列；所有卖出有效委托按照委托限价由低到高的顺序排列，限价相同者按照进入系统的时间先后排列。其次，系统根据竞价原则自动确定集合竞价的成交价，所有成交均以此价格成交。集合竞价的成交确定原则（依次）是：在有效价格范围内选取使所有有效委托产生最大成交量的价位；高于选取价格的所有买方有效委托和低于选取价格的所有卖方有效委托能够全部成交；选取价格相同的买方或卖方至少有一方全部成交。如果满足以上条件的价位仍有两个，深圳证券交易所选取离上日收市价最近的价位为成交价；上海证券交易所选取使未成交量最小的申报价格为成交价格，若仍有两个符合条件，则取两者平均价为成交价格。最后，系统依次序逐步把排在前面的买入委托与卖出委托配对成交，即按"价格优先、同等价格下时间优先"的成交顺序依次成交（注意：高于某一价格的买入委托和低于这一价格的卖出委托是可以按照这一价格配对成交的，因为就某一投资者而言，当成交价低于其申报的最高买入价或高于其申报的最低卖出价时，显然成交价是有利价格，属于限价申报的有效范围），直到不能成交为止，即所有的买入委托的限价均低于卖出的限价。集合竞价中未成交的委托，自动排队进入连续竞价，等待成交。

例如，某股票当日在集合竞价时买卖申报价格和数量情况如表3-1所示，该股票上日收盘价为10.13元。该股票在上海证券交易所当日开盘价及成交量分别是多少？如果是在深圳证券交易所，当日开盘价及成交量又分别是多少？

表3-1 某股票当日在集合竞价时买卖申报价格和数量表

买入数量/手	价格/元	卖出数量/手
—	10.50	100
—	10.40	200
150	10.30	300
150	10.20	500
200	10.10	200
300	10.00	100
500	9.90	—
600	9.80	—
300	9.70	—

根据表3-1，分析各价位的累计买卖数量及最大可成交量如表3.2所示。从表中可以看出，符合上述集合竞价确定成交价原则的价格有两个：10.2元、10.1元。上海证券交易所的开盘价为（10.2+10.1）/2=10.15元；深圳证券交易所的开盘价为距上日收市价（10.13元）最近的10.10，成交量均为300手。

表3-2 各价位累计买卖数量及最大可成交量表

累计买入数量/手	价格/元	累计卖出数量/手	最大可成交量/手
0	10.50	1 400	0
0	10.40	1 300	0
150	10.30	1 100	150
300	10.20	800	300
500	10.10	300	300
800	10.00	100	100
1 300	9.90	0	0
1 900	9.80	0	0
2 200	9.70	0	0

2）连续竞价

连续竞价是指对买卖申报逐笔连续撮合的竞价方式。连续竞价阶段的特点是，每一笔买卖委托输入计算机自动撮合系统后，当即判断并进行不同的处理：能成交者予以成交，不能成交者等待机会成交，部分成交者则让剩余部分继续等待。

按照我国证券交易所的有关规定，在无撤单的情况下，委托当日有效。另外，开盘集合竞价期间未成交的买卖申报，自动进入连续竞价。深圳证券交易所还规定，连续竞价期间未成交的买卖申报，自动进入收盘集合竞价。

连续竞价的成交价格确定原则是：最高买进申报与最低卖出价位相同，以该价格为成交价;买入申报价高于市场即时揭示的最低卖出申报价时,取即时揭示的最低卖出申报价为成交价;卖出申报价低于市场即时揭示的最高买入申报价时,取即时揭示的最高买入申报价为成交价。

随着电子技术的飞速发展,目前大多数国际证券市场均采用连续竞价方式。

3) 证券价格的有效申报范围

除了对特殊情况下不实行涨跌幅限制的情形,一般证券的竞价申报还涉及价格的有效申报范围。根据现行制度规定,无论买入或卖出,股票(含A,B股)、基金类证券在1个交易日内的交易价格相对上一交易日收市价格的涨跌幅度不得超过10%,其中ST股票和*ST股票价格涨跌幅比例都为5%。买卖有价格涨跌幅限制的证券,在价格涨跌幅限制内的申报为有效申报,超过价格涨跌幅限制的申报为无效申报。

3. 竞价结果

竞价的结果有三种可能:全部成交、部分成交、不成交。

4. 交易费用

投资者在委托买卖证券时,需支付佣金、过户费、印花税等费用。

佣金是投资者在委托买卖证券成交后,按成交金额一定比例支付给证券经纪商的费用,此项费用由证券经纪佣金、证券交易所手续费及证券交易监管费组成。过户费是委托买卖的股票、基金成交后,买卖双方为变更证券登记所支付的费用,这笔费用属于证券登记结算公司的收入,在我国由证券经纪商在同投资者清算交收时代为扣收。印花税是按照国家税法规定,在A股、B股成交后对买卖双方投资者按照规定的税率分别征收的税金,在我国,也是先由证券公司在同投资者办理交收过程中代为扣收,在证券公司同证券登记结算公司的清算、交收中集中结算,最后由证券登记结算公司统一向征税机关缴纳。

3.2.4 证券结算

证券结算主要有两种方式:净额清算和逐笔清算,一般情况下,对于通过证券交易所达成的交易采用净额清算方式。净额清算方式,又称差额结算,就是在清算期中,对每一个经纪价款的结算只计其各笔应收、应付款项相抵后的净额,对证券的清算只计每一种证券应收、应付相抵后的净额。净额清算的主要优点是可以简化操作手续,提高清算效率。值得注意的是,在清算价款时,同一清算期内发生的不同种类证券的买卖价款可以合并计算,但发生在不同清算期内的价款则不能合并计算;在清算证券时,只有在同一清算期内且同一证券才能合并计算。所谓逐笔清算,是指对每一笔成交的证券及相应价款单独进行逐笔清算,这主要是为了防止在证券风险特别大的情况下净额清算风险累积情况的发生。显然,该方式在操作上要复杂一些。

在我国,中国证券登记结算有限责任公司事实上是作为证券市场中央结算系统各参与方的共同对手方,根据交易所的交易结果及其他非交易数据,与结算参与人(包括证券公司和可以参与结算的其他特定机构)之间进行资金的多边净额清算。我国的证券与资金结算也实行分级结算原则,即证券登记结算机构负责证券登记结算机构与结算参与人之间的集中清算交收,负责办理结算参与人与其客户之间的清算交收。但结算参与人与其客户的证券划付,应当委托证券登记结算机构代为办理。证券公司参与证券和资金的集中清算交收,应当向证券登记结算机构申请取得结算参与人资格。

3.3 做市业务

证券做市商是运用自己的账户从事证券买卖，通过不断地买卖报价，维持证券价格的稳定性和市场的流动性，并从买卖报价的差额中获取利润的金融服务机构。

3.3.1 投资银行充当做市商的动机

一般来说，投资银行出于以下几个原因充当做市商。

第一，投资银行想从证券交易中获利。做市商在维持市场流动性的同时，可从买卖报价中赚取价差，这就是市场对做市商提供服务的报酬。在市场比较平静的时候，做市商的活动很简单。它们提供买卖报价，应交易对手请求成交。只要定价准确符合市场供需关系，那么他买后，继之以卖，卖后继之以买，如此往复，所持头寸就可保持相对稳定，同时又可赚取买卖价差。如果他的定价过高，则更多的人愿意向他出售证券，从而使其证券存货增加，在这种情况下，他就要降低定价；反之，如果定价过低，更多的人将从他那儿买进证券，于是他的证券存货将减少甚至可能是负数（空头）。作为做市商是不希望他所持有的证券存货大起大落，所以他必须控制头寸并相应地调整他的价格。

第二，投资银行进入二级市场充当做市商，是为了发挥和保持良好的定价技巧，辅助其一级市场业务的顺利开展。在二级市场上积累了丰富经验的投资银行，往往拥有熟练的定价技巧，投资银行将这种技巧运用在市场新股发行中，便能在承销和分销中为发行公司订立一个较适当的发行价，为发行公司尽可能募集到更多的资金而不必承担超常的风险。而投资银行在定价方面声誉，还能够有效地为自己赢得更多的发行业务。

第三，发行公司希望自己的股票在二级市场上市后具有较高的流动性和较好的股价走向。因此，发行公司要寻觅一个愿意为其股票"做市"的金融机构作为其主承销商。投资银行为了争取到发行业务，一般都会在二级市场为其发行的股票做市，以保持股价的大致稳定，直到有其他自营商进入该只股票，它才考虑退出。当然投资银行在做市时，要根据市场条件向市场交易者提供报价。一味托市而开出偏离市场的高价，会让投资银行的该只股票的头寸大量增加。因此，投资银行能否安然承担做市商，在很大程度上取决于它的发行定价是否合适，而后者又需要投资银行长期涉足二级市场，提高其定价技巧。所以二级市场也是投资银行不容忽视的业务领域。

3.3.2 做市商制度的特点与形式

1. 做市商制度的特点

第一，做市商对某只特定证券做市，就该证券给出买进报价和卖出报价，且随时准备在该价位上买进或卖出。第二，投资者的买进订单和卖出订单不直接匹配，相反所有投资者均与做市商进行交易，做市商充当类似于银行的中介角色。第三，做市商从其买进价格和卖出价格之间的差额中赚取差价。第四，如果市场波动过于剧烈，做市商觉得风险过大，也可以退出做市，不进行交易。在理论上，由于存在大量的做市商，且做市商之间会相互竞争，个别做市商的退出不会影响市场的正常运作。第五，在大多数做市商市场，做市商的报价和投资者的买卖订单是通过电子系统进行传送的。

2. 做市商制度的形式

目前，国际上采用两种形式的做市商制度：一种是多元做市商制；另一种是纽约证券交易所的特许交易商制。

伦敦股票交易所和美国的纳斯达克市场是典型的多元做市商制，每一种股票同时由很多个做市商来负责。在纳斯达克市场，活跃的股票通常有几十个做市商，做市商之间通过价格竞争吸引客户订单。

在纽约证券交易所里，交易所指定一个投资银行来负责某一股票的交易，投资银行被称为特许交易商。交易所有数百个特许交易商，而一个特许交易商一般负责几个或十几个股票。与纳斯达克市场相比，纽约股市有三个特点：第一，一只股票只能由一个特许交易商做市，可以被看作是垄断做市商制；第二，客户订单可以不通过特许交易商而在经纪商之间直接进行交易，特许交易商必须和经纪商进行价格竞争，所以纽约交易所是做市商制和竞价制的混合；第三，特许交易商有责任保持"市场公平有序"。

3.3.3 做市商的成本与收益

1. 做市成本

做市商承担的成本主要包括以下3个方面。

（1）直接交易成本。包括处理投资者买卖证券的委托指令的成本、清算成本、通信费用、场地与设备成本等。

（2）存货成本。包括证券存货的管理成本、价格损失成本和货币时间价值等。

（3）信息不对称成本。包括做市商未全面掌握上市公司的非系统风险而造成证券价格下跌，或个别投资者与其他做市商可能掌握更充分的市场信息而导致做市商蒙受损失等。

2. 做市收益

做市业务的主要收益来源于买卖证券的差价。影响做市业务的因素主要包括以下3个方面。

（1）证券成交量大，差价趋于缩小。证券成交量大，缩短了做市商持仓的周期，从而降低了其证券存货风险与货币占用时间价值，作为风险成本的补偿，证券差价也就缩小。

（2）证券收益率变动小，差价趋于缩小。收益率变动较小的证券所产生的风险往往小于收益率变动较大的证券所产生的风险，作为对做市商持仓风险的补偿，证券差价也就缩小。

（3）证券的做市商数量多，差价趋于缩小。同一证券的做市商越多，竞争越大，导致差价缩小；另外，做市商多时，市场流动性越大，做市商承担风险减少，作为风险补偿的差价必然减少。

3.3.4 做市商制度的利弊

做市商制度有以下优点。

（1）成交及时。投资者可以按做市商报价立即进行交易，而不用等待交易对手的买卖指令。尤其是做市商制度在处理大额买卖指令方面上的及时性更是竞价制所不可比拟的。

(2) 价格稳定性。做市商具有缓和价格波动的作用，这是因为做市商受交易所规则约束，能及时处理大额指令，缓和它对价格变化的影响。

(3) 矫正买卖指令不均衡现象。当出现买卖不均衡时，做市商插手其间，可平抑价格波动。

(4) 抑制股价操纵。做市商对某些股票持仓做市，使得操纵者会有所顾忌，他往往既不愿意"抬轿"，又担心做市商抛压，抑制股价。

做市商制度有以下缺点。

(1) 缺乏透明度。在报价驱动制度下，买卖双方信息集中在做市商手中，交易信息发布到整个市场的时间滞后。为抵消大额交易对市场的可能影响，做市商可要求延迟发布或豁免发布大额交易信息。

(2) 增加投资者的负担。由于做市商要聘用专门人员，投入资金，承担做市义务，因此存在一定风险。为此，做市商会对提供的服务和承担的风险要求补偿，如交易费用和税收宽减等。这将增大投资者的运行成本负担。

(3) 可能增加监管成本。采用做市商制度，需要制定详细的监管制度和运行机制，并动用资源监管做市活动。这增加了社会成本，最终也会由投资者承担。

(4) 可能滥用特权。有时，做市商的经纪角色与做市功能可能发生冲突，做市商之间也可能为某些利益合谋串通，存在滥用特权损害投资者的现象。

专栏 3-2

美国纳斯达克市场（NASDAQ）市场的做市商

做市商制度以美国纳斯达克市场（NASDAQ）最为著名和完善。全美证券商协会（NASD）规定，证券商只有在该协会登记注册后才能成为纳斯达克市场的做市商；在纳斯达克市场上市的每只证券至少要有两家做市商（一些交易活跃的股票有40家或更多的做市商）。在开市期间，做市商必须就其负责做市的证券一直保持双向买卖报价，即向投资者报告其愿意买进和卖出的证券数量和买卖价位，纳斯达克市场的电子报价系统自动对每只证券全部做市商的报价进行收集、记录和排序，并随时将每只证券的最优买卖报价通过其显示系统报告给投资者。如果投资者愿意以做市商报出的价格买卖证券，做市商必须按其报价以自有资金和证券与投资者进行交易。

3.4 证券自营业务

证券自营业务是指为了从价格变动中或从相对价值差异中获利而持有金融工具（或头寸）的行为。从价格变动中获利行为是投机（speculation），而从相对价值差异中获利行为则是套利（arbitrage）。大多数投资银行都从事证券自营业务，此时，投资银行扮演的是以自有资金开展投资的自营商的角色。应当指出，投资银行的自营和经纪业务隶属于不同部门，并且部门之间设有防火墙，采用绝对分开的原则。

3.4.1 自营商的投机交易

1. 投机的含义

投机是指自营商期望能够通过预测证券价格的变动方向而获取资本利得。如果自营商认为价格将上升,就会买入证券,希望将来以一个更高的价格卖出获利;如果自营商认为价格将下降,它就会卖出或卖空证券,待价格回落时回补。

投机不等同于赌博。投资银行在进行投机交易时,会进行信息收集和分析,尽量降低风险,因此投机是建立在理性的分析决策基础上的交易行为。投机也不等同于市场操纵,投机本身是依靠判断和预测来获利,并不具有操纵市场的能力。而市场操纵则是通过雄厚的资金实力和技术来控制股价的变化,以损害他人利益来牟取自己利益的行为。投资银行从事投机交易获得的收益主要是风险承担和市场分析所获得的补偿。

投资银行在证券市场从事投机交易至少起到了两个积极作用,一是有助于证券市场的价格发现作用;二是具有活跃证券市场、引导市场资源有效配置的作用。

2. 投机的策略

(1) 绝对价格交易。是指自营商根据某种资产的价格与其价值的差异程度的预测来调整其持有的证券头寸的交易行为,同时对其持有的证券头寸并不进行套期保值。例如,某个投资银行的研究部门通过分析得出,某种股票目前价位是绝对低的,并且预测不久将上升,于是发表一份报告,而股票自营商认为,报告分析是正确的,于是就在市场上买进该种股票。当然在此过程中,股票自营商自己也同时作分析,通过收集信息或凭自己的直觉和预感,来作出自己的分析,因此,他们有时也并不总是同意或采纳研究部门的意见。

(2) 相对价格交易。相对价格交易是指自营商根据对两种资产收益率的差距的相对变动预测,来调整其持有的证券头寸的交易行为。相对价格交易在债券交易操作中最为典型。例如,AAA 级的公司债券和国债之间的收益率差为 0.3,国债收益率低,如果投资银行预测到这种收益率差距还将扩大,那么投资银行就应当卖出公司债而买进国债,而当收益率真的扩大时,投资银行再卖出国债而买进公司债。

(3) 信用等级交易。是指自营商以信用等级预测作为交易的基础,主要也用在债券交易中。如果自营商预测债券的信用等级将下降,则将这些债券卖空;如果预测债券的信用等级将上升,则将买空这些债券。投资银行的研究部往往从事大量的信用分析并试图预测信誉等级的变化。

3.4.2 自营商的套利交易

套利通常是利用证券在两个或两个以上的市场中的价格差异,同时进行买卖,从差价中获取收益。

套利的策略包括空间套利和时间套利。空间套利是最简单的一种套利方式,套利者通过寻找不同市场上同一类证券当期价格的差异而获得收益。时间套利即跨期套利,是指通过对某些资产的现货买进、期货卖出,或现货卖出、期货买进的方法,从寻求现期价格与远期价格的差异中谋求收益的一种套利方式。

3.4.3 自营业务的原则

投资银行开展自营业务时,应当遵循以下原则。

1. 经纪业务优先原则

投资银行在同时担任经纪商和自营商时，应当把经纪业务放在首位。当客户和自营部门同时做出相同委托时，客户的委托指令应优先于自营交易的指令，不得损害客户利益为自己牟取利益。

2. 公平交易原则

投资银行不得利用特权与客户进行不公平的竞争，如操纵市场、证券欺诈等，必须遵守证券市场规则，参与市场公平竞争。

3. 公开交易原则

在自营业务开展过程中，投资银行应明确说明自营业务的内容，坚持价格公开、数量公开、交易程序公开，以便于市场监管部门和公众进行监督管理，严禁内幕交易行为。

4. 维护市场秩序原则

投资银行作为机构投资者，应维护市场秩序，引导市场理性投资，承担创造市场、维护市场连续性和稳定性的业务，不允许发生扰乱市场正常交易的行为。

5. 严格内部管理原则

由于自营业务中的风险完全由投资银行承担，因此必须建立严格的内部管理，包括自营交易操作和人员的管理，建立健全内部监督机制，建立风险预警系统和风险防范系统等。

 专栏 3-3

中国证券公司自营业务的禁止行为

由于证券公司在证券市场上的特殊地位，其自营业务量在整个市场业务量中占有一定份额，因此证券公司在自营业务过程中是否遵守规则对市场的规范运作影响较大。为加强管理，《证券法》明确规定了禁止的交易行为。

1. 禁止内幕交易

所谓内幕交易，是指证券交易内幕信息的知情人和非法获取信息的人利用内幕信息从事证券交易活动。《证券法》规定，证券交易内幕信息的知情人和非法获取内幕信息的人，在内幕信息公开前不得买卖该公司的证券，或者泄露该信息，或者建议他人买卖该证券。内幕交易行为给投资者造成损失的，行为人要依法承担赔偿责任。内幕信息是指在证券交易活动中，涉及公司的经营、财务或者对该公司证券的市场价格有重大影响的尚未公开的信息。下列信息皆属于内幕信息。

（1）可能对上市公司股票交易价格产生较大影响的重大事件，主要包括以下几个方面。

① 公司的经营方针和经营范围的重大变化。

② 公司的重大投资行为和重大的购置财产的决定。

③ 公司订立重要合同，可能对公司资产、负债、权益和经营成果产生的重要影响。

④ 公司发生重大债务和未能清偿到期重大债务的违约情况。

⑤ 公司发生的重大亏损或者重大损失。

⑥ 公司生产经营的外部条件发生的重大变化。

⑦ 公司的董事、1/3 以上监事或者经理发生的变动。

⑧ 持有公司5%以上股份的股东或者实际控制人，其持有股份或者控制公司的情况发生的较大变化。
⑨ 公司减资、合并、分立、解散及申请破产的决定。
⑩ 涉及公司的重大诉讼，股东大会、董事会决议被依法撤销或者宣告无效。
⑪ 公司涉嫌犯罪被司法机关立案调查，公司董事、监事、高级管理人员涉嫌犯罪被司法机关采取强制措施。
⑫ 国务院证券监督管理机构规定的其他事项。
(2) 公司分配股利或者增资的计划。
(3) 公司股权结构的重大变化。
(4) 公司债务担保的重大变更。
(5) 公司营业用主要资产的抵押、出售或者报废一次超过该资产的30%。
(6) 公司的董事、监事、高级管理人员的行为可能依法承担重大损害赔偿责任。
(7) 上市公司收购的有关方案。
(8) 国务院证券监督管理机构认定的对证券交易价格有显著影响的其他重要信息。

证券交易内幕信息的知情人包括以下几类。
(1) 发行人的董事、监事、高级管理人员。
(2) 持有公司5%以上股份的股东及其董事、监事、高级管理人员，公司实际控制人及其董事、监事、高级管理人员。
(3) 发行人控股的公司及其董事、监事、高级管理人员。
(4) 由于所任公司职务可以获取公司有关内幕信息的人员。
(5) 证券监督管理机构工作人员及由于法定职责对证券的发行、交易进行管理的其他人员。
(6) 保荐人、承销的证券公司、证券交易所、证券登记结算机构、证券服务机构的有关人员。
(7) 国务院证券监督管理机构规定的其他人。

2. 禁止操纵市场

所谓操纵市场，是指机构或个人利用其资金、信息等优势，影响证券交易价格或交易量，制造证券交易假象，诱导或者致使投资者在不了解事实真相的情况下作出证券投资的决定，扰乱证券市场秩序，以达到获取利益或减少损失的目的的行为。

操纵市场的行为会对证券市场构成严重危害。因此，证券公司在从事自营业务过程中，不得从事操纵市场的行为。《中华人民共和国证券法》明确列示操纵证券市场的手段包括以下几个方面。

(1) 单独或者通过合谋，集中资金优势、持股优势或者利用信息优势联合或者连续买卖，操纵证券交易价格或者证券交易量。
(2) 与他人串通，以事先约定的时间、价格和方式相互进行证券交易，影响证券交易价格或者证券交易量。
(3) 在自己实际控制的账户之间进行证券交易，影响证券交易价格或证券交易量。

(4) 以其他手段操纵市场。

3. 其他禁止的行为

(1) 假借他人名义或者以个人名义进行自营业务。

(2) 违反规定委托他人代为买卖证券。

(3) 违反规定购买本证券公司控股股东或者与本证券公司有其他重大利害关系的发行人发行的证券。

(4) 将自营账户借给他人使用。

(5) 将自营业务与代理业务混合操作。

(6) 法律、行政法规或中国证监会禁止的其他行为。

▶ 专栏 3-4

中国证券结算风险基金管理办法

第一条 为了防范和化解证券市场风险，保障证券登记结算系统安全运行，妥善管理和使用证券结算风险基金，根据《中华人民共和国证券法》有关规定，制定本办法。

第二条 本办法所称证券结算风险基金（以下简称"本基金"）是指用于垫付或者弥补因违约交收、技术故障、操作失误、不可抗力造成的证券登记结算机构的损失而设立的专项基金。

第三条 本基金来源：

(1) 按证券登记结算机构业务收入、收益的百分之二十分别提取；

(2) 结算参与人按人民币普通股和基金成交金额的十万分之三、国债现货成交金额的十万分之一、1天期国债回购成交额的千万分之五、2天期国债回购成交额的千万分之十、3天期国债回购成交额的千万分之十五、4天期国债回购成交额的千万分之二十、7天期国债回购成交额的千万分之五十、14天期国债回购成交额的十万分之一、28天期国债回购成交额的十万分之二、91天期国债回购成交额的十万分之六、182天期国债回购成交额的十万分之十二逐日交纳。

第四条 每一财政年度终了，本基金净资产达到或超过30亿元后，下一年度不再根据本办法第三条第（1）项规定提取资金，结算参与人不再根据本办法第三条第（2）项规定交纳，但每个结算参与人加入结算系统后按本办法第三条第（2）项交纳资金的时间不得少于一年。

第五条 每个财政年度终了，本基金净资产不足30亿元，下一年度应按本办法第三条第（1）项规定继续提取资金，结算参与人应按本办法第三条第（2）项规定继续交纳。

第六条 证监会会同财政部可以根据市场风险情况，适当调整本基金规模、资金提取和交纳方式、比例。

第七条 证券登记结算机构应当指定机构，负责本基金的日常管理和使用。

第八条 本基金应当以专户方式全部存入国有商业银行，存款利息全部转入基金专户。

第九条 本基金资产与证券登记结算机构资产分开列账。本基金应当下设分类账，分别记录按本办法第三条各项所形成的本基金资产、利息收入及对应的资产本息使用情况。

第十条 本基金最低支付限额2 000万元。证券登记结算机构动用本基金时，必须报经证监会会同财政部批准。

第十一条 因结算参与人违约导致出现第二条所列情形时，应当按以下次序动用本基金：

(1) 违约结算参与人按本办法第三条第(2)项所交纳的资金；

(2) 其他结算参与人按本办法第三条第(2)项所交纳的资金；

(3) 本办法第三条第(1)项所提取的资金。

第十二条 证券登记结算机构应当按照有关法律、行政法规的规定，建立和完善业务规则、内部管理制度及结算参与人监管制度，最大限度地避免风险事故发生。

第十三条 动用本基金后，证券登记结算机构应当向有关责任方追偿，追偿款转入本基金；同时，应及时修订和完善业务规则、内部管理制度及结算参与人监管制度。

第十四条 本基金做相应变更、清算时，由证监会会同财政部另行决定本基金剩余资产中退还有关结算参与人的比例和数额。

第十五条 本基金的财务核算与管理办法由财政部制定。

第十六条 本办法由证监会会同财政部解释。

第十七条 本办法自2006年7月1日起施行。经国务院批准，《证券结算风险基金管理暂行办法》（国务院2000年1月31日批准，2000年4月4日证监会、财政部发布）同时废止。

思考题

1. 阐述投资银行开展证券交易业务的原因。

2. 什么是信用交易？结合实践，讨论证券公司融资融券业务在我国的发展现状与前景。

3. 自营业务与经纪业务的区别是什么？

4. 阐述做市商制度的利弊。

5. 举例说明我国沪、深两市股票的集合竞价价格形成过程。

第 4 章

信贷资产证券化

学习目标

1. 在正确理解资产证券化的含义、特征和价值的基础上,掌握资产证券化的典型操作流程。
2. 在对资产证券化有初步了解后,进一步掌握资产证券化开展所依据的基本原理。
3. 通过资产证券化的分类介绍了解金融市场中一些主要的资产证券化类型,并对不良资产证券化有所认识。

4.1 资产证券化概述

4.1.1 资产证券化的内涵

证券化(securitization)是近几十年来世界金融领域的最重大创新之一。从形式上看,证券化可以分为融资证券化和资产证券化。融资证券化是指资金短缺者采取发行证券的方式在金融市场向资金提供者直接融通资金,而不是采取向银行等金融机构借款的方式筹措资金的过程。一般情况下,只有政府和信誉卓著的大型公司才能以低成本采用这种方式。

资产证券化则是指将流动性不足的、但预期未来有稳定现金收入的各单笔贷款和其他债务工具,包装成流动性很强的证券,并辅以信用增级措施来促进这些资产在资本市场上出售的过程。

广义的资产证券化是指资产采取证券这一价值形态的过程和技术,它包括了实体资产证券化、信贷资产证券化、证券资产证券化和现金资产证券化。而狭义的,也就是平时所谓的资产证券化是指信贷资产证券化,就是把缺乏流动性但是具有未来现金收入流的信贷资产(如银行贷款、企业应收账款)经过重组形成"资产池",并以此为支撑发行证券。在本章中,资产证券化特指狭义的范畴。

4.1.2 资产证券化的起源与发展

作为 20 世纪 70 年代以来金融市场上最重要的创新之一,资产证券化源于 20 世纪 60 年代末美国的住房抵押贷款证券化。60年代后期，美国经济陷入严重的衰退，通货膨胀日益加剧，市场利率不断上升，各种金融产品的利率波动幅度超过10%。由于受到《Q条例》对存款利率上限的制约，商业银行和储贷协会的存款利率水平和市场利率水平差距拉大，资金来源日趋紧张。为此，金融机构不得不想方设法缓解其资金运作的压力，他们希望通过创新获得来源稳定且成本较低的资金。1968年，美国政府国民抵押协会，也就是吉利美（Government National Mortgage Association，Ginnie Mae）首次公开发行了过手型债券，从而开启了全球资产证券化的先河。

过手型债券，顾名思义，就是将住房抵押贷款资产池所产生的还款现金流直接"过手"给债券投资者以偿付债券的本息。过手债券好比一个接力游戏，简单明了。却有提前还贷的风险，使得转手债券的本息支付很不稳定。为了解决转手债券存在的缺陷，联邦国民抵押贷款协会，即房利美（Federal National Mortgage Association，Fannie Mae）于1983年推出名为担保抵押债券（Collateral Mortgage Obligation，CMO）的新型产品，相对于现金流简单过手的过手型债券，担保抵押债券是将若干抵押贷款组合成为一个资产池，以这个组合所产生的现金流为基础，发行一系列不同期限、不同利率、不同信用级别的多档且依次偿还的债券，从而可以满足不同投资者的时间偏好和现金流需求。因此，一经出现就受到了市场多方主体的普遍欢迎。住房抵押贷款证券化由此得以迅速发展。

在住房抵押贷款证券化之后，证券化还被广泛地运用到租赁、汽车贷款应收账、信用卡应收账、消费品分期付款等领域，并先后进入欧洲、日本等发达国家和地区及部分发展中国家，得到金融机构和投资者的青睐。

不过，尽管目前被证券化的资产种类和开展资产证券化业务的国家都日益增加，但就全球而言，住房抵押贷款证券化仍是资产证券化产品中最重要的和最耀眼的，美国也仍是资产证券化发展速度最快和业务运作最为成熟的国家。例如，截至2007年上半年，美国的住房抵押贷款债券已超过6万亿美元，如果再考虑到与其相关的复杂衍生品，则抵押贷款证券化产品规模将是一个难以估量的天文数字[①]，不仅远远超过其他任何固定收益债券品种的规模，也较世界其他各国的住房抵押贷款债券甚至资产证券化产品总额高出很多。

4.1.3 资产证券化的特征

与传统的融资方式比较，资产证券化具有以下特征。

（1）结构融资。资产证券化的核心是设计一种严谨有效的交易结构，通过资产出售者将资产向特设机构转移，形成一个破产隔离实体，把资产池中资产的偿付能力与原始权益人的资信能力分割开。

---

① 需要指出的是，2007年次贷危机和2008年金融危机爆发后，部分学者曾将危机爆发的根本原因归结为资产证券化技术，认为若没有证券化（次级住房抵押贷款债券是将资产证券化技术运用到次级住房抵押贷款领域后的产物；在次贷危机爆发前，美国的次级住房抵押贷款债券已占到住房抵押贷款证券化市场份额的15%左右，而以次级住房抵押贷款债券为基础支撑发行的如债务抵押债券等证券化衍生品数量更是以十万亿美元计），危机最多对美国房地产市场和部分金融机构产生一定的冲击，而不会造成全球性的经济大衰退。目前，这种错误已经得到纠正，即危机爆发有着多重深层次原因，资产证券化本身并没有任何问题，只不过在具体运用中没有得到足够的监管，才在危机爆发的早期起到推波作用。但无论如何，这场前所未有的风暴必将使人们重新评估资产证券化的影响，至少改变着未来资产证券化的风险管理模式和监管框架。

（2）安全性高。由于投资者风险取决于可预测的现金收入而不是企业自身的资产状况和评级等级，且有投资级的担保公司介入，因此安全性较高。

（3）资产证券化是不在资产负债表上显示的融资方式，资产负债表中的资产经改组后成为市场化投资品。这样，在不改变资本的情况下，降低了资产的库存，原始权益人的资产负债率得到改善。

（4）由于资产证券化一般都需要实现对拟证券化的资产进行集合和打包，并辅以信用增级，因此这种证券一般为利率固定、流动性极强的高级别证券，其票面利率水平也较低。

（5）凡是资产有可预见的收入支持和持续现金流量，经过适当的重组均可进行证券化融资，因此应用范围非常广泛。

4.1.4 资产证券化的主体

资产证券化需要一个严谨而有效的交易结构，在这个结构中一般包括以下运作主体。

1. 发起人

发起人也称为原始权益人，是证券化资产的原所有者和融资的最终使用人，同时也是资产证券化的发动者。资产证券化归根结底就是为了满足原始权益人变现资产、提高资产流动性的需要。发起人在资产证券化过程中的主要工作是，在分析自身融资需求的基础上，选择确定用来证券化的资产，并将资产出售给特殊目的机构。

2. 特殊目的机构

特殊目的机构（Special Purpose Vehicle，SPV）是专门为发行资产支持证券而设立的独立实体，它是资产证券化的关键性主体和标志性要素。

特殊目的机构的职能是从发起人手中购买要证券化的资产，对这些资产进行重组和整合，发行资产支持证券并负责证券发行后的相关管理。特殊目的机构是整个资产证券化中至关重要的环节。

3. 信用增级机构

为了使证券以较低的成本顺利发行出去，在发行证券之前需要对资产进行信用增级。信用增级机构是资产证券化过程中必不可少的主体之一。

4. 信用评级机构

信用评级机构对拟发行的证券进行评级。由于发行证券融资需要达到一定信用等级的，投资者也需要借助评级对证券价值进行评估，因此信用评级也不可或缺。

5. 发行人

发行人即承销商，一般指投资银行，在我国主要指证券公司和类似金融机构。投资银行为 SPV 提供发行、承销、上市安排的服务，将资产支持证券发行给投资者。

6. 专门服务机构

专门服务机构对资产池进行管理，负责按时从证券化资产原始债务人收取到期本息，并负责追收过期应收账款，并将现金流存入 SPV 指定的托管人账户。专门服务机构一般由发起人或其子公司担任，这是因为他们对原始资产最为熟悉。

7. 托管人

托管人负责进行证券登记，向投资者发放证券本息。

8. 其他中介机构

其他中介机构包括律师事务所、会计师事务所和财务顾问公司。

9. 投资者

投资者是资产支持证券的购买者。

4.1.5 资产证券化的价值

1. 资产证券化对发起人的价值

（1）降低资金成本。传统的融资方式一般是以借款方的综合信用为担保，而资产证券化则是一种导向型的融资方式，对有稳定、持续和可预见的现金流的基础资产，通过真实出售和破产隔离的证券化结构设计，辅以信用增级手段使得发行证券的信用级别大大提高，从而带来融资成本的降低。尤其对于那些难以直接进入资本市场发行证券筹资而拥有优质资产的中小企业来说，通过资产证券化，作为非投资级公司可以以投资级利率筹集资金，其意义是相当重要的。

（2）改善资本结构。资产证券化的一个重要特征就是采用了表外融资的处理方法，发起人通过真实销售而不是担保融资形式，将证券化资产和负债转移到表外，从而改善了资产负债表的结构。同时，银行通过资产证券化业务可以提前回收现金，从而相应缩减负债，并且将证券化资产转移到表外可以释放相应的资本，资产证券化这种双重释放功能都对银行为达到资本充足率要求提供了保障。

（3）有利于资产—负债管理。通过资产证券化，金融机构所持有的长期资产提前变现，可以解决金融机构普遍面临的长期资产和短期负债匹配失当的问题，而且原本由金融机构承担的早偿风险也转嫁给了投资者。

（4）优化财务状况。由于证券化后成本降低，发起人可以得到基础资产和资产证券之间的收益差，未来收入流也可以提前兑现为现期盈利。另外，发起人还可以凭借其在资产管理方面的优势充当中介服务商，来赚取服务费。

2. 资产证券化对投资者的价值

（1）为投资者提供了合规投资。由于组成资产池的多数是优质资产，且资信度较高，发行风险较小但是收益却是相对较高，且在二级市场上有很强的流动性，所以资产证券成为投资者投资组合中的合规投资。

（2）扩大投资规模。一般来说，证券化产品的风险权重要比基础资产低得多，作为投资者的金融机构持有这类投资工具可以大大节省为满足资本充足率所要求的资本金，从而扩大投资规模，提高资本收益率。

（3）多样化的投资品种。现代证券化交易中的证券一般不是单一品种，而是通过对现金流的分割和组合来设计出不同档级的证券，不同档级的证券具有不同优先偿付次序，从而熨平现金流的波动。同样可以将不同种类的证券组合在一起，形成合成证券，以满足不同投资者对期限、风险、利率的不同偏好。

4.2 资产证券化的运作

资产证券化的基本运作流程可以概括为：发起人将证券化资产出售给一家特殊目的机构

(即SPV)，或者由SPV主动购买可证券化的资产，然后SPV将这些资产汇集成资产池，再以该资产池所产生的现金流为支持在金融市场上发行有价证券融资，最后用资产池产生的现金流来清偿所发行的有价证券。

具体来说可以分为以下几个步骤。

1. 确定证券化资产并组建资产池

资产证券化的发起人，也即资产的原始权益人，在分析自身融资需求的基础上通过发起程序确定用来进行证券化的资产。当然，能产生现金流的资产并不是都能顺利进行证券化的，因此就涉及了资产的选择问题。一般而言，具备以下特征的资产是比较容易实现证券化的：可以产生稳定的、可预见的现金流收入；原始权益人持有该资产已有一段时间，且信用表现记录较好；资产具有标准化的合约文件，即资产具有很高的同质性；资产抵押物易于变现，且变现价值较高；债务人的地域和人口分布广泛；资产的历史记录良好，违约率和损失率较低；资产的相关数据容易获得。总的来说，那些现金流不稳定、同质性低、信用质量差且很难获得相关统计数据的资产不易于被直接证券化。

2. 设立SPV

SPV是专门为资产证券化设立的一个特殊实体，是资产证券化运作的关键性主体。SPV可以是由证券化发起人设立的一个附属机构，也可以是长期存在的专门进行资产证券化的机构，其设立形式可以是信托投资公司、担保公司或其他独立法人实体。

组建SPV的目的是为了最大限度地降低发行人的破产风险对证券化的影响，即实现被证券化资产与原始权益人其他资产之间的"风险隔离"。SPV被称为是没有破产风险的实体，其一是指SPV本身的不易破产性，其二是指将证券化资产从原始权益人那里真实出售给SPV，从而实现破产隔离。

为了达到破产隔离的目的，在组建SPV时应遵循一些要求：债务限制；设立独立董事；保持分立性；满足禁止性要求等。

3. 资产的真实出售

证券化资产从原始权益人向SPV的转移是证券化运作流程中的一个重要环节，会涉及众多法律、税收和会计处理问题，其中最关键的是这种转移是真实出售，为的是实现证券化资产与原始权益人之间的破产隔离，也即原始权益人的债权人在其破产时对已证券化资产没有追索权。

真实出售要做到下面两点：一方面，证券化资产必须完全转移到SPV手中，这样既保证了原始权益人的债权人对已转移的证券化资产没有追索权，也保证了SPV的债权人（投资者）对原始权益人的其他资产没有追索权；另一方面，因为资产的所有权和控制权已经从原始权益人转移到了SPV，这些资产应该从原始权益人的资产负债表中剔除，使得其成为一种表外融资方式。

4. 信用增级

信用增级是保证资产证券发行的关键。它可以提高所发行证券的信用级别，使证券在信用质量、偿付时间等方面能更好满足投资者需求，同时满足发行人在会计、监管和融资目标方面的需求。此外出于竞争的考虑，信用增级也可以保护发行人的财务秘密。

信用增级的类型可以有多种分法。

从提供者的角度划分，信用增级的提供者包括发起人、发行人、第三方等。

1）发起人提供信用增级

发起人提供信用增级的方式有以下3种。

（1）直接追索权。发行人保有当债务人对贷款违约拒付时向发起人进行直接追索的权力，一般采取偿付担保或由发起人承担回购违约资产的方式。

（2）资产储备。发起人保有一份额外资产储备，足以补偿发行人由于贷款违约而承受的损失。

（3）购买从属权力。发起人购买次级资产支持证券，次级证券的偿付权力次于发行人向其他投资者发行的证券。

由于发起人提供信用增级的方式存在诸多缺陷，如评级机构对资产支持证券的评级不会高于发行人的信用级别，发起人对贷款组合还承担一定的违约偿付责任，所以证券化市场上很少采取这种方式来提供信用增级。

2）发行人提供信用增级

发行人提供信用增级方式有以下两种。

（1）直接追索。在资产池产生的现金流不能按照约定向投资者支付本息时，投资者有权要求发行人用自身的其他资产产生的现金流进行弥补。

（2）超额担保。发行人确保资产池中贷款组合未来产生的现金流量超过资产支持证券未来应付的现金流量。

这两种方式，不但受到发行人自身信用级别的限制，也与被担保的贷款组合存在关联风险。

3）第三方提供信用增级

第三方是指除发行人、发起人、服务人、委托人以外的机构，其提供的信用增级方式有以下3种。

（1）购买次级证券。第三方购入偿付权利次于其他投资人的次级资产支持证券。

（2）不可撤销担保信用证（LOC）。由银行向发行人开具的，以资产支持证券持有人为受益人的担保信用证。一旦发行人未能如期、足额履行支付义务时，担保信用证便开始生效，银行有义务代为向投资人偿付。

（3）金融保险。发行人向保险公司投保，在资产证券化中未能产生足够现金流偿付本息时，由保险公司向投资者赔偿损失。但是专业保险公司只为投资级（信用等级在BBB/BBb之上）的交易提供保险。

4）信用自我增级

典型的信用自我增级是高级/次级证券结构，即融资者同时发行资产支持证券A和B。A在本息支付上享有优先权，称为优先级证券，发售对象是投资者。B的本息在A后支付，称为次级证券，由融资者自己持有。其在本质上也是超额抵押。

按信用来源划分，信用增级的类型还可以分为外部信用增级和内部信用增级。

1）外部信用增级

外部信用增级的方式主要包括专业保险公司提供的金融保险、企业担保、信用证和现金抵押账户等。其中的现金抵押账户（CCA）是信用卡应收账款证券化普遍采用的信用增级方式，是向发行机构提供的再投资于某些短期合规投资的贷款。贷款金额可以通过从交易中获得的额外利差来补偿，所有由CCA担保的证券的损失皆由账户中的收入来弥补。

除了 CCA，其他大部分的外部信用增级工具容易受到信用增级提供者信用等级的限制，不太可能达到比自身信用等级高的信用评级。而内部信用增级则是由基础资产中所产生的部分现金流来提供，这样就克服了这种限制的风险。

2）内部信用增级

内部信用增级主要采取建立优先/次级结构、超额抵押和利差账户等方式。

建立优先/次级结构类似于信用的自我增级。而超额抵押是用额外利差（在支付了所有费用和债券息票成本后的金额）来支付债券本金，该种结构加速了债券本金的偿还从而为损失设置了一个超额抵押的缓冲，因此也被称为涡轮结构。

利差账户与超额抵押的结构相似，通过交易中的额外利差，利差账户中的金额会上升至由评级机构预先确定的水平。但是额外利差是以现金形式在账户中积累起来并且以某些短期合规投资形式来进行再投资的。

5. 信用评级

信用评级机构在资产证券化交易中通常要进行两次评级：初评和发行评级。初评要确定为达到所需信用级别必须进行的信用增级水平。在按评级机构的要求完成信用增级以后，评级机构将进行正式的发行评级，并向投资者公布最终评级结果。

信用评级机构是通过审查各种合同和文件的合法性、有效性，给出评级结果。资产支持证券的最终信用级别首先取决于基础资产的质量和结构，这主要是由抵押资产管理人按照抵押资产管理协议中规定的投资方针决定的；其次是取决于对不同水平的抵押债务所给予的信用提升水平，信用提升的幅度取决于基础资产未来现金流入损失的概率，损失的大小和损失发生的时间等。

当然，信用等级越高，表明证券的风险越低，使得发行证券筹集资金的成本也就越低。

6. 证券承销

信用评级完成并公布结果后，SPV 将经过信用评级的证券交给承销商承销，可以采取公开发售或私募的方式。一般而言，由于资产的证券一般具有高收益低风险的特征，所以主要是由机构投资者来购买，像保险公司、投资基金和银行机构等。

7. 款项结算

SPV 用从证券承销商获得的发行现金收入以事先约定的价格支付购买证券化资产的价款和其他相关支付款项，如专业机构的服务费等。

8. 管理资产池

SPV 需要聘请专业的服务商来对资产池进行管理，管理内容主要包括：收取债务人每月偿还的本息；将收集的现金存入 SPV 在受托人处设立的特定账户；对债务人履行债权债务协议的情况进行监管；管理相关的税务和保险事宜；在债务人违约的情况下实施相关补救措施。

一般情况下，发起人会担任服务商，因为发起人对基础资产的情况比较熟悉，并且与每个债务人都建立了联系。同时，发起人一般都有管理基础资产的专门技术和充足人力。

服务商也可以是独立于发起人的第三方，关键在于做好基础资产相关资料的移交工作。

9. 证券清偿

根据证券发行时说明书的约定，在证券偿付日，SPV 将委托受托人按时足额地向投资者偿付本息。一般地，利息是定期支付的，而本金偿还日期及顺序因具体情况而不同。

当证券全部被偿付完毕后，若资产池产生的现金流还有剩余，那么这些剩余的现金流将被返还给发起人，这样资产证券化的整个过程就结束了。

值得注意的是，这里所述的资产证券化运作流程是最一般最规范的，在具体实践中会有所差异。

由上可以看出，SPV是整个资产证券化运作流程的核心，它要在风险最小化、利润最大化的约束下使基础资产所产生的现金流与投资者的需求得到恰当匹配。

图4-1可以更为直观地反映以上整个运作流程（其中实线为现金流流动方向；虚线为中介机构对证券化的作用方向）。

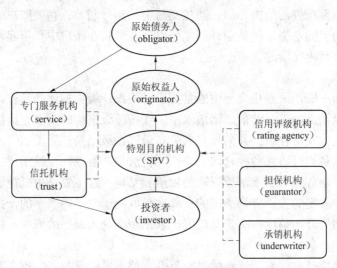

图4-1 资产证券化的流程

专栏4-1

中远集团资产证券化

1. 中远集团基本介绍

中远集团是以国际航运为主业，集船务代理、货运代理、空运代理、码头仓储、内陆集疏运、贸易、工业、金融、保险、房地产开发、旅游、劳务输出、院校教育等业务于一体的大型企业集团，是国家确定的56家大型试点企业集团之一。中远集团在全国各地都有自己的企业和网点，其中在广州、上海、青岛、大连、天津等地的远洋运输企业已经成为具有相当实力的地区性公司。此外，中远集团在世界38个国家和地区设有自己的代理机构或公司，在全球150多个国家和地区的1 100多个港口设有自己的代理，已经形成了一个以北京为中心，以中国香港、美国、德国、日本、澳大利亚和新加坡为地区分中心的跨国经营网络。

2. 中远集团融资方式介绍

1）商业票据

中国远洋运输（集团）总公司一直在美国资本市场连续发行商业票据，发行的商业票据最长期限为270天,通过组建银团进行分销,并且以信用证作为发行的商业票据担保。2000年2月2日中远集团的商业票据续发签字仪式在纽约顺利举行,成为中远集团进入新千年后的第一个融资项目。意大利锡耶纳银行、美洲银行、花旗银行、美国第一银行和大通银行等多家美国主要银行和中国银行、中国交通银行的代表出席了这一仪式,并在有关合约上签字。

2) 资产支持证券

在东南亚金融危机的冲击下,商业票据融资渠道的融资功能大大减弱,中远集团于1997年一次发行3亿美元的资产支持证券,发行期限为7年。并且于1999年发行了2.5亿美元的资产支持证券,发行期限为5年。与发行的商业票据比较而言,资产支持证券发行的期限较长,不需要连续发行,并且它的融资成本低于通过商业票据发行的成本。

3. 中远集团资产证券化项目介绍

中远集团某子公司发行资产支持证券的流程如下。

(1) 中远集团某子公司在未来几年以连续形式为客户提供远洋运输服务,获得稳定和资产质量较好的运输收入流。

(2) 投资银行(大通银行)担任中远集团下属公司的投资银行顾问,根据中远集团某子公司前几年的运营情况进行分析,以未来的运费收入作为资产支持证券的资产池,并建立相应的协议与文本。

(3) 投资银行在开曼群岛设立一特设信托机构,特设信托机构为一独立法人,由于注册地在开曼群岛,享受免税待遇,但它实质上为一空壳公司。

(4) 中远集团某子公司将未来几年向客户的未来运输收入以协议形式出售给特设信托机构。

(5) 中远集团为特设信托机构发行资产支持证券提供担保。

(6) 特设信托机构在美国资本市场发行资产支持证券。

(7) 投资银行作为发行资产支持证券的主承销商,在美国资本市场寻找投资者。

(8) 地方和国家外汇管理局对资产支持证券发行过程中涉及的外汇问题,进行协调和审批。

(9) 获得中国金融监管部门的审批,其中包括中国人民银行、国家发改委、中国证券监管委员会等部门审批。

中远集团某子公司发行资产支持证券的现金流转过程如下。

(1) 资产支持证券的投资者在美国资本市场上购买资产支持证券,将资产支持证券的收入转入到特设信托机构账户上(即某商业银行CACSO账户)。

(2) 特设信托机构将发行资产支持证券的收入,通过某商业银行CACSO账户转入到中远集团某子公司账户上。

(3) 中远集团某子公司将承销费用和律师费用转入投资银行和律师事务所账户上。

(4) 在未来的时间里,中远集团某子公司的客户按协议和合同将运输费用付到某商业银行CACSO账户中,此商业银行账户是按公告中协议规定设置的,中远集团某子公司不能任意动用此资金账户中的资金。

(5) 通过商业银行CACSO账户将发行的资产支持证券的本金和利息支付给资产支持

证券的投资者，支付方式按公告中协议规定。

(6) 如果此商业银行账户支付给资产支持证券投资者本金和利息后，仍有剩余时，将剩余部分支付给中远集团某子公司。

(7) 代管公司对某商业银行 CACSO 账户进行全过程监管。

中远集团发行资产支持证券的特点如下。

(1) 中远集团子公司在美国资本市场上发行资产支持证券采取私募形式。通常在公开资本市场融资的渠道有：二级市场发行、私募形式向机构投资者发行和柜台交易系统发行。在中远集团的案例中，由于机构投资者的参与，使发行的交易成本较低。

(2) 中远集团子公司在美国资本市场上成功发行资产支持证券，其中一个重要原因是中远集团子公司是一个全球企业，它的许多客户都是外资机构，所获得的运费收入是通过美元等硬通货进行结算的，在发行过程中涉及的外汇障碍较少，不会产生外汇平衡的问题，较易通过国家外汇管理局的审批。

(3) 在美国资本市场上，获得良好的信用评级是发行资产支持证券的难点和重点，在此案例中，在设计资产支持证券资产池时，优选了信用可靠的大公司的未来运费收入作为资产池资产；在设计发行规模时，应用超额抵押的形式（即资产池所包括的资产超过发行的资产支持证券的利息和本金）；项目由中远集团总公司进行担保；在发行过程中聘请了美国资本市场中知名的投资银行担任投资银行顾问和主承销商；因此本案例中发行的资产支持证券是在 BBB 以上的投资级证券。

(4) 此案例中，在开曼群岛设立了特设信托机构，由于开曼群岛是一个免税天堂，所以减免了资产支持证券发行中所涉及的营业税和印花税等，使得此项目的融资成本大大减少。同时由于特设信托机构的设立，在资产支持证券发行的交易结构中采用了"真实出售"的过程，达到了破产隔离，提高了发行证券的信用等级。

(5) 通过资产支持证券融资，保证中远集团子公司的资金来源的长期性，并且所付出的资金成本较低。

(6) 资产支持证券融资交易结构中设置的某商业银行 CACSO 账户，具有相对独立性，通过一个代管公司进行监管。

(7) 在此案例中，如同一般的资产证券化案例，相比以商业票据形式和商业贷款形式，可大大减少资产负债率。

(8) 通过投资银行的参与，对公司未来运费收入进行统计分析，并制定新的管理规范，可大大提高公司管理水平。

4.3 资产证券化的主要原理

4.3.1 核心原理：基础资产现金流分析

基础资产的现金流分析成为资产证券化核心原理，是由现金流的基础作用决定的，可预期的现金流是证券化的先决条件。只有基础资产的现金流是可预期的，由该资产支持的证券的价值才能被确定，而评级机构也只有通过对现金流量的确定性分析才可能进行信用评级。可以这样认为，资产证券化所"证券化"的不是资产本身，而是资产所产生的现金流。因此，基础资产的现金流分析就显得尤为重要。

基础资产的现金流分析内容主要包括资产估价、资产的风险与收益分析和资产的现金流结构分析。

概括来说，资产估价方法有以下几种。

（1）现金流贴现估价法。该种方法认为一项资产的价值应等于该资产预期在未来所产生的全部现金流的现值总和（参看 2.2.2 节的"贴现现金流量法"）。

（2）对比估价法。根据某一变量（收益、现金流、账面价值或销售额等）考察同类"可比"资产的价值，以对一项新资产进行估价。

（3）期权估价法。使用期权模型来估计有期权特性的资产的价值。

选择不同的估价方法会产生不同的结果，因此如何选择合适有效的方法来对资产进行估价是一个关键。

资产证券化是利用金融市场对资产的收益和风险进行分离和重组的过程。对于发放住房抵押贷款的银行来说，资产的收益是抵押贷款的本息，但是此种现金流要在较长时间内才能实现，而用于发放贷款的资金大都来自于期限相对较短的存款。可见银行面临着"存短贷长"的资产流动性风险、利率变动风险、贷款人信用风险等。为此，将抵押贷款证券化，以尽快收回资金，把风险转让出去，但同时也必须将相应的收益权让渡给投资者或其他机构，这样就实现了收益和风险的分离和重组，完成对既有资源的重新配置。同时，证券清偿所需资金完全来源于证券化资产所产生的现金流，即具有自我清偿的特征。基础资产的现金流在期限和流量上的不同特征会直接影响到其支持的证券的期限和本息偿付特征。所以，资产证券化时，首先要对基础资产的现金流结构进行分析。

4.3.2 资产重组原理

资产原始权益人在分析自身融资需求基础上，根据需求确定资产证券化的目标，对自身所拥有的能产生未来现金流的信贷资产根据资产重组原理进行组合，形成资产池。资产重组原理的核心思想是通过资产的重新组合来实现资产收益的重新分割和重组，从资产收益角度看是对现金流的进一步分析。其主要包括了以下 4 个内容。

（1）最佳化原理。通过资产重组使得基础资产收益达到最佳水平，从而以资产为基础发行的证券价值达到最佳化。

（2）均衡原理。资产重组应将原始权益人、策略投资者及将来的证券持有者的利益进行协调，以有利于证券的发行和未来的表现，并至少保持原有的平衡不被破坏。

（3）成本最低原理。在资产重组中，必须降低重组的操作成本。

（4）优化配置原理。按照边际收益递减规律，在产出不变的情况下，各种资产相互组合或转换已经不能使成本进一步降低的状态就是最优的资产组合状态。

4.3.3 风险隔离原理

在资产证券化中，风险隔离原理主要考虑如何通过隔离基础资产与其他资产的风险来提高资产的运营效率，从而最大化资产证券化各方的利益。具体实践中，在设立 SPV 后通过基础资产的真实出售，该资产被排除在原始权益人的清算资产范围之外，实现了基础资产与原始权益人的破产隔离。破产隔离是"风险隔离"的一种较强形式，是证券化交易的重要特征和交易是否成功的主要因素之一。

破产隔离将基础资产原始权益人的破产风险与证券化交易隔离开，这是资产证券化交易所特有的技术，也是其区别于其他融资方式的一个非常重要的方面。在股票、债券等融资方式中，其基础资产是和企业的其他资产混杂在一块，一旦该企业经营效益不好甚至破产，都将直接影响到股票、债券凭证持有人的收益。而资产证券化的基础资产真实出售决定了企业整体运作风险与投资者无关，并且SPV一般也是不易破产的。因此，证券化交易的风险只与证券化的资产本身有关。

4.3.4 信用增级原理

为了吸引更多的投资者并降低发行成本，SPV一定要对整个资产证券化交易进行信用增级，以提高发行证券的信用级别。通过信用增级，可以缩小发行人限制与投资者需求间的差异，使得证券的信用质量和现金流的时间性能更好地满足投资者需求，也满足了发行人在会计、监管和融资目标方面的需求。

直观地看，信用增级会增加金融资产组合的市场价值，这也是资产证券化的重要意义所在。大部分的证券化交易都利用了内部和外部信用增级相结合的方式，具体的选择要看在既定融资成本约束下最小化增级成本。

4.4 资产证券化的类型

4.4.1 资产证券化的种类

资产证券化根据不同的标准可以划分为不同的类型。

1. 根据基础资产不同划分为住房抵押贷款证券化（MBS）和资产支持证券化（ABS）

住房抵押贷款证券化的基础资产是住房抵押贷款，而资产支持证券化的基础资产是除了住房抵押贷款以外的其他资产。

MBS是资产证券化历史上最早出现的类型，它以住房抵押贷款这种信贷资产为基础，以借款人对贷款偿付所产生的现金流为支持，通过金融市场发行证券实现融资。一方面，MBS可以把银行等金融机构持有的流动性较低的长期住房抵押贷款转化为流动性较高的证券，改善这些金融机构的资产流动性。另一方面，如果MBS选择的是表外融资形式，不会增加负债率，还可以释放资本金。此外，由于MBS的基础资产是违约率较低的抵押贷款，其现金流量稳定、易于预测，因此此种投资工具既受金融机构的青睐也受投资者的喜爱。

ABS是以非住房贷款抵押资产为支持的证券化融资方式，其实际上是MBS技术在其他资产上的推广和应用。随着证券化技术的发展和证券化市场的不断扩大，ABS种类日趋繁多，主要有：商用、农用、医用房产抵押贷款证券化；信用卡应收账款证券化；汽车消费贷款、学生贷款证券化；设备租赁证券化；中小企业贷款支持证券化；知识产权证券化等。

> 专栏 4-2

中集集团应收账款证券化

中国国际海运集装箱（集团）股份有限公司（简称中集集团）与荷兰银行于2000年3月在深圳签署了总金额为8 000万美元的应收账款证券化项目协议，在国内企业中首创资产证券化的融资新方式，为中国企业直接进入国际高层次资本市场开辟了道路。

1. 企业背景介绍

中集集团是以集装箱制造为主导产业的综合性企业集团。1999年，中集集团总资产达到72亿元，生产标准干货集装箱48万个，占全球市场的35%以上。该公司凭借良好的资信状况和经营业绩，与多家国际大银行建立了广泛的合作关系，多次获得国际中长期贷款支持。此前，中集集团还是唯一一家在美国发行最高金额7 000万美元商业票据的中国上市公司，在国际资本市场上享有较高的声誉。中集集团的发展目标是向国内外提供现代化运输装备，而非仅仅集装箱。这就意味着中集集团的产品结构正面临调整。该公司开发生产的冷冻集装箱已经占有国际市场10%的份额。在资产证券化进行的同时，中集集团还与中国进出口银行签订了14亿元人民币的贷款授信额度，这笔资金将主要用于集装箱的生产经营。

2. 融资背景分析

在解决融资问题上，中集集团多次采用在海外发行短期票据的方式进行。在1996年、1997年、1998年，中集集团曾经经国家外汇管理局批准，分别发行了5 000万美元、7 000万美元和5 700万美元的商业票据（commercial paper）。这些发行都是以中集集团名义直接进行的1年期短期融资。这种商业票据的融资方式容易受到国际经济、金融形势变化的影响而发生波动。1997年后，国际金融环境发生变化，票据融资规模缩小，呈现出明显的波动性。这在1998年就表现得十分突出。在1998年年初，商业票据发行的承销银团再次组团时，原有银团中的部分银行由于受到亚洲金融危机的影响，收缩了在亚洲的业务，并退出了7 000万美元的商业票据承销银团。经过努力，中集集团虽成为金融危机后我国第一家成功续发商业票据的公司，但规模降为5 700万美元。

为避免类似情况，保持集团资金结构的稳定，并进一步降低成本，中集集团针对企业资产的特点决定进行资产证券化融资活动。

3. 资产证券化融资方案主要内容

中集集团与荷兰银行签署的有效期限为3年的协议规定，在3年内，凡是中集集团发生的应收账款都可以出售给由荷兰银行管理的资产购买公司，由该公司在国际商业票据市场上多次公开发行资产支持商业票据（Asset-Backed Commercial Paper，ABCP）融资，总发行金额不超过8 000万美元。在此期间，荷兰银行将发行票据所得资金支付给中集集团。中集集团的债务人则将应收款项交给约定的信托人，由该信托人履行收款人职责。商业票据的投资者可以获得高出伦敦同业拆借市场利率1%的利息。

4. 资产证券化操作程序

步骤一，中集集团向所有客户说明ABCP融资方式的付款要求，令其应付款项在某一日付至海外某个信托机构（或特设工具机构）。

步骤二，中集集团仍然履行所有针对客户的责任和义务。

步骤三，信托机构再将全部应收款出售给TAPCO公司（由荷兰银行管理的资产购买公司，专门收购全球优质资产）。

步骤四，由TAPCO公司在商业票据市场上向投资者发行ABCP。

步骤五，TAPCO公司从商业票据市场上获得资金并付给信托机构。信托机构再将资金付给中集集团设立的经国家外汇管理局批准的专用账户。项目完成后，中集集团只需花两周时间，就可获得本应138天才能收回的现金。

5. 资产证券化对中集集团的直接好处

对于中集集团来说，一是可在中长期时间内以低成本获取发展资金；二是可以提高资金流动效率；三是可以转嫁应收账款的风险；四是可以降低资产负债率，将证券化的应收账款从资产负债表中剔除；五是可以保持中集集团在国际商业票据市场上的连贯性，维护中国企业在国际资本市场上的知名度；六是可以大大提高中集集团的管理水平。

6. 本次资产证券化的意义

第一，特设工具机构和TAPCO将中集集团的公司风险与中国的国家风险相隔离，投资者主要评判的是中集集团的应收账款风险。亚洲金融危机特别是广信事件的发生，对中国在国际资本市场直接融资产生了不利影响。资产证券化融资使中集集团避开了这些不利影响。

第二，中集集团将ABCP期限锁定为3年。ABCP在3年内的循环发行没有展期风险。

第三，融资成本低。相比较之下，中国银行发行的3年期美元债券成本为LIBOR+274BP，中国财政部发行的3年期美元债券成本为LIBOR+120BP，中集集团1998年续发的5 700万美元的1年期商业票据的综合成本是LIBOR+91.2BP，而ABCP发行的8 000万美元3年期综合成本仅为LIBOR+85BP。

第四，降低资产负债率。应收账款直接从资产负债表中剔除。以1998年10月数据测算，发行8 000万美元商业票据后，中集集团的资产负债率从原来的57.7%下降到50.7%。

第五，为公司进军国际资本市场探索了一条新的融资渠道。1999年年底，中集集团预计应收账款为2亿多美元，占总资产的30%多，这次应收账款证券化的比例约为40%。这次出售的应收账款均来自国际知名的船运公司和租赁公司，并且是在国家外汇管理局的大力支持下进行的，因此此次发行的商业票据信用度很高。此次中集集团应收账款资产评级获得了穆迪、标准普尔在国际短期资金市场上的最高评级。中集集团负责人表示，中集集团应收账款的证券化，打开了中国企业进军国际高层次资本市场的通道，对国内会计、外汇管理、银行业务及相关法律政策也提出了新的课题。

2. 根据现金流处理和偿付结构的不同划分为过手型证券化和转付型证券化

1）过手型证券化

过手型证券化可以以权益凭证或债权凭证向投资者融资。当过手型证券化发行权益凭证时，证券持有者按其购买份额享受相应的权利，按月收取由服务商直接从资产池"过手"而来的现金流作为本息。对于原始权益人而言，发行此种形式的过手型证券有利于解决流动性问题和规避转移利率风险及违约风险；对于投资者而言，可以获得高于同期国债利率的收益。但是权益凭证的过手型证券也存在以下缺陷：由于此种交易结构不对基础资产产生的现金流作任何处理，而是简单过手给投资者，由投资者承担基础资产的早偿风险，因此其性质只是将原始权益人的风险转嫁并细分给每一个投资者，从而使得每个投资者都面临相同的风险和获得同比例的本息支付，这种风险和收益的同质性阻碍了具有不同偏好的投资者的投资。

当然，可以通过第三方对证券的偿付进行担保来对权益凭证的过手型证券进行修正以解决上述缺陷。经过部分修正的过手型证券是不管是否收到原始债务人的偿付资金，这种证券的投资者都可以获得一定偿付；而完全修正后的过手型证券是不管是否收到借款人的偿付资金，都保证按计划向投资者完全偿付。

也可以通过发行债权凭证的过手型证券来解决，即以基础资产为担保向投资者发行债券。这种债权凭证通常需要超额担保，超额担保品由独立受托人管理，一旦出现违约，受托人可以将担保品变现来对投资者进行偿付，因而可以降低投资者风险。但是由于存在超额担保，基础资产的利用效率不高，而且没有实现风险的转移，这就妨碍了金融机构的获利。

2）转付型证券化

虽然过手型证券化操作简单，却很难同时满足原始权益人和投资者的不同需要，客观上就产生了另外一种证券化类型——转付型证券化。转付型证券化兼有权益凭证过手型证券和债权凭证过手型证券的特点。它是发行人的债务，用于偿付证券本息的资金来源于经过重新安排的住房抵押贷款组合产生的现金流。其对过手型证券的最大改进就是根据投资者对风险、收益和期限等的不同偏好对基础资产组合产生的现金流进行了重新安排和分配，使本息偿付机制发生变化。

实际操作中普遍使用的转付型证券化产品有抵押担保债券（CMO）、仅付本金债券（PO）、仅付息债券（IO）、计划摊还档债券（PAC）、目标摊还档债券（TAC）等。它们的一个重要特征就是采用了分档技术，即根据投资者对期限、风险和收益的不同偏好，将债券设计成不同档级，每档债券的特征各不相同。

其中，CMO将本息支付设为几档，任何一档债券的投资者在其本金得到偿付之前都可定期获得利息，而本金的支付则逐档依次进行。因此各档债券的偿付期限是不同的，期限越短，风险越小，收益也越小；期限越长，风险越大，潜在收益就越大。CMO这种分档结构不仅充分利用了抵押品，提高了资产使用效率，而且较好地解决了过手型证券的同质性问题。

CMO的本质是对基础资产产生的现金流进行重新安排，将这种重新安排极端化就衍生出了两种新的金融工具，即IO债券和PO债券。IO债券的投资者只收到源于基础资产组合产生的利息收入，而PO债券的投资者则只收到源于基础资产组合产生的本金收入。IO债券、PO债券均受原始债务人早偿行为的影响，在利率下降时，前者的收入减少，价格下降，而后者则可以提前获得本金收入，价格上升。这两种债券截然相反的风险收益特性满足了投资者的不同偏好，因此它们经常被用作风险对冲的工具。

3. 根据基础资产卖方人数划分为单一借款人型证券化和多借款人型证券化

这里所指的借款人是基础资产的卖方，即原始权益人，而不是指抵押贷款借款人（原始债务人)。如果证券化基础资产是来自于单一卖方,这将增大集中风险。进行这种划分的主要目的是要提醒投资者和评级机构应该对单一卖方情形下借款人的破产和解体风险加以特别关注。虽然真实出售已经使基础资产剔除在破产清算范围之外,但是一旦原始权益人发生破产则仍会在一定程度上影响到基础资产所产生的现金流的收集和分配。

4. 根据基础资产的销售结构划分为单宗销售证券化和多宗销售证券化

在单宗销售证券化交易中,卖方一次性将基础资产出售给买方;而多宗销售证券化交易中,随着原始债务人对债务本息的不断偿付,基础资产池中的未清偿余额不断下降,资产规模不断缩小。在这种情况下,买方将通过备用协议、可再投资的信托结构、主信托结构等方式向卖方进行基础资产的循环购买,以不断对资产池进行填充,使得资产池中的未清偿余额保持在一个合理的水平。多宗销售这种交易结构主要是被用来对信用卡应收账款、贸易应收账款等短期应收款进行证券化。使用这种结构通过循环购买过程可以扩大证券化规模,摊薄前期费用,并将短期应收款组合成长期应收款。

5. 根据发起人与SPV的关系及由此引起的资产销售次数划分为单层销售证券化和双层销售证券化

单层销售结构下基础资产的卖方向与其有合并会计报表关系的子公司SPV转移资产,不论是一次转移还是循环进行。由于这种销售结构是在母、子公司层面上开展的,所以称为单层销售结构。按照严格的会计标准,需要将被转移资产从母公司的资产负债表中剔除,这就要求将已销售给子公司SPV的资产再次转移给与母公司无关的第三方SPV,这种结构被称为双层销售结构。

6. 根据贷款发起人和交易发起人的关系划分为发起型证券化和载体型证券化

在一项具体的资产证券化交易中,贷款发起人与交易发起人的角色可能重合也可能分离。当贷款发起人同时又是证券化交易的发起人时,即由原始权益人自身来构造交易结构、设立SPV并发行证券、完整参与整个证券化过程,这被称为发起型证券化。如果贷款发起人只发起贷款,然后将这些资产出售给专门从事证券化交易的证券化载体,由后者构架证券化交易,则被称为载体型证券化。

7. 根据证券化载体在性质上的差异划分为政府信用型证券化和私人信用型证券化

私人信用型证券化的载体是专门购买和收集基础资产并以自己的名义将其以证券形式出售的融资机构,一般是大银行、抵押贷款银行或者证券公司的分支机构。而政府信用型证券化则是由政府信用机构直接购买合规抵押贷款并以此为支持发行的证券。其中,政府信用机构并不一定是政府机构,也可以是政府特许成立的企业等机构。

8. 根据证券产生过程和层次划分为基础证券和衍生证券

基础证券是以抵押贷款或应收账款等基础资产为支持发行的证券,衍生证券则是以基础证券组合为支持所发行的证券。

9. 根据基础资产是否从发起人资产负债表中剥离划分为表内证券化和表外证券化

现代意义上的资产证券化其实都是表外证券化,因为基础资产真实出售给了SPV。而表内证券化是指长期以来,欧洲大陆的银行等金融机构以其所持有的某些资产组合为担保,通过发行抵押关联债券或资产关联债券来筹集资金的行为,在该交易过程中,资产并不从发起人的资产负债表中剔除。在这种情况下,投资者不是对特定的资产组合拥有追索权,而是对整个发起机构拥有追索权。在这种情况下,决定证券信用质量的是发起机构的整体资信状况。

4.4.2 不良资产证券化

资产证券化一般都是选择那些优质的基础资产为证券的支持资产,但是某些不符合资产选择条件的资产在一定基础下也是可以证券化的,这就是不良资产的证券化。不良资产证券化不同于优质资产证券化,其关键在于发现和认定不良资产证券化的收益要素,即不良资产证券化的支撑点和前提条件。

1. 不良资产证券化以卖方与投资者实现利益平衡为前提

证券投资者投资于资产支持的证券不是为了占有不良资产,而是为了取得投资收益。当原始权益人和投资者的利益达到平衡时,不良资产就可以证券化了。不良资产,从价值角度来看,是最有可能实现的现值低于资产的取得成本。从表现形式看,是不能按照原来约定的方式产生现金流,或者不能按照原来设计的使用主体的意愿进行经营实现现金流。若将不良资产的价格调整到市场价格,那么不良资产在价值上也就不是不良资产了,只不过是其价值的实现在时间上存在一定的不确定性。因此,只要按市场规则进行,资产卖方按市场价格进行出售,投资者的回报率也由市场决定,并接受市场形成的投资收益率,承担相应的风险,那么证券化就会顺利进行。

2. 不良资产证券化以证券的长期收益和期间增值为支撑

虽然不良资产基本上没有稳定的现金流,且每项的违约率也相对较高,但是经过一定的组合,在统计意义上也存在部分稳定的现金流,不过这个部分一般所占比例很低,以至于很难通过期间现金流来支撑证券。所以,不良资产证券化要以证券的长期收益和期间增值为支撑,通过 SPV 发行所有权证书的形式来达到证券化目的。

3. 不良资产证券化以自身特征为基础

在不良资产证券化的资产池中,内容比较复杂,既有违约率相当高的抵押贷款合同,也有实物形态的资产等。所以证券化不能依据贷款合同约定偿还时间来预算现金流,而是依据合同项下的抵押物或该债务人可用于抵偿债务的其他资产的处置变现的现金流来进行资产价值的评估和现金流的预测。同时不良资产的证券化的支持资产价值评估和相关证券评级也不能采用现金流估算法,而要采用清算估算法。

在现金流重组方面,不良资产的现金流在数量和时间上确定程度较低,但重组程度较高。所谓的现金流重组,是指资产按约定或处置收回的现金进行重新配置,以满足证券偿付需要。

在信用提升手段方面,不良资产证券化除了可以采取现金流重组外,一般还要设计次级证券来保证优先偿付证券的信用级别。由于不良资产的证券偿付主要来源于资产的变现,在预测资产变现的时间及其价值时,应持保守的态度,因而会导致高级别证券的价值会较大比例地低于资产的可能变现价值,事先必须作出次级证券的安排。

不良资产证券化在一些发达资本主义国家的实践已经较为成熟,而在国内尚处于探索和发展阶段,本章不再赘述,其他相关内容可以参考专门的资料和文献。

> 专栏 4-3

韩国资产管理公司的不良资产国际证券化

韩国资产管理公司（KAMCO）是韩国处置全国金融机构不良资产的国有资产管理公司，1997年11月重新组建后综合运用不良资产拍卖、资产证券化、成立合资资产管理公司和企业结构重组公司等手段，使不良资产处置取得较大进展，被《亚洲国际金融评论》评为"2000年亚洲最佳重组机构"。韩国资产管理公司从1999年开始多次在国内发行资产支持证券，2000年7月完成了第一笔国际证券化，这是亚洲除日本以外首例不良资产国际证券化，获得了当年7家国际权威机构的年度奖项。

1. 基本情况

这笔金额为3.67亿美元的不良资产国际证券化是典型的担保贷款证券化（CLO），平均期限5年，最终到期日为2009年。瑞银华宝和德意志银行担任牵头经理人，西蒙斯律师行担任法律顾问，韩国资产管理公司是服务人。证券获得穆迪和惠誉的主权评级（Baa2/BBB+），证券发行获得3.8倍超额认购，取得了很大成功，证券的52%销售到美国，30%销售到亚洲，余下的销售到欧洲。这笔证券化交易结构复杂，引入卖出期权、备用贷款和货币掉期等创新。

2. 发行过程

第一步，构筑资产池。证券化的基础资产组合由韩国6家银行的4.2亿美元不良贷款组成，涉及45个借款人的135笔贷款。其中，韩国产业银行占60%，韩国外换银行占19%，朝兴银行占12%，韩汇银行占6%，余下来自新韩银行和国民银行。这6家银行都有很强的政府背景，股权全部或大部分为韩国政府所有。根据1998年颁布的韩国资产证券化法，资产的转让构成真实销售，而不是担保融资。韩国资产管理公司与上述韩国银行签订转让协议，将不良资产转让给一家韩国证券化公司（SPV），条例规定受让人和出让人向借款人发出转让通知，资产转让即合法有效。转让要在韩国金融监督委员会（FSC）登记备案。

第二步，信用增级。韩国资产管理公司采取基础资产打折、超额担保和卖出期权等多种方式对证券进行信用增级。

（1）资产打折。韩国资产管理公司从有关银行购买不良资产时已经按资产账面价值打了折扣。

（2）超额担保。这笔3.67亿美元的资产支持证券由4.2亿美元的资产池作担保。

（3）卖出期权。韩国资产管理公司除了从韩国6家银行购入不良贷款之外，还取得当借款人违约时将贷款回售给有关银行的卖出期权。韩国资产管理公司作为服务人代表证券化公司行使与有关银行之间的卖出期权。卖出期权消除了资产池贷款还本付息的违约风险，是发行成功的关键。

（4）韩国产业银行提供1.1亿美元的备用贷款，为证券化提供信用支持和流动性保证，当卖出期权不能立即行使或个别银行违约时使用。1.1亿美元的备用贷款相当于韩国证券化公司发行的高级证券面值的30%，意味着交易的90%由韩国产业银行担保，这一点构成证券的最大的卖点——投资者将证券视为代表韩国产业银行风险。

(5) 货币掉期。资产池9.1%的基础资产是日元贷款,未来产生的现金流是日元;而证券面值为美元,证券还本付息也用美元,币种的不匹配带来汇率风险。为避免未来9年日元贬值造成的损失,韩国资产管理公司与瑞银华宝签订了货币掉期协议,约定与日元贷款相匹配的掉期交易的起息日、付息日和到期日,在起息日和到期日均按事先约定的汇率水平互换本金,韩国资产管理公司在还款期内向瑞银华宝支付日元利息,从瑞银华宝收入的美元利息用于支付证券本息,从而在未来9年完全规避了汇率风险。

第三步,发行。证券化交易结构涉及设立境内外两个证券化公司。

(1) 设立韩国第一证券化公司,实现真实销售、破产隔离的功能。韩国第一证券化公司注册为独立的有限责任公司,股份由韩国资产管理公司所有。韩国资产管理公司作为证券化的原始权益人,将资产转移给韩国第一证券化公司,韩国资产管理公司作为证券化的服务人,代表韩国第一证券化公司管理资产池中的不良资产。证券分为两部分,韩国第一证券化公司向韩国资产基金2000-1有限公司发行高级证券3.67亿美元,向韩国资产管理公司发行次级证券5 300万美元。资产池产生的收益优先支付高级证券本息,作为证券化发起人,韩国资产管理公司通过保留次级证券来承担信用风险,这种安排进一步增强了高级证券信用。

(2) 在无金融管制、税费低廉的离岸金融市场开曼群岛注册韩国资产基金2000-1有限公司,韩国第一证券化公司将不良资产和卖出期权转让给韩国资产基金2000-1有限公司,以获得表外交易待遇。韩国资产基金2000-1有限公司以韩国第一证券化公司高级证券为担保,向境外投资者发行总额为3.67亿美元的浮动利率证券,证券在卢森堡证券交易所上市,根据美国144A私募条款,证券可以在美国的合格机构投资者之间转让。

3. 发行结果

信用增级措施使证券化获得等同于主权评级的信用评级,达到了降低融资成本、吸引投资者的目的。投资者把这笔证券化看作是资产支持证券和韩国产业银行风险的混合,证券发行吸引了韩国公司证券买家和资产证券买家两类投资者。证券定价为6个月LIBOR加200个点。当时韩国产业银行债券交易价为LIBOR加100个点,其他BBB级资产证券为LIBOR加250~275点,因此投资者获得比韩国产业银行债券更高的收益,韩国资产管理公司也以较低成本完成融资。

专栏4-4

信贷资产证券化试点管理办法

2005年4月20日,中国人民银行、中国银监会公布了《信贷资产证券化试点管理办法》,由国家开发银行和中国建设银行作为试点单位,分别进行信贷资产证券化和住房抵押贷款证券化的试点。2005年12月,由国家开发银行发起、中诚信托投资有限责任公司作为发行人、通过中央国债登记结算有限责任公司招标系统发行的 2005 年第一期 41.772 7 亿元开元信贷资产支持证券取得成功，标志着信贷资产证券化业务在我国正式开展。

第一章 总 则

第一条 为了规范信贷资产证券化试点工作，保护投资人及相关当事人的合法权益，提高信贷资产流动性，丰富证券品种，根据《中华人民共和国中国人民银行法》、《中华人民共和国银行业监督管理法》、《中华人民共和国信托法》等法律及相关法规，制定本办法。

第二条 在中国境内，银行业金融机构作为发起机构，将信贷资产信托给受托机构，由受托机构以资产支持证券的形式向投资机构发行受益证券，以该财产所产生的现金支付资产支持证券收益的结构性融资活动，适用本办法。

受托机构应当依照本办法和信托合同约定，分别委托贷款服务机构、资金保管机构、证券登记托管机构及其他为证券化交易提供服务的机构履行相应职责。

受托机构以信托财产为限向投资机构承担支付资产支持证券收益的义务。

第三条 资产支持证券由特定目的信托受托机构发行，代表特定目的信托的信托受益权份额。

资产支持证券在全国银行间债券市场上发行和交易。

第四条 信贷资产证券化发起机构、受托机构、贷款服务机构、资金保管机构、证券登记托管机构、其他为证券化交易提供服务的机构和资产支持证券投资机构的权利和义务，依照有关法律法规、本办法的规定和信托合同等合同（以下简称相关法律文件）的约定。

受托机构依照有关法律法规、本办法的规定和相关法律文件约定，履行受托职责。发起机构、贷款服务机构、资金保管机构、证券登记托管机构及其他为证券化交易提供服务的机构依照有关法律法规、本办法的规定和相关法律文件约定，履行相应职责。

资产支持证券投资机构（也称资产支持证券持有人）按照相关法律文件约定享有信托财产利益并承担风险，通过资产支持证券持有人大会对影响其利益的重大事项进行决策。

第五条 从事信贷资产证券化活动，应当遵循自愿、公平、诚实信用的原则，不得损害国家利益和社会公共利益。

第六条 受托机构因承诺信托而取得的信贷资产是信托财产，独立于发起机构、受托机构、贷款服务机构、资金保管机构、证券登记托管机构及其他为证券化交易提供服务的机构的固有财产。

受托机构、贷款服务机构、资金保管机构及其他为证券化交易提供服务的机构因特定目的、信托财产的管理、运用或其他情形而取得的财产和收益，归入信托财产。

发起机构、受托机构、贷款服务机构、资金保管机构、证券登记托管机构及其他为证券化交易提供服务的机构因依法解散、被依法撤销或者被依法宣告破产等原因进行清算的，信托财产不属于其清算财产。

第七条　受托机构管理运用、处分信托财产所产生的债权，不得与发起机构、受托机构、贷款服务机构、资金保管机构、证券登记托管机构及其他为证券化交易提供服务机构的固有财产产生的债务相抵消；受托机构管理运用、处分不同信托财产所产生的债权债务，不得相互抵消。

第八条　受托机构、贷款服务机构、资金保管机构、证券登记托管机构及其他为证券化交易提供服务的机构，应当恪尽职守，履行诚实信用、谨慎勤勉的义务。

第九条　中国银行业监督管理委员会（以下简称中国银监会）依法监督管理有关机构的信贷资产证券化业务活动。有关监管规定由中国银监会另行制定。

第十条　中国人民银行依法监督管理资产支持证券在全国银行间债券市场上的发行与交易活动。

第二章　信贷资产证券化发起机构与特定目的信托

第十一条　信贷资产证券化发起机构是指通过设立特定目的信托转让信贷资产的金融机构。

第十二条　发起机构应在全国性媒体上发布公告，将通过设立特定目的信托转让信贷资产的事项，告知相关权利人。

第十三条　发起机构应与受托机构签订信托合同，载明下列事项：
(1) 信托目的；
(2) 发起机构、受托机构的名称、住所；
(3) 受益人范围和确定办法；
(4) 信托财产的范围、种类、标准和状况；
(5) 本办法第十四条规定的赎回或置换条款；
(6) 受益人取得信托利益的形式、方法；
(7) 信托期限；
(8) 信托财产的管理方法；
(9) 发起机构、受托机构的权利与义务；
(10) 接受受托机构委托代理信托事务的机构的职责；
(11) 受托机构的报酬；
(12) 资产支持证券持有人大会的组织形式与权力；
(13) 新受托机构的选任方式；
(14) 信托终止事由。

第十四条　在信托合同有效期内，受托机构若发现作为信托财产的信贷资产在入库起算日不符合信托合同约定的范围、种类、标准和状况，应当要求发起机构赎回或置换。

第三章　特定目的信托受托机构

第十五条　特定目的信托受托机构（以下简称受托机构）是因承诺信托而负责管理特定目的信托财产并发行资产支持证券的机构。

第十六条　受托机构由依法设立的信托投资公司或中国银监会批准的其他机构担任。

第十七条　受托机构依照信托合同约定履行下列职责：
(1) 发行资产支持证券；
(2) 管理信托财产；
(3) 持续披露信托财产和资产支持证券信息；
(4) 依照信托合同约定分配信托利益；
(5) 信托合同约定的其他职责。

第十八条　受托机构必须委托商业银行或其他专业机构担任信托财产资金保管机构，依照信托合同约定分别委托其他有业务资格的机构履行贷款服务、交易管理等其他受托职责。

第十九条　有下列情形之一的，受托机构职责终止：
(1) 被依法取消受托机构资格；
(2) 被资产支持证券持有人大会解任；
(3) 依法解散、被依法撤销或者被依法宣告破产；
(4) 受托机构辞任；
(5) 法律、行政法规规定的或信托合同约定的其他情形。

第二十条　受托机构被依法取消受托机构资格、被依法解散、被依法撤销或者被依法宣告破产的，在新受托机构产生前，由中国银监会指定临时受托机构。

受托机构职责终止的，应当妥善保管资料，及时办理移交手续；新受托机构或者临时受托机构应及时接收。

第四章　贷款服务机构

第二十一条　贷款服务机构是接受受托机构委托，负责管理贷款的机构。
贷款服务机构可以是信贷资产证券化发起机构。

第二十二条　受托机构应与贷款服务机构签订服务合同，载明下列事项：
(1) 受托机构、贷款服务机构的名称、住所；
(2) 贷款服务机构职责；
(3) 贷款管理方法与标准；
(4) 受托机构、贷款服务机构的权利与义务；
(5) 贷款服务机构的报酬；
(6) 违约责任；
(7) 其他事项。

第二十三条　贷款服务机构依照服务合同约定管理作为信托财产的信贷资产，履行下列职责：
(1) 收取贷款本金和利息；
(2) 管理贷款；
(3) 保管信托财产法律文件，并使其独立于自身财产的法律文件；
(4) 定期向受托机构提供服务报告，报告作为信托财产的信贷资产信息；
(5) 服务合同约定的其他职责。

第二十四条 贷款服务机构应有专门的业务部门,对作为信托财产的信贷资产单独设账,单独管理。

第二十五条 贷款服务机构应按照服务合同要求,将作为信托财产的信贷资产回收资金转入资金保管机构,并通知受托机构。

第二十六条 受托机构若发现贷款服务机构不能按照服务合同约定的方式、标准履行职责,经资产支持证券持有人大会决定,可以更换贷款服务机构。

受托机构更换贷款服务机构应及时通知借款人。

第五章 资金保管机构

第二十七条 资金保管机构是接受受托机构委托,负责保管信托财产账户资金的机构。

信贷资产证券化发起机构和贷款服务机构不得担任同一交易的资金保管机构。

第二十八条 受托机构应与资金保管机构签订资金保管合同,载明下列事项:
(1) 受托机构、资金保管机构的名称、住所;
(2) 资金保管机构职责;
(3) 资金管理方法与标准;
(4) 受托机构、资金保管机构的权利与义务;
(5) 资金保管机构的报酬;
(6) 违约责任;
(7) 其他事项。

第二十九条 资金保管机构依照资金保管合同管理资金,履行下列职责:
(1) 安全保管信托财产资金;
(2) 以信贷资产证券化特定目的信托名义开设信托财产的资金账户;
(3) 依照资金保管合同约定方式,向资产支持证券持有人支付投资收益;
(4) 依照资金保管合同约定方式和受托机构指令,管理特定目的信托账户资金;
(5) 按照资金保管合同约定,定期向受托机构提供资金保管报告,报告资金管理情况和资产支持证券收益支付情况;
(6) 资金保管合同约定的其他职责。

依照信托合同约定,受托机构也可委托其他服务机构履行上述(3)、(4)、(5)项职责。

第三十条 在向投资机构支付信托财产收益的间隔期内,资金保管机构只能按照合同约定的方式和受托机构指令,将信托财产收益投资于流动性好、变现能力强的国债、政策性金融债及中国人民银行允许投资的其他金融产品。

第三十一条 受托机构若发现资金保管机构不能按照合同约定方式、标准保管资金,经资产支持证券持有人大会决定,可以更换资金保管机构。

第六章 资产支持证券发行与交易

第三十二条 受托机构在全国银行间债券市场发行资产支持证券应当向中国人民银行

提交下列文件：

(1) 申请报告；
(2) 发起机构章程或章程性文件规定的权力机构的书面同意文件；
(3) 信托合同、贷款服务合同和资金保管合同及其他相关法律文件草案；
(4) 发行说明书草案（格式要求见附）；
(5) 承销协议；
(6) 中国银监会的有关批准文件；
(7) 执业律师出具的法律意见书；
(8) 注册会计师出具的会计意见书；
(9) 资信评级机构出具的信用评级报告草案及有关持续跟踪评级安排的说明；
(10) 中国人民银行规定提交的其他文件。

第三十三条 中国人民银行应当自收到资产支持证券发行全部文件之日起5个工作日内决定是否受理申请。中国人民银行决定不受理的，应书面通知申请人不受理原因；决定受理的，应当自受理申请之日起20个工作日内作出核准或不核准的书面决定。

第三十四条 资产支持证券可通过内部或外部信用增级方式提升信用等级。

第三十五条 资产支持证券在全国银行间债券市场发行与交易应聘请具有评级资质的资信评级机构，对资产支持证券进行持续信用评级。

资信评级机构应保证其信用评级客观公正。

第三十六条 发行资产支持证券时，发行人应组建承销团，承销人可在发行期内向其他投资者分销其所承销的资产支持证券。

第三十七条 资产支持证券名称应与发起机构、受托机构、贷款服务机构和资金保管机构名称有显著区别。

第三十八条 资产支持证券的发行可采取一次性足额发行或限额内分期发行的方式。分期发行资产支持证券的，在每期资产支持证券发行前5个工作日，受托机构应将最终的发行说明书、评级报告及所有最终的相关法律文件报中国人民银行备案，并按中国人民银行的要求披露有关信息。

第三十九条 资产支持证券的承销可采用协议承销和招标承销等方式。承销机构应为金融机构，并须具备下列条件：

(1) 注册资本不低于2亿元人民币；
(2) 具有较强的债券分销能力；
(3) 具有合格的从事债券市场业务的专业人员和债券分销渠道；
(4) 最近两年内没有重大违法、违规行为；
(5) 中国人民银行要求的其他条件。

第四十条 资产支持证券在全国银行间债券市场发行结束后10个工作日内，受托机构应当向中国人民银行和中国银监会报告资产支持证券发行情况。

第四十一条 资产支持证券可以向投资者定向发行。定向发行资产支持证券可免于信用评级。定向发行的资产支持证券只能在认购人之间转让。

第四十二条 资产支持证券在全国银行间债券市场发行结束之后2个月内，受托机构可根据《全国银行间债券市场债券交易流通审核规则》的规定申请在全国银行间债券市场交易资产支持证券。

第四十三条 资产支持证券在全国银行间债券市场登记、托管、交易、结算应按照《全国银行间债券市场债券交易管理办法》等有关规定执行。

第七章 信息披露

第四十四条 受托机构应当在资产支持证券发行前和存续期间依法披露信托财产和资产支持证券信息。信息披露应通过中国人民银行指定媒体进行。

受托机构及相关知情人在信息披露前不得泄露其内容。

第四十五条 受托机构应保证信息披露真实、准确、完整、及时，不得有虚假记载、误导性陈述和重大遗漏。

接受受托机构委托为证券化交易提供服务的机构应按照相关法律文件约定，向受托机构提供有关信息报告，并保证所提供信息真实、准确、完整、及时。

第四十六条 受托机构应当在发行资产支持证券5个工作日前发布最终的发行说明书。

第四十七条 受托机构应在发行说明书的显著位置提示投资机构：资产支持证券仅代表特定目的信托受益权的相应份额，不是信贷资产证券化发起机构、特定目的信托受托机构或任何其他机构的负债，投资机构的追索权仅限于信托财产。

第四十八条 在资产支持证券存续期内，受托机构应核对由贷款服务机构和资金保管机构定期提供的贷款服务报告和资金保管报告，定期披露受托机构报告，报告信托财产信息、贷款本息支付情况、证券收益情况和中国人民银行、中国银监会规定的其他信息。

第四十九条 受托机构应及时披露一切对资产支持证券投资价值有实质性影响的信息。

第五十条 受托机构年度报告应经注册会计师审计，并由受托机构披露审计报告。

第五十一条 受托机构应于信息披露前将相关信息披露文件分别报送全国银行间同业拆借中心和中央国债登记结算有限责任公司。

全国银行间同业拆借中心和中央国债登记结算有限责任公司应为资产支持证券信息披露提供服务，及时将违反信息披露规定的行为向中国人民银行报告并公告。

第八章 资产支持证券持有人权利及其行使

第五十二条 资产支持证券持有人依照相关法律文件约定，享有下列权利：
（1）分享信托利益；
（2）参与分配清算后的剩余信托财产；
（3）依法转让其持有的资产支持证券；
（4）按照规定要求召开资产支持证券持有人大会；
（5）对资产支持证券持有人大会审议事项行使表决权；
（6）查阅或者复制公开披露的信托财产和资产支持证券信息资料；
（7）信托合同和发行说明书约定的其他权利。

第五十三条 下列事项应当通过召开资产支持证券持有人大会审议决定,信托合同如已有明确约定,从其约定。

(1) 更换特定目的信托受托机构;

(2) 信托合同约定的其他事项。

第五十四条 资产支持证券持有人大会由受托机构召集。受托机构不召集的,资产支持证券持有人有权依照信托合同约定自行召集,并报中国人民银行备案。

第五十五条 召开资产支持证券持有人大会,召集人应当至少提前30日公告资产支持证券持有人大会的召开时间、地点、会议形式、审议事项、议事程序和表决方式等事项。

资产支持证券持有人大会不得就未经公告的事项进行表决。

第五十六条 资产支持证券持有人大会可以采取现场方式召开,也可以采取通信等方式召开。

资产支持证券持有人依照信托合同约定享有表决权,资产支持证券持有人可以委托代理人出席资产支持证券持有人大会并行使表决权。

第五十七条 资产支持证券持有人大会决定的事项,应当报中国人民银行备案,并予以公告。

第九章 附 则

第五十八条 与信贷资产证券化相关的会计、税收处理规定和房地产抵押登记变更规定,由国务院有关部门另行规定。

第五十九条 购买和持有资产支持证券的投资管理政策由有关监管机构另行规定。

第六十条 本办法自发布之日起实施。

第六十一条 本办法由中国人民银行和中国银行业监督管理委员会负责解释。

附:资产支持证券发行说明书的编制要求:

(1) 发行机构(受托机构)、发起机构、贷款服务机构、资金保管机构、证券登记托管机构及其他为证券化交易提供服务的机构的名称、住所;

(2) 发起机构简介和财务状况概要;

(3) 发起机构、受托机构、贷款服务机构和资金保管机构在以往证券化交易中的经验及违约记录申明;

(4) 交易结构及当事方的主要权利与义务;

(5) 资产支持证券持有人大会的组织形式与权力;

(6) 交易各方的关联关系申明;

(7) 信托合同、贷款服务合同和资金保管合同等相关法律文件的主要内容;

(8) 贷款发放程序、审核标准、担保形式、管理方法、违约贷款处置程序及方法;

(9) 设立特定目的信托的信贷资产选择标准和统计信息;

(10) 信托财产现金流需要支付的税费清单,各种税费支付来源和支付优先顺序;

(11) 发行的资产支持证券的分档情况,各档次的本金数额、信用等级、票面利率、预计期限和本息偿付优先顺序;

(12) 资产支持证券的内外部信用提升方式;

(13) 信用评级机构出具的资产支持证券信用评级报告概要及有关持续跟踪评级安排的说明；

(14) 执业律师出具的法律意见书概要；

(15) 选择性或强制性的赎回或终止条款，如清仓回购条款；

(16) 各档次资产支持证券的利率敏感度分析，在给定提前还款率下，各档次资产支持证券的收益率和加权平均期限的变化情况；

(17) 投资风险提示；

(18) 注册会计师出具的该交易的税收安排意见书；

(19) 证券存续期内信息披露内容及取得方式；

(20) 中国人民银行规定载明的其他事项。

思考题

1. 何谓资产证券化？
2. 如何理解信用增级？
3. 简述资产证券化的基本运作流程。
4. 简述资产证券化的分类，并选取其中一种（如 MBS）进行相关资料、文献的查询，归纳其业务流程。
5. 与一般意义的资产证券化不同，不良资产之所以能够进行证券化的原因是什么？通过具体案例及相关文献资料分析我国在不良资产证券化方面的现状、发展及具体操作。

第 5 章

投资基金管理

学习目标

1. 理解证券投资基金的定义和特点。
2. 熟知基金的不同种类,重点掌握封闭式基金和开放式基金、公司型基金和契约型基金的概念。
3. 了解基金的运作与业绩的评估。
4. 学会基金的投资选择。

投资银行在基金的整体运作过程中,发挥着越来越重要的作用。投资银行可以作为基金的发起人,发起和建立基金;投资银行也可作为基金管理者管理基金;投资银行还可以作为基金的承销人,帮助基金发行人向投资者发售投资基金。

5.1 基金的定义与种类

5.1.1 基金的定义

基金通常分为两种:专项基金和投资基金。专项基金是指用于指定用途的资金,这种传统意义上的基金是通过国民收入的分配和再分配形成的具有指定用途的基金,如各类福利基金、发展基金、保险基金、养老基金、救济基金、见义勇为基金、奖励基金、互助基金等,种类繁多。这些基金大体上可以分为三类:一是社会福利基金,主要是由企业、职工自行积累或国家财政拨款形成,用于保障职工的生活福利;二是保险基金,主要来自投保人缴纳的保费,用于因受到不可抗力的自然灾害或意外事故的偿还;三是基金会,其资金主要来源于捐赠,用于科教文体、社会治安等。

投资基金是专门为众多的中小投资者设计的一种间接投资工具,是指根据预定投资方向,通过发售基金份额(基金单位)募集资金形成独立财产,由基金管理人管理、基金托管人托管,基金持有人按其份额享受收益和承担风险的集合投资方式。根据基金投资对象不同的流动性,投资基金又可分为证券投资基金和产业投资基金,证券投资基金是指以各类证券为主要投资对象的投资基金，而产业投资基金则是指以非上市股权为主要投资对象的投资基金。有时候，证券投资基金也被简称为投资基金甚至基金，如果无特定说明，本书所说的基金专指证券投资基金。

由于各国发展历史和习惯的不同，对于投资基金的称谓并不一致，形式也有所不同。在美国，人们通常称其为"共同基金"（mutual fund）；在英国和中国香港地区，人们称其为"单位信托基金"（unit trust）；在日本，人们把它叫作"证券投资信托基金"，等等。尽管称谓不一，形式不同，其实质都有相当大的共同性，都是集众多小额投资者的资金，交由专业人员操作，然后按投资比例分配收益。

5.1.2 基金的种类

投资基金作为一种投资工具，因其具有流动性高、品种多样、选择性强等特点，逐渐受到越来越多投资者的青睐。基金的品种大致有以下几种分类标准。

1. 按投资基金的组织形态划分

投资基金可分为契约型基金和公司型基金。

契约型基金是指由委托人、受托人和受益人三方通过签订信托契约的方式而建立起来的基金。该类基金不具有法人资格，通过发行受益凭证筹集资金。委托人（通常也是基金管理人）作为基金的发起设立者，负责设计基金种类、筹集资金，并依据基金契约管理和运用信托资产。受托人即基金保管机构，主要负责依据信托契约保管信托财产，并进行会计核算，同时监督委托人的管理和运用。受益人作为受益凭证的持有者，享有按投资比例获取投资收益的权利，但对基金的重要投资决策通常不具有发言权。

公司型基金是指依据公司法，按照股份制原则设立，通过向社会公众发行基金股份的方式而成立的股份公司。因此公司型基金本身就是具备法人资格的股份公司，其内部的组织结构包括股东大会、董事会、总经理和监事会。由股东大会选举出董事会，再由董事会选择基金管理人和基金托管人，基金管理人负责管理和运作基金资产，基金托管人则负责保管监督基金资产，而投资者按照公司章程享受投资收益，承担有限责任，有权对公司的重大决策进行审批、发表自己的意见。相对来说，公司型基金投资策略的灵活性较大。

2. 按投资基金是否可以赎回划分

投资基金可分为封闭式基金和开放式基金。

封闭式基金是指在基金发行前将基金的资本总额及发行份数确定下来，在一定的封闭期内，基金规模保持不变，投资者可以在证券交易所进行基金单位的相互转让。我国早期发行的投资基金都属于封闭式资金。由于封闭式基金一经设立，便封闭起来，其规模不再变化，因此比较适合于市场规模小、开放程度低的证券市场。基金经理也可以在封闭期内，从容运作相对稳定的基金资产，管理难度较小。基金二级市场的交易价格主要受市场供求关系与基金单位资产净值的影响。

开放式基金是指基金的资本总额或股份总数并不固定，可以根据投资者需要和市场供求状况随时发行新的基金单位或基金股份，也可以应投资者要求赎回发行在外的基金单位或股份。目前，我国国内发行的投资基金都属于开放式基金。与封闭式基金相比，开放式基金更适合于市场规模大、开放程度高的证券市场，因为开放式基金只要运作良好，便可以不断地吸引投资者认购基金，使基金规模迅速扩大，但因为必须随时应对投资者的认购，同时还要保留一部分流动性强的资产,以满足投资者的赎回需要,这种基金资产的不稳定性使管理的难度加大,对基金经理的要求也较高。开放式基金的申购,通常在商业银行等大型金融机构的营业网点进行,赎回价以基金单位资产净值为基础。

3. 按投资对象划分

投资基金主要包括股票基金、债券基金、货币市场基金、期货基金、期权基金、指数基金和认股权证基金等。

股票基金是指以股票作为主要投资对象的基金,由于股票的种类繁多,资本增长的潜力较大,基金管理人不仅可以组合投资,分散风险,还可以获得较高的投资收益。因此,股票基金成为股票市场上的重要机构投资者。

债券基金以债券作为主要的投资对象,资产规模仅次于股票基金。债券基金既可以按投资区域划分,也可以按币种或发行主体划分,品种也非常多样,通常属于收益型基金。

货币市场基金主要投资于货币市场工具,包括短期国债、商业票据、银行定期存单、公司短期债券等证券。它具备流动性强、安全性高、管理费用低等优点。

期货基金是指以期货为主要投资对象的基金。期货交易作为一种合约买卖,通常只需缴纳5%～10%的保证金,可以以小博大,达到套期保值或投机获利的目的。

期权基金是指以能分配股利的股票期权为投资对象的投资基金。

指数基金是指以证券市场的某种价格指数为投资对象的投资基金,即投资组合等同于股票价格指数的权数比重。

认股权证基金是指以认股权证为投资对象的投资基金,等等。

4. 按投资风险与收益的不同划分

投资基金主要包括成长型基金、平衡型基金和收入型基金。

积极成长型基金以追求预期最大资本增值为目标,投资于高成长潜力股票,该类股票通常股利很少甚至不付股利,将盈利全部或大部分用于再投资。

成长型基金主要投资于价格上涨速度快于一般股票或股票价格指数的成长类股票。这类上市公司通常将收入用于再投资,从而实现资本增值,成长型基金也因此收益。但该类基金的成长性略低于积极成长型基金。

平衡型基金分别投资于两种不同特征的证券,采取混合投资方式,将资金在以取得当前收益为目的的债券、优先股和以资本增值为目的的股票之间进行配置,既保证了收益的相对稳定性,同时兼顾了资金的长期成长,但缺点是增长潜力不大。

收入型基金以追求当期收入为主,但长期成长潜力较小,比较受退休者欢迎。

5. 按资金来源和运用地域的不同划分

投资基金包括国际基金、离岸基金、国内基金、国家基金等。国际基金是指资金来源于国内,并投资于国外市场的投资基金;离岸基金,也称为国外基金,是指资金来源于国外,并投资于国外市场的投资基金;国内基金是指资金来源于国内,并投资于国内市场的投资基金;国家基金是指资金来源于国外,并投资于国内的投资基金。

6. 按投资货币种类的不同划分

投资基金可分为美元基金、日元基金和欧元基金等。美元基金是指投资于美元市场的投资基金;日元基金是指投资于日元市场的投资基金;欧元基金是指投资于欧元市场的投资基金。

7. 雨伞基金和基金中基金

雨伞基金通常是在一个母基金之下再设立若干个基金，基金的各个子基金独立进行投资决策，其最大特点是在基金内部可以为投资者提供多种投资选择，方便投资者转换基金以吸引投资者。基金中基金是一种以其他基金证券为投资对象的投资基金，特点是具有双重保护功能，不利之处是加大了投资者的投资成本。两类基金的不同之处在于：雨伞基金不是基金，基金中基金是一种基金；另外，基金中基金是否转换基金由基金经理决定，而雨伞基金则完全由投资者决定。

8. 对冲基金

对冲基金的操作宗旨在于利用期货、期权等金融衍生产品及相关联的不同股票进行买空卖空、风险对冲的操作技巧，它在一定程度上可规避和降低证券投资风险。经过几十年的演变，对冲基金已失去其初始的风险对冲的内涵，而成为一种新的投资模式的代名词，即基于最新的投资理论和极其复杂的金融市场操作技巧，充分利用各种金融衍生产品的杠杆效用，承担高风险、追求高收益的投资模式。

9. 风险投资基金

风险投资基金是一种以私募方式募集资金，以公司等组织形式设立，投资于未上市的新兴中小型企业的承担高风险、谋求高回报的基金。国内有关部门提出的产业投资基金实际上就是风险投资基金。

 专栏 5–1

我国基金业发展的4个历史阶段

第一个阶段是从1992年至1997年11月14日《证券投资基金管理暂行办法》（以下简称《暂行办法》）颁布之前的早期探索阶段。1992年11月，我国国内第一家比较规范的投资基金——淄博乡镇企业投资基金（简称"淄博基金"）正式设立。该基金为公司型封闭式基金，募集资金1亿元人民币，并于1993年8月在上海证券交易所最早挂牌上市。淄博基金的设立揭开了投资基金业发展的序幕，并在1993年上半年引发了短暂的中国投资基金发展的热潮。但基金发展过程中的不规范性和积累的其他问题逐步暴露出来，多数基金的资产状况趋于恶化。从1993年下半年起，中国基金业的发展陷于停滞状态。

第二个阶段是从《暂行办法》颁布实施以后至2001年8月的封闭式基金发展阶段。1997年11月14日，国务院证券管理委员会颁布了《暂行办法》，为我国基金业的规范发展奠定了法律基础。1998年3月27日，经中国证监会批准，新成立的南方基金管理公司和国泰基金管理公司分别发起设立了规模均为20亿元的两只封闭式基金——"基金开元"和"基金金泰"，由此拉开了中国证券投资基金试点的序幕。截至1999年年初，我国共设立了10家基金管理公司。截至2001年9月开放式基金推出之前，我国共有47只封闭式基金，规模达689亿份。

第三个阶段是从2001年9月以后至《证券投资基金法》出台前的开放式基金发展阶段。2000年10月8日，中国证监会发布了《开放式证券投资基金试点办法》。2001年9月，我国第一只开放式基金——"华安创新"诞生，使我国基金业发展实现了从封闭式基金到开放式基金的历史性跨越。2002年，开放式基金在我国出现了超常发展，截至2002年年底，开放式基金已猛增到17只。

第四阶段是2003年9月《证券投资基金法》颁布后的规范发展阶段。《证券投资基金法》的颁布和实施是中国基金业和资本市场发展历史上的又一个重要里程碑，标志着我国基金业进入了一个崭新的发展阶段，为中国基金业及资本市场和金融业的健康发展带来深远的影响。此后，我国基金业保持着快速发展之态势，在发展中表现出以下几方面的特点：一是基金品种日益丰富，基本涵盖了国际上主要的基金品种；二是合资基金管理公司发展迅猛，方兴未艾；三是营销和服务创新活跃；四是法律规范进一步完善。

目前，中国现有的证券投资基金均为契约型基金，包括封闭式基金和开放式基金。其中，开放式基金又分为股票基金、债券基金、货币市场基金、混合基金和合格境外机构投资者（QFII）基金等。此外，中国也有伞形基金、交易型开放式指数基金（ETF）、上市开放式基金（LOF）等。截至2009年年末，我国的基金管理公司已有60家，管理的证券投资基金数量已达557只，基金资产净值总额2.68万亿元，占沪市流通市值的17.69%；证券投资基金持股市值为1.92万亿，占沪市流通市值的12.72%。

5.2 证券投资基金的当事人

在证券投资基金的运作中，涉及多个当事人，具体包括：基金持有人（基金投资者）、基金管理人、基金托管人，以及基金销售机构、过户代理商、投资顾问公司、会计师事务所、律师事务所等中介服务机构，其中主要当事人为前三者。

5.2.1 基金投资者

基金投资者是基金出资人、基金资产所有者和基金投资收益的受益人。在公司型基金中，基金投资者是基金公司的股东。公司型基金的公司章程、契约型基金的基金契约均对基金投资者的权利和义务作出了明确规定。投资者权利一般包括取得基金收益、获取基金业务及财务状况资料、监督基金运作的情况、出席或委派代表出席股东大会或基金单位持有人大会等；投资者义务包括遵守基金契约（契约型基金）或公司章程（公司型基金）、支付基金认购款项及有关费用、承担基金亏损或基金终止有限责任等。

（1）基金投资人的权利是通过在基金和持有人大会（受益人大会）上的表决权来行使的。基金持有人大会是基金的最高权力机构，一般每年举行一次。持有人大会可由经理人主持召开，或应持有1/3以上已发行基金单位的受益人的要求而召开。通常情况下，召开基金持有人大会，必须提前两周向投资人发出通知。召集人在每次召开持有人大会之前应根据当时持有人持有受益单位情况确定并公布参加受益人大会的人员资格；出席持有人大会的持有人根据其持有基金单位的数量来行使表决权；同时持有人也可授权他人代表其出席持有人大会，但需要出示持有人签署和盖章的书面委托书。持有人大会应以实际出席持有人大会的2/3以上代表赞成票才能通过有关决议，否则无效。除非基金协议另有规定，一般情况下持有人大会讨论的内容有：基金投资计划、收益分配、基金章程的修改及是否延长或缩短基金经营期限等。另外，有关撤换经理人和保管人或终止基金等重大事项也须经持有人大会讨论决定。

（2）在国际市场上，公司型投资信托基金的经营机构的主体是基金公司，实际上公司型基金本身就是股份制的投资公司。它通过发行普通股票募集投资者的资金，投资者为公司股东。公司设有董事会和经营管理部门，负责对基金资产进行管理及其相关业务，有时也委托基金管理公司进行管理。一家投资公司的实权往往掌握在公司的创办机构手中，创办机构可以是投资银行业务公司、投资咨询商号、经纪商行或保险公司。公司的行政、财务、股票销售及投资管理一般由公司董事会负责，但有时也聘请其他经理公司来操作，再委托某金融机构保管基金的财产。基金公司通过发行股票集中多个投资者的资金进行一揽子证券投资，分散风险，以获得个人投资者难以获得的利益。基金公司可以分为封闭型基金公司和开放型基金公司两种形式。

5.2.2 基金管理人

基金管理人是指凭借专门的知识与经验，运用所管理基金的资产，根据法律、法规及基金章程或基金契约的规定，按照科学的投资组合原理进行投资决策，谋求所管理的基金资产不断增值，并使基金持有人获取尽可能多收益的机构。

基金管理人在不同的国家或地区有不同的名称，如在美国被称为"投资顾问公司"或"资产管理公司"，在日本多被称为"证券投资信托委托公司"、"投资信托公司"、"投资顾问公司"，在英国被称为"投资管理公司"，在我国台湾被称为"证券投资信托公司"，我国大陆则将其称作"基金管理公司"。虽然名称不同，但其职责是基本一致的，即运用和管理基金资产。作为专业从事基金资产管理的机构，基金管理人主要是充当基金的发起人和管理人，其主要职责是建立基金，按照基金契约或基金公司章程规定，制定基金资产投资策略，组织专业人士，选择具体的投资对象，决定投资时机、价格和数量，运用基金资产进行有价证券投资。此外，基金管理人还必须自行或委托其他机构进行基金推广、销售，负责向投资者提供有关基金运用信息（包括计算并公告基金资产净值、编制基金财务报告并负责对外及时公告等）。基金管理人不实际接触基金资产，自由资产与基金资产实行分账管理，从而确保基金资产的独立性和安全性。

基金业绩在很大程度上取决于基金管理人的管理能力和职业操守。为了保护基金投资者利益，各国和地区的资本市场监管部门均对基金管理、特别是从业人员的资格作出严格规定。例如，美国对于投资顾问公司实行注册制，由证券交易委员会（SEC）审核申请人的资格和业务范围，公司在获得注册批准后要定期接受资格审核，以合伙形式注册的公司，如果核心人员发生变化须重新注册登记；从业人员一般要求通过证券从业人员资格考试，等等。我国对基金管理公司的设立实行审批制，按照《中华人民共和国证券投资基金法》（2003年10月）的要求，在从事基金管理业务之前，基金管理公司资本金额、信誉状况及其主要业务人员的业务素质和职业道德水准都必须首先得到监管机构认可。

5.2.3 基金托管人

为了保证基金资产的安全，防止基金资产被挪作他用，投资基金一般都要设立专门的基金托管机构，负责保管基金资产。基金主要投资于证券市场，为保证基金资产的独立性和安全性，基金托管人应为基金开设独立的银行存款账户，并负责账户的管理，即负责基金银行账户款项收付及资金划拨等，基金投资于证券后，有关证券交易的资金清算也由基金托管人负责。由于基金管理人的主要职责是负责投资分析、决策，并向基金托管人发出买进或卖出证券及相关指令，因此，不论银行存款账户的款项收付，还是证券账户的资金和证券清算，基金托管人都是按照基金管理人的指令行事，而基金管理人的指令也必须通过基金托管人来执行。从某种程度上来说，基金托管人和基金管理人是一种既相互合作，又相互制衡、相互监督的关系。鉴于基金托管人的重要性，有人把基金托管人誉为"基金安全的守护神"。

具体来说，基金托管人主要有以下职责：接受基金管理人委托，安全保管基金资产，这是基金托管人最重要的职责；执行基金管理人的划款及清算指令；复核、审查基金管理人计算的基金资产净值及基金价格等；监督基金管理人的投资运作，确保基金管理公司遵守基金信托契约内的限制。

基金托管人通常由具备一定条件的商业银行、信托公司等专业性金融机构担任，负责保管基金资产。在公司型基金运作模式中，基金托管人是基金公司董事会所聘用的专业服务机构，在契约型基金运作模式中，基金托管人通常还是基金的名义持有人。

由于基金托管人在基金资产安全运作中的特殊作用，各国家和地区的基金监管法规都对基金托管人的资格有严格要求。美国对于基金托管业务实行注册制，商业银行、信托公司或其他符合条件的机构甚至私人机构均可申请充当基金托管人，但要定期接受严格的资格审核。法律对托管人的资金规模和营运时间等没有严格的要求，基金托管人的资格条件主要由市场竞争机制决定。我国对基金托管业务实行审批制，按照《中华人民共和国证券投资基金法》及其配套法规《证券投资基金托管资格管理办法》的规定，基金托管人必须是满足一定条件的商业银行，资格条件包括实收资本金须超过80亿元人民币、具备必要的技术和机构设施等。

截至2008年9月15日，12家托管银行共托管基金416只，托管基金份额约23 184亿份。

5.2.4 其他当事人

除以上三个主要基金当事人外，基金在设立、运行过程中还涉及许多其他服务机构，包括基金销售机构、过户代理商、注册会计师和律师、基金投资顾问等。

基金的募集和销售起初由投资公司基金管理公司自己完成，随着基金市场规模的不断扩大，基金行业内部的专业化分工不断深化，除基金管理人直接销售外，一些专营证券承销业务的公司或大的投资银行附属承销机构进入服务领域，基金的销售也可由这些中介机构代理完成。这些独立的销售机构为基金管理人提供销售服务，并收取一定的销售佣金和服务费。

过户代理商负责投资者账户的管理和服务，负责基金单位登记、过户及红利发放等服务内容。作为专业、独立的市场中介，注册会计师和律师为基金提供专业、独立的会计、法律服务，如注册会计师为基金年报提供审计报告，为基金管理人提供内部控制审计报告等。

随着金融投资规模的日益扩大、品种日趋增多，金融投资也越来越复杂。因此，当投资基金管理公司在进行市场分析、决策时，迫切需要聘请投资顾问来提供咨询和协助推广的服务。基金投资顾问一般由有经验的基金管理人、声名卓著的投资机构和业绩骄人的金融财团担任，由基金经理公开聘用。市场监管部门及相关法律法规都对投资顾问公司资格有具体规定,一般要求它具有较高水平和独立性。

5.3 证券投资基金的运作

基金的具体运作包括:基金的设立、基金的发行与交易、基金投资管理、信息披露。

5.3.1 基金的设立

基金发起人是指发起设立基金的机构,发起人在基金设立过程中的行为被称为发起人行为。发起人是完成筹办基金法定程序的执行者和代表者,发起人行为构成基金的设立行为。如果基金设立成功,因发起人行为而产生的权利和义务转由基金持有人承担;如果基金未设立成功,发起人行为所引起的权利和义务则由发起人自己承担。一般来说,基金发起人由基金管理人担任。

设立基金应当具备下列条件:有明确的组织形式和运作方式;有合法的投资方向和明确的投资策略;有合格的基金管理人和基金托管人;法律、行政法规和监管机构规定的其他条件。

申请设立基金,一般要完成以下工作:基金发起人准备各种法律文件,包括申请报告、基金合同或者基金章程、招募说明书等;基金发起人准备好各种文件后,上报到监管机构,监管机构对这些文件进行审核,如果符合有关标准,则批准基金发起人公开发行基金;基金发起人在收到监管机构的批准后,于发行前公布招募说明书,并公告具体的发行方案。

5.3.2 基金的发行与交易

基金的发行也称基金的募集,是指基金发起人在其设立或招募基金的申请获得监管机构批准之后,向投资者推销基金单位、募集资金的行为。

常见的基金发行方式有四种:第一,直接销售发行,基金不通过任何专门的销售部门而是直接销售给投资者;第二,包销方式,基金由经纪人按基金的资产净值买入,然后再以公开销售价格转卖给投资人;第三,销售集团方式,由包销人牵头组成几个销售集团,基金由各销售集团的经纪人代销;第四,计划公司方式,在基金销售过程中,由一公司在基金销售集团和投资人之间充当中间销售人,以使基金能以分期付款的方式销售出去。

基金的交易是在基金成立之后进行的买卖活动。封闭式基金一般是在证券交易所挂牌上市交易,开放式基金一般不到证券交易所挂牌上市交易,而是通过指定的销售网点进行申购或赎回。在我国,证券投资基金的申购与赎回通常是在基金的托管机构——商业银行的营业网点完成的。

5.3.3 基金投资管理

基金投资管理的核心问题是投资目标和投资政策,投资目标是指基金所追求的收益类型,投资政策是基金实现投资目标的手段。不同类型的基金有不同的投资目标和投资政策,投资目标和投资政策通常要在基金招募说明书中列明。

1. 投资目标

一般来说，任何基金的主要投资目标都是下列三个目标之一。第一，当期收入。这一目标强调稳定的股息、利息支付，如债券基金、股票收入基金、货币市场基金等。第二，资本利得。这一目标侧重于通过基金所持有股票的增值而增加基金的总资产，如积极成长型基金、成长型基金等。第三，兼顾当期收入和资本利得。该目标是上述两个目标的综合，如成长收入基金、平衡基金等。

不同的基金有着不同的投资目标。基金投资目标一般都在基金招募说明书中予以阐述，投资目标一旦确定，如果未得到投资者同意，就不能轻易改变。

2. 投资政策

投资政策是指为了实现基金投资目标，基金所选择的投资资产类型和所采取的投资策略。每个基金都需要在招募说明书中陈述他的投资政策，以使现有的和潜在的投资者了解基金的投资资产类型和投资策略。

具体来说，投资政策涉及以下内容。

（1）投资资产类别和组合。不同的基金由于投资目标的不同，其投资资产类别和组合也不同。其具体内容包括：第一，投资组合中应该包括哪些类型的资产；第二，确定每一类型资产适宜的投资比重；第三，确定每一类资产投资比重的变动范围和幅度；第四，确定投资组合应该购买哪一种特定证券。

（2）投资策略。投资策略是投资政策的重要内容，它是基金实现投资目标的重要手段。基金投资策略主要有两种：积极投资策略和消极投资策略。积极投资策略试图通过对股票进行挑选，选择一些价值被低估的公司股票，或者有良好增长前景的股票构成投资组合。消极投资策略是指按照证券指数的组成，复制指数证券组成投资组合，或者在证券数量多的情况下，采用抽样的方法选择有代表性的证券构成投资组合，模拟证券指数取得相应收益。

（3）投资限制。在投资基金的运作中，投资限制包括两方面内容：一是由法律规定的保护基金投资者的限制；二是由基金经理提供的选择限制。其中一些限制在投资基金的招募说明书中会进行说明。

5.3.4 信息披露

信息披露是法律规定的保护投资者利益的重要手段。由于涉及众多投资者的利益，而且在基金运作中投资者和基金管理人之间存在委托代理关系，因而信息不对称问题也就表现得非常明显。投资者和基金管理人之间的信息不对称可能会导致基金管理人利用信息优势损害投资人利益，这个问题如果不加以有效解决，必然会对基金业产生不利影响。因此，为了保护投资者利益，充分的信息披露是非常重要的。从各国基金业运作的实际情况来看，信息披露大致包括以下内容。

（1）定期报告。基金的定期报告包括年度报告、中期报告、投资组合报告、基金资产净值公告和公开说明书。年度报告和中期报告主要涉及基金在一个会计年度或半个会计年度内的投资、运作业绩；投资组合报告涉及基金投资于不同行业的股票分类比例及基金投资按市值计算的持仓情况；基金资产净值公告主要公布公告截止日基金的净值和单位净值；公开说明书仅针对开放式基金而言，内容与基金招募说明书相似，同时要对基金成立以来的运作业绩进行说明，一般每6个月发布一次。

（2）不定期报告。不定期报告包括临时报告和澄清报告与说明两类。基金及其管理人或委托人发生有可能影响基金运作的重大事件时，有关当事人应当公告临时报告书；基金运作过程中出现可能会对基金价格产生误导性影响或引起较大波动的消息时，有关当事人应及时向投资者作澄清与说明，并对外公告。

5.4 证券投资基金的选择与业绩评价

5.4.1 投资基金的选择

一般来说，投资者的决策过程应分为以下几个步骤：第一步是衡量自身的风险承受能力；第二步是确定自己的投资目标，挑选适合的基金类型；第三步是对同一类型的基金进行评估，选择出最佳的投资基金品种；第四步是根据市场情况的变化和自身条件的变化，对自己的投资品种进行调整。

1. 风险承受能力的确定

投资者对风险的态度是一个不可忽略的问题。对一项股票基金作长线投资的投资者，并不一定都能在某一星期的损失面前保持平静的心情。在投资股票时，必然会遇到投资价值的波动，如果投资者对股市上下波动感到不安，则应该考虑一项保守的基金投资；如果对股市波动处之泰然，表明可以接受较高风险，则应该选择一项较进取的基金。

投资者的风险承受能力主要受以下因素影响。

（1）投资者的风险偏好。按照对市场风险的态度，投资者可以分为风险偏好型、风险中立型和风险回避型。风险偏好型的投资者愿意承担较大的市场风险，力图获得较高的回报，因此其风险承受能力也较高；而风险回避型的投资者对于同样的收益水平所愿意承担的风险水平就较低，故其风险承受能力就较弱。

（2）收入和支出状况。投资者的收入越高、越稳定，风险承受能力就越强。另外，投资者的投资金额由其收入和支出的差额决定，这个差额越大，风险的承受力也就越强。

（3）投资收益的目标年限。一般来说，投资收益的目标年限越长，投资者的灵活性越大，从而其风险承受能力也就越强。

根据以上三方面的情况，投资者就能大概地了解自己的风险承受能力了。

2. 确定投资目标，选择基金类型

任何投资活动都是为了取得收益，但有的为了眼前收入，有的则着眼于长期资金积累。一般来说，投资目标分为以下几种。

（1）即期收入。投资者为了获取眼前固定收入，以维持部分或全部的生计。

（2）即期收入与资本利得并举。投资者除希望获得固定收入外，也希望资金不断成长。

（3）资金长期增长。投资者往往重视资金的长期成长，并不依赖目前的投资收入来维持生计。

（4）积极性资金成长。投资者目的在于追求资金最大增值，不在意短期收入，愿意冒较大风险，投资于获利较大的投资项目。

了解投资目标之后，投资者可根据自己的个性倾向作出投资决策。假如投资者是一个年轻富有的单身或一对年轻夫妻，应该以积极成长型的投资目标为主，资金成长为辅，重点考虑资金积累。投资者如果有子女，就要稍微保守一些，因为除了积累一些资金以外，还有许多现时需要，如购买房子、家用电器等，就要求投资者应当以当期收入和资本利得并重为主，而以资金长期增长为辅；退休人员从投资得到的固定收入是其主要生活来源，只能把少部分资金放在追求长期成长的基金上。

3. 评估并挑选最佳的基金品种

各类型的基金都有很多品种，它们属于不同的投资基金公司管理，由不同的经理人操作投资，投资于不同的市场，投资组合也不尽相同，所以在确定投资基金类别后，就必须评估并挑选最佳的基金品种。

在同一类型的证券投资基金中仍有许多的基金品种供投资者挑选，而且所有的投资基金在销售的时候，都会在法律允许的范围内对自己进行宣传。投资者如何在众多的候选基金中选择出真正表现优良而且适合自己的品种呢？投资者主要应从以下方面对备选的投资基金的表现进行综合考核。

1）评估基金的经营业绩

投资者的最终目标是获取投资收益，所以，投资者评估基金的首要指标就是基金的获利能力。但是，要想对基金将来的业绩作出准确的预测是不切实际的，只能根据基金以往的表现大致评估基金的获利能力或基金管理人的管理水平。虽然基金过去的业绩并不能代表它的未来，但一般来说，表现较为稳定的基金可以表明它的设计是正确的，基金管理人的投资策略是成功的，研究投资能力也强于市场大多数竞争者。如果它的表现一向都比较可观的话，则有理由相信它将来的表现仍会如此。所以，投资者应该选择过去几年或创立以来有持续优良表现的基金。

在评估基金的经营业绩时，应当在风险调整的基础上进行分析：不但要关注它在市场上涨时期的表现，还要考察它在市场下跌时的业绩。并且投资者还应注意基金在销售宣传时公布的收益率的计算方法和计算区间，同时考察同类型的基金的表现，来客观地评价基金以往的表现，从中选择优异的基金进行投资。关于投资基金的业绩评估的技术方法，参见5.4.2节。

2）基金的费用和税收

投资者在选择基金时，应当将基金的费用考虑进去。这些费用包括基金管理费用、托管费用和销售费用等。投资者认购基金时的认购费用会使投资者的实际投资金额减少；赎回基金时的赎回费用使投资者不能全部取回自己的投资所得。

基金的管理费和托管费则是在基金运作期内每天计提，不断侵蚀投资者的投资利润。同时，基金的表现和基金的费用高低并没有任何必然的联系，所以投资者一定要在考虑费用的基础上对基金的业绩进行必要的调整。

投资者还应注意不同的基金在税收方面的政策可能不一样，因而在对不同基金进行比较时应当计算投资基金税后的收益率。

3）基金的服务

各个基金会提供不同的服务，以方便基金投资者。这些服务包括基金收益的自动再投资服务、自动投资计划服务、电话交易和询价服务、在同一基金家族内转移服务及定期的交易和纳税资料服务等。一般来说，基金向投资者提供的服务越多，对投资者越有利。虽然目前我国的证券投资基金尚处于发展初期,提供的服务较少,但随着基金市场的发展,为了竞争的需要,证券投资基金所提供的服务会越来越多。因此,投资者在选择基金时也应当将其作为考虑因素之一。

4. 调整投资决策

投资者在选择适合自己的证券投资基金品种进行投资后,应当不断地关注市场整体情况的变化及基金本身状况的改变来调整自己的投资决策,退出或转换已投资的基金。

1) 关注市场状况的变化

在同样的市场情况下,不同类型的基金的表现是不一样的。例如,在股票市场下跌的情况下,投资于股票的基金的业绩会较差,而债券型基金的业绩一般来说比较稳定,或者净资产值下降较少,因此投资者应根据市场情况的变化,适时地调整投资品种,以获得最佳的投资收益。

2) 注意基金净资产值和投资组合的变动

无论是开放式基金还是封闭式基金都会定期公布自己的净资产值和投资组合的变动。基金的投资者应当密切关注基金净资产值的变动情况,并和市场的整体状况和其他同类型基金的表现进行比较,看自己选择的基金是否表现良好。同时投资者也应当从基金公布的投资组合来判断基金在投资范围和比例方面是否符合基金事先的承诺,保证基金的投资风险得到控制和基金的资产得到充分运用。

3) 注意基金投资政策的变化

基金投资者根据自己的投资目标和基金在公开说明书中载明的投资目标来选择适宜的基金进行投资。但是,基金有可能在某些时候通过法定程序改变基金的投资政策或通过改变基金的投资范围使基金的实际投资政策发生变化,基金投资者应密切关注这方面的变化,看是否仍然和自己的投资目标符合,并判断是否需要重新进行投资决策。

4) 注意基金管理人的变动

基金的业绩是由基金管理人的水平决定的,可以说,基金品种的选择从某种意义上来说就是对基金管理人的选择。基金管理公司和基金经理的变更会不可避免地影响基金的业绩,因此投资者应留心基金管理人的变动情况,对新的基金管理人以往的业绩进行评估,作出正确的投资决策。

总之,基金投资者在投资时只有根据自己的风险承受能力和投资目标选择适宜的基金,并对投资的基金不断地跟踪和了解,才能真正地利用基金专家理财的优势获得好的投资回报。

5.4.2 投资基金的业绩评价

1. 业绩评价的意义

基金的业绩评价是事后对基金的实际运营结果进行分析、评价以判断投资目标的实现程度。这种评价除了可以帮助基金管理者通过对经营成果的自我评价,不断增强投资绩效,提高基金管理水平以外,更重要的是能够为投资者提供评价基金管理者的信息,判断基金管理者是否达到预定的经营目标,是否有效地控制了风险,从而对不同的基金管理者进行比较评价以确定选择合适的基金管理人。

从 20 世纪 60 年代中期开始直到现在,为评价投资基金管理人的业绩,西方学术界已经创立、精选出许多建立在资本市场理论基础上的方法并在实践中得到应用。

2. 业绩评价的内容

对基金进行业绩评价，主要针对有关投资过程的三个方面，即资产配置状况、主要资产类别的权重变化和在各资产类别中的证券选择进行评价。具体来说主要包括以下3个方面。

(1) 分析投资战略的执行情况。在基金管理的过程中，首要任务就是制定基金的方针和战略。但在大多数情况下，投资方针的制定和执行是分别由不同的部门进行的。在评价时，要判断具体执行机构是否有效地贯彻了战略、方针的意图，是否忠实地执行了投资政策和策略，从而清晰地辨别战略制定者与直接经营者的责任。总而言之，在进行业绩评价时，要坚持对投资方针的制定和实际过程的操作分别进行评定。

(2) 在已经确认是否有效执行投资方针的基础上，还要对具体执行结果进行区别分析。当方针执行者在脱离既定战略的情况下，取得意料之外的好的投资成果时，应肯定其操作行为，不应降低对投资成果的评价；但相反，若因为严格执行投资方针而造成严重后果时就应该确定是战略制定存在导向性错误，而不是执行过程中偏离了既定的目标方向，存在实际操作的错误。这样有利于界定责任，顺利地开展后续的评价工作。

(3) 对基金的收益和风险进行分析。这是基金业绩评价的主要内容。评价投资经理业绩的主要方面就是比较在一定的可比期间内，基金的收益率水平高低。特别是对变动性大的股票投资进行评价时，要分析该投资是否获得了超过市场平均收益的超额收益，这些超额收益是偶然因素所致，还是操作者能力所得，以及分析所获得的收益是否与风险水平相一致，交易成本高低等。

3. 业绩评价的步骤

1) 基金收益的评价

进行基金业绩评价的首要步骤，就是评价基金在一定期限内的收益率，比较其与预期收益率的偏离程度及承受风险程度的大小，了解其实现投资目标的结果情况。对于单一证券资产的投资，其收益率最简单的计算方法是将投资期限内的红利或利息收入加上期初和期末的证券价格变动收益，再除以期初本金，即

$$持有期间收益率 = \frac{D + (P_1 - P_0)}{P_0} \times 100\%$$

式中，D 为现金红利，P_1 为期末卖出价，P_0 为期初买入价。但是这种收益率的计算方法前提是股利发生在期末，而且投资期内没有发生现金流量的变化。这种假设对基金来说是不现实的。首先，基金的管理者不会只购买某种股票、债券或基金而是投资于多种金融资产形成一个投资组合；其次，在投资期间内，组合内的资金数量经常发生变动，资金流量的变化必然影响到投资收益率的计算。一般情况下，如果现金流发生在接近期初或期末，则可以通过修正期初、期末总价值的方式计算投资收益率的近似值。如果现金流发生在远离期初或期末，则要通过时间加权法或单位价值法进行计算。

(1) 时间加权法计算收益率。由于管理人员对现金流动的时间无法进行控制，所以通常必须对现金流量进行适当的调整，方法之一就是在每一次现金流量发生时计算收益，然后将这些收益连接起来，以计算整个投资期间的时间加权收益。假设投资期分为 n 个子期，各子期内的收益率分别为 r_i（$i=1, 2, \cdots, n$），由复利计算方法可得投资期内的收益率 r 为

$$r = (1+r_1)(1+r_2)\cdots(1+r_n) - 1$$

例如，某一投资组合，年初时价值总额为 80 万元，年中增值至 88 万元，下半年追加投资 22 万元，继续增值至年底。到年底时总价值为 132 万元。时间加权收益率的计算方法就是将该年的前半年与后半年分别计算其收益率。前 6 个月的收益率为 10%，发生现金流量后的后 6 个月的收益率为 20%，将前后两个 6 个月的收益率连接起来形成时间加权收益，结果为 32%。计算如下：

$$(1+10\%)(1+20\%) - 1 = 32\%$$

（2）基金单位价值法计算收益率。调整现金流量的另一种方法是基金单位价值法，即当发生现金流入时，发行新的基金单位；当发生现金流出时，收回基金单位。这样，当发生现金流动时，基金单位的数量发生变化，但每基金单位的价值即基金的净资产价值不变。如上例所示，假设年初为 800 基金单位，每基金单位价值年初为 1 000 元，在 6 月 30 日为 1 100 元。7 月份由于有现金流量 22 万元，所以追加发行 200 基金单位。设每基金单位的价值在以后的各月份中仍然为 1 100 元，到年末时总价值为 2 万元，由于此时有 1 000 个基金单位，而不是年初时的 800 个基金单位，所以，年终的每基金单位价值为 1 320 元，与年初的价值相比增加了 320，增长率为 32%，与使用时间加权法计算收益率的结果是一致的。

使用基金单位价值法主要是由于发生现金流动时并不引起每基金单位价值的变化，变化的仅仅是基金单位的数量，因此，在评价投资经理经营类似于共同基金的业绩时，可以直接利用期初和期末的净资产价值来计算收益率。

2）基金业绩的风险调整

由于每一位投资基金管理人所面临的风险是不同的，单纯通过收益率的计算来评价基金的绩效是不具有可比性的。所以，需要针对每一个基金所面临的风险，对收益率进行风险调整，将具有不同风险程度的基金调整至完全可比的状态，以更准确地评价基金的业绩。通常有两种方法：单位风险收益法和收益差额法。

（1）单位风险收益法。该方法以每单位风险所创造的收益为标准。每单位风险收益率最高的基金为最佳组合；每单位风险收益率最低的基金则为最差组合。

计算每单位风险收益率有两种类似的方法，即夏普比率（SR）和特雷诺比率（TR）。夏普比率是用资本市场线作基准[①]，用投资组合的风险溢价除以它的标准差，它衡量的是每单位风险获得的风险溢价。夏普比率的公式为

$$SR = \frac{r_p - r_f}{\sigma_p}$$

式中，r_p 是投资组合的期望收益率，r_f 是无风险利率，σ_p 是投资组合的标准差。为确定绩效的质量，可以把基金的夏普比率和市场的夏普比率相比较。一个高的夏普比率说明基金的管理者经营得比市场好，而一个低的夏普比率则说明其经营得比市场差。特雷诺比率同样用

[①] 根据资本资产定价模型（CAPM），在市场均衡状态下，最优组合的期望收益率由无风险收益率和风险报酬构成：$r_p = r_f + \frac{(r_M - r_f)}{\sigma_M} \times \sigma_p$，其中 r_M、σ_M 是市场组合期望收益率和标准差。

于测度单位风险水平上的风险溢价收益，但它是用所实现的基金收益率超过无风险利率的部分，除以用基金的 β 值所表示的风险值。特雷诺比率的公式为

$$TR = \frac{r_p - r_f}{\beta_p}$$

式中，β_p 是基金组合的 β 值，其他符号同上。

特雷诺比率是以证券市场线作为评价基点对投资绩效作出评估[①]。同样也可以通过与市场平均水平的对比来判断。如果基金位于证券市场线上方，说明投资绩效是好的；如果位于下方，则说明投资绩效是差的。

两种业绩衡量比率的区别在于前者用标准差衡量全部风险，而后者则仅仅考虑了用 β 值所表示的市场风险。一般情况下，在估计完全多样化的投资组合的风险时用标准差来度量是合适的；而当评价组成部分或个别股票时，则宜选择 β 系数。因此，究竟采用哪种每单位风险收益率的度量方法，取决于个人对风险测量的观念。当所评价的组合为投资者某一资产类别的全部或大部分时，以标准差作为风险的指标是合适的；当所评价的组合仅为投资者某一资产类别的一部分时，选择 β 系数则较为合适。

（2）收益差额法。收益差额法是以证券市场线作为评价的基点，将基金的期望收益率与具有相同风险水平的证券市场线上的均衡期望收益率进行比较，计算差值并进行比较的方法。其计算公式为

$$N(r_p) = r_f + \beta_p(r_M - r_f)$$
$$\alpha_p = r_p - N(r_P)$$

这种风险调整收益率的方法是由杰森创立的，因此也称杰森比率。根据 α 值的符号，可以判断投资绩效的优劣。如果基金位于证券市场线的上方，则 α 值大于零，说明基金收益率高于市场平均水平，可以认为其绩效很好；相反，如果基金位于证券市场线的下方，则 α 值小于零，表明该组合的绩效不好。

一般来说，上述三个指标都是用历史样本数据进行事后评价，虽然被广泛使用，但也受到一定局限。

5.5 共同基金

5.5.1 全球共同基金的发展情况

1868 年，世界上第一只基金——"海外及殖民地政府信托"产生于英国伦敦。40 多年后美国才引进基金机制，之后基金开始在美国蓬勃地发展起来。1924 年，美国第一只开放

[①] 根据资本资产定价模型（CAPM），在市场均衡状态下，单个证券的期望收益率和风险的关系式：$r_p = r_f + \frac{(r_M - r_f)}{\sigma_M^2} \times \sigma_{im} = r_f + (r_M - r_f) \times \beta_{im}$，而组合 p 的 β 等于该组合中各证券 β_{im} 关于投资比例的加权平均数，这里 σ_{im} 是 i 和市场组合证券市场组合 M 收益率的协方差，β 值刻画了组合 p 的系统风险。

式基金"马萨诸塞投资者信托"成立。1974年,能够提供比银行储蓄账户更高的利率和支票功能的货币市场基金诞生。

从全球范围来看,20世纪90年代共同基金业出现爆炸性增长。美国20世纪90年代共同基金年增长率达到22.4%,在欧盟地区年增长率也达到17.7%。从1998年到2004年,世界共同基金的数量从50 835只增加到了55 528只,基金资产净值由9.34万亿美元增加到16.15万亿美元。

2007年年底以来爆发的新一轮金融危机,严重冲击了美国乃至全球的共同基金业。截至2008年年底,美国基金存量为8 022只,与2007年年底的8 024只几乎持平,但这些基金的资产净值从2007年年底的12万亿美国缩水至9.6万亿美元,虽然仍保持世界第一,但下降幅达20%。其中,股票型基金的变动最为剧烈,跌幅达43%。截至2008年年底,美国股票型、混合型、债券型、货币市场基金各自的占比分别为38.58%、5.19%、16.31%、39.91%。与2007年相比,美国共同基金在产品结构上的最大变化是,货币市场基金超过股票型基金占据了行业老大的位置,这是自1993年以来首次出现的情况。

近年来,随着全球经济的逐步复苏,共同基金又恢复了增长态势。根据美国投资公司协会(ICI)的统计,截至2011年第1季度末,全球共同基金总资产净值为25.61万亿美元,其中股票型、债券型、货币市场和混合平衡/混合型基金各自的占比分别为43%、22%、19%和11%。从地区分布看,在全球共同基金净值总额中,美洲占55%,欧洲占32%,非洲、亚洲和大洋洲占13%(表5-1)。

表5-1 全球基金净值(Total Net Assets, 2006-2011: Q1)

Billions of U. S. dollars end of period

ITEM	2006	2007	2008	2009	2010				2011
					Q1	Q2	Q3	Q4	Q1
All Reporting Countries[1]	21 809	26 132	18 920	22 953	23 123	21 445	23 696	24 699	25 614
Equity	10 512	12 443	6 498	9 280	8 221	9 371	10 549	10 250	11 081
Bond	3 872	4 279	3 389	4 749	4 766	5 267	5 409	5 231	5 607
Money Market	3 848	4 940	5 786	4 842	4 475	4 586	4 995	4 531	4 970
Balanced/Mixed	2 046	2 636	1 772	2 408	2 248	2 557	2 717	2 672	2 878
Other	676	884	676	862	814	949	1 029	1 002	1 079

Source: National mutual fund associations; European Fund and Asset Management Association provides data for all European countries except Russia

5.5.2 美国的共同基金

美国是全球共同基金最为发达的国家,其共同基金的资产规模几乎占全球的一半。近30年来,美国共同基金持有人数增长显著,在普通家庭中,有近一半投资于共同基金。在共同基金行业研究轨迹中,美国市场无疑最具代表性。这里以美国为例,进一步探讨共同基金市场的运行机制。

1. 组织架构

美国的基金主要以公司型为主。图 5-1 是一只典型的美国共同基金的组织架构。

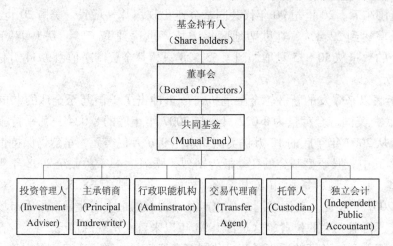

图 5-1 美国共同基金组织架构

1) 基金持有人

基金一旦设立,其管理和运营就代表了所有持有人的利益。持有人在作出投资决策之前,必须获得相关的基金信息作为参考。其中,最为重要的是基金的招募说明书,其描述了基金的投资目标、费用、风险、管理人、销售机构,等等。招募说明书一般都会定期更新。此外,基金还要定期披露季度报告、半年报告、年度报告及临时性公告。持有人享受投票权,包括选举董事、选择资产管理机构、变更基金契约中的基本条款,等等。

2) 董事会

基金的董事会扮演了看护人的角色,其成员由持有人选举产生。董事会并不介入基金日常的管理事务,其代表持有人的利益,负责监控基金的运营活动,包括选择资产管理机构、销售机构、托管人,等等。按照法规的要求,董事会成员中必须有一定比例的独立董事,独立董事不得与投资管理人或者经纪人有明显关联关系。

3) 投资管理人

共同基金的投资管理人通常也是基金的最初发起人,通过投入种子资金(seed money)来发起设立某只共同基金。投资管理人具有专业的投资人才队伍,按照基金设定的投资目标及相关限制来管理基金资产,发挥专家理财的作用,构建和监控投资组合,实现分散投资。

投资管理人配备的投资专家,一般都具有深厚的投资分析理论功底和丰富的实践经验,以科学的方法研究股票、债券等金融产品,组合投资,规避风险。

4) 行政职能机构

职能机构通常是由投资管理人或者非关联的第三方构成,为基金提供日常的行政职能服务,包括监督其他向本基金提供服务的公司,保证基金的运营合规,提供办公室场地和设备,财务管理,建立和维护内部风险管理机制,以及向监管部门、持有人及相关各方提供报告文件和资料。

5) 主承销商

投资人直接或者间接地通过主承销商来申购或者赎回基金。

6）托管人

托管人是依据法律法规，承担基金资产保管职责的专业机构。法律法规对基金托管人均有严格的要求，一般由具备一定实力且独立于基金管理人的银行及保险公司、信托投资公司等担任基金托管人。

7）交易代理商

交易代理商主要提供如下服务：保管基金持有人的账户；计算和分发红利和资本利得；准备和发放持有人报告书，等等。

2. 法规监管

完备的法规监管是美国共同基金得以飞速发展的一项重要保证。1929年以前，美国政府对基金业的监管几乎是空白。大危机使股市暴跌，许多共同基金尤其是封闭型投资公司停业或者倒闭。大危机后，为了保护投资者利益，美国联邦政府陆续通过和制定了一系列的法案与法律，加强对金融市场的监管，证券交易委员会（SEC）和各州政府也相继公布和颁发了一系列的法规和措施。共同基金作为金融投资公司，也受到上述法律法规的限制和约束。

其中，《1940年投资公司法》（Investment Company Act of 1940）是共同基金法律法规的基础。该法案于1940年颁布，奠定了现代共同基金业的框架与法律基础。其约束力不仅限于共同基金，还包括基金的管理机构、主承销商、董事、官员和雇员；并赋予美国证券交易委员会修改法案的权力以确保其适应基金行业发展的需要。该法案与《1933年证券法》（Securities Act of 1933）、《1934年证券交易法》（Securities Exchange Act of 1934）、《1940年投资顾问法》（Investment Advisers Act of 1940）一起构成美国共同基金的4部主要法规。

美国基金业采取注册制，只要满足条件，任何机构和个人都可以通过注册的方式进入基金行业。共同基金属于金融投资公司，如当投资者总数等于或超过100人时，就必须作为金融投资公司向证券交易委员会注册登记；公司初始资产不得低于10万美元；不得发行债券和优先股；公司必须以投资有价证券为主，至少90%的公司收入来自于股票股息、债券利息或增值利润；短期增值收益不得超过收入的30%。为防止金融投资公司成为控股公司，规定不允许共同基金拥有任何公司10%以上的股份；为防止基金经理加大风险，给投资者带来不必要的损失，规定共同基金不能将超过资产总额5%的资金投资于单只有价证券。

美国证券交易委员会是美国共同基金业的主要监管机构，委员会下设投资管理局，负责制定基金法规，监管基金管理人、托管人、承销商及其他为基金提供服务的机构是否合规经营，基金资产是否得到安全保管，基金信息披露是否及时、完整和充分等。

充分与公正的信息披露制度是美国共同基金的主要特色。《1940年投资公司法》和证券交易委员会为共同基金的信息披露制定了严格的标准，既包括面向潜在投资人的信息披露，如基金销售材料、广告等，也包括面对持有人的信息披露，如招募说明书、持有人报告，等等。招募说明书中必须详细阐明基金的投资目标、收费标准、投资原则、交易范围及买卖方式；公司必须每年更新招募说明书，并且至少有两次向所有股东寄发最新的基金损益报表，等等。近几年，监管者和基金公司均做了大量工作以确保投资人在购买基金前后能得到充分的信息和投资人教育。证券交易委员会还致力于推动招募说明书、持有人报告、销售材料等文件的内容标准化和信息披露用语的简明易懂。

在共同基金的内部监管方面,主要由董事会完成。董事会作为基金公司的内部监管机构,其职能是确保在公司管理运营过程中,投资人的利益高于一切。根据《1940年投资公司法》的规定,基金公司董事会中必须至少有40%的人员为独立董事或者基金公司的非关联人士。其中,关联人士主要是指:直接或间接拥有、控制、掌握基金5%或5%以上的已售出的具有选举权的证券的人士;被某人拥有、控制、掌握5%或5%以上的已售出的具有选举权的证券的人士;直接或间接地控制上述两种人士或为其所控制的人士等。独立董事不但资格要求严格,而且权限很大。如果美联基金的重大决策及托管协议、销售协议等没有经过大多数独立董事同意,将被视为无效。

 专栏 5-2

中国证券投资基金契约的内容与格式

(1) 前言。
① 订立基金契约的目的、依据和原则。
② 基金设立依据的法规。
③ 基金契约当事人按照《暂行办法》、基金契约及其他有关规定享有权利、承担义务。
④ 基金投资人自取得依基金契约所发行的基金单位,即成为基金持有人,其持有基金单位的行为本身即表明其对基金契约的承认和接受,并按照《暂行办法》、基金契约及其他有关的规定享有权利、承担义务。

(2) 基金契约当事人。
① 基金发起人。
② 基金管理人。
③ 基金托管人。

(3) 基金的基本情况。
① 基金名称。
② 基金类别。
③ 基金单位拟发行总份额。
④ 基金单位每份面值人民币1元。
⑤ 基金存续期限。

(4) 基金单位的发行。
① 基金单位的发行日期、发行期限、发行方法、发行对象。
② 基金单位每份发行的价格。
③ 基金发起人认购的份额。
④ 基金单位的认购限额。

(5) 基金的成立和交易安排。
① 基金成立的条件。
② 基金不能成立时已募集资金的处理方式。
③ 基金成立后的交易安排。

(6) 基金的托管。
(7) 基金的投资目标、投资范围、投资决策、投资组合和投资限制。
(8) 基金发起人的权利与义务。
(9) 基金管理人的权利与义务。
(10) 基金托管人的权利与义务。
(11) 基金持有人的权利与义务。
(12) 基金持有人大会。
① 召集事由。
② 召集方式。
③ 通知。
④ 出席方式。
⑤ 议事内容与程度。
⑥ 表决。
⑦ 公告。
(13) 基金管理人、基金托管人和更换条件和程序。
(14) 基金资产。
① 基金资产总值。
② 基金资产净值。
③ 基金资产的账户。
④ 基金资产的处分。
(15) 基金资产估值。
① 基金资产估值目的。
② 基金资产估值事项。
(16) 基金费用与税收。
① 基金费用种类。
② 基金费用的计提方法、支付方式。
③ 不得列入基金费用的项目。
④ 基金的税收。
(17) 基金收益与分配。
① 基金收益的构成。
② 基金净收益。
③ 基金收益分配原则。
④ 基金收益分配方案。
⑤ 基金收益分配方案的公告。
(18) 基金的会计与审计。
(19) 基金的信息披露。
① 基金的定期报告与公告。
② 基金的临时报告与公告

③ 基金资产净值公告。
④ 基金投资组合公告。
⑤ 公开说明书。
⑥ 信息披露文件的存放与查阅。
(20) 基金的终止和清算。
(21) 违约责任。
(22) 争议的处理。
(23) 基金契约的效力。
(24) 基金契约的修改和终止。
(25) 其他事项。
(26) 基金契约当事人盖章及法定代表人签字、签订地、签订日。

专栏 5-3

证券投资基金托管协议的内容与格式

(1) 托管协议当事人：订立托管协议当事人的名称、住所、法定代表人、注册资本、经营范围、组织形式、存续期限等。
(2) 托管协议的依据、目的和原则。
(3) 基金托管人与基金管理人之间的业务监督、核查。
① 基金托管人对基金管理人投资运作进行监督，以及发现基金管理人违反《暂行办法》、基金契约及其他有关规定时的处理方式和程序。
② 基金管理人对基金托管人的托管基金资产进行核查，以及发现基金管理人违反《暂行办法》、基金契约及其他有关规定时的处理方式和程序。
(4) 基金资产保管。
① 基金资产保管。
② 基金成立时的验资事宜。
③ 基金银行账户的开设和管理。
④ 基金证券账户的开设和管理。
⑤ 基金资产投资的有关实物证券的保管。
⑥ 基金资产有关重大合同的保管。
(5) 投资指令的发送、确认及执行。
① 基金管理人对发送投资指令的授权。
② 投资指令的内容。
③ 投资指令的发送、确认及执行程序。
④ 授权人员更换的程序。

(6) 交易安排。

① 代理证券买卖的证券经营机构的选择标准、程序等。

② 基金投资于证券后，有关清算交割安排，以及基金托管人和基金管理人进行资金和证券账目对账的时间、方式等。

③ 封闭型基金成立后，申请上市及拟上市的证券交易所、上市时间；开放型基金成立后，基金托管人与基金管理人之间就开放型基金申购与赎回有关事项的业务安排。

④ 基金持有人买卖基金单位的清算、过户与登记方式。

(7) 资产净值计算和会计核算。

① 基金资产净值及基金单位每份资产净值计算和复核的完成时间及程序。

② 基金托管人和基金管理人按各自职责建立基金账册并定期对账的事宜，以及基金财务报表编制和复核的时间、程序。

(8) 基金收益分配。

(9) 基金持有人名册的登记。

(10) 信息持有人名册的登记。

① 基金托管人和基金管理人除按《暂行办法》、基金契约及其他有关规定进行信息披露外，不得将基金未按公开的有关信息提供给第三人。

② 基金托管人和基金管理人在信息披露中的职责及信息披露程序。

(11) 基金有关文件档案的保存。

(12) 基金托管人报告。

(13) 基金托管人和基金管理人的更换。

(14) 基金管理人的报酬和基金托管人的托管费：基金管理人的报酬和基金托管人的托管费的计提比例、计提方法、复核程序、支付方式和支付时间等。

(15) 禁止行为。

① 除《暂行办法》及其他有关规定另有规定外，基金托管人、基金管理人不得为自己或他人谋取任何利益。

② 基金托管人对基金管理人的正常指令不得拖延或拒绝执行。

③ 除根据基金管理人的指令或基金契约另有规定外，基金托管人不得动用或处分基金资产。

④ 基金托管人、基金管理人应当在行政上、财务上相互独立，其高级管理人员不得相互兼职。

(16) 违约责任。

(17) 争议的处理。

(18) 托管协议的效力。

(19) 托管协议的修改和终止。

(20) 其他事项。

(21) 托管协议当事人盖章及法定代表人签字、签订地、签订日。

思考题

1. 比较封闭式基金和开放式基金。
2. 比较契约型基金和公司型基金。
3. 基金托管人的职责有哪些?
4. 运用理论联系实际的方法,阐述在实践中运用夏普比率评价基金业绩的优缺点。
5. 阐述美国共同基金的组织框架。

第 6 章

项目融资

学习目标

1. 了解项目融资的定义、特点和适用范围。
2. 掌握项目融资的当事人及一般程序。
3. 了解风险投资的项目可行性分析和风险评价。
4. 掌握项目融资的投资结构、融资结构模式、资金选择和项目担保的安排。

项目融资与传统融资方式不同,它不是以项目发起方本身的信用和资产作为担保来获得贷款,而是依赖于项目未来的现金流量和项目本身的资产价值作为偿还债务的资金来源。由于项目融资借入的资金是一种无追索权或有限追索权的贷款,对融资方而言,通过项目融资在获取巨额资金的同时,可以有效地把风险控制在该项目资产运营的范围内,从而达到一举两得的效果。

由于项目融资上述优点,这种新型的融资方式持续活跃于国际资本市场,成为大型基础设施建设及资源开发建设项目的主要融资方式之一。在项目融资中,投资银行主要是充当融资顾问的角色。项目融资能否成功,融资顾问至关重要。在我国,用项目融资方式筹集资金已有近 20 年的历史,然而成功的并不多,这与我国投资银行未能充分发挥其在项目融资中的作用不无关系。因此,对于我国投资银行而言,发展项目融资顾问业务任重而道远。

6.1 项目融资概述

6.1.1 项目融资的定义

项目融资(project financing)是资金筹措方式的一种。广义上说,一切为了建设一个新项目、收购一个现有项目或对已有项目进行债务重组所进行的融资活动都可以称为"项目融资"。但是近年来,人们逐渐在习惯上的一致看法是:项目融资是为项目公司融资,它是一种利用项目未来的现金流量作为担保条件的无追索权或优先追索权的融资方式。

按照彼得·内维特在《项目融资》(*Project Financing*,1996)一书中的定义,项目融资是"为一个特定经济实体所安排的融资,其贷款人在最初考虑安排贷款时,满足于该经济实体的现金流量和收益作为偿还贷款的资金来源,并且满足于使用该经济实体的资产作为贷款的安全保障"。《美国财务会计标准手册》(FASB)对项目融资所下的定义是:"项目融资是指对需要大规模资金的项目采取的融资活动。借款人原则上将项目本身拥有的资金及其收益作为还款资金来源,而且将其项目资产作为抵押条件来处理。该项目事业主体的一般性信用能力通常不被作为重要的因素来考虑。这是因为其项目主体要么是不具备其他资产的企业,要么对项目主体的所有者(母体企业)不能直接追究责任,两者必居其一。"从这两个定义可以看出,项目融资的核心是用来保证贷款偿还的主要来源被限定在项目未来的净现金流量和项目本身的资产价值,从而使项目借款人对项目所承担的责任与其本身所拥有的其他业务在一定程度上相分离,与项目借款人除项目以外的资产负债、利润和现金流量,以及企业的经营现状和历史荣誉等无关,这正是其区别于传统的融资方式所在。

6.1.2 项目融资的基本特征

项目融资的基本特征主要包括以下几点。

1. 项目导向

项目融资主要依赖于项目的现金流量和资产,而不是依赖于项目的投资者或发起人的资信来安排融资。在项目融资中,贷款者的注意力主要放在项目在贷款期间能够产生多少现金流量用于偿还贷款上,因为贷款的数量、融资成本的高低及融资结构的设计都与项目的预期现金流量和资产价值直接联系在一起的。

由于项目导向,有些难以借到资金的投资者可以利用项目来安排,有些很难满足担保条件的投资者也可以通过组织项目融资来实现。进一步而言,由于项目导向,项目融资的贷款期限可以根据项目的具体需要和项目的经济生命周期合理安排设计,可以比一般商业贷款期限长,如有的项目贷款期限可以达20年之久。

2. 有限追索

追索是指在借款人未按期偿还债务时,贷款人要求以抵押资产以外的其他资产偿还债务的行为。对于传统形式的融资,贷款人为项目借款人提供的是完全追索形式的贷款,即贷款人更主要依赖的是借款人自身的资信情况,而不是项目本身。但在项目融资中,项目借款人对项目所承担的责任是有限的。贷款人只在贷款的特定阶段(如项目的建设初期和试生产期),在一定的范围内对项目借款人实行追索。除此之外,无论项目出现任何问题,贷款人均不能追索到项目借款人除该项目资产、现金流量及所承担义务之外的任何资产。有限追索的实质是当项目本身不能保证在最坏情况下的贷款偿还,即不能支持一个完全"无追索"的形式时,需要项目的借款人在项目的特定阶段提供一定形式的信用支持。

3. 表外融资

项目融资中的债务可以安排不列入项目发起方(项目投资人或实际借款人)的公司资产负债表中。项目融资中项目的发起人为项目的筹资专门成立项目公司,贷款人把资金直接贷给该项目公司,而不是项目发起人。而在合并财务报表时,对于控制其资产50%以下的公司的负债,总公司一般不列入其资产负债表中。这样,项目发起人可以通过对项目公司拥有50%以下股份的方式,将融资安排成一种不需要进入项目发起人资产负债表的贷款形式。

需要指出的是，项目的债务虽然可以安排不列在项目发起人的资产负债表上，但必须在资产负债表的附注中加以说明。因为项目融资的目的不是为了隐瞒项目发起方的责任，而是为了把项目的信贷风险单独划出，让参与项目有关各方共同分担。

4. 风险分担

为了实现项目融资的有限追索，对与项目有关的各种风险要素，需要以某种形式在项目投资者（借款人）、与项目开发有直接或间接利益关系的其他参与者和贷款人之间进行分担。对于一个成功的项目融资而言，项目任何一方都不会单独承担起全部项目债务的风险责任。因此，在组织项目融资的过程中，项目借款人应该学会如何去识别和分析项目的各种风险因素，确定自己、贷款人及其他参与者所能承受风险的最大能力及可能性，充分利用与项目有关的一切可以利用的优势，最后设计出对投资者具有最低追索权的融资结构。

一般来说，风险分担是通过出具各种保证书或作出承诺来实现的。保证书是项目融资的生命线，因为项目公司的负债率都很高，保证书可以把财务风险转移到一个或多个对项目有兴趣但又不想直接参与经营或直接提供资金的第三方。

保证人主要有两类：业主保证人和第三方保证人。当项目公司是某个公司的子公司时，由于项目公司的母公司是业主，故贷款方一般要求母公司提供保证书。当项目公司没有母公司时，或母公司及发起方其他成员不想充当保证人时，可以请它们以外的第三方充当保证人。可以充当保证人的第三方主要有5类：材料或设备供应商、销售商、项目建成后的产品或服务的用户、承包商和对项目感兴趣的政府机构。

5. 融资成本较高

与传统的融资方式相比较，项目融资存在的一个主要问题，就是相对融资成本较高，组织融资所需要的时间较长。项目融资涉及面广，结构复杂，需要做好有关风险分担、税收结构、资产抵押等一系列技术性工作，筹资文件比一般公司融资要多出几倍，需要几十个甚至上百个法律文件才能解决问题，这就使得组织项目融资花费的时间更长。

项目融资的大量前期工作和有限追索性质，导致了融资的成本要比传统融资方式高。融资成本包括融资的前期费用和利息两个主要组成部分。

6.1.3 项目融资的当事人

由于项目融资的结构比较复杂，因而参与融资结构并在其中发挥不同程度重要作用的利益主体也较传统的融资方式为多，概括起来，主要当事人包括：项目发起人、项目公司、贷款人、项目承建商、项目设备/原材料供应商、项目产品的购买者、融资顾问、保险公司、东道国政府。

1. 项目发起人

项目发起人是项目公司的投资者，是股东，他通过组织项目融资来实现投资项目的综合目标要求。项目的发起人可以是一个公司，也可以是许多与项目有关的公司（如承建商、供应商、项目产品的购买方或使用方）构成的企业集团，还可以是对项目没有直接利益的实体（如交通设施项目中的土地所有者和房地产商等）。一般来说，发起人往往都是项目公司的母公司。

2. 项目公司

项目公司通常是项目发起人为了项目的建设而建立的经营实体，它可以是一个独立的公司、合资企业或者合伙制企业，还可以是一个信托机构。除项目发起人投入的股本金之外，项目公司主要靠借款来进行融资。

3. 贷款人

贷款人主要有商业银行、国际金融组织、保险公司、非金融机构（如租赁公司、财务公司、某种类型的投资基金）和一些国家政府的出口信贷机构。在一个项目融资中，贷款人可以是简单的一两家商业银行，也可以是由十几家组成的国际银团，还可以是众多的项目债券持有人。贷款人的参与数目主要是根据贷款的规模和项目的风险两个因素来决定的。

4. 项目承建商

项目承建商通常会与项目公司签订固定价格的总价承包合同，负责项目工程的设计和建设。对于大项目，承建商也可以另签合同，把自己的工作分包给分包商。项目承建商的实力和以往的经营历史记录，可以在很大程度上影响项目融资的贷款银行对项目建设期风险的判断。

5. 项目设备/原材料供应者

项目设备供应者通过延期付款或者优惠出口信贷的安排，可以构成项目资金的一个重要来源。项目原材料供应者在一定条件下愿意以长期的优惠条件为项目供应原材料以保证其长期稳定的市场，这有助于减少项目初期乃至项目经营期间的许多不确定因素，从而为安排项目融资提供了有利条件。

6. 项目产品的购买者

项目产品的购买者在项目融资中发挥了相当重要的作用，购买合同是融资信用保证的关键部分之一。

项目产品的购买者通过与项目公司签订长期购买合同（特别是具有"无论提货与否均需付款"和"提货与付款"性质的合同），保证了项目的市场和现金流量，为投资者对项目的贷款提供了重要的信用保证。项目产品的购买者作为项目融资的一个参与者，可以直接参加融资谈判，确定项目产品的最小承购数量和价格公式。

7. 融资顾问

项目融资的组织安排工作需要由具有专门技能的人才来完成，而绝大多数的项目投资者则都缺乏这方面的经验和资源，故需要聘请专业融资顾问。融资顾问在项目融资中扮演着一个极为重要的角色，在某种程度上可以说是决定项目融资能否成功的关键。融资顾问通常由投资银行、财务公司或者商业银行中的项目融资部门来担任。

8. 保险公司

在对借款人或项目发起人的追索权有限的情况下，项目的一个重要的安全保证就是用保险权益来做担保。因而，必要的保险是项目融资的一个重要方面。由于项目规模很大，存在遭受各种各样损失的可能性，这使得项目发起人与保险代理人和承包商建立起紧密联系，以便正确地确认和抵消风险。

9. 东道国政府

东道国政府在项目融资中的角色虽然是间接的，但很重要。在宏观方面，政府可以为项目提供一种良好的投资环境。在微观方面，政府可以为项目的开发提供土地、良好的基础设施、长期稳定的能源供应及经营特许权。此外，政府还可以为项目提供条件优惠的出口信贷和其他类型的贷款和贷款担保，促进项目融资的完成。

图6-1概括说明了项目融资主要当事人之间的基本关系。

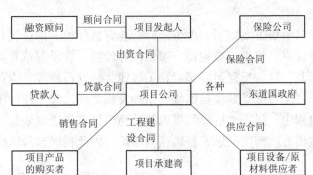

图6-1 项目融资主要当事人之间的基本关系

6.1.4 项目融资的一般程序

项目融资结构复杂，制约因素多，其准备工作过程也较长。在一般情况下，项目融资工作大致可分为项目投资决策、融资决策、融资结构分析、融资谈判和执行。

1. 投资决策阶段

对于任何一个投资项目，在决策者下决心之前都需要经过相当周密的投资决策分析，这些分析包括宏观经济形势的判断、项目所在行业的发展及项目在该行业中的竞争性分析、项目的可行性研究等内容。一旦作出投资决策，接下来的一个重要工作就是确定项目的投资结构，项目的投资结构与将要选择的融资结构和资金来源有着密切的关系。同时，在很多情况下项目投资决策也是与项目能否融资及如何融资紧密联系在一起的。投资者在决定项目投资结构时需要考虑的因素有很多，其中主要包括：项目的产权形式、产品分配形式、决策程序、债务责任、现金流量控制、税务结构和会计处理等方面的内容。

2. 融资决策阶段

在融资决策阶段，项目投资者将决定采用何种融资方式为项目开发筹集资金。是否采用项目融资，取决于投资者对债务责任分担、贷款资金数量与时间、融资费用及债务会计处理等方面的要求。如果决定选择采用项目融资作为筹资手段，投资者就需要选择和任命融资顾问，开始研究和设计项目的融资结构。

3. 融资结构分析阶段

设计项目融资结构的一个重要步骤是完成对项目风险的分析和评估。项目融资的信用结构的基础是由项目本身的经济强度及与之有关的各利益主体与项目的契约关系和信用保证等构成的。项目的经济强度是指最初安排投资时，如果项目可行性研究中假设条件符合未来实际情况，项目是否能够生产出足够的现金流量，能否支付生产经营费用、偿还债务并为投资者提供理想的收益，以及在项目运营的最后或者最坏的情况下项目本身的价值能否作为投资保障。

能否采用及如何设计项目融资结构的关键点之一就是要求项目融资顾问和项目投资者一起对与项目有关的风险因素进行全面分析和判断，确定项目的债务承受能力和风险，设计出切实可行的融资方案。项目融资结构及相应的资金结构的设计和选择必须全面反映投资者的融资战略要求和考虑。

4. 融资谈判阶段

在初步确定了项目融资方案以后，融资顾问将会有选择地向商业银行或其他投资机构发出参与项目融资的建议书、组织贷款银团、策划债券发行、着手起草有关文件。与银行的谈判会经过很多次的反复，这些反复可能是对相关法律文件进行修改，也可能是涉及融资结构或资金来源的调整，甚至可能是对项目的投资结构及相关的法律文件作出修改，以满足债权人的要求。在谈判过程中，强有力的顾问可以帮助稳固投资者谈判地位，保护其利益，并能够灵活地、及时地找出方法解决问题，打破谈判僵局，因此在谈判阶段融资顾问的作用是非常重要的。

5. 执行阶段

在正式签署项目融资的法律文件后，融资的组织安排工作就结束了，项目融资进入执行阶段。在这期间，贷款人通过融资顾问经常性地对项目的进展情况进行监督，根据融资文件的规定，参与部分项目的决策、管理和控制项目的贷款资金投入和部分现金流量。贷款人的参与可以按项目的进展划分为三个阶段：项目建设期、试生产期和正常运行期。

6.1.5 项目融资的适用范围

项目融资发展到现在，主要运用于三类项目：资源开发、基础设施建设、制造业。

（1）资源开发项目。包括石油、天然气、煤炭、铁、铜等开采业。项目融资最早就源于资源开发项目。

（2）基础设施建设项目。一般包括铁路、公路、港口、电讯和能源等项目的建设。基础设施建设是项目融资应用最多的领域，其原因是：一方面，这类项目投资规模巨大，完全由政府出资有困难；另一方面，商业化经营的需要，只有商业化经营才能产生收益，提高收益。在发达国家中，许多基础设施建设项目因采用项目融资而取得成功，发展中国家也已开始逐渐引入这种融资方式。

（3）制造业项目。虽然项目融资在制造业领域有所应用，但范围比较窄，因为制造业中间产品很多，工序多，操作起来比较困难，另外，其对资金需求也不如前两个领域那么大。在制造业中，项目融资多用于工程上比较单纯或某个工程阶段中已使用特定技术的制造业项目。此外，它也适用于委托加工生产的制造业项目。

总之，项目融资一般适用于竞争性不强的行业。具体来说，就是只有那些通过对用户收费取得收益的设施和服务才适合项目融资方式。这类项目尽管建设周期长，投资量大，但收益稳定，受市场变化影响较小，故其对投资者有一定的吸引力。

6.2 项目可行性分析与风险评价

6.2.1 项目可行性分析

项目可行性分析是项目开发的前期准备工作，其方法发展到今天已经成为一种成熟的标准化程序。在此阶段，投资银行着重从项目的外部环境、项目生产要素、投资收益分析等几个方面来判断项目的可行性。

项目可行性分析包括的主要内容有以下几个方面。

1. 项目的外部投资环境

（1）政策性环境。包括国家法律制度、税收政策、项目对环境的影响和环境保护立法、项目的生产经营许可或其他政府政策限制及项目获得政治风险保险的可能性。

（2）金融性环境。包括通货膨胀因素、汇率、利率、国家外汇管制程度及货币风险及可兑换性。

（3）工业性环境。包括项目基础设施，如能源、水电供应、交通运输及通信等。

2. 项目生产要素

（1）技术要素。主要是生产技术的可靠性、成熟度和资源储量等。

（2）原材料供应。包括原材料来源、可靠性、进口关税和外汇管制。

（3）项目市场。包括项目产品和服务的市场需求、价格和竞争性及国内和国外市场分析。

（4）项目管理。包括生产、技术、设备管理和劳动力分析。

3. 投资收益分析

（1）项目投资成本。主要包括项目建设费用、征购土地、购买设备费用和不可预见费用。

（2）经营性收益分析。包括项目产品或服务市场价格分析和预测、生产成本分析和预测、经营性资本支出预测和项目现金流量分析。

（4）资本性收益分析。是指项目资产增值分析和预测。

在项目融资中普遍存在这样一种误解，即认为项目的可行性就等于项目的可融资性，而实际上这两者之间往往有着很大的不同。贷款人不是项目的所有者，不可能从项目的投资中获得股本收益，因此当贷款人在考察是否为一个项目提供融资时，其所关心的是项目未来的偿债能力，而不是项目未来的投资收益率，虽然这两者之间存在着紧密联系。这也就是说，贷款人更着重于分析项目出现坏前景的可能性，而不是项目出现好前景的可能性。

6.2.2 项目融资的风险评价

项目融资的风险评价是在可行性研究的基础上，按照项目融资的特点和要求，对项目风险进一步作详细的分类研究，并根据这些分析结果，为在项目融资结构设计中减少或分散这些风险提供依据。很多关于项目融资的文献把项目的可行性分析等同于项目的风险评价，或者把项目风险评价看作是项目可行性分析的一部分，事实上这种认识是错误的。项目的可行性分析需要分析和评价许多与项目有关的风险因素，一个详细的、高品质的项目可行性分析报告，也有助于组织项目融资及对项目进行风险评价。但项目的可行性分析是从项目投资者的角度来分析投资者在项目整个生命周期内能否达到预期的经济效益，具体来说是否能获取一个满意的投资收益率。这两者的出发点是不同的。

项目融资的风险大体可以分为两类：系统风险和非系统风险。系统风险是指与市场客观环境有关，超出项目自身范围的风险；非系统性风险是指可由项目实体自行控制和管理的风险。但这两种风险的划分并不绝对，有时系统风险也可以通过一定的手段予以消减，而在另外一些时候非系统风险却无法避免。

1. 系统风险

系统风险主要包括：政治风险、许可风险、法律风险、违约风险和经济风险。

政治风险是指由于战争、国际形势变化、政权更迭、政策变化而导致项目资产和利益受到损失的风险。政治风险大致可分为两类：一类涉及政局的稳定性；另一类涉及政策的稳定性。

许可风险是指开发和建设一个项目，必须得到项目东道国政府的授权或许可。取得政府的许可要经过复杂的审批程序，花费相当长的时间，如果不能及时得到政府的批准，就会使整个项目无法按计划进行，造成拖延从而可能带来损失。

法律风险是指东道国法律的变动给项目带来的风险。这主要体现在：当出现纠纷时，是否有完善的法律体系提供依据，解决纠纷；东道国是否有独立的司法制度和严格的法律执行体系执行法院的判决结果；根据东道国的法律规定，项目发起人能否有效地建立起项目融资的组织结构并从事日后的项目经营。由此可见，法律健全与否对约束项目融资各当事人的行为关系很大，因此东道国法律的变动会改变对各当事人的约束，进而改变各当事人的地位，由此带来风险。

违约风险是指项目当事人因故无法履行或拒绝履行合同所规定的责任与义务而给项目带来的风险。违约有多种表现形式，如在规定的日期前承销商无法完成项目的施工建设。

经济风险主要包括市场风险、外汇风险和利率风险三大类。市场风险是由于产品在市场上的销路、原材料供应情况和其他情况的变化而引起的项目收益的变动。市场风险主要有价格风险、竞争风险和需求风险；外汇风险通常包括三个方面：东道国货币的自由兑换、经营收益的自由汇出及汇率波动所造成的货币贬值问题；利率风险是指项目在经营过程中，由于利率变动而直接或间接地造成项目价值降低或收益受到损失。

2. 非系统风险

非系统风险主要包括完工风险、经营维护风险及环保风险。

完工风险是指无法完工、延期完工或者完工后无法达到预期运行标准的可能性。完工风险对于项目公司而言，意味着增加利息支出、延长贷款偿还期及错过市场机会。完工风险的大小取决于4个因素：项目设计的技术要求、承建商的建设开发能力和资金运筹能力、承建商承诺的法律效力及履行承诺的能力、政府对突发事件的干预。

经营维护风险是指在项目经营和维护过程中，由于经营者的问题、生产条件问题或技术方面的问题而发生重大经营问题的可能性。与经营者有关的问题包括：由于经营者的疏忽而使原材料供应中断，设备安装、使用不合理，产品质量低劣，管理混乱等；生产条件问题包括：厂址选择和配套设施是否合适，原材料的供应是否可靠，交通、通信及其他公用设施的条件是否便利等；技术方面的问题是指存在于项目生产技术及生产过程中的有关问题，如技术工艺是否在项目建设期结束后依然能够保持先进，会不会被新技术所替代，工程造价是否合理，技术人员的专业水平与职业道德是否达到要求等。

近年来，工业对环境的破坏问题已经越来越引起社会公众的关注，许多国家都制定了严格的环境保护法来限制工业污染对环境的破坏。对于项目公司来说，要满足环保法的各项要求，就意味着成本支出的增加，尤其是对那些利用自然资源和生产过程污染较为严重的项目。

6.3 项目投资结构设计

项目投资结构即项目的资产所有权结构，是指项目的投资者对项目资产权益的法律拥有形式，以及项目投资者之间的法律合作关系。

项目投资结构的设计，是指在项目所在国家的法律、法规及会计、税务等以外的客观因素的制约条件下，寻求最大限度地实现其投资目标的项目资产所有权结构。采用不同的项目投资结构，投资者对其资产的拥有形式、对项目现金流量的控制程度，以及投资者在项目中所承担的债务责任和所设计的税务结构会有很大的差异，而这些差异则往往会对项目融资的整体结构设计产生直接的影响。

国际上，较为普遍采用的投资结构有公司型合资结构、合伙制或有限合伙制结构、非公司型合资结构、信托基金结构4种基本的法律形式。

6.3.1 公司型合资结构

公司型合资结构的基础是有限责任公司。在公司型合资结构中，投资者通过持股拥有公司，并通过选举任命董事会成员对公司的日常运作进行管理。由于公司型合资结构相对简单明了，国际上大多数的制造业、加工业项目采用的都是公司型合资结构。

公司型合资结构具有以下优点。

（1）投资者承担有限责任。投资者的责任是有限的，其最大责任限制在所投资的股本金之内。

（2）便于项目融资安排。一方面，项目公司可以直接进入资本市场，通过发行股票、债券等有价证券募集资金；另一方面，项目公司可以方便地对项目资产设置抵押和担保，有利于贷款人全面掌控项目运作情况，从而增加项目贷款人给项目贷款的可能性。

（3）便于投资者转让投资。公司股票代表着投资者在一个公司中的投资权益，相对项目资产的买卖而言，股票的转让程序比较简单和标准化。另外，通过发行新股，公司型合资结构也可以较容易地引入新的投资者。

（4）股东之间的关系清楚。公司法中对股东之间的关系有明确的规定，其中最重要的一点是股东之间不存在任何的信托、担保或连带责任（见图6-2）。

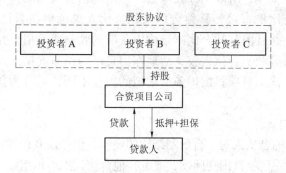

图6-2 公司型合资结构主要当事人之间的基本关系

公司型合资结构的缺点如下。

（1）对现金流量缺乏直接的控制。在合资项目公司中，没有任何一个投资者可以对项目的现金流量实行直接的控制，这对于希望利用项目的现金流量来自行安排融资的投资者是一个很不利的因素。

（2）税务结构灵活性差。由于投资者与公司完全分离开了，所以除了百分之百持股的公司以外，投资者也就无法利用合资公司的亏损去抵冲其他项目的利润。另外，投资者还要负担双重税负。

6.3.2 合伙制结构

合伙制结构是两个或两个以上合伙人之间以获取利润为目的共同从事某项商业活动而建立起来的一种法律关系。合伙制结构不是一个独立的法律实体，其合伙人可以是自然人也可以是公司法人。合伙制结构通过合伙人之间的法律合约建立起来，没有法定的形式，一般也不需要在政府有关部门注册，这一点与成立一个公司有本质的不同。然而，在多数国家中均有完备的法律来规范合伙制结构的组成及其行为。

由于合伙制结构不是一个与其成员相分离的法律实体，与公司型合资结构相比较，合伙制结构具有以下几方面的特点。

（1）公司型合资结构的资产是由公司而不是由其股东所拥有，而合伙制结构的资产则是由合伙人所拥有。同样，公司型合资结构的债务责任由公司承担，而合伙制结构中的合伙人则将对普通合伙制的债务承担个人责任。

（2）公司型合资结构的股东可以同时又是公司的债权人，并且根据信用保证安排（如资产抵押）可以取得较其他债权人优先的地位，而合伙人给予合伙制结构的贷款在合伙制结构解散时只能在所有外部债权人收回债务之后才能回收。

（3）公司型合资结构的单个股东极少能够请求执行公司的权利，但是每个合伙人却均可以要求以所有合伙人的名义去执行合伙制结构的权利。

（4）公司型合资结构的管理一般是公司董事会的责任，然而在一个合伙制结构中（有限合伙制除外），每个合伙人都有权参与合伙制的经营管理。

（5）公司型合资结构一般不对股东数目进行限制，而在合伙制结构中对合伙人数目一般都有限制。

合伙制结构的最主要优点表现在税务安排的灵活性上。与公司型合资结构不同，合伙制结构本身不是一个纳税主体，所以不存在双重纳税问题。合伙制结构在一个财政年度内的净收入或亏损全部按投资比例直接转移给合伙人，合伙人单独申报自己在合伙制结构中的收入、扣减和税务责任，并且因其从合伙制结构中获取的收益或亏损，允许与其其他来源的收入进行税务合并，从而有利于合伙人较灵活地作出自己的税务安排。

合伙制结构按照合伙人对项目的债务所承担的责任不同，可分为普通合伙制结构和有限合伙制结构。

1. 普通合伙制结构

普通合伙制结构中的合伙人对于合伙制结构的经营、债务及其他经济责任和民事责任负有连带的无限制的责任，一旦项目出现问题，或者其他合伙人无力承担应付责任的话，需要承担超过自己在合伙制结构中所占投资比例的风险责任。因此这一结构很少在项目融资中被使用。

2. 有限合伙制结构

有限合伙制结构是在普通合伙制基础上发展起来的一种合伙制结构。有限合伙制结构需要包括至少一个普通合伙人和至少一个有限合伙人。在有限合伙制结构中,普通合伙人负责合伙制项目的组织、经营、管理工作,并承担对合伙制结构债务的无限责任;而有限合伙人则不参与项目的日常经营管理,其对合伙制结构的债务责任也仅以投资于项目中的资本金为限。有限合伙制结构是通过有限合伙制协议组织起来的,在协议中对合伙各方的资本投入、项目管理责任、风险分担、利润及亏损的分配比例等均需要有具体的规定。

有限合伙制结构既具备普通合伙制在税务安排上的优点,又在一定程度上避免了普通合伙制结构的责任连带问题,因而它是项目融资中经常使用的一种投资结构(见图6-3)。

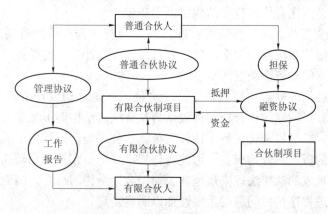

图6-3　有限合伙制的项目投资结构

6.3.3　非公司型合资结构

非公司型合资结构又称契约型合资结构,是一种大量使用并且被广泛接受的投资结构。但这种投资结构并不是一种法律实体,而只是投资者之间建立的一种契约性质的合作关系。这种结构主要应用于采矿、能源开发、初级矿产加工、石油化工、钢铁及有色金属等领域。

非公司型合资结构的特征主要包括以下几个方面。

(1) 非公司型合资结构是通过每一个投资者之间的合资协议建立起来的,每一个投资者都直接拥有全部项目资产中的一个不可分割的部分,每一个投资者都有权独立作出其相应投资比例的项目投资、原材料供应、产品处置等重大商业决策。

(2) 根据项目的投资计划,每一个投资者都需要投入相应投资比例的资金,这些资金的用途包括项目的前期开发费用、项目的固定资产投入、流动资金、共同生产成本和管理费用,等等。同时,合资协议规定每个投资者可从项目中按投资比例获得相应份额的最终产品,并有权对其进行处置。值得注意的是,投资者获得的不是项目的利润而是最终产品。

(3) 与合伙制结构不同,在非公司型合资结构中,没有一个投资者可以作为其他投资者的代理人,每一个投资者的责任都是独立的,对于其他投资者的债务责任或民事责任不负有任何共同的和连带的责任。

(4) 由投资者代表组成的项目管理委员会是非公司型合资结构的最高决策机构,项目的日常管理由项目管理委员会指定的项目经理负责,有关项目管理委员会的组成、决策程序及项目经理的任命、责任、权利和义务,需要通过合资协议或者单独的管理协议加以明确规定。

显而易见,非公司型合资结构更适合作为产品具有"可分割"的特点。

非公司型合资结构的优点如下。

(1) 投资者只承担有限责任。合资协议中明确规定了每个投资者在项目中所承担的责任,并且通常这些责任都被限制在投资者相应的出资比例之内,投资者之间无任何连带或共同责任。

(2) 灵活的税务安排。由于项目投资者获得的是项目的最终产品而非项目利润,因此投资者的财务和经营活动将直接体现在其自身的财务报表中,从而投资者可以完全独立地设计自己的税务结构,这比合伙制投资结构更进了一步。

(3) 灵活的融资安排。项目投资者在非公司型合资结构直接拥有项目的资产,直接掌握项目的产品,直接控制项目的现金流量,并可以独立设计项目的税务结构,从而为投资者提供了一个相对独立的融资活动空间。

非公司型合资结构的缺点主要有以下几个方面。一是结构设计上存在一定不确定性因素。在结构设计上,要注意防止合资结构被认为是合伙制结构而不是非公司型合资结构,以避免不必要的损失。二是投资转让程序比较复杂。非公司型合资结构下的投资转让是投资者在项目中直接拥有的资产和合约权益,因此转让程序复杂,相关费用较高。三是管理程序比较复杂。由于缺乏现成的法律法规来规范非公司型合资结构的行为,因而必须在合资协议中对所有的决策和管理程序按照问题的重要性加以明确规定。

6.3.4 信托基金结构

信托基金结构在英美法系国家中应用得较为普遍,通常表现为单位信托基金。其在形式上与公司型投资结构近似,也是将信托基金划分为类似于股票的信托单位,通过发行信托单位筹集资金,并通过信托契约约束和规范信托单位持有人、信托基金受托管理人和基金经理之间的法律关系。信托单位持有人依法享有对信托基金资产按比例获取收益的权利;信托基金受托管理人作为信托基金的法定代表,承担信托基金的起诉和被起诉的责任,其所代表的责任与其个人责任是不可分割的;基金经理受雇于信托基金受托管理人作为管理者管理基金。

信托基金结构具有以下几个方面的特点。

(1) 信托基金是通过信托契约建立起来的,这一点与根据国家有关法律组建的有限责任公司是有区别的。组建信托基金必须有信托资产,这种资产可以是动产,也可以是不动产。

(2) 信托基金与公司法人不同,不能被作为一个独立法人而在法律上具有起诉权和被起诉权。受托管理人承担信托基金的起诉和被起诉责任。

(3) 信托基金的受托管理人作为信托基金的法定代表,他所代表的责任与其个人责任是不能够分割的。

(4) 在信托基金结构中,受托管理人只是受信托单位持有人的委托持有资产,信托单位持有人对信托基金资产按比例拥有直接的受益人权益,在任何时候,每一个信托单位的价值等于信托基金净资产的价值除以信托单位总数。

信托基金结构的优点如下。

（1）有限责任。信托单位持有人仅依照其持有的基金份额承担有限责任。

（2）融资安排容易。信托基金在公开市场上发售信托凭证，并可将全部资产和权益抵押融资，融资安排较为容易。

（3）便于对项目现金流实施监控。信托基金结构在资金分配上不同于公司型合资结构，法律规定前者的项目净现金流在扣除生产设备和还债准备金后必须分配给信托单位持有人。

信托基金结构的缺点如下。

（1）税务安排灵活性差。信托经营亏损被局限在基金内部用以冲抵未来年份盈利，而不能直接转移给信托单位持有人进行税务安排。

（2）结构复杂。包括信托单位持有人、信托基金受托管理人和基金经理三方面主体，因而需要有专门的法律及协议规定各方的权利和义务。

6.4 项目的融资结构模式设计

项目融资结构即项目的融资模式，是指项目用何种方式从哪些渠道融通资金。投资者在确定了项目的投资结构之后，就是要设计和选择合适的融资结构以实现投资者在融资方面的目标要求。融资结构是项目融资整体结构组成中的核心部分，设计项目的融资结构也是作为融资顾问的投资银行的重要工作。

项目融资通常采用的融资结构模式包括：投资者直接安排的融资模式、投资者通过项目公司安排融资的模式、以"设施使用协议"为基础的融资模式、以"杠杆租赁"为基础的融资模式、以"生产支付"为基础的融资模式、BOT项目融资模式、项目债券融资模式[①]等。融资结构的设计可以按照投资者的要求，对几种模式进行组合、取舍、拼装，以实现预期目标。

6.4.1 投资者直接安排的融资模式

项目投资者直接安排融资，并直接承担有关责任和义务，这是最简单的一种项目融资模式。投资者直接安排的融资模式在非公司型合资结构中比较常用，它具体又可以分为以下两种形式。

一种形式是项目投资者根据合资协议组成非公司型合资结构，并按照投资比例合资组建一个项目的管理公司负责项目建设、生产经营及产品销售。根据合资协议规定，投资者分别在项目中投入相应比例的自有资金，并统一安排项目融资用于项目的建设资金和流动资金，但是融资协议要由每个投资者独立地与贷款人签署。

另一种形式是在非公司型合资结构中由项目投资者完全独立地安排融资。

这种融资模式归纳起来有以下几个优点。

第一，投资者可以根据其投资战略的需要较灵活地安排整个融资。这种灵活性表现在三个方面：首先，在选择融资方式及资金来源上比较灵活，投资者可以根据不同需要在多种融

---

① 项目债券融资模式是资产证券化的一种，这里不再详述，读者可参考资产证券化的相关章节。

资方式、多种资金来源方案之间充分地加以选择；其次，在债务比例的安排上比较灵活，投资者可以根据项目的经济强度和本身资金状况较灵活地安排债务比例；最后，可以灵活运用投资者在商业社会中的信誉，从而降低融资成本，对于大多数资信良好的公司来说其信誉本身就是一种担保。

第二，融资可以以有限追索为基础，追索的程度和范围可以在项目的不同阶段之间发生变化。

投资者直接安排的融资方式的最主要缺点就是项目融资的结构比较复杂，这种复杂性主要表现在两个方面：第一，如果合资结构中的投资者在信誉、财务状况、市场销售能力和市场管理能力等方面不一致，就会增加以项目资产及现金流量作为融资担保抵押的复杂性；第二，在安排融资时，需要注意划清投资者在项目中所承担的融资责任和投资者其他业务之间的界限。

6.4.2 投资者通过项目公司安排融资的模式

项目的投资者通过建立一个单一目的的项目公司来安排融资。其主要有以下两种形式。一种形式是由投资者建立一个具有特别目的的子公司作为投资载体，以该项目子公司的名义与其他投资者组成合资结构并安排融资。采用这种形式是为了减少投资者在项目中的直接风险，在非公司型合资结构、合伙制结构甚至公司型合资结构中都有运用。另一种形式是由投资者共同组建一个项目公司，再以该公司的名义拥有经营项目并安排融资。这种形式在公司型合资结构中较为常用。

投资者通过项目公司安排融资具有两个优点：第一，项目公司统一负责项目的建设、生产、销售，并且可以整体地使用项目资产和现金流作为融资的抵押和信用保证，比较容易为贷款人接受；第二，由于项目投资者不直接安排融资，而是通过间接的信用保证形式来支持项目公司的融资，因此投资者的债务责任较为清楚。

这种模式的缺点是缺乏灵活性，很难满足不同投资者对融资的各种要求。首先，在税务结构安排上缺乏灵活性，项目的税务优惠或亏损只能保留在项目公司中；其次，在债务形式选择上缺乏灵活性，由于投资者缺乏对项目现金流量的直接控制，在资金安排上有特殊要求的投资者就会面临一定的困难。

6.4.3 以"设施使用协议"为基础的融资模式

设施使用协议是指某种工业设施或服务型设施的提供者和该设施的使用者之间达成的一种具有"无论提货与否均需付款"性质的协议，这种协议在工业项目中也被称为委托加工协议。

在以"设施使用协议"为基础安排的融资模式中，先由项目投资者与项目使用者谈判达成协议，由项目使用者提供一个"无论提货与否均需付款"性质的承诺，并且这一承诺为贷款人所接受。然后，以该承诺和承建商的完工担保作为贷款信用保证，向贷款人贷款。

以"设施使用协议"为基础安排项目融资具有以下特点。首先，其关键是项目设施的使用者能否提供一个"无论提货与否均需付款"性质的承诺。这种承诺是无条件的，不管项目设施的使用者是否真正地利用了项目设施所提供的服务。其次，投资结构的选择比较灵活，既可以采用公司型合资结构，也可以采用非公司型合资结构、合伙制结构或信托基金结构。最后项目投资者可以利用项目设施使用者的信用来安排融资，以降低融资成本。

6.4.4 以"生产支付"为基础的融资模式

以"生产支付"为基础的融资模式是建立在由贷款人购买某一特定份额生产量的基础上的。在这一模式中,贷款人从项目中购买一个特定份额的生产量,这部分生产量的收益成为偿债资金的来源。因此,这种融资模式是通过直接拥有项目的产品和销售收入,而不是通过抵押或权益转让的方式来实现融资的信用保证。

这种融资模式的基本思路如下。

(1)由贷款人或者项目投资者建立一个"融资中介机构",以从项目公司购买一定比例的项目生产量作为融资的基础。

(2)贷款人为融资中介机构安排用以购买这部分项目生产量的资金,融资中介机构再根据生产支付协议将资金注入项目公司作为项目的建设和资本投资资金。作为生产支付协议的一个组成部分,项目公司承诺按照一定的方式支付生产的产品,同时以项目固定资产抵押和完工担保作为项目融资的信用保证。

(3)在项目进入生产期后,根据销售代理协议,项目公司作为融资中介机构的代理销售其产品,销售收入将直接进入融资中介机构用来偿还债务。

6.4.5 以"杠杆租赁"为基础的融资模式

以"杠杆租赁"为基础的融资模式是指在项目投资人的要求和安排下,由杠杆租赁结构中的资产出租人融资购买项目的资产,然后租赁给承租人(项目投资人)的一种融资结构。与上述几种融资模式相比,以"杠杆租赁"为基础的融资模式的一个重要特点是:上述几种融资模式主要侧重于资金的安排、流向、有限追索的形式、风险分担等问题上,而将项目的税务结构和会计处理问题放在项目的投资结构中加以考虑和解决;与此不同,以"杠杆租赁"为基础的融资模式在结构设计时不仅需要以项目本身经济强度特别是现金流量状况作为主要的参考依据,而且也需要将项目的税务结构作为一个重要的组成部分加以考虑。

以"杠杆租赁"为基础的融资模式的主要当事人包括项目资产的法律持有人和出租人、贷款人、项目资产承租人和杠杆租赁经理人。

1. 项目资产的法律持有人和出租人

项目资产的法律持有人和出租人也称股本参与者。杠杆租赁融资需要两个或两个以上的股本参与者专门组成合伙制的金融租赁公司。该合伙制金融租赁公司出资购买项目资产,资金来源:一是公司的股本金,即股本参与者投入的资金,二是债务资金,即债务参与者投入的资金。由于合伙制的特性,因此股本参与者是项目资产的法律所有人。同时他的身份也是项目资产的出租人,他将项目资产出租给项目投资者,并向其收取租赁费。

在这里,合伙制结构很重要,因为在融资租赁中,只有合伙制才能够真正完全获得相关的税务好处。这是杠杆租赁的一大优点。项目资产的法律持有人和出租人一般为专业租赁公司、银行和其他金融机构,在有些情况下,也可以是一些工业公司。

2. 贷款人

贷款人即债务参与者,一般为普通的银行和其他金融机构,它为融资项目提供绝大部分的资金(一般为60%~80%)。贷款人一般要求以项目资产作为抵押,这样在债务被全部偿还之前可以享有优先取得租赁费的权利。对于贷款人来说,为杠杆租赁结构提供贷款和为其他结构的融资提供贷款在本质上是一样的。

3. 项目资产承租人

项目资产承租人是项目的发起人和投资人,他决定是否采取杠杆租赁的方式进行项目融资。项目投资人出资设立一个单一目的的项目公司,负责项目日常管理,安排杠杆租赁的融资结构。

在以"杠杆租赁"为基础的融资模式中,他的身份也是项目资产的承租人。杠杆租赁中股本参与者和债务参与者提供的资金是项目运作的主要资金来源,项目的厂房、设备等资产的所有权属于由股本参与者组建的合伙制金融租赁公司,项目投资人只拥有项目资产的使用权,并需按约定缴纳租赁费。由于在结构中充分考虑了股本投资者的税务好处,所以与直接拥有项目资产的融资模式相比,项目投资者可以获得较低的融资成本。具体来说,只要项目在建设期和生产前期有相当数额的税务扣减,这些税务扣减就可以被用作支付股本参与者的股本资金投资收益。

4. 杠杆租赁经理人

杠杆租赁融资结构通常是通过一个杠杆租赁经理人组织起来的,这个经理人相当于一般项目融资结构中的融资顾问角色,主要由投资银行担任。在安排融资阶段,投资银行根据项目的特点、项目投资者的要求设计融资结构,并与各方谈判组织融资结构中的股本参与者和债务参与者,安排项目的信用保证结构。

以杠杆租赁为基础组织起来的融资模式的一般步骤主要包括:项目投资组建阶段、建造和租赁阶段、生产经营阶段和终止阶段。

在项目投资组建阶段,在项目投资人确定采用杠杆租赁融资结构后,出资组建一个项目公司,由项目公司出面组织项目投资(购买或建造项目资产)(见图 6-4)。

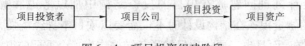

图 6-4 项目投资组建阶段

在建造和租赁阶段,项目公司将项目资产及投资者在投资结构中的全部权益转让给项目出租人,出租人得到贷款人的贷款之后,按照项目公司的要求,出资进行项目的建造,建造完毕后再将项目资产转租给项目公司(见图 6-5)。杠杆租赁经理人在与股本参与者达成管理协议后,负责管理融资结构的运作,并收取一定的管理费。

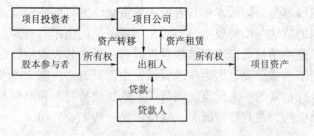

图 6-5 建造和租赁阶段

在生产经营阶段,项目公司以产品销售产生的现金流向租赁公司交付租金,并支付其他费用。项目投资人通常要提供一个具有"无论提货与否均需付款"性质的产品承购协议,作为项目公司长期的市场销售保证。

在终止阶段，项目投资人的一个相关公司需要以事先商定的价格将项目的资产购买回去。这个相关公司在一些国家的有关法律中规定不能是投资者本人或项目公司，否则就会被认为属于另一种"租赁购买"融资结构而失去在杠杆租赁结构中的税务好处（见图6-6）。

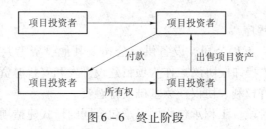

图6-6 终止阶段

6.4.6 BOT 项目融资模式

BOT 是 Build（建设）、Operate（经营）和 Transfer（转让）三个英文单词第一个字母的缩写，代表着一个完整的项目融资的概念。BOT 模式的基本思路是：由项目所在国政府或其所属机构为项目的建设和经营提供一种特许权协议作为项目融资的基础，由本国公司或者外国公司作为项目的投资者和经营者安排融资，承担风险，开发建设项目并在有限的时间内经营项目获取商业利润，最后根据协议将该项目转让给相应政府机构，也称为"特许权融资"。

1. BOT 模式的特点

（1）BOT 模式是无追索的或有限追索的，举债不计入国家外债，债务偿还只能靠项目的现金流量。

（2）承包商在特许期内拥有项目所有权和经营权，授权期结束后，政府将无偿拥有项目的所有权和经营权。

（3）名义上承包商承担了项目的全部风险，因此融资成本较高。

（4）与传统方式相比，BOT 融资项目设计、建设和运营效率一般较高，因此用户可以得到较高质量的服务。

（5）BOT 融资项目收入的一般是当地货币，若承包商来自国外，对东道国来说项目建成后将会有大量外汇流出。

（6）BOT 融资项目不计入承包商的资产负债表，承包商不必暴露自身财务情况。

2. BOT 模式的各方当事人

（1）项目的最终所有者（项目的发起人）。是指项目所在国政府、政府机构或政府指定的公司。BOT 模式中的项目发起人同其他模式中的项目发起人有着本质的不同。在 BOT 模式中，项目发起人并不像其他模式中那样同时也是项目投资人，他们在法律上既不拥有项目，也不经营项目，而是通过给予项目特许经营权和一定数额的从属贷款或贷款担保作为项目建设、开发和融资安排的支持。在 BOT 期限结束之后，项目发起人通常会无偿取得项目的所有权和经营权。

（2）项目的直接投资者和经营者。这是 BOT 模式的主体。项目经营者从项目所在国政府获得建设和经营项目的特许权，负责组织项目的建设和生产经营，提供项目开发所需要的股本资金和技术，安排融资，承担项目风险，并从项目投资和经营中获得利润。项目的直接投资者和经营者在项目中注入一定的股本资金，承担直接的经济责任和风险，在BOT模式中起到十分重要的作用。

（3）项目的贷款人。除了商业银行外，还包括政府的出口信贷机构、世界银行或地区性开发银行。

3. BOT融资的基本程序

（1）项目经营公司、工程公司、设备供应公司及其他投资者共同组成一个项目公司，从项目所在国政府获得"特许权协议"作为项目建设开发和安排融资的基础。

（2）项目公司以特许权利、协议作为基础安排融资。

（3）在项目的建设阶段，工程承包集团以承包合同的形式建造项目。

（4）项目进入经营阶段之后，经营公司根据经营协议负责项目公司投资建造的公用设施的运行、保养和维修，支付项目贷款本息，同时投资财团获得投资利润。

（5）在BOT模式结束时将一个运转良好的项目移交给项目所在国政府或其所属机构。

➡ 专栏 6-1

广东省沙角B火力发电厂案例

广东省沙角B火力发电厂1984年签署合资协议，1986年完成融资安排并动工兴建，1988年投入使用。总装机容量为70万千瓦，总投资为42亿港币，被认为是中国最早的一个优先追索的项目融资案例，事实上也是在中国第一次使用BOT融资概念兴建的基础设施项目。

1. 项目融资结构

1）投资结构

采用中外合作经营方式兴建。合资中方为深圳特区电力开发公司（A方），合资外方是一家在中国香港注册专门为该项目成立的公司——合和电力（中国）有限公司（B方）。合作期10年。合作期间，B方负责安排提供项目全部的外汇资金，组织项目建设，并且负责经营电厂10年（合作期）。作为回报，B方获得在扣除项目经营成本、煤炭成本和支付给A方的管理费后百分之百的项目收益。合作期满时，B方将深圳沙角B电厂的资产所有权和控制权无偿转让给A方，退出该项目。

2）融资模式

深圳沙角B电厂的资金结构包括股本资金、从属性贷款和项目贷款三种形式。

股本资金：

股本资金/股东从属性贷款　3 850万美元

人民币延期贷款　1 670万美元

债务资金：

A方的人民币贷款　9 240万美元

固定利率日元出口信贷　26 140万美元

欧洲日元贷款　5 560万美元

欧洲贷款　7 500万美元

资金总计：53 960万美元

根据合作协议安排，在深圳沙角B电厂项目中，除以上人民币资金之外的全部外汇资金安排由B方负责，项目合资B方——合和电力（中国）有限公司利用项目合资A方提供的信用保证，为项目安排了一个有限追索的项目融资结构。

2. 融资模式中的信用保证结构

（1）A方的电力购买协议。这是一个具有"提货或付款"性质的协议，规定A方在项目生产期间按照事先规定的价格从项目中购买一个确定的最低数量的发电量，从而排除了项目的主要市场风险。

（2）A方的煤炭供应协议。这是一个具有"供货或付款"性质的合同，规定A方负责按照一个固定的价格提供项目发电所需的全部煤炭，这个安排实际上排除了项目的能源供应风险以及大部分的生产成本超支风险。

（3）广东省国际信托投资公司为A方的电力购买协议和煤炭供应协议提供担保。

（4）广东省政府为上述三项安排出具支持信托。虽然支持信托并不具备法律的约束力，但可作为一种意向性担保在项目融资安排中具有相当的分量。

（5）设备供应及工程承包财团所提供的"交钥匙"工程建设合约，以及为其提供担保的银行所安排的履约担保，构成了项目的完工担保，排除了项目融资贷款银团对项目完工风险的顾虑。

（6）中国人民保险公司安排的项目保险。项目保险是电站项目融资中不可缺少的一个组成部分，这种保险通常包括对出现资产损害、机械设备故障及相应发生的损失的保险，在有些情况下也包括对项目不能按期投产情况的保险。

3. 融资结构简评

（1）作为BOT模式中的建设、经营一方（我国现阶段有较大一部分为国外投资者），必须是一个有电力工业背景，具有一定资金量，并且能够被银行金融界所接受的公司。

（2）项目必须有一个具有法律保障的电力购买协议作为支持，这个协议需要具有"提货或付款"或者"无论提货与否均须付款"的性质，按照严格的事先规定的价格从项目购买一个最低量的发电量，以保证项目可以创造出足够的现金流量来满足项目贷款银行的要求。

（3）项目必须有一个长期的燃料供应协议，从项目贷款银行的角度，如果燃料是由有关当局负责供应或安排，通常会要求有关当局对外汇支付做出相应安排，如果燃料是由项目所在地政府部门或商业机构负责供应或安排，则通常会要求政府对燃料供应作出具有"供货或付款"性质的承诺。

（4）根据提供电力购买协议和燃料供应协议的机构的财务状况和背景，有时项目贷款银行会要求更高一级机构提供某种形式的财务担保或者意向性担保。

（5）与项目有关的基础设施的安排，包括土地、与土地相连接的公路、燃料传输及储存系统、水资源供应、电网系统的连接等一系列与项目开发密切相关的问题的处理及其责任，必须在项目文件中作出明确的规定。

（6）与项目有关的政府批准，包括有关外汇资金、外汇利润汇出、汇率风险等问题，必须在动工前得到批准和作出相应的安排，否则很难吸引银行加入到项目融资的贷款银团行列。有时，在BOT融资期间贷款银团还可能要求对项目现金流量和外户资金进行直接控制。

专栏 6-2

BOT 陷阱：黄桥案例

2001年11月18日，泰兴黄桥太平洋电力有限公司（简称黄桥电力公司）的董事会因李明等中方董事愤而退场、外方单方面形成决议而告终。

李明是黄桥电力公司的总经理、副董事长，他的另两个身份是该公司的中方投资方——黄桥热电厂的董事长和江苏省泰兴市经贸局副局长。这种多重身份决定了其在维护中方投资人和合资公司利益的夹缝中步履维艰。

在当日的会谈纪要中，外方认为中方拂袖而去是"粗俗和不成熟的表现"，并以李明不执行董事会指示、可能滥用职权等为由，决定免除李明的总经理职务，责令其7日内交出公章、同时自行撤销作为银行账户签名人的身份等权限，否则将被视为犯罪行为。

而李明则拒绝承认外方的单方面决议，表示将采取行动，甚至对簿公堂。至此，黄桥电力公司中外双方积怨已久的矛盾终于全面引爆。

1. 建设银行赔款风波

导致董事会不欢而散的直接原因是建设银行的担保赔款问题。

1994年，为了解决黄桥地区电力紧缺问题，泰兴市政府向当地建设银行贷款1 500万元人民币建立了黄桥热电厂，为解决资金困难，泰兴市政府很快引资澳大利亚亚洲太平洋电力电灯有限公司（简称亚太电力）。1995年10月13日，黄桥热电厂与亚太电力合作成立泰兴黄桥太平洋电力有限公司。

和很多同期开建的地方电厂一样，黄桥电力公司也采取了BOT的合作方式。

根据合同约定，外方投资850万美元（约7 140万元人民币）控股51%，中方投资6 860万元人民币，占49%股份，并将价值9 000万的设备、土地等资产无偿租赁给外方；合作公司由中方建设、管理和经营，并每年支付给外方2 100万元人民币的固定回报，直至外方收回全部投资，然后按照控股比例分配收益。合作期满20年后，公司的全部资产归中方所有。

看起来，这并非传统意义上的BOT项目——通常的BOT项目都是由外商进行建设、运营和维护——但其具有BOT的典型特征：项目融资和保证外方固定回报。合同将当地电力局每年的购电量和电价都固定下来，并由建设银行泰兴支行对购电合同提供5 000万元人民币的担保，另外，泰兴国际信托投资有限公司对合作公司提供一揽子全面担保。对于外方而言，除了可能因为通货膨胀和汇率变化而导致赚多赚少的问题之外，几乎没有任何风险。事实证明，合作双方都显然过于乐观。从1998年开始，风云突变，国家实施积极财政政策,将大量国债资金投入基础设施建设,各地电力市场在中央"强电政策"推动下迅速趋于饱和。和同期的许多 BOT 项目一样,黄桥电力也陷入了困境,中方根本无力兑现承诺,到 2000 年,亚太电力仅拿到了 1 000 多万元人民币。

2000 年 10 月底,在亚太电力的求助下,澳大利亚"GPF"(第一澳元)金融集团收购了其全部股份和债务(亚太电力的投资来源于澳大利亚新西兰银行的贷款),由 GPF 中国首席代表兼项目总监杨木仑出任亚太电力执行董事,开始与中方谈判。

经过长达 8 个月的艰苦谈判,中外双方于 2001 年 6 月 20 日签订了《合作企业合同修订契约》,其中最重要的内容是建设银行泰兴支行贷款 4 500 万元给黄桥电力公司,并由黄桥电力公司作为回报支付给外方。

但出人意料的是,协议不久,建设银行却在 2001 年 6 月 30 日忽然以风险太大为由临阵变卦,拒绝贷款。事情再度陷入僵局。紧急磋商之后,同年 7 月 12 日,合作双方签订附加协议,将外方回报降为 850 万元人民币/年,持续 10 年,之后 4 年,中方每年支付外方 25 万美元。

由于泰兴国际信托投资有限公司已在 1999 年"广国投事件"之后被政策清退,2001 年年底,外方开始起诉建设银行,追讨建设银行 5 000 万元的担保责任。2001 年 10 月 26 日,双方达成庭外和解,由建设银行一次性支付黄桥电力公司 1 525 万元人民币,同时解除担保责任。

但围绕这笔赔款的去留,中外合作双方相持不下。在 2001 年 11 月 18 日的董事会上,外方忽然提出要将赔款全部收归己有,其理由很简单:2001 年签订的附加协议中已经明确了该笔款项由外方提走。但中方认为,赔款议题属临时增加,外方事先并未知会中方,违反了协议。但外方仍然要求当场通过决议。局面随即变得剑拔弩张。

2. 一场不规范的赌博游戏

事实上,建设银行赔款问题只是引爆矛盾的一个导火索,致使中外合作双方冰冻三尺的根源:一是外界环境的急剧变化,二是在于双方的不规范操作。

据介绍,过去黄桥地区电价由地方电力公司控制,但从 1998 年开始,定价权收归江苏省电力公司,并逐步实行竞价上网,这导致电价由最初合作双方约定的 0.57 元/度降为 0.45 元/度,尽管这已是政策扶持——现在黄桥周边地区的国家上网价格是 0.19 元/度——但仍然给合作公司带来了累计 1 800 万元的损失。

其次是税收。企业成立时,泰兴市给予的优惠措施是 20 年合作期内全部免税,但随着新的税收征管法出台,合作企业每年仅国税一项就必须上缴五六百万。

再有就是职工工资及"四金"等人员成本,也随着国家政策的不断调整而翻了 3 番。"本来按照 2001 年上半年的外界环境,修订后的外方回报额是有可能实现的。"李明说。但没想到 2001 年下半年国家开始整顿煤炭市场,强制关闭小型煤矿,压缩煤炭开采,使煤价急剧上升。到 2002 年,煤价平均比去年同期上涨近 20%。公司因此从 2002 年开始出现亏损近 300 万元,2002 年这个数字预计将超过 700 万元人民币,修订后的中方承诺再次落空。

遗憾的是,合作双方对这些本应该有所预测的风险极为漠视,如合作伊始,由中方提供的可行性报告直到所有的合同签订完毕 1 个多月之后才出台,而在合同中,与"不可抗力"有关的条款被有意无意地模糊掉了。

更为重要的是，中外合作双方都抱以博弈的心态在玩一场不规范的游戏，根据最初的合同约定计算，外方头两年的回报率高达34.5%，第3年到第5年的年回报率是26.3%，5年后每年的回报率为24.2%，远高于当时BOT普遍12%的"心理防线"。据一位知情者透露，除了最初的《合作企业合同》（母合同）上报江苏省计委审批之外，所有子合同都没有经过审批，"因为它们大多不符合当时的国家有关法规，报上去很难通过。"

3. 电力BOT末路狂奔

黄桥电力公司的处境反映了国内相当一部分BOT项目的现状。针对这些历史遗留问题，2002年9月10日，国务院办公厅出台了《关于妥善处理现有保证外方投资固定回报项目有关问题的通知》（简称"43号文件"），该文件立刻成为各类BOT项目的一道催命符。

"43号文件"明确规定，固定回报项目尚未得到妥善处理的省（自治区、直辖市）人民政府必须于2002年年底之前完成整改工作。从2003年1月1日起，凡外方所得收益超过项目可分配的经营性收入和其他合法收入的固定回报项目，未经国家外汇局批准，外汇指定银行不得为其办理外汇的购买和对外支付事宜。

为此，"43号文件"还提出了"改"（重新协商收益分配）、"购"（股权收购）、"转"（投资转债务）、"撤"（清算）等4种处理方式。

该文件一出台，立刻引起与电力建设及公路基建有关的港资股价波动。中国香港证券分析师纷纷调低了中信泰富、北京控股、上海实业、招商局国际及新世界基建等香港著名红筹股的收益预期。中信泰富、新世界基建等公司则迅速开始了与中方的合同修订谈判。

而对于类似于黄桥电力公司这一类的电力BOT项目来说，形势更为严峻，因为从2002年开始，国家电力体制改革开始提速，各地纷纷调低电价，而每调低一毛钱的电价就意味着增加中方一毛钱的守信成本。

"目前国内唯一运行较好的电力BOT项目就是广西来宾电厂B项目，其合作伊始就已将未来18年的购电价格都通过了有关部门的审批，外方基本上没有政策风险。但对于广西壮族自治区政府来说压力会越来越大，因为现在从贵州买电更便宜，"北京大地桥基础设施咨询公司副总经理周舰说，"之所以中外双方安然无事，一来是因为其是规范竞标，政府引资成本较低，二来这是国家计委的BOT试点项目，事关国家信用。"

但对于更多的地方小项目来说，就不这么幸运了。业内人士指出，由于出现时间最早、技术含量较低等原因，电力项目是各类BOT中问题较多的一个项目，随着各地电价的下调，对于中外合作双方来说，解决时间拖得越久形势越不利。

2001年12月2日，李明告诉记者："中方之所以不承认外方在建行赔款问题上的单方面决议，是因为我们希望借此机会一揽子解决合作公司的种种问题。"针对"43号文件"的处理方式，李明提出了4个方案准备与外方协商。

但要与外方达成一致绝非易事，GPF显然已经厌倦这场签约毁约的马拉松。在建行赔款案中，外方宁愿放弃建行3 500万元担保责任的追索权，就是因为顾虑时间成本和政策风险。

4. 游戏规则难题

现在，让杨木仑感到最为烦恼的其实不是损失问题，而是整场游戏没有一个清晰的规则，"在国际上通行的合同守信原则，到了这里却被践踏"。

1995年，亚太电力为了与中方签约，斥资70万美元，聘请麦肯锡和澳大利亚最大的律师事务所——伯当森共同制定了合作合同。在外方看来，这个合同可谓"天衣无缝"，"六七个合同犬牙交错，相互保护，"杨木仑说，"如果加上新西兰银行的债权担保书，足有3本中国大百科全书那么厚。"

但这个"天衣无缝"的合同仍然未能挽救亚太电力的命运。在对商业规则感到失望后，外方寻求的是政治途径，据杨木仑说，黄桥电力公司纠纷已经被列为2003年澳中商务会谈的首要议题。

感到困惑的不仅仅是外方。"到底怎样才能妥善解决目前的中外合作双方的矛盾？你能不能帮我们找些专家咨询一下，"在接受采访时，李明请求记者说，"最好是北京的。"

事实上，中国一直未能出台一部关于BOT的法律。这让很多外商投资者颇感不解，因为作为高风险的一种融资方式，国外的BOT运作，大都是法规在前，行动在后。

"在缺乏资金的20世纪90年代，国家一度将BOT法律的出台列入日程表，但由于各部委意见不统一，方案被搁置下来，"周舰说。

目前，国内处理BOT纠纷主要依靠其他相关法律的延伸。

北京WTO事务咨询中心专家马晓野认为，外资BOT浪潮的沉寂反映了中国吸引外资思路的转变，即由对数量的饥渴转变为对质量的需求，这是大势所趋。至于历史遗留问题，他表示，由于牵涉到国家与地方的利益博弈，以及相关法律的缺失，最好的办法其实是靠仲裁来解决，"该怎么办就怎么办"。

但众所周知，一旦仲裁将涉及高昂的资金和时间成本，一般不到万不得已，中外合作双方都不会选择该途径。目前真正通过仲裁解决的BOT纠纷寥寥无几。

对此，周舰的看法则较为乐观。他认为，时间能够解决很多问题，"外方前几年通常都迫于银行还贷压力，因此与中方矛盾较为激烈，但随着银行纷纷出局、矛盾渐渐弱化之后，这时外商不妨坐下来，用长远的目光与政府谈判，"周舰说，"其实很多人都忽略了一点，电厂的寿命可能有三四十年，只要建立起外方对政策的信心，完全可以将BOT变为BOO（Occupy：拥有）。即把资金回收期无限期延长，直到电厂寿命到期为止。"

6.5 项目融资的资金选择

在项目的投资结构和融资模式确定后，接下来的工作就是确定项目融资的资金构成。项目融资的资金构成有3个部分：股本资金、准股本资金（从属性债务或初级债务资金）和债务资金（高级债务资金）。虽然这3个部分资金在一个项目中的构成及相互之间的比例关系在很大程度上受制于项目的投资结构、融资模式和项目的信用保证结构，但是也不能忽略资金结构安排和资金来源选择在项目融资中可能起到的特殊作用。项目的资金选择主要决定在项目中股本资金、准股本资金和债务资金的形式、相互之间比例关系以及相应的来源。灵活巧妙地安排项目的资金构成比例，选择适当的资金形式，可以达到既减少项目投资者自有资金的直接投入，又能够提高项目综合经济效益的双重目的。

6.5.1 确定资金结构时需要考虑的因素

项目融资主体设计项目融资的资金结构时，主要考虑以下3个方面的因素。

1. 债务资金和股本资金的比例

税法一般规定公司贷款的利息支出可以计入公司成本冲减所得税，所以债务资金成本相对股本资金要低得多；但如果公司的债务比例越高，则公司的风险越大，从而资金成本也就相对越高。所以，如何选择一个合适的债务资金和股本资金的比例以实现资金成本最低的目的，也就成了一个重要考虑因素。

当然，项目融资并没有一个标准的"债务—股本资金比率"，因此在确定一个项目的资金比率时应根据不同项目的具体情况来确定。

项目融资的一个重要特点是可以增加项目的债务承受能力。在项目融资中，贷款银行所面对的对象是一个相对简单的独立项目，通过对项目的全面风险分析，可以确定项目最小现金流量水平和债务承受能力；通过对整体融资结构（包括投资结构、融资结构、资金结构、信用保证结构4个方面）的综合设计，可以减少和降低许多风险因素和不确定因素。因此与传统的公司融资相比较，采用项目融资方式可以获得较高的债务资金比例。

2. 项目资金的合理使用结构

（1）项目的总资金需求量。准确地制定项目的资金使用计划确保满足项目的总资金需求量是项目融资的必需工作。许多失败的项目融资，究其原因在很大程度上就在于事前没有周密地制定项目的总资金需求量。

（2）资金使用期限。投资者的股本资金是项目中使用期限最长的资金，其回收只能依靠项目的投资收益。但是，项目中的任何债务资金都是有固定期限的，如果能够针对具体项目的现金流量特点，根据不同项目阶段的资金需求采用不同的融资手段，安排不同期限的贷款，就可以起到优化项目债务结构，降低项目债务风险的作用。

（3）资金成本。投资者的股本资金成本是一种相对意义上的成本概念，也可以说是一种"机会成本"。在评价股本资金成本时，除了要参照投资者获取该部分资金的实际成本，还要考虑投资者的长期发展战略及一些潜在的项目投资利益等重要因素。相比之下，项目的债务资金成本则是一种绝对的成本，也就是项目贷款的利息成本。

3. 税务安排对融资成本的影响

在设计项目资金结构时，应充分考虑税务安排对融资成本的影响，做出合理的安排。

6.5.2 股本资金与准股本资金

虽然相对于提供债务资金的贷款人而言，股本资金与准股本资金在项目融资中没有本质上的区别——承担的风险相同，只是在形式上有所不同，但是对于项目投资者来说，准股本资金相对于股本资金在安排上具有较高的灵活性，并在资金序列上享有较为优先的地位。图6-7是股本资金和准股本资金的几种形式。

1. 股本资金

股本资金构成了项目融资的基础，它在资金偿还序列中排在最后一位，因此贷款人往往将项目投资者的股本资金看作其融资的安全保障。当然，对项目投资者来讲，其之所以愿意承担风险，是由于项目具有良好的发展前景，能够为其带来相应的投资收益。

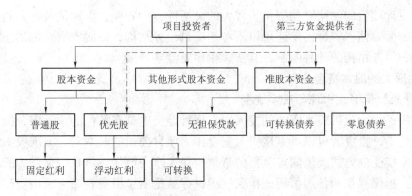

图6-7 股本资金和准股本资金的几种形式

增加股本资金的投入，实际上并不能改变或提高项目的经济效益，却可以增加项目的经济强度，提高项目风险的承受能力。

在项目融资的结构中，应用最普遍的股本资金形式是认购项目公司的普通股和优先股。在过去很长一段时间内，项目公司的股本资金来源一直相对比较简单，基本上来自投资者的直接资金投入，这类股本资金被称为投资者自有资金。但近年来，在项目融资中出现了一种新形式，即在安排项目融资时，直接安排项目公司上市，通过发行项目公司股票（包括普通股和优先股）筹集项目融资所需要的股本资金和准股本资金，这类股本资金被称为公募股权资金。

除此之外，有时与某些项目开发有关的一些政府机构和公司出于政治利益或经济利益等方面的考虑，也会为项目提供类似的股本资金和准股本资金，这类资金被称为"第三方资金"。这些第三方资金提供者包括愿意购买项目产品的公司、愿意为项目提供原材料的公司、工程承包公司、政府机构及世界银行和地区性开发银行等。这些机构为促进项目的开发，有可能会提供一定的股本资金和准股本资金。

2. 准股本资金

准股本资金是指项目投资者或者是与项目利益有关的第三方所提供的一种从属性债务。项目融资中最常见的准股本资金有无担保贷款、可转换债券和零息债券3种形式。无担保贷款是贷款中最简单的一种形式，这种贷款在形式上与商业贷款相似，但是它没有任何项目资产作为抵押和担保，其本息的支付通常带有一定的附加限制条件。

可转换债券是从属性债务的另一种形式。可转换债券在其有效期内只需支付利息，但在一个特定的时期内，债券持有人有权选择将债券按照规定的比例转换成公司的普通股。如果债券持有人不执行转换期权，则公司需要在债券到期日兑现本金。国外一些项目融资结构中的投资者，出于法律上或税务上的考虑，希望推迟在法律上拥有项目的时间时，就常常采用可转换债券形式来安排项目的股本资金。

零息债券也是项目融资中常用的一种从属性债务形式。零息债券不支付利息，而是通过债券的折价发行、按面值赎回来使债券购买者受益。

对于项目投资者，为项目提供从属性债务要比提供股本资金具有以下两个方面的优点：第一，在项目融资安排中，对于项目公司的红利分配通常有着十分严格的限制，但是可以通过谈判减少对从属性债务在这方面的限制，尤其是对债务利息支付的限制；第二，从属性债务为投资者设计项目的法律结构提供了较大的灵活性,一方面,作为债务,其利息支出可以抵税,另一方面,债券资金的偿还可以不考虑项目税务结构,而股本资金的偿还则会受到项目投资结构和税务结构的种种限制,其法律程序要复杂得多。

3. 其他形式的股本资金

1) 以贷款担保形式出现的股本资金

以贷款担保作为项目股本资金的投入,是项目融资中具有特色的一种资金投入方式。在项目融资结构中,投资者可以不直接投入资金作为项目公司的股本资金或准股本资金,而是以贷款人可以接受的方式提供固定金额的贷款担保来作为替代。贷款担保作为股本资金有两种主要形式:担保存款和备用信用证担保。担保存款是项目投资者在一家由贷款银团指定的第一流银行中存入一笔固定数额的定期存款,存款账户属于项目投资者,存款的利息也属于投资者,但是存款资金的使用权却掌握在贷款银团的手中,如果项目出现资金短缺,贷款银团可以调用担保存款。备用信用证担保是比担保存款对项目投资者更为有利的一种形式,投资者可以根本不动用公司的任何资金,而只是利用本身的资信作为担保。由于采用这种方式贷款银团要承担投资者的信用风险,如投资者出现财务危机,或投资者不履行担保协议等情况,所以一般会坚持要求备用信用证由一家被接受的独立银行开出,以便将风险转移。

2) 其他信用担保形式作为股本资金

有时,项目担保人提供的某种形式的担保协议(如 BOT 模式中的特许权协议)在项目融资中也会被作为股本资金来处理。这里把各种类型的项目担保归纳为项目融资的信用保证结构,并在下一节项目担保的安排中集中进行讨论。

6.5.3 债务资金

如何安排债务资金是解决项目融资的资金结构问题的核心。对于一个项目投资者来说,他所面对的债务资金市场可以分为国内资金市场和外国资金市场,而外国资金市场则可进一步划分为某个国家的金融市场、国际金融市场及外国政府出口信贷/世界银行/地区开发银行的政策性信贷(图 6-8)。

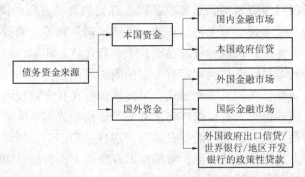

图 6-8 项目融资的债券资金来源

目前,国际上比较广泛应用的债务资金形式有:商业银行贷款和国际辛迪加银团贷款、欧洲债券和美国商业票据。

1. 商业银行贷款

商业银行贷款可以由一家银行提供,也可以由几家银行联合提供。贷款形式可以根据借款人的要求来设计,包括定期贷款、建设贷款、流动资金贷款等。

商业银行贷款的基本法律文件包括两个部分:贷款协议、资产抵押或担保协议。商业银行贷款的资产抵押或担保协议的形式和内容与各国法律有直接的关系,因而在不同国家及不同项目之间其文件形式将有较大的差别。贷款的资产抵押或担保协议是项目融资结构的一个重要法律文件。

2. 国际辛迪加银团贷款

国际辛迪加银团贷款简称为国际银团贷款,是商业银行贷款概念在国际融资实践中的合理延伸。国际上大多数大型项目融资案例,因其资金需求规模之大、结构之复杂,只有大型跨国银行和金融机构联合组织起来才能承担得起融资的任务。国际辛迪加银团贷款的主要优点:首先是有能力筹集到数额很大的资金;其次是贷款货币的选择余地大,对贷款银行的选择范围同样也比较大;再次是参与辛迪加银团贷款的银行通常是国际上具有一定声望和经验的银行,具有理解和参与复杂项目融资结构和承担其中信用风险的能力;最后是提款方式灵活,还款方式也比较灵活。

3. 欧洲债券[①]

与一般国家发行的本国债券或外国债券(如美国的扬基债券、日本的武士债券)不同,欧洲债券的发行和交易超出国家的界限,不受任何一个国家的国内金融市场的法律、法规限制。利用欧洲债券市场为项目筹集债务资金有以下5个方面的优点。

(1)筹资成本相对比较低。对于在国际金融市场上具有良好资信的借款人,利用国际债券市场进行融资,有可能获得比其他借款方式更低的融资成本。

(2)通过发行国际债券,可以接触到范围非常广泛的投资者。这是其他债务资金形式所不具备的。

(3)集资时间短。一旦发行系统建立起来,每次发行债券所需要的时间就非常短,这样可以有效抓住机会,迅速进入市场。

(4)还款可以采用多种货币形式。

(5)在贷款日期上比辛迪加银团贷款更加灵活。

但利用欧洲债券融资也存在缺点,主要有:一是由于欧洲债券市场上的投资者组成非常分散,所以他们很难掌握一个复杂的项目融资结构并愿意购买这种与复杂结构相关的债券;二是由于组织欧洲债券发行的程序比较复杂,因而要求具有一定发行金额才能具备规模经济效益。

4. 美国商业票据

美国商业票据是美国国内金融市场上主要的也是最古老的金融工具之一。美国商业票据市场为借款人提供了一种低成本、可靠性高、同时可以通过不断延期来满足长期资金需求的短期债务资金形式。自20世纪70年代以来,美国商业票据开始逐渐成为非美国公司的一种重要资金来源,成为国际辛迪加银团贷款、欧洲债券市场的一种具有竞争力的替代方式。

---

① 欧洲债券(euro bond)是指发行者在本国以外的资本市场上发行、又不以资本市场所在国的货币为面值,而是以第三国货币记价的债券。简单地说,这种债券的特点是:筹资者、债券发行市场和债券面值货币分别属于不同的国家。欧洲债券不受任何国家资本市场的限制,免扣缴税,对多国公司集团及第三世界政府而言,欧洲债券是他们筹措资金的重要渠道。

利用美国商业票据融资的优点主要表现在以下3个方面。

（1）成本低。一般来说，在同等条件下，从美国商业票据市场上获得的资金的成本要比银团贷款的利息成本低。

（2）资金来源多样化。这一优点与欧洲债券市场是一样的。

（3）资金使用的灵活性。美国商业票据市场为票据发行人在票据期限和发行时间上提供了很大的灵活性，从而可以满足票据发行人的各种具体需要。使用商业票据市场可以做到同一天发行票据并获得资金，不需要任何提前通知。

➡ 专栏6-3

河北省唐山赛德2×5万千瓦燃煤热电项目

河北省唐山赛德2×5万千瓦燃煤热电项目（简称"唐山赛德项目"）是在中国的有限追索权融资项目中第一个没有依靠业主或中国金融机构提供担保，并且没有出口信贷机构或多边融资机构参与的电力项目。唐山赛德项目是一宗极具代表性的项目，主要原因有：第一，它是中国第一个利用国产发电机组，以国际项目融资的方法成功筹集到资金的项目；第二，它是第一次由国际承建商对利用国产机组的项目提供"交钥匙"承保责任的项目；第三，它是第一个中国电力项目以跨省电力集团作为购电商，并利用中国标准的购电合约到境外融资的项目；第四，它是第一个利用中国保险公司的产品作为增强信贷能力的工具的电力项目。唐山赛德项目包括发展一个2×5万千瓦燃煤电厂，为唐山市提供电力及热水。项目利用国产设备，电力出售给中国第二大电力集团——华北电力集团。合资项目公司将负责电厂的运营，并由赛德中国运营公司提供技术协助，项目的燃煤将由地方提供。

电厂在融资到位前，完工部分已达25%～30%，其中包括工地准备和地基结构工程。美国雷神公司为国产设备提供"交钥匙"承保责任，建筑合同规定了实价及完工日期。在延工及表现不佳时的财务赔偿有：延工赔偿为合约价的13.5%，表现不佳赔偿为合约价的12.5%，总赔偿为合约价的20%。合同包括已承诺的900万美元备用融资，按原来债务的股权金比例提供。

运营将由项目公司负责，并与赛德中国运营公司签署监督和技术服务合约。在表现欠佳的情况下，运营公司会做出财务赔偿。唐山赛德项目利用已经证实可靠的技术，并由独立顾问美国Sargent & Lundy项目贷款银行作技术审核。

燃煤的供应由唐山政府所管辖的唐山市煤炭公司提供，燃煤合约为期20年，并明确规定如供应商没有按合约供应燃煤时所必须承担的赔偿责任。燃煤将在唐山的开滦煤矿提供。

项目公司与华北电力集团签订了为期20年的购电合约，最低购电量约为电厂生产量的64%。华北电力集团为中国主要5个跨省电力集团之一，直接受国家电力部门管辖，装置机组容量为2 600万千瓦。规定的电价已经包含发电成本和指定的股东回报。

项目公司与唐山市政府管辖的唐山新区电厂签订了电价及终止合约协议，协议包括电价公式和唐山新区电厂在电价未获得审批的情况下所需承担的补贴差价责任。协议还包括唐山新区电厂在不可抗力、法规改变、电厂被政府充公和燃煤供应断绝情况下，收购价格将足够偿还项目所欠债务。唐山新区电厂的责任受唐山市政府支持，并由中国人民保险公司提供特别风险保障。

外汇兑换北京中信实业银行提供"尽力支持"，是中国人民保险公司提供的特别风险保险保障中的一种事项。

以利率风险利用率掉期作为保值。

6.6 项目担保的安排

项目融资中存在的巨大风险，是项目融资成功的主要障碍。由于项目融资是有限追索的融资方式，因此贷款人承担着较大的风险，如何有效地管理和规避风险是贷款人最关心的问题，也是项目融资成功与否的关键。

对于贷款人而言，项目融资的安全性来自两个方面：一是项目本身的经济强度；二是来自项目之外的各种直接或间接的担保。这些担保可以由项目的投资者提供，也可以由与项目有直接或间接利益关系的其他方提供。

6.6.1 项目担保的基本形式

项目担保主要有两种基本形式：物的担保和人的担保。

1. 物的担保

物的担保主要表现在对项目资产的抵押和控制上，包括对项目的不动产（如土地、建筑物等）和有形动产（如机器设备、成品、半成品、原材料等）的抵押，对无形动产（如合约权利、公司银行账户、专利权等）设置担保物权等几个方面，即以项目特定物产的价值或者某种权利的价值作为担保，如果债务人不履行其义务，债权人可以行使其对担保物的权利来满足自己的债权。物的担保比较直接，法律界定相当清楚。

项目融资中比较经常使用的物的担保有以下两种形式。

（1）抵押（mortgage）。是指为提供担保而把资产的所有权转移给债权人，而在债务人履行其义务后再将所有权重新转移给债务人。

（2）担保（charge）。这种形式不需要资产和权益转移，它是债权人和债务人之间的一项协议，据此协议，债权人对某项收入有优先的请求权，其地位优先于无担保权益的债权人及具有次级担保权益的债权人。

2. 人的担保

人的担保在项目融资中的表现形式是项目担保。项目担保是一种以法律协议形式做出的承诺，依据这种承诺，担保人向债权人承担一定的义务。项目担保是在贷款人认为项目自身物的担保不够充分而要求借款人（项目投资者）提供的一种人的担保，它为项目的正常运作提供了一种附加保障，降低了贷款人在项目融资中的风险。

项目担保是项目融资的一个重要组成部分，是实现项目风险分担的一个关键。项目融资结构以被融资项目本身的经济强度作为保证融资成功的首要条件，债务偿还的来源被主要限制在项目的现金流量和资产价值上。但是，有许多项目风险是项目本身所无法控制的，并超出其承受能力的范围，因而贷款人常常要求对超出项目自身承受能力的风险因素提供人的担保。人的担保体现了项目融资的根本特征，即项目的风险分担原则。

一般项目担保人包括：项目投资者、与项目利益有关的第三方参与者、商业担保人等。

1) 项目投资者

项目的直接投资者和主办人作为担保人是项目融资结构中最主要和最常见的形式。在多数情况下，项目投资者都是通过建立一个专门的项目公司来经营项目和安排融资。但在这种安排下，由于项目公司在资金、经营历史等方面不足以支持融资，很多情况下贷款人会要求借款人提供来自项目公司以外的担保作为附加担保，除非项目投资人能够提供其他能够被贷款银行所接受的其他担保人。

2) 与项目利益有关的第三方参与者

与项目利益有关的第三方参与者，是指在项目的直接投资者之外寻找其他与项目开发有直接或间接利益关系的机构，为项目的建设或生产经营提供担保。由于这些机构的参与在不同程度上分担了项目的部分风险，为项目融资设计一个强有力的信用保证结构创造了有利条件，故其对项目的投资者和贷款人都具有很大的吸引力。

第三方担保的机构大致可以分为以下几种类型。

（1）政府机构。政府机构作为担保人在项目融资中是极为普遍的，这种担保对于大型工程项目的建设是十分重要的，政府的介入可以减少政治风险和经济政策风险，增强投资者的信心，这类担保是从其他途径得不到的。

（2）与项目开发有直接利益关系的商业机构。其目的是通过为项目融资提供担保来换取自己的长期商业利益。能够提供第三方担保的商业机构可以分为以下三类：工程公司、项目设备或原材料的供应商和项目产品（设施）的用户。

（3）世界银行、地区开发银行等国际性金融机构。这类机构虽然与项目的开发并没有直接的利益关系，但是为了促进发展中国家的经济建设，对于一些重要的项目，有时也可以寻求这类机构的贷款担保。

3) 商业担保人

商业担保人是以提供担保作为营利的手段，承担项目的风险并收取担保服务费用。商业担保人往往是通过分散化经营来降低自己的风险，银行、保险公司和其他一些专营商业担保的金融机构是主要的商业担保人。商业担保人提供的担保服务有两种基本类型：一种是担保投资者在项目中或者项目融资中所必须承担的义务，这类担保人一般为商业银行、投资公司和一些专业化的金融机构，其所提供的担保一般为银行信用证或银行担保；另一种是为了防止项目意外事件的发生，这类担保人一般为各种类型的保险公司，项目保险是项目融资文件中不可缺少的一项内容。

6.6.2 项目担保的类型

根据项目担保在项目融资中承担的经济责任形式，项目担保可以划分为4种基本类型：直接担保、间接担保、或有担保、意向性担保。

1. 直接担保

直接担保是指在项目融资中有限责任的担保，担保责任根据担保的金额或者担保的有效时间加以限制。

在金额上设限的直接担保的主要特点是在完成融资结构时已事先规定了最大担保金额，因而在实际经营中，无论项目出现何种意外情况，担保的最大经济责任均被限制在这个金额内。有限金额直接担保的一种重要用途是支付项目成本超支。最为典型的在时间上设限的直接担保是项目在建设期和试生产期的完工担保。根据项目的复杂程度及贷款人介入项目阶段的时间，有时完工担保可以同时安排成为有限金额的担保，但是在多数情况下，项目的完工担保是在有限时间内的无限责任担保。

2. 间接担保

间接担保是指担保人不以直接的财务担保形式为项目提供的一种财务支持，多以商业合同和政府特许协议形式出现。对于贷款人来讲，这种类型的担保同样构成了一种具有确定性的无条件的财务责任。

间接担保主要包括以"无论提货与否均需付款"概念为基础的一系列合同形式，这类合同的建立保证了项目的市场和收入稳定，进而保证了贷款人的基本利益。另外，以政府特许协议作为强有力的间接担保手段则构成了BOT融资的基础。

3. 或有担保

或有担保是针对一些由于项目投资者不可抗拒或不可预测因素而造成项目损失的风险所提供的担保。或有担保主要针对三种风险：第一种风险是由于不可抗因素造成的，如地震、火灾等，其担保人通常是商业保险公司；第二种风险是指政治风险，由于政治风险的不可预见性，因而为减少这类风险所安排的担保有时也被划在或有担保的范围；第三种风险是指与项目融资结构特性有关的，并且一旦变化将严重改变项目的经济强度的一些项目环境风险，这类风险通常由项目投资者提供有关担保。

4. 意向性担保

从严格的法律意义上讲，意向性担保不是一种真正的担保，因为这种担保不具有法律上的约束力，仅仅表现出担保人有可能对项目提供一定支持的意愿。经常采用的形式是安慰信。它起到的担保作用在本质上是由提供该信的机构向贷款银行做出的一种承诺，保证向其所属机构（项目公司）施加影响以确保后者履行其对贷款银行的债务责任。

专栏 6-4

印度大博电厂项目

印度大博电厂项目由美国安然（Enron）公司投资近30亿美元建成，是印度国内最大的BOT项目，也是迄今为止该国最大的外商投资项目。从2000年年底开始，有关该厂电费纠纷的报道就不断见诸报端。到2001年，大博电厂与马哈拉斯特拉邦的电费纠纷不断升级，电厂最终停止发电。虽然印度中央政府对该项目提供了反担保，但是当大博电厂要求政府兑现时，中央政府却食言了。电费纠纷缘何而起？印度政府又为何失信？回顾一下大博电厂几年的运营过程，就不难找出问题的答案。

20世纪90年代初，亚洲各国兴起了利用项目融资方式，吸引外资投资于基础设施的浪潮。深圳沙角B电厂、广西的来宾电厂及马来西亚在90年代相继修建的5个独立发电厂，都是较为成功的案例。受这些案例的影响，基于印度国内电力市场供需情况，印度政府批准了一系列利用外资的重大能源项目，大博电厂正是在这样的背景下开始运作的。

大博电厂项目由安然公司安排筹划，由全球著名的工程承包商柏克德（Bechtel）承建，并由通用电气公司（GE）提供设备——在当时这几乎是世界上最强的组合。电厂所在地，是印度最大城市孟买的马哈拉斯特拉邦，是印度经济最发达的地区，其国内地位相当于我国上海。投资者、承包商及项目所在地的经济实力均是最强的，当时该项目的前景让不少人看好。

与常见的项目融资的做法一样，安然公司为大博电厂设立了独立的项目公司。该项目公司与马邦电力局（国营）签订了售电协议，安排了比较完善的融资、担保、工程承包等合同。在项目最为关键的政府特许售电协议中，规定大博电厂建成后所发的电由马邦电力局购买，并规定了最低的购电量以保证电厂的正常运行。该售电协议除了常规的电费收支财务安排和保证外，还包括马邦政府对其提供的担保，并由印度政府对马邦政府提供的担保进行反担保。

售电协议规定，电价全部以美元结算，这样所有的汇率风险都转移到了马邦电力局和印度政府身上。协议中的电价计算公式遵循这样一个基本原则，即成本加分红电价，指的是在一定条件下，电价将按照发电成本进行调整，并确保投资者的利润回报。这一定价原则使项目公司所面临的市场风险减至最小。这里可以将售电协议理解为印度政府为其提供的一种优惠，但正是这一售电协议使得马邦电力局和印度政府不堪重负，随之产生的信用风险导致了该项目最终以失败而告终。

从合同条款来看，可以说对项目公司而言是非常有利的，合同中的点点滴滴充分反映了协议各方把项目做好的意愿。然而，正当项目大张旗鼓地开始建设时，亚洲金融危机爆发了。危机很快波及印度，卢比对美元迅速贬值40%以上。危机给印度经济带来了很大的冲击，该项目的进程也不可避免地受到了影响。直到1999年，一期工程才得以投入运营，而二期工程到目前才接近完成。工程的延期大大增加了大博电厂的建设费用（即产生了前文提到的建设风险），因建设风险而导致的成本上升使大博电厂的上网电价大幅度提高。

对印度经济发展的乐观预期使马邦电力局和大博电厂签订了购电协议，但金融危机造成的卢比贬值使马邦电力局不得不用接近两倍于其他来源的电价来购买大博电厂发出的电力。2000年世界能源价格上涨时，这一差价上升到近4倍。到2000年11月，马邦电力局已濒临破产，因而不得不开始拒付大博电厂的电费。根据协议，先是马邦政府，继而印度联邦政府临时拨付了部分款项，兑现了所提供的担保与反担保。然而他们却无法承担继续兑现其承诺所需的巨额资金，因而不得不拒绝继续拨款。至此，该项目运营中的信用风险全面爆发。

根据契约经济学理论，协议中的任何承诺都有与之相对应的承诺成本，随着承诺成本的增加，承诺方产生信用风险的概率也随之加大。在大博电厂案例中，可以发现这样一个逻辑推理过程：项目建设、运营中发生的建设风险、汇率风险，导致了大博电厂过高的上网电价，过高的上网电价使马邦电力局、马邦政府、印度政府承受了超出其能力范围的承诺成本，最终他们的违约也就成为一个必然的结果。

实际上，BOT项目融资的建设风险、金融风险、市场风险与最终的信用风险并没有一个必然的逻辑关系，大博电厂案例中信用风险之所以发生，是与该项目不合理的风险分配结构联系在一起的。

如上文提到的，为了吸引外资，印度政府在大博电厂项目中对安然公司提供了极为优惠的待遇，因为签订了类似于包销的售电协议，因此项目中的金融风险、市场风险等几乎全部落到了印方头上。如果没有亚洲金融危机，如果印度国内经济运行良好，在这样的一种风险分配结构下，大博电厂项目也有可能运营成功。

但经济活动不允许有太多的如果，一个成功的项目，在项目初期就应该考虑到可能出现的种种问题，并据以设计出合理的风险分配方案。对于印度政府而言，部分原因是缺乏经验，部分原因是为了尽快促进项目的开展，有关项目的可行性研究、项目成本分析、产品市场、资金回收、风险分配问题都未予以认真考虑。本意为吸引外资的优惠待遇，其结果却导致政府的失信。大博电厂纠纷的直接效应就是，目前几乎所有印度境内的独立发电厂都陷于停顿，印度吸引外资的努力也因此受到了沉重打击。

思考题

1. 什么是项目融资？它有哪些特点？
2. 试述项目融资的一般程序。
3. 比较公司型合资结构、合伙制结构、非公司型合资结构、信托基金结构4种投资结构。
4. 试述 BOT 项目融资模式的主要内容。
5. 项目融资的担保人有哪些？

第 7 章

企业并购

学习目标

1. 掌握并购的类型。
2. 了解并购过程,掌握企业估值方法和并购融资方式。
3. 了解反并购防御方式,掌握杠杆收购方式。

兼并收购（Merger and Acquisition，M&A）业务已经成为现代投资银行的主要业务,尤其是在最近 20 年,兼并收购活动在范围、规模和数量上都达到了前所未有的程度。在历史上,美国出现过 5 次企业并购浪潮[①],在这 5 次并购中,投资银行发挥了不可替代的重要作用。在兼并收购过程中,投资银行通过为并购双方提供所需服务来帮助双方实现各自的目标。投资银行在企业实施兼并收购中充当顾问的角色,投资银行家们运用自己的专业知识和丰富经验为企业提供战略方案、资产评估、并购结构设计、价格确定及收购资金的筹措,统一协调参与收购工作的会计、法律、专业咨询人员,最终形成并购建议书,并参与谈判。

7.1 并购业务概述

7.1.1 企业并购的概念

企业并购即企业的兼并与收购的合称,是对企业资产的一种重新组合和配置,其中兼并和收购又有不同。

1. 兼并

兼并（merger）是指两家或者更多的独立企业依照法定程序合并成一家企业的行为。根据对交易各方独立法人地位的影响,兼并可分为吸收合并和新设合并。其中,吸收合并是指在两家或两家以上的企业合并中,其中一家优势企业吸收了其他劣势企业而成为存续企业的

---

① 2007 年以来发生的金融危机,促成新一轮企业并购浪潮,由于危机尚未结束,这里仍沿用以往教科书的提法,不含新一轮并购浪潮。

合并形式。合并后，存续企业仍保留其独立法人地位，并获得被吸收企业的资产和债权，承担其债务；而被吸收企业则丧失其独立法人地位。这样的合并通常发生在实力悬殊的企业之间。而新设合并是指两家或两家以上的企业同时丧失独立法人地位，另成立一家新企业的行为，合并后，新企业将获得所有合并企业的资产和债权，并承担债务。这种合并通常发生在实力相当的企业之间，他们为了抵抗共同的竞争对手，实现资源共享等共同利益合并在一起。

一般来说，兼并的形式包括以现金购买资产式兼并、以现金购买股票式兼并、以股票购买资产式兼并和以股票交换股票式兼并等几种方式。2004年，上海第一百货通过吸收合并的方式，将华联商厦的全部资产、负债及权益并入第一百货，华联商厦全体非流通股股东将其持有的股份按非流通股折股比例换成第一百货的非流通股份，折股比例为1:1.273；华联商厦全体流通股股东将其持有的股份按照流通股折股比例换成第一百货的流通股份，流通股折股比例为1:1.114，华联商厦现有的法人资格因合并而注销，合并后存续公司将更名为上海百联（集团）股份有限公司。这一合并属于股票交换股票的合并，这种合并的最大优势就是合并方没有任何的现金支出，不会影响公司后续发展的资金需求。

2. 收购

收购（acquisition）是指一家企业按照法定程序用现金、债权或股票购买其他企业的全部或部分产权的行为。在收购行为中，企业最关注的就是实际控制权的转移。收购一般有收购资产和收购股权两种方式，收购资产是指一家企业收购其他企业的部分或全部资产以达到控制该企业的目的，而收购股权则是一家企业通过直接或间接的方式收购其他企业的部分或全部股权以控制该企业。需要注意的是，在收购资产这种方式中，收购方无须承担被收购企业的债务，而在收购股权中，收购方在收购结束后成为被收购方的股东，当然就必须依持股比例承担相应的被收购企业的债务，包括现有的和或有的债务。

2002年，中海油投入近23亿元人民币，购入英国石油公司在印度尼西亚的液化天然气开发项目——东固气田12.5%的权益。2004年年初，股东英国天然气公司向日本公司出售股份，中海油利用"优先购买权"，在该气田增持了4.5%的权益，中海油此时已拥有这个被称为最有潜力的"处女"液化天然气生产项目，储量足以供应用气大国几十年的巨型气田的17%权益，收购天然气储量在4亿桶当量以上，而成本仅3.7亿美元。这是典型的部分资产收购。

7.1.2 企业并购的动因

1. 经营协同效应

由于在生产、营销等方面存在互补性，两个或两个以上的企业在合并后会产生规模经济效应，从而提高了企业的经营效率和利润水平，因此可认为企业的合并产生了经营协同效应。这种协同效应是多方面的，具体表现在以下几个方面。

1）生产上的协同效应

合并后的企业可以使更丰富的资源在更大的范围内得到优化配置，若并购的是一条产业链上的下游企业，则企业还可以获得不同发展水平的有效协同，这是因为通过纵向联合不仅可以避免联络费用、企业之间的讨价还价等所产生的成本，还可以有效避免重复投资，企业生产效率自然提高。

2) 管理上的协同效应

若被并购企业是一个管理效率低下的企业,则并购企业可以发挥自身的管理优势,充分利用被并购企业的管理团队,精简管理结构,节省管理费用,提高整体企业的管理效率。

3) 购销上的协同效应

由于并购后的企业规模扩大,使得企业在与供应商的商业来往中更具优势,从而获得更稳定的原材料来源和更低的价格。合并后的企业可利用对方在营销渠道、品牌及无形资产方面的优势来营销不同的产品和服务,节省了营销费用,缩短了进入市场的时间。

2. 财务协同效应

1) 合理避税效应

在一些国家的税法中,对不同的资产适用不同的税率,对于股息收入、营业收益、资本收益的税率也各不相同,这就促使很多企业通过并购行为来利用这些规定,进行相关财务处理,从而实现合理避税。在税法中,一般都有一个亏损递延条款,即如果一家企业在一年中出现亏损,则该企业不但可以免去当年的所得税,还可以将这一年的亏损延后,以抵消以后几年的税前利润,企业根据抵消后的利润缴纳所得税,这样一来,如果亏损企业被并购,由于并购后的企业实行统一核算,盈利企业的利润就可以在两个或更多的企业之间摊减,从而享受避税的好处。

2) 提高财务杠杆能力

并购后的企业规模扩大,受到外界关注度也提高,企业的举债能力也大幅上升,这使得企业可以在自有资本不变的情况下从事更大规模的经营活动。

3) 获得直接融资平台

很多国家的证券市场对企业上市和发行有价证券都有严格的准入门槛,为了规避上市严格的资格审查和较长的等待时间,企业可以通过"买壳"来实现上市。所谓"买壳"交易,是指企业并购已上市的公司,通过股权置换或承担债务的方式获得对其控股权,再通过一系列运作将自身的实质性经营资产和业务"装"入"壳"公司,从而实现间接上市的目标,待条件成熟,即可发行证券筹集资金。一般在这样的交易中,作为"壳"的公司多是一些经营不善、亏损较严重的公司。

专栏 7-1

兼并收购案例——三联收购郑百文

1. 并购当事人概况

1) 郑百文(目标方)

郑百文前身为郑州百货文化用品采购供应站,1988 年 12 月经批准成为郑州市第一家商业行业股份制试点企业,1989 年 9 月在合并郑州市百货公司和郑州市钟表文化用品公司并向社会公开发行股票的基础上,组建成立郑州百货文化用品股份有限公司。1992 年 6 月公司增资扩股后更名为郑州百文股份有限公司(简称"郑百文")。1996 年 4 月 18 日经中国证监会批准在上交所上市交易。公司主营家电、日用百货、文化用品、照相器材等。

截至 2000 年 6 月 30 日，ST 郑百文总股本为 19 758.211 9 万股，其中流通股为 10 709.92 万股，国家股为 2 887.786 9 万股，法人股为 6 160.505 万股。最大股东为郑州百文集团有限公司，持有（国家）股份 2 887.78 万股。每股净资产为 −6.885 6 元/股，资产负债率高达 216.76%，总负债为 24.75 亿元，而总资产仅为 9.7 亿元，已是严重资不抵债。ST 郑百文最大债权人是信达资产管理公司，其拥有的债权约为 20.76 亿元。2000 年 8 月 22 日，ST 郑百文被停牌。

2）三联集团（收购方）

三联集团是山东省政府重点培植的八大骨干企业集团之一，是一个以服务业为主导产业，以知识密集、技术密集为依托的大型综合性经济组织。公司注册资本 20 亿元，拥有净资产 32.5 亿元，员工两万余人，其中各类专业技术人员 9 000 余人；经营领域涉及商贸、电子信息、旅游、房地产等行业，分别达到国际或国内领先水平；拥有下属企业 140 多家，分布于山东、广东及美国旧金山等地。三联集团下属全资公司三联商社已在山东省建立连锁店 71 家，特许维修站 100 余家，形成了遍布全省的连锁经营网络。1998 年，三联商社以 26.88 亿元的销售净额位列商业百强第 3 名，1999 年更增加到 34.31 亿元，荣登全国专业店榜首，被誉为中国家电第一店。

3）中国信达资产管理公司（目标企业债权人）

中国信达资产管理公司是 1999 年由中国建设银行划分出来的专业资产管理公司，是中央金融工委直属企业，注册资本 100 亿元。主要经营包括承接、处置银行分离出来的不良信贷资产。成立之初信达承接了中国建设银行表内不良资产 2 500 亿元和 2 000 多亿元的表外不良资产，其中包括建设银行对郑百文的 20.76 亿元。

2. 重组方案

2000 年 12 月 3 日，中国信达资产管理公司等 4 家单位在北京宣布了 ST 郑百文的重组方案：郑百文向信达公司定向募集股本，募集资金用郑百文 21 亿元的债务冲抵；信达以 3 亿元的价格将定向募集到的 2 亿股转让给三联，三联将以 50% 的股权控股郑百文。

三联向信达购买上述股权后债权将全部豁免；同时，信达其他全体股东（包括流通和非流通）需将所持股份的 50% 过户给三联，不同意者将由信达按公平价格回购。

三联控股后首先将郑百文的全部资产剥离，由信达出让给郑州市政府，继续经营原家电销售业务。重组成功后，信达共获得从三联和郑州市政府总额 6 亿元现金，债务回收率近 30%。

三联注入旗下三联商社的部分优质资产，装入郑百文空壳中，郑百文原股东继续持股，但每股资产已发生变化。三联实际买壳投入约 5 亿元。

至此，郑百文的重组画上了圆满的句号，该方案交由董事会讨论同意后执行，董事会对该方案审议同意后，郑百文将会赶在被 PT 处理的最后期限（2000 年 12 月 30 日）以前复盘，届时郑百文的投资者在经历了苦苦的等待后，终于可以松口气了，至少他们的股票没有变成废纸，实属不幸中的万幸。

3. 并购结果多赢

三联收购郑百文，可以说形成了共赢的局面。

（1）三联无疑是赢家，虽然先付出较大的现金和实物，但获得了宝贵的壳资源，为日后的大发展奠定了胜局和取得了主动性。

（2）信达看似蒙受了巨大损失，但也完成了约6个亿的债权回收。否则的话不仅颗粒无收，而且每天还会有百万以上的债务利息记入账中，收债苦果更难下咽了。

（3）郑百文终于保得全身，虽已更弦易主，面目全非，但毕竟留得了青山。

（4）郑州市政府心里的一块石头可以落地了。虽然郑州市政府未能如愿将壳资源转让给本地企业，但郑百文毕竟还在郑州。

一般来说，从宏观而言，企业并购能够使资源重组，实现优化配置，提升经济效益；从微观而言，交易各方也可以通过并购获得一定的经济利益，实现共赢。这也是并购重组如火如荼发展的内在动力。

3. 发展战略价值

1）扩大市场占有率

在横向兼并中，同行业的企业之间的合并必然导致该领域的竞争对手减少，市场占有率扩大；而在纵向兼并中，并购后由于对原材料的供应、产品销售渠道等的控制能力使得企业可以控制更大范围内的经营活动，获得某种形式的垄断地位，扩大规模和市场占有率。

2）跨越行业和地域壁垒

当企业进入新的行业时，常常会因为成本、资金规模、较强的专业性等原因而增大进入难度。因此，企业可以通过并购新行业的企业，充分利用其在成本、行业地位、专业资源等方面的优势，迅速实现企业扩张。

虽然国际上自由贸易是大势所趋，但为了保护本国的幼稚工业及保证国民就业率等原因，许多国家在一些贸易商品方面仍然实行较严的关税和种种非关税壁垒，这给企业的海外扩张带来了巨大的阻碍。为了规避这些障碍，很多企业往往通过并购别国同类企业，直接在别国境内生产等方式实现跨国扩张。

3）实现多元化经营

对于企业来说，专业化的经营固然有利于企业巩固占有的市场，但经营风险也相对较大，所以企业可以考虑通过并购在经营上相关度较低的企业来分散经营风险，在利用被并购方现有优势的同时分散了风险，提高了企业运营的稳定性。

4）获得专门资产

所谓专门资产，包括土地、生产设备等有形资产及品牌、专业人员、专利、营销渠道、管理经验等无形资产。由于这些资产都是需要很长的时间才能积累起来的，因此企业可以通过并购包含上述专门资产的企业，以实现经营扩张。

7.1.3 企业并购的类型

1. 按并购中各方的产品与行业关系划分

（1）横向并购。是指同行业中两家或两家以上具有竞争关系的、从事相同或相似业务、生产相同或相似产品的企业间的并购。这种并购可以扩大生产规模、消除部分竞争对手，进而更有力地控制市场。但由于这种并购有垄断倾向，容易招致法律限制。

（2）纵向并购。是指某个产业链中在生产工艺或经营销售环节上相互衔接，互为上下游关系的企业间的并购。纵向并购又可以分为前向并购和后向并购，前向并购是指生产经营中后一环节的企业对前一环节的企业的并购,即对供应商的并购;而后向并购是指生产经营中前一环节的企业对后一环节的企业的并购,即生产商对其用户的并购。纵向并购的目的在于控制某产业生产和销售的全过程,缩短生产周期,精简生产流程,节省交易费用,组织产业化生产,实现纵向一体化。

(3) 混合并购。这是指处于不同产业领域,产品属于不同市场,在生产和其他职能上没有特别联系的两家或多家企业之间的并购。并购各方既非竞争对手,又非现实和潜在的客户或供应商关系,他们并购的目的在于通过分散投资,多元化发展来降低企业的经营风险。

2. 按并购的支付方式划分

(1) 承担债务式并购。当并购中的目标企业资不抵债或资债相抵时,并购方通过承担目标企业部分或全部债务来取得对目标企业的所有权和控制权。

(2) 现金购买式并购。包括现金购买资产或股权。现金购买资产是指并购方用现金购买目标企业的全部资产,使其成为除现金外没有持续经营物质基础的空壳企业,不得不从法律意义上消失。现金购买股权是指并购方用现金购买目标公司的股票或股权,取得大部分或全部股本,达到控制的目的。

(3) 股份交易式并购。包括以股权换股权和以股权换资产。以股权换股权是指并购方向目标企业股东定向发行本公司股票,以换取目标企业的大部分或全部股票,使目标企业成为并购方的子公司,或者解散并入并购方,从而达到并购的目标,原目标企业股东成为并购后的存续企业的股东。以股权换资产是指并购方向目标企业发行本公司股票,以换取目标企业全部资产,使其成为除现金外没有持续经营物质基础的空壳企业,不得不从法律意义上消失。

(4) 混合购买式并购。是指并购方以现金、股票、债券等多种手段购买或交换目标企业的资产或股份以达到控制目标企业目的的并购行为。这种方式灵活,在实际中采用得比较多。

3. 按并购的操作方式划分

1) 直接并购

直接并购是指由并购方直接出面,向目标企业提出并购要求,并在履行各项法定手续的基础上完成并购。直接并购分为向前并购和反向并购。

(1) 向前并购。是指并购完成后,并购方为存续企业,而目标企业的独立法人地位将不复存在。

(2) 反向并购。是指并购完成后,目标企业为存续企业,而并购方的独立法人地位将不复存在。同时,原并购方股东成为并购后的存续企业的大股东。

专栏 7-2

反向并购

在资本市场上,反向并购(reverse merge)俗称借壳上市,是企业绕开烦琐和严格的上市审批程序进入资本市场的捷径。其实质是非上市公司被上市公司并购,前者的股东从中获得足以控制上市公司的股份数额,从而实现间接上市的目的。反向并购一般由专业人员操作,且所需的时间短,在美国和中国香港大概只需要 3~6 个月,而 IPO 却需要 12~18 个月。另外,反向并购的支付手段灵活,企业的资金压力相对较小,因为反向并购的相当一部分金额可以用股份、认股权等非现金形式支付，而不像 IPO 那样需要现金支付。但反向并购也有自身的一些弱点，最突出的是通过反向并购而实现间接上市的企业在获得投资人的信任方面历时较长，难度较大，这是因为通过 IPO 上市，复杂的审批程序和较高的上市门槛对企业理顺资产关系、优化治理结构有积极的作用，这使得投资者更加信赖通过 IPO 途径上市的企业。

需要注意的是，向前并购和反向并购都是以并购方股东取得并购后存续企业的控制权为目标，只是在并购时采用了不同的操作方法，至于具体应该采取哪种方式，这取决于并购当时的实际情况，需要从会计处理、公司商誉、税负水平等各方面权衡。

2）间接并购

间接并购是指并购方不直接出面并购，而是先设立一家子公司或控股公司，再以这家子公司或控股公司的名义并购目标公司。间接并购可分为三角并购和反三角并购两种。

（1）三角并购。是指并购方先设立一家子公司或控股公司，再用这家子公司或控股公司的名义兼并目标公司。在并购完成后，由于并购方没有直接出面，因而对目标企业的债务不承担责任，而由其设立的子公司或控股公司承担，并购方对于子公司或控股公司的投资是象征性的，子公司与控股公司设立的目的完全是为了并购目标企业而非经营，因而又称为空壳公司（shell subsidiary）。采用三角并购可以规避并购所带来的不确定性风险，一旦并购失败或目标企业存在隐性债务，只会对子公司或控股公司带来损害，并购方可以避免风险。采用三角并购还可以避开并购方股东表决的复杂手续，因为作为母公司，并购方的董事会可直接决定子公司的并购事宜。

（2）反三角并购。反三角并购相对比较复杂，并购公司首先设立一个全资子公司或控股公司，然后该子公司被目标公司并购，并购公司用其子公司的股票交换目标公司新发行的股票，同时目标公司的股东获得现金或并购公司的股票。其结果是目标公司成为并购公司的全资子公司或控股公司。

4. 按并购双方是否友好协商划分

（1）善意并购（friendly acquisition）。是指并购双方通过共同友好协商，在并购价格、并购后资本结构、人员安排等方面的相关事宜上达成一致，签订并购协议，并经双方董事会批准完成并购，因此在善意并购中，并购公司被称为"白衣骑士"，是目标公司更加愿意接受的买家。"白衣骑士"往往会承诺不解散公司或不辞退管理层和其他雇员，目标公司则向"白衣骑士"提供更加充分的信息和一个更优惠的价格，从而降低了并购行为的风险与成本。

（2）敌意并购（hostile acquisition）。是指并购方在目标企业不知情或反对的情况下采取非协商性的手段对目标企业进行强行并购的行为。并购方一般通过秘密收购目标企业分散在外的股票等手段，对目标企业形成包围之势，使目标企业不得不接受条件，将企业出售，从而实现控制权的转移。在敌意并购的情况下，并购方由于无法获得充分的资料，会导致并购风险增加，而且目标企业常常会采取反并购措施，使得并购方风险和成本进一步加大。

（3）熊抱（bear hug）。是介于前两者之间的并购方式，指并购方先向目标企业提出并购协议，如果目标企业接受的话，并购方将以优惠的条件并购之；否则，并购方将在二级市场上大举购入目标方的股票，以恶劣的、敌意的条件完成。

5. 按融资渠道划分

（1）杠杆并购（leverage buyout）。简称LBO并购，是指一家公司主要通过借入资金购买另一家公司。通常并购方先投入资金，成立一家完全置于其控制之下的"空壳"公司，而空壳公司以其资本和未来买下的目标公司的资产及其收益作为担保，来进行举债。20世纪80年代以来，西方主要通过发行一种高利率风险债券，即"垃圾债券"来筹资，由此形成的巨额债务由未来被买下的目标公司的资产及收益作保证，只要目标公司的财务能力能承担如此规模的债务，就不会有太大的清偿风险。杠杆并购最成功的案例是1986年由摩根·士丹利公司策划的H&H公司、DLJ投资公司和花旗银行风险资本有限公司组成的并购集团对七喜公司的杠杆并购，并购集团筹资2.6亿美元，通过资产重组和经营的改善，1988年七喜公司由连续4年亏损一跃成为世界上继可口可乐公司和百事可乐公司之后的第三大饮料公司。

（2）管理层并购（management buyout）。也即MBO并购，当目标公司面临被并购的情况时，由于目标公司的管理层对公司情况最为了解，最清楚公司是否还具发展潜力，如果结论是肯定的，管理层将会采取LBO并购的方式，即设立一家新公司通过大量举债筹资，然后对目标公司的股东所持有的股票进行并购。一般情况下，管理层通过向商业银行贷款来筹资，而非发行债券。管理层并购出现在20世纪70年代的美国，1988年10月，美国第二大烟草公司雷诺·纳比斯克公司的高层管理人员，作为公司的非股东雇员，出资169亿美元收购公司股权，使之成为私人合伙公司。

（3）发行可转换债券并购。可转换债券是指在一定时期内可以转换成公司股票的债券。前面所述的LBO、MBO并购实际上都隐藏着巨大的财务风险，因为如果并购失败，巨额的债务该如何清偿是一个很棘手的问题。而可转换债券由于兼具了股票和债券的特点，如果收购成功，它可以在一定时期后将债券变成股票，享受股价上涨带来的好处，如果收购不成功，它也可以享受债券带来的利息好处。

6. 按并购手段划分

（1）要约收购。是并购人通过向目标公司的全体股东发出购买其所持该公司股份的书面意思表示，并按照其依法公告的并购要约中所规定的并购条件、价格、期限及其他规定事项，并购目标公司股份的并购方式。要约并购不需要事先征求目标公司管理层的同意，而是由并购人提出统一的并购要约，并由受要约人（目标公司股东）分别承诺，从而实现并购人的并购意图。要约并购是成熟证券市场上最主要的并购形式，其最大的特点是在所有股东平等获取信息的基础上由股东自主做出选择，因此被视为完全市场化的规范的并购模式，有利于防止各种内幕交易，保障全体股东尤其是中小股东的利益。在我国，并购者当持有某上市公司已发行的股份达到30%时，如果需要进一步增持股票则必须面向所有股东发出并购要约。其他股东可以自主决定接受或拒绝要约，这样可以避免中小股东的利益受到侵害。

（2）协议并购：是指并购人通过与目标公司的股东反复磋商，并征得目标公司管理层同意的情况下，达成协议，并按照协议所规定的并购条件、价格、期限及其他规定事项，并购目标公司股份的并购方式。协议并购必须事先由并购人与目标公司的股东达成书面转让股权的协议，据此协议受让股份，实现并购目的。协议并购有其明显的优点：可以不必经过要约并购所必需的烦琐手续而迅速取得目标公司的控制权；由于不在证券交易所内进行，也不必缴纳任何佣金或费用，可大大降低并购成本；对目标公司的股票价格不直接产生影响，可避免证券价格的过分波动。但是，由于协议并购在信息公开的程度、交易机会的均等方面不及要约并购，因此，在投资者的利益保护方面较难令人满意。在股权分置改革之前，协议并购在我国资本市场上是一种主要的并购方式，这是因为我国上市公司中存在大量不能上市流通的国家股和法人股，这样使得协议并购就具有成本低、程序简单、成功率高的特点，因此被大量采用。

7.1.4 投资银行在企业并购中的作用

1. 进行并购活动的整体策划与组织实施

在并购活动的整体策划与组织实施中，投资银行的主要工作有以下几个方面。

（1）帮助并购方收集目标企业信息，并在深入分析的基础上确定并购目标。投资银行作为资本市场上的信息中介，有大量的专业人员对宏观经济、行业状况、公司治理等方面的信息进行专门分析，他们对涉及并购方面的信息了解深入，甚至能够获得一些非公开信息。

（2）制订详细的并购计划。投资银行有着丰富的并购运作经验，加上其对市场态势的准确把握，投资银行有能力为企业制订详细而可行的并购计划，包括并购价格、并购策略、推进时间表等。在制订计划时，要充分考虑国家相关政策法规、金融市场行情和双方或多方企业的实际状况等，对并购总体目标、开支预算、支付手段、涉及主体、行动策略都要具体形成执行方案，在执行方案的基础上再进一步细化方案中的各个阶段性目标。

（3）协调并购活动所涉及的各个主体的关系。并购活动除了涉及并购方和目标企业的利益之外，在整个并购过程中还会涉及各专业性机构（如会计师事务所和律师事务所）、并购双方或多方企业所在地政府、并购各方主管部门、证券主管当局、反垄断管理当局等多方主体，因此投资银行一定要懂得在这些多方主体中周旋，巧妙协调他们之间的利益关系，以保证并购活动顺利实施。

（4）作为并购方的代理人参与谈判。在正式谈判中，并购双方将要在并购价格、支付方式、并购后企业发展战略、并购后目标企业的人员安置等方面讨价还价。一般情况下，这样的谈判都是由投资银行代理企业完成的。

2. 帮助并购方筹集并购资金

投资银行的筹资功能在杠杆并购中最能表现出来。杠杆并购成功的关键在于融资方式的选择和融资结构的设计。具体来说，投资银行首先会帮助并购方从金融机构获得一笔过渡性贷款（有时这笔过渡性贷款由投资银行自己提供给并购方），并购方利用这笔贷款购买目标公司股权。当并购方取得对目标公司的控制权后，再安排目标公司发行大量债券（即"垃圾债券"）筹款用以偿还贷款。整个过程都需要投资银行进行设计和组织。

3. 作为目标企业代表实施反并购策略

现实中的企业并购，多数属于敌意并购，当一家公司成为敌意并购的目标公司时，由于自身经验有限，他们往往会求助于投资银行帮助其设计相应的反并购策略，投资银行主要从下述三方面来发挥作用。

（1）整顿。目标企业之所以成为并购方下手的对象，往往是因为自身存在着致命的缺陷，而使对方有机可乘。这类企业一般有以下特点：股价偏离公司实际价值或潜在价值较大；财务杠杆偏低（企业的财务杠杆是指由于债务利息、优先股股息等固定资本成本的存在，使得每股收益的变动幅度大于息税前利润的变动幅度，从而使企业受益）；资产流动性强,有较多资产以现金和有价证券形式存在;有相对于现时股价的良好现金流;有可供出售的不影响现金流的资产;企业管理层和主要股东间意见分歧。因此,为了避免被敌意并购的命运,目标企业应该在投资银行的帮助下纠正自身在股权结构、财务结构、管理结构等方面的缺陷,消除并购方可利用的空隙。

(2) 预防。目标企业可在投资银行的帮助下事先采取措施,减少自身被并购的吸引力。具体措施包括以下几个方面。

① 尽量增加自身可掌控的股权。目标企业大股东可以通过自身增持股份、使友好关联企业或下属子公司持有股份或直接让投资银行持有股份、通过员工持股使股权向企业内部集中等措施来增持股份,避免被并购的命运。

② 管理层防御策略。目标企业可以通过各种策略提高并购方的并购成本,使对方望而却步。常用的手法主要有"金保护伞(golden parachute)"和"锡保护伞(tin parachute)"等。"金保护伞"指目标企业董事会通过以下决议:"一旦被并购,且董事、高层管理者被解职时,被解职者可领到巨额退休金和立即兑现的股票期权";"锡保护伞"指目标企业一旦被并购,一般员工如果被解雇,将根据工龄长短领取相应遣散费用,旨在保护普通员工。

③ 保持公司控制权。目标公司可在公司章程中加入一些条款来增加并购方接收本企业的难度,使其即使获得对本企业的控股地位,也难以获得对本企业的控制权。

④ 实施"毒丸"或"白衣骑士"策略。"毒丸"策略也称"焦土政策",是指目标企业为了避免被并购而进行自我破坏,使自身失去吸引力;"白衣骑士"策略是指目标企业与友好企业事先达成协议,一旦目标企业遭遇敌意并购时,则友好企业有权以优惠价格认购目标企业股票,友好企业被称为"白衣骑士"。

(3) 反抗。目标企业在投资银行的协助下,在敌意并购行为发生时可采取阻碍并购行为的策略。

上述具体内容将在7.3节中进一步阐述。

7.2 并购的运作

7.2.1 自我认识、风险评估与交易规模的选择

大多数并购方都是出于对企业发展战略的考虑来决定并购的。因此,在并购开始前,并购方需要对自身的发展战略、经营需要、宏观经济背景、并购方所处产业的状况、自身的资金实力和融资能力及并购后所希望达到的各项财务指标、相关的法律限制等有清楚的认识。

并购方在确定并购目标的时候,需要对自身的三类风险进行评估,这三类风险是:经营风险、多付风险(overpayment risk)和财务风险。经营风险是指被并购企业在并购后业绩并没有预期那样好;多付风险是指尽管被并购企业运作良好,但由于并购价格太高,以至于并购方无法获得一个满意的投资回报;财务风险是指通过借贷为并购融资,制约了买主为经营融资及清偿的能力。

对于并购方应该选择多大的交易规模,这主要取决于下列3个方面:支付能力、管理层经验、企业风险承受意愿。对支付能力的考察主要是看在不影响股价和资本结构的情况下,并购方的支付能力有多大;管理层经验之所以重要是因为企业在进行较大规模并购后会出现诸如文化冲突、双方管理层之间的融合及公司上下结构调整等问题,这些都需要有相关的丰富经验才能做到;企业风险承受意愿是指由于大的交易意味着大的风险,如果并购企业选择较大的交易规模,那在交易前的融资、交易后的整合等方面就存在较大风险。

经验数据表明,最小的交易规模也应该达到并购方市值的5%~10%,因为过小的规模也会像大宗交易一样耗时耗力,而且如果最后并购以失败告终的话,则整个过程所耗成本是非常大的。除非小型交易是为了购买一项特殊的技术或为了其他特殊的原因,否则交易规模一定不能太小。

7.2.2 候选企业的筛选

1. 依据并购准则筛选候选企业

企业在分析了自己的战略目标和并购目的,并对风险和交易规模进行评估之后,可能会列出一系列符合要求的企业,这时企业必须将自己所看重的特性按重要程度排序,然后将其与候选企业作比较,进而从中选出一家最适合的目标企业。

2. 经营筛选

一般在并购调查的开始阶段,并购方对目标企业的审查主要集中在行业发展、产品系列、市场份额、财务状况等方面,对于通过了这层初选的企业来说,其具体的生产经营特性才是并购方接下来要考察的重点,这就是经营筛选。经营筛选中一般会涉及以下指标:卖方的商业计划及其现实可能性、主要产品的竞争力、市场的竞争程度、主要客户的维持状况、两个企业并购后协同的难易程度等。

7.2.3 首次报价

并购双方能否在并购价格达成一致是此次并购活动成功与否的决定性因素。并购方在出价前必须对目标企业的价值进行准确估计,这样在谈判中才能合理出价。在估价的时候并购方应充分考虑宏观经济形势、目标企业所处行业、产品、市场占有率、财务状况、商誉等各个方面的情况后再确定适当的价格。国际上通用的确定并购价格的方法有以下5种。

1. 净资产账面价值法

账面价值是指资产负债表上总资产减去负债后的剩余部分,也即企业的净资产或所有者权益。使用账面价值法对企业进行估价就是以会计的历史成本原则为计量依据来估计企业价值。资产负债表集中反映了企业在特定时点的价值状况,资产负债表上企业的净资产就是企业的账面价值,它是采用净资产账面价值法估算企业价值的基础。由于账面价值难以全面充分体现企业的实际价值,所以在实际操作中,一般都以目标企业的净资产为基础,根据目标企业的经营状况、所处行业、成长性、资产项目中各类资产所占比例、负债项目中各类负债所占比例等具体情况确定一定的调整系数,进而确定目标企业价值。相关公式如下:

$$目标企业价值 = 目标企业净资产 \times (1 + 调整系数) \times 拟收购的股份比例$$
$$= 目标企业每股净资产 \times (1 + 调整系数) \times 拟收购的股份数$$

净资产账面价值法是以目标企业在会计意义上的历史账面价值为主要依据来估计目标企业实际价值,但是受会计资料本身局限性的制约,这种方法时效性差,同其他同类企业缺乏可比性,而且容易忽视某些决定性因素。虽然加入调整系数力求使估计价值更接近真实值,但这种方法一般只适用于有形资产庞大、流动资产所占比例大的目标企业。

2. 现金流量贴现法

现金流量贴现法的基本思路是企业的价值是由其未来所能带来的收益决定的,所有未来收益的现值之和就是企业的当期价值。大多数文献表明,该方法是一种日趋完善和成熟的公司价值评价方法。其计算公式如下:

$$PVT = \sum_i \frac{NCF_i}{(1+k)^i}$$

式中,PVT 是目标企业价值,NCF_i 是预期第 i 年后的现金流收入,k 是折现率。

投资银行通过对目标企业资产负债表、损益表、现金流量表的历史财务数据进行分析,找出其经营状况、财务收支、现金流量的变动趋势,编制出目标公司被收购后未来若干年度现金流量预算表,然后用现值法确定目标企业的价值。

表 7-1 是假设 A 公司计划收购目标公司 B,对目标公司 B 被收购后列出的资本预算表,表中第一行的数据是目标公司销售收入的预算值,当前年销售收入是 1 亿元,预计在未来的 5 年内销售收入的增长率为 20%;第二行的数据反映的是为实现第一行各年的销售收入对总资本的需求额,具体表现为流动资金净额与固定资产净值之和,设目标公司每年总资本的需求额是当年销售收入的 50%;第三行的数据是需要增加的投资,每年的新增投资额为下一年总资本需求额与当年总资本需求额之差;第四行的数据为税前利润,按当年销售收入的 20% 计算;第五行的数据反映在公司所得税税率为 40% 时,目标公司 B 应缴纳的公司所得税额;第六行的数据是税后利润;第七行的数据为净现金流量,由各年税后利润减去当年的新增投资,即用表中第六行数据减去第三行数据求得。

表 7-1 目标公司资本预算表

单位: 万元

年 度	0	1	2	3	4	5	∞
销售收入	10 000	12 000	14 400	17 280	20 736	24 883	24 883
总资本需求额	5 000	6 000	7 200	8 640	10 368	12 442	12 442
新增投资	1 000	1 200	1 440	1 728	2 074	0	0
税前利润	2 000	2 400	2 880	3 456	4 148	4 977	4 977
所得税	800	960	1 152	1 382	1 659	1 991	1 991
税后利润	1 200	1 440	1 728	2 074	2 489	2 986	2 986
净现金流量	—	240	288	346	415	2 986	2 986

将表 7-1 中目标公司 B 未来各年的净现金流量按收购方公司 A 的资金成本率进行折扣,得出的净现金流量现值和就是目标公司 B 的评估价值。若并购方 A 的加权平均资金成本为 10%,则目标公司的价值可以用如下公式计算:

$$PVT = \frac{240}{1+10\%} + \frac{288}{(1+10\%)^2} + \frac{346}{(1+10\%)^3} + \frac{415}{(1+10\%)^4} +$$

$$\frac{2\ 986}{(1+10\%)^5} + \frac{2\ 986}{(1+10\%)^6} + \cdots = 21\ 394.38$$

计算结果显示目标公司 B 目前的价值为 21 394.38 万元，意味着并购方 A 公司在其资金成本为 10% 的情况下，出价不能高于该水平。该方法在理论上是可行的，但在实际应用中却因为估计和预测不准确而受到质疑。因为无论是现金流量还是折现率的预测，都必须根据市场、产品、竞争和利息率等假定，而这些因素在长期内变动较大，因此在选择该方法进行估价时要慎重处理。

3. 比较价值法

比较价值法一般用来估计上市公司的价值，其基本思路就是以市场为依据，选择与目标公司在规模、主要产品、经营时间、市场环境及发展趋势等方面相类似的几家上市公司组成一个样本公司群体，通过计算出样本公司群体中各公司股权的市场价值与其他相关指标的比率及其平均值，参照目标公司相应指标，来推断目标公司股东权益市场价值。这种方法既不考虑过去的历史财务数据，也不考虑未来目标公司的现金流量，完全根据当时的市场状况确定目标公司价值。

具体做法为：选择与目标公司具有较高可比性的样本公司；计算出样本中各公司的股权市场价值与相关指标的比率及平均值；根据所计算出的样本公司的比率（见表 7-2）的平均值，结合目标公司的相应指标推测出目标公司股权的市场价值（见表 7-3）。

表 7-2 样本公司比率

样本公司	A	B	C	平均值
股权市价/销售收入	1.2	1.0	0.8	1.0
股权市价/股权账面价值	1.3	1.2	2.0	1.5
股权市价/净收入（P/E）	20	15	25	20

表 7-3 目标公司股权市场的评估值

单位：万元

目标公司相应指标		样本公司相关比率平均值		目标公司股权市价
销售收入	10 000	股权市价/销售收入	1.0	10 000
股权账面价值	6 000	股权市价/股权账面价值	1.5	9 000
净收入	500	股权市价/净收入（P/E）	20	10 000
平均值				9 666.67

设目标公司为 W，若根据分析发现上市公司 A、B、C 与目标公司 W 有较强的可比性。假定目标公司 W 目前的年销售收入为 1 亿元，股东权益账面价值为 6 000 万元，税后净收入为 500 万元。选择股权市价与销售收入的比率、股权市价与股权账面价值的比率，股权市价与净收入的比率进行计算。根据比较价值法计算，可将目标公司价值估计为 9 666.67 万元。

这种方法比现金流量贴现法更可靠，因为它是基于市场对可比公司财务前景所做的综合分析,而非个人的主观预测,而且该方法在理解和应用上比较简单,有助于获得收购方股东的支持。但这种方法也有其缺点,由于目标公司的价值是通过与类似公司的比较而间接得到的,未考虑各个公司的特殊情况对公司价值的重要影响,导致结果的可靠性下降。

4. 市场价值法

1) 股票市场价值法

上市公司的股票在每个交易日结束的时候都会有一个收盘价,这个价格反映了市场对公司未来业绩的预期,可以看作是股票市场给上市公司的一个价值评估。上市公司的股价是确定其价值的一个重要因素,并购方在确定并购价格的时候一般要在参考这一价格的基础上加上适当的溢价。

2) 并购市场价值法

并购市场价值法是一种在类似的目标公司之间进行价格比较的方法。投资银行把并购市场上之前进行的类似并购的价格列出来,并使用这些价格来判断此次并购中目标公司的价值。但并购市场常常会出现偏差,当遇到不利情况时,公司常常以较低价格出售;当收购者急于收购的时候,公司就会以较高的价格出售。

3) 账面价值法

账面价值是一个明确的,某一时点上的数字,该数字是由独立的第三方进行审计的,因此有较大的可信度。但当公司的实际价值和账面价值相差较大时,账面价值这一数据是没有意义的。

5. 资产分析法

1) 分散加总定价法

分散加总定价法主要评估来自目标公司所有部门的有形财产的总价值减去所有债务后的净收入。当不同的子公司或下属部门被单独卖掉时,由于其价值大于公司总体平均价值,这时可以采用分散加总定价法计算其价值。

2) 实物资产价值法

实物资产价值决定了公司所有"有形资产"的市场价值,它是从购买的工厂、设备、自然资源等中得到的价值。实物资产价值为估计清算价值模型提供了一个基准。

3) 清算价值法

清算价值是任何目标公司的最低实际价值。其主要方法是按照下述程序判定公司的可变现净资产价值:先以可能得到的最大价格逐一出售全部资产,再按债务到期偿还的条款归还全部债务。

7.2.4 与目标公司的接触

根据并购方提出的并购建议的内容、基调和方式,并购通常可分为善意并购、敌意并购和狗熊拥抱,不同的并购行为也就决定了与目标公司不同的接触方式。

1. 善意并购

善意并购是并购方与管理层在友好协商的情况下进行的,所以双方的接触一般不会有什么障碍,并且配合良好。当潜在并购者签订了一个信任协议后,就可以接近目标公司实质性的、非公开的信息,并且潜在并购者还有机会见到目标公司的核心职员并同他们商谈雇佣合约。

2. 敌意并购

敌意并购是并购公司在未经目标公司管理层允许，不管对方是否同意的情况下，展开收购活动。并购方采取的一种方法就是在股票市场上暗自吸纳股票，常常具有"突袭性质"。这种并购方式对股权分散的目标公司更多有效。并购过程中具有很强的对抗性。敌意并购的并购方无法得到目标公司的非公开信息，容易激起目标公司管理层和其他雇员的强烈反感，因此选择敌意并购的公司只能通过其他间接渠道来了解目标公司的信息。

3. 狗熊拥抱

狗熊式拥抱，在业内又被称为"高点强攻"，是一种比较强势的并购策略。并购方允诺以高价收购目标公司的股票，并将收购建议公之于众。由于一般其要约溢价很高，对目标公司的许多股东会有很大的吸引力，因此股东为其利益将向管理层施压。同时面临并购方和股东的压力，使得目标公司的管理层感觉犹如被狗熊拥抱一样，故此得名。

狗熊式拥抱介于敌意并购和善意并购之间，既不像敌意并购那样对目标采取"突袭"的方法，也不像善意并购那样，与目标公司经营者达成默契，而是采取公开寻求股东支持的方式促使并购成功。采取这种并购策略的企业多数实力强大，因为对目标公司股东利益诱导需要支付相当高的溢价。2008年微软并购雅虎案正是狗熊拥抱的范例。

 专栏7-3

微软并购雅虎案

2008年2月1日微软向市场宣布溢价62%并购雅虎，计划于2008年下半年完成。并购案现金加股票，总计涉及446亿美元。并购雅虎的价格为每股31美元，雅虎周四的收盘价为19.18美元，此次交易溢价62%。受此消息影响，雅虎股价当日开盘之后应声上涨50%，达到28.61美元。

随后不久，雅虎董事会正式回绝微软的并购要约，理由是微软的出价低估了雅虎的真正价值。

4月6日，微软总裁鲍尔默发出致雅虎公司董事会的公开信，出言警告："如果你们在三周内还不肯与我们达成协议，我们将被迫直接与你们的股东进行交易，包括发动一场代理权战改选雅虎董事会。如果我们被迫直接向你们的股东报价，我们认为将对你们公司的价值产生不利影响，你们无法获得现在这么好的条款。"

为了使这一并购策略达到预期效果，5月1日之后，在关于交易价格的谈判中，鲍尔默再次表态：同意将并购价格由每股31美元提高到每股33美元，即以475亿美元并购雅虎。

在此期间，在雅虎公司内部，董事会成员在如何面对微软的并购要约方面产生了认识上的分歧，对是否出售公司股份有两种截然不同的意见。作为雅虎首席执行官的杨致远明确反对将雅虎出售给微软，这一观点得到了一名主要董事的支持。

雅虎董事会主席鲍斯托克等则认为，杨致远拒绝将雅虎卖给微软只不过是意气用事，并没有真正为雅虎股东的利益考虑。据报道，鲍斯托克曾串联部分董事会成员组成一个非正式联盟，主张接受微软提出的主动收购要约。这一非正式联盟据说还包括了雅虎投资人、亿万富翁伯克尔及其他部分董事。

在微软将收购价格调整到每股33美元，等待雅虎和杨致远回应的时候，杨致远仍然采取坚持公司价值被低估的做法，在谈判桌上表态强硬——售价不能少于每股37美元。

此时，微软选择了放弃。5月4日，微软宣布，因价格未达成一致，正式放弃并购雅虎。

7.2.5 意向书、尽职调查、谈判和融资方式

1. 意向书

若交易双方初步接触成功且在基本问题上达成一致，双方就会签订意向书（letter of intent），同时将召开新闻发布会。意向书是不具备法律效力的，但对双方有一种道德上的约束，因此双方对意向书的态度都是很认真的。意向书的形式是给卖方或卖方公司股东的一封信，由并购者签署，由卖方或卖方公司的股东会签。意向书一般包含以下内容：交易形式、价格、对买方的保护性条款、特殊安排、中介机构费用及中断费。

2. 尽职调查和谈判

在最后的尽职调查开始之前，目标公司都还会有一些未披露的问题，这是由于在此之前，卖方的代理都会着重强调卖方具有吸引力的那些因素，而一些对买方不利的信息就会被尽力避开，因此尽职调查的目的就是要尽力获取能更加全面地反映卖方情况的资料，若调查结果显示出卖方确有隐瞒对买方不利的重要事实，且该事实使得卖方价值大打折扣，潜在买主此时只有两个选择：重新谈判并购价格或撤销交易，但鉴于之前为谈判所付出的辛苦努力，一般并购方都会选择重新谈判。

3. 融资方式

融资方式的选择即支付工具的选择，这是在谈判后期才会涉及的问题，一般来说，融资方式有：现金方式、普通股方式、优先股方式、可转换债券方式及综合方式。

（1）现金方式。是指并购方支付给目标公司股东现金来实现收购。对并购方来说，这种支付方式的最大优势是速度快，使有敌意情绪的目标公司措手不及，无法在短时间内采取反并购措施，并且可以防止并购方的股东权益被稀释。这一般用在敌意并购中。但这种方式对并购方而言是一项重大的即时现金负担，而对目标公司股东而言，他们必须缴纳相应的资本利得税，无法实现延迟纳税，因此，在巨额的并购案中，用现金支付的比率是很低的。

（2）普通股方式。是指并购方通过增发普通股来交换目标公司的股票，从而实现并购的目的。从并购方的角度来看，通过普通股融资不需要支付大量现金，因而不会挤占公司的营运资金，同时如果是市盈率高的公司兼并市盈率低的公司，还可以提高并购后新公司的股价，造成兼并收购景气。而从目标企业的角度看，这种支付方式可以使其股东推迟收益实现时间，享受税收优惠，由于他们继续拥有股权，目标公司的股东能够分享并购后新公司实现的价值增值。但由于通过发行新股来实现并购历时较长，使得目标公司有机会进行反并购防御，也会使竞争对手有机会组织竞争。除此之外，由于股价的波动较大，使得并购成本不易把握，并且这种方式还会稀释股权，使并购后的每股净收益出现回落。因此，这种方式常见于善意并购中，当并购方与目标公司规模实力都相当时，运用这种方式的可能性较大。

（3）优先股方式。在实际运用优先股来并购时，常见的形式是可转换优先股。这种股票具有普通股的大部分特征，同时又具有固定收益证券的性质，并且它不会占用并购方营运

资金，最重要的是当优先股转换为普通股时，转换溢价通常高达 20%，因此，这是一种成本低、效率高的融资方式。但由于优先股同时具有普通股和固定收益证券的缺陷，因此现在这种方式用得很少。

（4）可转换债券方式。可转换债券对风险规避型的股东具有很大的吸引力。由于可转换债券的利率通常低于普通债券的利率，这可以降低并购方的并购成本。但现实中利用可转换债券来进行融资并不常见，主要是因为：首先，可转换债券的持有者拥有将其转换成股票的权利，则可转换债券的发行实际上只是推迟了新股的发行，而一旦发行新股，就会造成每股收益被稀释，进而引起股价波动，新老股东都会受到影响；其次，可转换债券的利率虽然低于普通债券的利率，但也只有当其高于目标公司普通股股息时，才能吸引目标公司的股东将股票转换成并购公司的可转换债券，这使得并购公司压力增大。

（5）综合方式。即上述方式的一种综合使用。综合方式可以在一定程度上对各种融资方式扬长避短，但若搭配不当，也会造成很大的风险。

7.2.6 法律文书的签署

当谈判进行到一定的阶段，双方在中介机构的帮助下，就要开始签订反映交易条件的文件了，这其中最重要的文件就是并购协议。并购协议最关键的有 4 个部分：陈述和担保（representation and warranties）、保证条款（covenants）、结盘条件（condition of closing）及赔偿条款（indemnification）。

1. 陈述和担保

陈述和担保有以下 3 个目的。

（1）提供信息，使得买方尽可能多地了解卖方。

（2）提供保护，使买方可以在签约和结盘期间，在发现相反事实的情况下可以结束自身的义务。

（3）提供基础，即在结盘后卖方向买方进行补偿的基础。

卖方的陈述和担保通常占协议的很大一部分，包括财务报表、资产、税收、合同、雇员情况、环境保护、产品责任、诉讼、公司组织和资本化等情况。虽然之前已经有了一个初步的调查，但在执行协议之后并购者通常还是会对卖方进行详尽调查，结盘的标准条件是卖方的陈述在签署时和结盘时都是真实的。双方可以就结盘后某些情况申述的有效期达成一致。

2. 保证条款

保证条款适用于从签约到结盘这一期间，包括保证作为（affirmative covenants）和保证不作为（negative covenants）。

保证作为条款要求双方在结盘之前进行某些行为。典型的保证条款包括：为了评估和调查目的，买方有权查看卖方的账簿和记录；卖方召集股东大会获得同意；卖方在政府部门进行必要的备案并获得必要的允许。有些保证条款包括绝对的义务和进行合理努力的要求。

保证不作为条款要求卖方不得未经买方同意就采取某些行动，目的是为了防止卖方的这些行为改变企业的本质，使得买方在结盘时的预期落空。

3. 结盘条件

结盘条件应该得到满足。所有协议中的首要条件是所有陈述和担保都是真实的，而且保证条款及所有该协议要求在结盘时或结盘前完成的活动在所有重要方面都已完成。该结盘条件由一方向另一方送交的证书来证明。

4. 赔偿条款

赔偿条款是并购协议中的关键条款。由于某些债务，如税收、环保问题或诉讼的潜在成本很高，因而要使用赔偿条款来保护买方的利益。该条款包括的损失应源于下列事件：在结盘后发现卖方违反保证或陈述不实或在并购协议中对买卖双方责任的划分不清。卖方一般希望在协议中达成一项"篮子"条款，即只有当买方的损失超过一定限额才给予赔偿，并可能会要求加入截止日，在截止日后买方不能再提出索赔，并且在赔偿条款中通常都规定有赔偿的上限。

7.3 反并购防御

当企业面临敌意并购时，通常会采取措施进行抵御，究其原因，一是担心企业失去独立性后，企业的员工、股东的利益会因此受损，管理层有可能无法留任新公司，对其自身利益也是一种伤害；二是有的企业采取抵御措施只是想从并购方那里得到一个更好的条件和价格。对于第二种原因，企业应注意抵御程度的把握，如果抵御最终导致了敌意并购的失败，目标企业股东的利益反而会受到损害，这会导致大量的无效成本的支出和目标企业自身受损。

目标公司在进行反并购时，往往会聘请投资银行作为顾问，帮助自己以最小的代价实现反并购抵御。

反并购的主要手段有两种：一是提高并购者的并购成本，一般目标企业会采取资产重估、股票回购、白衣骑士、金保护伞和锡保护伞等措施来达到目的；二是降低并购者的并购收益或增加并购者风险，常用措施有：皇冠上的明珠、毒丸防御计划、帕克门战略、反接管修正、清算等。除此之外，目标企业还可以利用法律手段和早期预防措施来避免被敌意并购的厄运。下面将对这些措施分别简要介绍。

1. 资产重估

资产重估主要是利用重估后企业价值的增加来抑制并购方的并购动机。由于在现行财务会计中，资产通常采用历史成本来估价，而一般的通货膨胀的存在就会使得这种估价方法估计出来的资产价值低于其现时价值。因此很多公司都会定期对其资产进行重新评估，目标企业可以利用重新评估资产的机会提高公司价值，从而使并购方知难而退。

2. 股票回购

目标公司回购自己的股份，其基本形式有两种：一是公司将可用的现金分配给股东，这种分配不是支付红利，而是购回股票；二是换股即发行公司债、优先股或其组合以回收股票。

这一调整资本的措施使得公司在增加管理层控股的同时，减少了本公司在市场上公开发行的股票数量，同时增加了每股的利润，也使得市场价格也随之提高。但其负债率提高导致财务风险增加，对目标公司来说也存在危险。

3. 白衣骑士

白衣骑士（white knight）是目标企业为免遭敌意并购而寻找的善意并购者。在遭到并购危险时，为使企业不落入恶意并购者手中，目标企业会选择一些与其关系密切的有实力的公司，以更优惠的条件达成并购。一般来说，若敌意并购方出价较低，则目标企业被白衣骑士拯救的希望较大；相反，若敌意并购方出价太高，则目标企业被救机会就很渺茫了，因为太高的价位会让白衣骑士无力承担。

白衣骑士的一个变化是管理层并购（MBO），也称为管理层杠杆并购，此时，目标企业的管理层称为潜在的白衣骑士。大量资金充足的杠杆并购机构和主要投资银行可以帮助这些管理层评价这种替代性的选择方案。

专栏 7-4

露华浓的白衣骑士

1985年，露华浓公司为了不被恶意并购者 Pantry Pride 公司并购，找来了一个名叫福斯特门的公司作为自己的"白衣骑士"，与 Pantry Pride 公司展开竞价。

为了吸引福斯特门公司不断提出更高的价格，露华浓公司与福斯特门公司签订了这样一条协议：如果福斯特门以外的并购者得到了露华浓股票的40%，福斯特门就可以5.25亿美元获得露华浓两项核心业务的锁定购买权（lock up option），而5.25亿美元的价格比投资银行的估价低了1亿到1.75亿美元。就是说，露华浓公司授予了自己的"白衣骑士"以低价购买其最有价值的资产的权力。这也可算是一种反并购策略。

为了进一步保护福斯特门的利益，双方又达成了单方中止协议费用的条款：露华浓将2 500万美元的单方中止协议费用划入由第三方保管的账户，如果与福斯特门的协议被终止，或者另外的并购者收购了露华浓超过19.9%的股份，那么这笔费用将会转给福斯特门。

但这种对"白衣骑士"的巨大优惠很容易导致其他股东的利益受损，因此当年美国法院认为露华浓公司向并购公司提供不公平的竞价条件，从而过早终止了公司的拍卖，妨碍公司以更高的价格出售，损害了股东的利益，因此禁止露华浓提供给"白衣骑士"的优惠条款。最终，恶意并购者成功收购了露华浓公司。

4. 金保护伞和锡保护伞

目标公司管理层之所以在面对敌意并购时如此抵制，是因为并购后并购方很有可能撤换目标公司的高层管理者，使得高层管理者的权力、利益受损。为了避免并购后落得权财两空，也为了提高并购方的并购成本，目标公司会通过董事会决议，规定在目标公司被并购后，无论高层管理人员是主动还是被动离开公司，都将得到一笔巨额离职赔偿金，这就是所谓的金保护伞（gold parachute），实际上是一种补偿协议。

在实际操作中，由于赔偿金只占全部并购费用的不到1%，因此金保护伞并不是一个有效的防御措施。之所以实施金保护伞，主要是想缓解高层管理人员与股东之间的利益冲突，因为并购的目的主要是争夺控股权，因此目标公司的股东一般都会得到利益补偿，这使得股东在面对并购问题时，不会像高层管理人员表现得那样抵触。但金保护伞同时存在一个弊端，由于高层管理人员有可能因为并购而得到巨额赔偿，这会导致管理层将企业低价出售，损害企业的利益。

锡保护伞（tin parachute）是指在企业被并购时，根据工龄长短，让普通员工领取数周至数月的工资。对员工较多的目标企业来讲，这笔费用应该是很大的，有时甚至能阻止并购方的并购行为。

5. 皇冠上的明珠

"皇冠上的明珠"（crown jewels）是指从资产价值、盈利能力和发展前景等诸方面来看，在公司中都是最优的资产，通常这也是该公司成为并购目标的关键因素。这颗"明珠"有可能是某个子公司、分公司或某个部门，可能是某项资产，可能是一种营业许可或业务，可能是一种技术秘密、专利权或关键人才，更可能是这些项目的组合。防止敌意并购的策略就是卖掉这部分资产或者把皇冠上的明珠抵押出去。从而使敌意并购人这部分资产的希望破灭。

1995年6月5日莲花公司（Lotus）总裁曼兹收到IBM公司总裁郭士纳的信息：郭士纳要将莲花公司上市的5 500万普通股强行收购。IBM开出高价，使股票价格翻了一番。而且郭士纳指示，如果Lotus要是敢于进行"反并购"，IBM将随时抬价，奉陪到底。6月11日，IBM最终以每股64美元收购了莲花97%以上的股票，总金额达35.2亿美元。很少进行并购的郭士纳之所以下定决心不惜高价买下Lotus公司，看中的正是它那"皇冠上的明珠"——Notes群件系统及那群了不起的天才。

由于"皇冠上的明珠"一般都是目标公司的重要资产，价值较高，相关出售事宜需经股东特别大会通过才能生效，这就拖延了反并购防御的时间，使并购方有机可乘。另外，由于卖掉的是公司的重大资产，公司即使免遭并购，存续下来，但其以后的发展将会受到多大的影响是未知的，这就存在着很多风险。

6. 毒丸防御计划

毒丸防御计划（poison pill defense）是指目标公司为了阻止被并购而安排的一种只有在特定条件下发生作用的方案，这种方案的实施可以使并购者对其失去兴趣或使并购难度加大。所谓的"特定条件"，是指目标公司处于任何敌意并购或者公司的股票被某个投资者积累超过一定比例而使目标公司处于被并购的危险等这类情况。毒丸防御计划有以下5种类型。

1）优先股计划

优先股计划赋予优先股股东这样一些特别权力，在外来者认购了大量的有表决权的股份的情况下，优先股股东可以行使这种特别权力：首先，规定除大股东以外的优先股股东可以要求公司以大股东在过去一年购买公司普通股或优先股所支付的最高价格，以现金形式购回优先股；第二，若并购者与公司合并，优先股可以转换成并购者的有表决权的证券，其市场总价值不低于第一种情形中的赎回价格。

2）翻反计划

根据翻反计划，股东以远高于现时市价的执行价格购入公司股票的认股权。如果发生合并，这种权利"翻反"允许持有者以极大的折扣额购入合并后存续公司的股份。具体来说，如果合并后存续公司为并购公司，"翻反"允许以远低于市场价格的价格购入并购公司的股票；如果合并后存续公司是目标公司，则除原潜在并购者之外的股东有权以相同折扣购买目标公司的股份，称作"自我交易翻正"。对于前者，目标公司的股东就有权以很便宜的价格去购买并购方的股票。这样的结局是你持有我的股票，我持有你的股票，还有可能被并购方先于并购方完成并购。

3）所有权翻正计划

所有权翻正计划允许认股权持有人在并购者积累的目标公司的股份超过某一界限或触发点（一般是25%～50%）时，以很大折扣购买目标公司增发的新股，但并购者的认股权无效。这个条款会使并购者蒙受损失，并使其持股比例被稀释，因此所有权翻正计划可以阻止收购大量股权的行为。所有权翻正计划条款可能包含在翻反计划中，大约有一半的翻反计划包含所有权翻正条款。

4）后期供股权计划

根据后期供股权计划，股东得到供股权股息。如果并购者取得的目标公司股份超过某一限额，并购者以外的股东可以用一份供股权和一份股权换取高级证券或等于目标公司董事会确定的后期价格的现金。后期价格要高于股份的市场价格，这样后期价格就为公司确定了一个最低收购价格。后期价格计划阻止了对控股权的收购。低于后期价格的有条件收购要约不会成功，因为供股权持有者具有固守较高的后期价格的动力。

5）表决权计划

实施表决权计划就是宣布优先股具有表决权。当并购方收购了某家企业大量的具有表决权的股份，这时大股东以外的优先股股东就享有超级投票权，使得大股东很难取得表决控制权。另外一种做法就是，长期（3年或3年以上）优先股股东比短期股东享有更多的投票权，这使得要约者很难迅速取得表决控制权。

专栏7-5

搜狐毒丸防御计划

2001年7月28日，为防止被并购，美国纳斯达克上市公司搜狐公司宣布其董事会已采纳了一项股东权益计划。该计划旨在防止强制性的并购，包括防止在公开市场上或者通过私下交易并购搜狐股票，以及防止并购人在没有向搜狐所有股东提出公正条款的情况下获得搜狐的控股权。按照这项计划，搜狐公司授权7月23日搜狐股票收盘时登记在册的所有股东，有权按每一普通股买入一个单位的搜狐优先股，另外搜狐董事会还授权发放在登记日期之后至兑现日期之前的按每一普通股而出售的优先股购买权，上述购买权最晚到2011年7月25日到期。也就是说，搜狐股东可以在上述期限内用每股100美元的价格购买一个单位的搜狐优先股，在被并购后，每一优先股可以兑换成新公司两倍于行权价格的股票（即市场价值为200美元的新公司的普通股）。

这样在行权后，恶意并购者持有的股权将被严重稀释，使并购者失去在新公司中的控股地位，此时，如果并购者想继续收购股权达到控股地位，将不得不增加十几亿美元，甚至更高的收购成本，不仅如此，搜狐公司董事会还将根据出现的情况，可以对股权计划相关条款进行修改。这样就足以使并购者望而却步，从而大大降低恶意并购的可能性。

通过以上分析，可见毒丸的效力之大。"毒丸术"的应用是需要一定的法律环境的，在美国许多州，"毒丸术"被认为是合法的，而根据英国的公司法，却是不允许的。

7. 帕克门战略

帕克门战略（pac-man strategy）是指目标公司威胁要进行反接管，并开始购买兼并公司的普通股，以挫败兼并者的企图的一种方法。Martin-Marietta 公司在防御 Bendix 公司的并购的时候用的就是帕克门战略。

8. 反接管修正

反接管修正（anti-takeover amendments），又称拒鲨条款（shark repellant），这种防御方法的使用日益频繁。反接管的实施、直接或间接提高收购成本、董事会改选的规定都可使并购方望而却步。这种方法主要有 3 种类型：董事会轮选制、超级多数修正、公平价格修正。

（1）董事会轮选制。董事会轮选制使公司每年只能改选很小比例的董事，即使并购方已经取得了多数控股权，也难以在短时间内改组公司董事会或委任管理层，实现对公司董事会的控制。与董事会有关的反接管修正还有两种变化形式：严禁无故撤换董事，固定董事人数以防董事会"拥挤"。

（2）超级多数修正。这种修正要求所有涉及控制权变动的交易都必须获得绝大多数（2/3 甚至 90%）的表决才能通过。这样，若公司管理层和员工持有公司相当数量的股票，那么即使并购方控制了剩余的全部股票，并购也难以完成。纯粹的超级多数修正都会严格限制管理层在接管谈判中的灵活性。

（3）公平价格修正。这种修正是附加在超级多数条款上的，即如果所有购买的股份都得到了公平的价格，就放弃超级多数要求。通常将公平价格定义为某一特定时期要约支付的最高价格，有时还要求必须超过一个确定的关于目标公司会计收入或账面价值的金额。

9. 清算

清算是指卖掉整个企业，关闭工厂，出售设备，降低资产的账面价值。企业不到迫不得已时是不会采用清算的方式来避免被并购的。

10. 法律手段

一般是指诉讼策略，其目的包括：迫使并购方提高收购价以免被起诉；避免并购方先发制人，自己先提起诉讼可以延缓并购时间，以便寻找白衣骑士；在心理上重振目标公司管理层的士气。

7.4 股票回购

7.4.1 股票回购的定义与类型

1. 股票回购的定义

股票回购是指上市公司从证券市场上购回本公司一定数额的发行在外的股票的行为。公司在股票回购完成后可以将其回购的股票注销，也可以将其回购的股票作为"库藏股"保留，但不参与每股收益的计算和收益分配，"库藏股"日后可移作职工持股计划和发行可转换债券等，或在需要资金时将其出售。

股票回购所需资金有 3 个来源：借贷、待分配利润及发行股票。但这 3 种方法各有利弊：借贷可以减少公司的资金压力，但会增加公司的财务费用，影响公司效益；待分配利润虽然避免了由于回购借贷导致的利息支出等财务费用的增加，但它会直接影响股东分红；发行股票避免了上述两种方式的缺点，但这是一种以流通股来代替非流通股的做法，使得股票回购的结果被抵消。因此，选择哪种方法要根据公司的资金状况、经营战略等实际情况来决定。

2. 股票回购的类型

按回购目的划分，股票回购分为以下几种类型。

(1) 红利替代型。由于公司回购了部分流通在市场上的普通股，发行在外的股数就相对减少，每股收益势必提高，从而导致企业股票市价上涨，由股价上涨而获得的资本收益可以一定程度上代替股利收入，所以股票回购也被认为是支付股利的方式之一。与直接派发现金红利一样，股票回购所需资金通常源于公司的经营盈余。

(2) 战略回购型。这是为公司的战略目标服务的，而不是以向股东发放股利为目的。是公司用来调整资本结构的方式之一。战略回购一般规模较大，回购时公司不仅需要动用现金储备，而且往往还需要大规模地举债，或出售部分资产或子公司以筹集所需资金，从而在短期内使公司资本结构发生实质性重整。

按回购方式划分，股票回购分为实物回购和现金回购。但大多数国家要求用现金回购。现金回购有以下4种方式。

(1) 公司以全面要约方式，向本公司同一类别的全体股东进行全部股份或比例股份的回购。

(2) 公司以要约形式，向在同一市场交易的本公司同一类别股份的全体股东进行全部股份或比例股份的回购。

(3) 公司通过证券交易所集中竞价交易方式进行股票回购。

(4) 公司以协议方式向特定股东进行全部股份或比例股份的回购。

7.4.2 股票回购的动因

股票回购的动因主要有以下几种。

(1) 巩固既定控股权或转移公司控股权。公司的大股东为了保证其在公司的控股权不被改变，往往会采取回购本公司的股票来巩固既定权益；或某些公司的法人代表由于不是最大的股东，为了保证不改变其在公司中的地位，希望通过回购股票来削弱其他股东的控股权，以实现原控股权的转移。

(2) 提高每股收益。财务上的每股收益指标是以流通在外的股份数作为计算基础的，为了提高每股收益，为公司在市场上树立一个积极的形象，有的公司就采取回购股票并库存自身股份的方式来影响每股收益指标。

(3) 稳定或提高公司股价。股价的高低在资本市场上会影响投资者对公司的评价，因此，公司往往会采取回购股份以提高其股价，进而增大进一步融资的可能。

(4) 改善资本结构。上市公司将资金用来回购一部分股票注销，这一方面减少公司未来的分红压力，另一方面改善公司资本结构，提高财务杠杆。

(5) 反收购策略。由于股票回购可以提高流通在外的股价，从而增加了并购方并购的难度，因此，股票回购事实上经常被作为一种重要的反收购策略而被目标公司应用。

7.4.3 股票回购的原则

股票回购应当遵循以下原则。

（1）保护债权人的利益。股票回购会导致公司股本减少，降低公司的还债能力，且债权人对公司经营无参与权，回购会使得债权人利益受威胁，因此公司在回购时要首先保护债权人的利益。

（2）保护全体股东的利益。由于回购通常是部分回购，这就会导致股份出让股东与未出让股东的利益受到不平等待遇，特别是大股东对回购价格的影响使得其他股东的利益有可能受损，因此要设定一些约束条件以保障全体股东的平等利益。

（3）限制公司回购行为和方式。这是为了防止公司通过回购股票来操纵股价，因为这会促使公司进行内幕交易和投机行为，从而伤害其他投资者的利益。因此，一般国家都不允许用实物资产回购股份，并对现金回购行为也规定了许多法律约束条件。

7.4.4 股票回购的操作程序

公司董事会决定进行股票回购时，首先应报监管部门批准同意后，公告并发布召开股东大会的通知。然后，公司聘请证券经营机构承担有关经纪事务，并聘请律师事务所对有关股票回购事宜出具法律意见。之后召开公司股东大会，会上应对股票回购数量、回购资金来源、回购方式、回购价格、回购期限等事项作出决议。如果公司回购股票是用来减少注册资本，应依法通知债权人，征得其同意。

公司在进行股票回购时，应编制资产负债表和财产清算单，并聘请会计师事务所对其资产负债表进行审计。如果公司拟回购的股份中50%以上为某一股东直接或间接持有，或回购结果将导致控股股东变更，或回购对象为特定股东，则应办理如下事宜：公司非关联董事对股票回购方案提出独立意见并公告；公司董事会聘请独立财务顾问，对股票回购方案中非关联股东权益的保护和公司发展前景作出报告，并由董事会安排公告；在公司召开股东大会时，由非关联股东对股票回购事项进行独立表决。

7.5 杠杆收购

7.5.1 杠杆收购的含义和特点

杠杆收购是指一小群投资者以目标公司的资产为抵押进行大量的债务融资，来收购公众持股公司所有的股票或资产，收购过程中所产生的债务主要通过资产售卖和企业的未来现金流量得以清偿。杠杆收购的一种常见形式是管理层收购（MBO）。

杠杆收购一般具有如下特点：一是杠杆收购后，目标公司的资本结构会发生急剧变化，负债比例大大提高；二是杠杆收购后，目标公司的性质发生根本性变化，由上市公司转变为私有公司；三是杠杆收购能极大地提高收购公司的股权回报率；四是杠杆收购能减少收购公司的税负。

杠杆收购于20世纪80年代兴起于美国投资银行业。现在在西方国家，杠杆收购已有了一些成熟的资本结构模式,最常见的就是金字塔模式。位于金字塔顶层的是对公司资产有最高清偿权的一级银行贷款,约占收购资金的60%;塔的中间是被统称为垃圾债券的夹层债券,约占收购资金的30%;塔基则是收购方自己投入的股权资本,约占收购资金的10%。

7.5.2 杠杆收购的融资方式

在杠杆收购的融资方式上,一般有内部融资和外部融资两种,而外部融资又可以分为以下三大类。

(1)权益融资。主要有两类,一种是通过发行股票筹集资金,包括向社会公众公开发行和定向募集等形式,该类形式往往以向目标公司支付现金的方式完成并购;另一类是股权支付,即通过增发新股,以新发行的股票交换目标公司的股票,从而取得对目标公司的控股权。

(2)债务融资。包括向金融机构贷款、发行债券和卖方融资等。从西方各国并购的经验来看,债务融资是杠杆收购最重要的资金来源,不仅有商业银行,还有大量的保险公司、退休基金组织、风险资本企业等机构都可以向优势企业提供债务融资。

(3)准权益融资。包括发行认股权证、可交换债券及可转换的可交换抵押债券等,它在西方比较流行。

7.5.3 杠杆收购的价值来源

很多并购企业为了取得对目标公司的控制权,常常对目标公司股票进行溢价收购,有时甚至会以高出公司当时价格的50%甚至更多的溢价来收购,收购方之所以肯花这样的血本,是因为其对目标公司在杠杆收购后所带来的利润有很高的预期,这就涉及杠杆收购的价值来源。一般来说,杠杆收购的价值来源主要有以下3个方面。

1. 目标公司的当前价格低于公司的实际价值

导致目标公司的当前价格低于公司的实际价值的原因一般有以下几个方面。

(1)信息效率低。在高信息效率的市场上,企业的价格与实际价值十分接近,而在效率较低的市场上,企业的价值无法被真实完全地反映出来,所以可能存在企业价值被低估的情况。

(2)管理层问题。如果企业的管理层在经营企业时没有给投资者和消费者一个满意的市场表现,则会导致投资者在资本市场上抛售企业股票,造成股价偏低。

(3)宏观经济的整体不佳。当整体经济处于停滞甚至衰退时,会影响整个社会的投资信心,导致股市交易低迷,公司价值偏低。

2. 公司私有化创造的价值

公司私有化创造的价值来源可能有以下几个方面。

(1)代理成本降低而产生增值。公司通过私有化,使所有权和控制权合二为一,这样代理成本会大大减少甚至消失。

(2)效率提高而增加企业价值。通过公司私有化,使得企业在决策效率、敏感信息公布效率和生产经营管理效率上都得到较大提高。

(3)获得税收利益而产生额外信息现金流。特别是因杠杆收购而带来的大量债务,可以降低税收负担。

3. 从其他有关当事人转移而来的价值

这种观点认为,杠杆收购的价值可能来源于有关当事人,主要是指证券持有人,另外还包括公司雇员、优先股股东、供应商等。但在实际应用中,这种观点有一定争议。

7.5.4 杠杆收购的主要程序

杠杆收购一般包括筹集收购所需资金、收购目标公司、公司重组和经营、投资套现等4个主要步骤。

1. 筹集收购所需资金

杠杆收购中,企业的融资包含三个部分:自筹资金、贷款融资、发行债券。自筹资金一般占到总融资额的10%左右,作为新公司的权益基础。贷款融资在整个融资中所占比例是最高的,占50%~60%,收购方通常将公司资产作为抵押向金融机构贷款,当企业所需收购资金数额较大时,该贷款可以由数家商业银行组成辛迪加来提供,也可以由保险公司或专门进行风险投资或杠杆收购的机构来提供。除此之外,企业还可以通过发行高风险高收益的次级债券来融资,通常通过私募(针对养老基金、保险公司、风险投资基金等机构投资者)或公开发行垃圾债券(junk bonds)来筹资。将垃圾债券引入杠杆收购后,往往由投资银行出资给收购集团提供过桥贷款(bridge loans)去购买股权,在收购集团取得控制权后,投资银行再安排由目标公司发行大量垃圾债券对过桥贷款进行再融资。

2. 收购目标公司

收购方在筹集到收购资金后,便开始购买目标公司发行在外的股票使其转为非上市公司,或购买目标公司所有的资产来实现收购。在收购股票的形式下,目标公司的股东只需将其持有的目标公司的股票和其他所有者权益卖给收购集团就完成了两个公司的合并。而在收购资产的形式下,目标公司将资产卖给收购集团,目标公司的原有股东仍然持有目标公司的股票,但除了大量的现金之外,目标公司已没有任何有形资产,目标公司可以对股东发放红利,或变成投资公司,用这些现金进行投资。

3. 公司重组和经营

收购完成后,由于债务在资本结构中占有很大的比重,所以财务风险很大,加之收购后两公司在组织结构、管理模式及公司文化方面的差异对新公司的影响,此时,若收购者经营管理不善,就很容易对新公司运行产生很大的障碍,因此收购后的重组和经营非常关键。

公司重组是指通过一定的法律程序,按照具体的重组方案(或重组计划),改变公司的资本结构,合理解决欠债权人的债务,以使公司摆脱所面临的财务困难,并继续经营。公司重组包括产权重组、债务重组、资本重组和组织机构重组等。

在公司完成并购后,重组的核心思想是卖掉市盈率或价格/现金流比率大于收购整个目标公司所形成的市盈率或价格/现金流比率的各项资产、部门或子公司,保留那些获取现金能力大于收购价格的资产、部门或子公司。

经营的核心思想是采取各种措施迅速提高公司的销售收入、净收入,加大公司的现金流,从而保证债务的偿还速度。

4. 投资套现

若公司在经营一段时间后,其生产经营状况得到了明显的改善,公司价值也因此而得到提升，达到收购者的初步目的，此时股权投资就可以套现了。通常有以下两条途径。

（1）公开招股上市。由于企业的重新上市可以使得杠杆收购者通过二级市场进行套现，收益将是其投资额的几倍或几十倍，因此每个杠杆收购者在经营一段时间后都会努力寻求企业的重新上市。重新上市的这一过程被称为反向杠杆收购（Reverse LBO）或第二次公开发行（SIPO）。

（2）私下出售给另一家公司。这是企业收缩的一种形式。企业参与并购的动因除了寻求战略发展之外，还有投资利益最大化的考虑，"低进高出"是进行投资活动不争的原则。在目标企业的价值达到一个高点后，若并购方认为此时企业价值已经不可能再有大的提高，便会将目标企业的股份卖掉，进行套现，将资金转移到增值更高的地方去。在实际操作中，还存在着由于并购方资金困难而将目标企业股份卖掉的情况，如阿里巴巴原第一大股东软银，由于在2003年度和2004年度均存在巨额亏损，为了保证2005年度盈利，并获取资金投资电信业，软银先后套现的总值达8亿美元。

  专栏 7-6

KKR 收购 RJR Nabisco

KKR 公司（科尔伯格—克杰维斯—罗伯茨公司）是世界闻名的专门从事杠杆收购的公司。该公司向外大量举债，专门寻找那些营运业绩欠佳但有发展潜力的公司，通过股票市场及股东个人取得公司所有权。对于那些拥有众多资产而又经营不善的公司，KKR 一旦取得控制权后，常常会将部分资产整顿和重组后再以高价卖出。

1988 年 10 月至 11 月，KKR 收购 RJR Nabisco 是震惊全球的一个金融事件。

RJR Nabisco 是美国第二大烟草公司和最大的饼干公司。当时其主导产品——香烟因市场需求变化而导致销售额一直下降，从而导致投资者对其信心大减，使得 RJR Nabisco 的股价一直偏低。

RJR Nabisco 公司 CEO 想通过管理层收购的方式，通过协助银行的安排，以每股 75 美元要约（市价为 55 美元）来收购本公司股票，其资金来源为银行贷款和发行垃圾债券，同时还打算收购后出售一些资产来偿债，并且已经接洽过潜在买主。此消息传出后，KKR 公司立即以 90 美元的出价来参与收购竞争，RJR Nabisco 立即设立特别委员会考虑收购要约，其股东及董事会宣布重新择期竞标，之后 KKR 首先将要约升至 94 美元，RJR Nabisco 公司 CEO 于是提出 100 美元竞价，随后 KKR 出价 106 美元，并且承诺原公司大部分事业不出售，不进行大幅度的裁员计划，并对员工提供更多的福利与保障。同时，KKR 还提出收购后将在 RJR Nabisco 实施新战略，即保持 RJR Nabisco 公司现有业务的完整性，保留所有的烟草业务，保留食品业务的绝大部分，从上市公司转化为非上市公司，等等。

RJR Nabisco 之所以成为收购目标，是因为 KKR 认为其企业价值在股票市场上被大大低估，而且 RJR Nabisco 的现金流很强，也很稳定，可以利用更为有利的资本结构（高负债）来节省税收，提高企业价值，是 RJR Nabisco 现有的经营战略导致企业价值低估，股东利益没有得到最大化。

最后，KKR 公司以 109 美元中标，成交金额 251 亿美元。此案中，KKR 仅出资 15 亿美元，50%～70%由两家投资银行及银行团贷款（商业银行贷款比一般的贷款多加收1.4%的手续费），其余资金由发行垃圾债券所得（垃圾债券利率高达4.5%）。收购后RJR Nabisco股权变化情况：KKR控股95.7%，美林1.7%，管理层2.6%。

收购成功后，KKR所面临的迫切问题就是偿还1991年到期的价值12亿美元的贷款，对于这笔贷款，KKR原计划是通过公开发行12.5亿新债券偿还，但由于高风险债券（垃圾债券）市场的崩溃，风险债券价格大幅度下跌，KKR取消原发债计划，重新设定债务重组方案。然后通过申请新的银行贷款及发行普通股等方式缓解了偿债压力。再加之收购后，公司运营效率提高，营业利润率显著增加，现金流充足，且出售资产进展也比较顺利，使得KKR及时履行了债务偿还义务。

思考题

1. 简述企业并购的动因及其类型。
2. 并购的整个过程包括哪些环节？
3. 目标企业反收购的主要手段有哪些？
4. 简述杠杆收购的主要程序。

第 8 章

风险投资

学习目标

1. 了解风险投资的特征和组成要素。
2. 了解风险投资的分段投资与介入时机。
3. 掌握风险投资的运作流程。
4. 掌握风险投资的退出方式。
5. 了解创业板市场基础知识。

现代风险投资始于美国,是美国发展高新技术战略的一个部分。1958 年美国国会通过了《国内所得税法》和《中小企业投资法》两项法案,对美国风险投资业的发展起着很大的推动作用。它们从法律上确立了风险投资基金制度,并且在税制方面规定风险投资税率从 49% 下降到 20%。制度环境和政策环境的营造不仅极大地推动了高新技术的发展,同时也为风险投资公司的规范和成熟提供了保证,风险基金步入了高速发展时期。在美国的带动下,其他发达国家的风险基金业逐步建立和发展起来,甚至一些新兴工业化国家也效法发达国家建立了风险基金。

在技术的产业化过程中,资本是不可缺少的条件。美国、欧洲和日本等国家和地区的高技术产业发展的经验表明,风险投资的发展和高技术产业水平具有高度的相关性,风险投资是高技术产业的"孵化器",是一国经济发展的"助推器"。

8.1 风险投资概述

8.1.1 风险投资的概念

风险投资(Venture Capital,VC)是指投资人将风险资本投向刚刚成立或快速成长的未上市的创业企业,特别是高新技术企业,在承担巨大风险的基础上,为融资人提供长期股权投资和增值服务,培育企业快速成长,数年后再通过上市、兼并或其他股权转让方式撤出投资,取得高额投资回报的一种投资方式。

风险投资的英文名称中，风险（venture）不是通常意义上的风险（risk），而投资（capital）也不是通常意义上的投资（investment）。venture 原意上有冒险创新的意思，而 venture capital 多指人们对较有意义的冒险创新活动或冒险创新事业予以资本支持，并且它不是一种借贷资金，而是一种权益资本，它既包括投资，又包括融资；既是一种投资的过程，又含有经营管理的内容。

在国际上，几个权威机构对风险投资有着不同的定义。美国全美风险投资协会认为"风险投资是由职业金融家投入到新型的、能迅速发展的、并有巨大潜力的企业中的一种权益资本"。而欧洲风险投资协会（EVCA）的定义是："风险投资是一种由专门的投资公司向具有巨大发展潜力的成长型、扩张型或重组型的未上市企业提供资金支持并辅之以参与管理的投资行为。"经济合作与发展组织（OECD）的科技政策委员会于 1996 年发表了一份题为《风险投资与创新》的研究报告，该报告对风险投资所下的定义是："风险投资是一种向具有巨大发展潜力的新设立的中小企业提供股权资本的投资行为。"我国制定的《关于建立风险投资机制的若干意见》（科技部等，1999 年 11 月）将风险投资定义为："风险投资是指向主要属于科技型的高成长性创业企业提供的股权资本，并为其提供经营管理和咨询服务，以期在被投资企业发展成熟后，通过股权转让获取中长期资本增值收益的投资行为。"

8.1.2 风险投资的要素

1. 风险资本

风险资本是指由风险投资人提供的投向迅速成长并且具有巨大升值潜力的新兴公司的一种资本。在通常情况下，由于被投资的风险企业的财务状况不能满足投资人在短期内收回资金的需要，因此风险企业无法从传统的融资渠道如银行贷款获得所需资金，这时风险资本可通过购买股权、提供贷款或以既购买股权又提供贷款的方式进入这些企业。

2. 风险投资人

风险投资人是风险资本的运作者，它是风险投资流程的中心环节，其职能是：辨认、发现投资机会，筛选投资项目，作出投资决策，促进风险企业迅速成长，退出风险投资企业。资本经风险投资公司的筛选，流向风险企业，取得收益后，再经风险投资公司回流至投资者。风险投资人大体可分为以下 4 类。

（1）风险资本家。也即向风险企业投资的企业家，与其他投资人一样，他们通过投资来获得利润；但不同的是风险资本家所投出的资本全部归其自身所有，而不是受托管理的资本，并且所投出的资本主要投向风险企业。

（2）风险投资公司。其种类有很多种，既有直接向投资人募集资本，也有通过设立风险投资基金筹集风险资本，大部分公司通过风险投资基金来进行投资（公司本身也采用有限合伙制形式[①]，投资人成为公司的有限合伙人，公司经理人成为公司的一般合伙人），这

[①] 合伙制是由两个或两个以上的当事人通过合伙协议约定共同出资，合伙经营，共享收益，共担风险的一种企业组织形式。有限合伙制是合伙制的一种特殊形式，是合伙制发展到一定阶段的产物。有限合伙制对外在整体上也同样具有无限责任性质，但在其内部设置了与普通合伙制有根本区别的两类法律责任截然不同的权益主体：一类合伙人作为真正的投资者，投入绝大部分资金，但不得参与经营管理，并且只以其投资的金额承担有限责任，称为有限合伙人；另一类合伙人作为真正的管理者，只投入极少部分资金，但全权负责经营管理，并要承担无限责任，称为普通合伙人，也称一般合伙人或无限合伙人。

些投资基金一般以有限合伙制为主要组织形式，但美国税法也允许选用有限责任合伙制和有限责任公司形式作为风险投资公司的可选组织形式。

（3）产业附属投资公司。这类投资公司一般是一些非金融性实业公司下属的独立的风险投资机构，它们代表母公司的利益进行投资。与专业风险基金一样，这类投资人通常主要将资金投向一些特定的行业。

（4）天使投资人。这类投资人通常投资于初始创业的公司以帮助这些公司迅速成长。在风险投资领域，"天使"这个词指的是风险企业的第一批投资人，这些投资人在公司产品和业务成型之前就把资金投进去。天使投资人通常是与风险企业或者风险企业创始人有着特殊的关联，使他们对该风险企业的发展或者风险企业家的能力和创意深信不疑，从而愿意在企业创立之初就向该企业投入风险资金。

专栏8-1

风险投资基金——风险投资的高级组织形态

风险投资，依据其组织化程度，可以划分为三种形态：一是"个人分散性的风险投资"，即天使投资，它由个人分散地将资金投资于创业企业，或通过律师、会计师等非职业性投资中介人将资金投资于创业企业，这类风险投资在19世纪末即开始发展；二是"非专业管理的机构性风险投资"，一些控股公司与保险公司等并非专门从事风险投资的机构以部分自由资本直接投资于创业企业，这类风险投资起步于20世纪前叶；三是"专业化和机构化管理的风险投资"，即风险投资基金，它与前两大类有着本质上的区别，它通过专业化的风险投资经营机构——投资银行实现了风险投资经营主体的专业化和机构化，因而是风险投资的高级形态。

风险投资基金是风险投资的其中一种形式，即只有实现了风险投资运作的专业化和机构化管理的集合委托风险投资，才是风险投资基金。而投资银行在风险投资中的作用也主要表现在风险投资基金中，投资银行主要以两种方式参与风险投资基金：一是作为风险投资基金的中介服务机构，其主要业务包括为风险投资基金融资、负责管理运作风险投资基金、安排风险投资基金的退出（无论上市还是出售）；二是投资银行自己发起组建风险投资基金，直接参与风险投资业务。

与"个人分散性的风险投资"和"非专业管理的机构性风险投资"相比，风险投资基金存在以下优势：第一，由于风险投资基金具有较大的资金规模，因而能够通过组合投资来分散和规避投资风险；第二，由于实现了专家管理，因而有利于提高运作效率；第三，由于实现了专家管理的机构化，故有利于市场对其进行及时评价和监督。因此，风险投资基金从20世纪40年代中期出现以来，已经迅速发展成为风险投资的主要形态。

3. 投资对象

现代意义上的风险投资就是对高风险项目和企业的投资。由于风险投资可能带来的高收益，因此风险投资具有很强的吸引力，它往往把投资方向瞄准能创造新的产品和新的市场的高新技术产业，并且它所带来的不是一般意义上的现有产品，而是具有广阔市场前景、附加值高，甚至改变传统的生产、生活观念甚至思维方式的新型产品。这些高科技产品一旦转化成功，将使风险资本从中获得丰厚的回报，从而促进风险资金的再循环，达到不断投资，不断收益的良性运转目的。

4. 投资方式

从投资性质来看，风险投资的方式有3种：一是直接投资，即投资人直接把风险资本投入被投资企业，购买后者的股权；二是提供贷款或提供贷款担保；三是提供一部分贷款或担保资金，同时投入一部分风险资本购买被投资企业的股权。但不论采用哪种投资方式，风险投资人一般都附带提供增值服务。

5. 投资期限

风险投资人帮助风险企业成长，但投资的目的并不是为了获得企业的所有权，他们最终会寻求资本市场渠道将投资撤出，以实现增值。风险资本从投入被投资企业起到撤出投资为止，所间隔的时间称为风险投资的投资期限。使用股权投资方式的，风险投资的期限较长，提供贷款方式的投资期限则较短。

8.1.3 风险投资的特征

典型的风险投资一般具有以下几个基本特征。

(1) 风险投资是特殊的权益投资。与普通的股票投资不同的是，风险投资是通过投资实现资产购买，从而拥有所投资公司的股权，并进行管理、咨询等服务，使资本增值，最终通过股权转让，收回投资资本，获得投资收益。风险投资不是追求短期利润，而是着眼于长远的权益增长所带来的高额利润；不是通过向成熟型企业投资来获取平均利润，而是通过向创业型或成长型高新技术企业投资来追逐超额利润。

(2) 在资金募集上，主要通过非公开方式面向少数机构投资者或个人募集，它的销售和赎回都是基金管理人通过私下与投资者协商进行的。另外在投资方式上也是以私募形式进行，绝少涉及公开市场的操作，一般无须披露交易细节。

(3) 多采取权益型投资方式，绝少涉及债权投资。风险投资机构也因此对被投资企业的决策管理享有一定的表决权，与企业的经营管理有着联系，由风险资本家选择具有企业家精神的管理层，去经营发展企业。反映在投资工具上，多采用普通股或者可转让优先股，以及可转债的工具形式。

(4) 投资的风险较大。风险投资是一种协助风险企业发展创新的投资活动，不同于普通的金融投资，通常是在没有任何抵押和担保的前提下，把资本投入发展前景不明的高新技术项目和新设公司，因此面临的风险很大。这不仅由于高新技术项目既具有独创性和开拓性，本身又带有不成熟性和不稳定性；而且还由于新生的创业公司信息透明度较低，并没有信息公开披露的义务，增加了投资决策和管理盲目性。因此，风险投资不确定性因素很多，要面临技术、市场、经营管理、政治、道德等多重风险，成功率低。据国外统计，风险投资项目在总体上1/3完全失败，根本不能收回任何资本；1/3以上部分失败，不能收回全部投资。美国风险投资成功率比其他国家高一些，但一般也没有超过30%。

(5) 投资的流动性差，周期较长。风险投资不仅风险性高，而且流通性低，周期长。和证券投资不同，风险投资人在预期或面临风险时，不像证券投资人一样可以很容易地在证券市场上转让投资品种以降低风险，因此流通性低。在美国一个典型的风险投资过程一般要经过选择、协议、辅导、退出等4个环节，大约需3～7年，平均投资期5年，属于中长期投资。

(6) 风险投资是组合投资。一般风险投资是由许多投资者共同投资,组建风险投资公司,设立风险投资基金。风险投资机构为了分散和降低投资风险不会把全部资本投资于一个企业,而会同时投资于多个企业,并根据企业成长状况分期投入。一般都由投资机构挑选一些具有较大增长潜力和发展前景的,但暂时缺乏资金或还不具备上市资格的中小型高新技术企业进行组合投资,并分期投入。

(7) 风险投资主要在企业项目的市场导入阶段投入,并选择在成熟阶段退出。高新技术企业的生命周期一般可分为5个阶段:创立阶段、开发成长阶段、市场导入阶段、增长阶段、成熟阶段,通常创立阶段和开发成长阶段也合称为种子阶段。就美国的案例来看,风险投资在种子阶段只扮演很少的角色,如1997年美国的风险投资家投资了超过100亿美元,但是仅有6%进入了种子阶段。而风险投资在接下来的阶段扮演着重要角色,它使企业运作进入商业化阶段,约有80%的风险资本用于建立使产品商业成长的基础。这反映在美国,风险投资主要致力于创业者项目的商业化成长阶段。

归纳起来,风险投资与传统投资的区别如表8-1所示。

表8-1 风险投资与传统投资的区别

项目	风险投资	传统投资
投资对象	一般为高新技术产业	一般为成熟性产业
追求目标	高额资本收益	日常利息与资本收益结合
投资形式	股权投资、优先股、可转换公司债等分阶段、多次性投资	债务性融资为主
投资阶段	分阶段、多次性投资	有限性、一次性投资
增值服务	有	没有
参与企业管理	是	否
资本退出	主动	被动
投资周期	较长	较短
投资风险	较高	相对较低
目标企业的评价标准	注重企业的成长性和未来的营利能力	注重企业的财务指标和经营现状

8.1.4 风险投资在科技成果转化中的作用

在科技成果的转化过程中,风险资本起着至关重要的作用。据悉,在美国,至少50%以上的高新技术中小企业在其科技成果转化过程中得到过风险投资的帮助。例如,数据设备公司(DEC)的小型计算机、苹果电脑(APPLE)公司的微型计算机、英特尔公司(INTEL)的电脑芯片、詹尼泰克公司的DNA重组技术等高新技术的商业化无不是因为风险资本而获得成功。在风险投资的推动下,美国科技成果转化率已高达80%以上,并因此促成了20世纪90年代后美国经济的持续增长。相比之下,我国科技成果转化率不高,风险投资业不发达应是关键的制约因素之一。

风险投资不同于传统的投资方式，它集金融服务、管理服务、市场营销服务于一体，通过其独特的运作方式，借科技成果"转化"的成功，获得高额的投资回报。风险投资在科技成果"转化"过程中的作用具体表现在以下几个方面。

1. "催化剂"作用

风险投资对科研成果转化的"催化剂"作用，已被以信息技术和生物技术为代表的高技术的快速发展所证实。正如美国斯坦福大学国际研究所所长 W. F. 米勒所说："由于风险投资的参与，科学成果转化为商品的周期已由原先的 20 年缩短至 10 年以下。"风险投资从 3 个方面催化了科研成果转化。首先，风险投资的趋利性特点激励着它去发掘有盈利前景的项目，并对转化项目的前期阶段给予资金资助，推动科技成果从实验室走向市场；其次，在风险投资的支持下，科技成果转化过程可以在不同层次上同时展开，而不必按部就班地按照既定的阶段顺序进行，从而大大缩短了产品的开发周期；再者，风险投资会适时地将新兴企业推销上市，通过股票市场快速积聚发展资金，加速科技成果的产业化进程。

2. 分散风险作用

风险投资在分散科技成果"转化"过程的风险作用表现在 3 个方面：一是投入经费，分担了"转化"过程中的金融风险；二是通过项目可行性论证和市场适用性调研，对需"转化"项目进行严格筛选，以规避技术风险和市场风险；三是通过有效的管理体制驾驭"转化"过程的非技术风险。正是有了风险投资的参与，科技成果"转化"风险系数大大降低。

3. "转化"过程的管理作用

科技成果"转化"是一个十分复杂的系统工程，参与者众多，且涉及多个市场领域，而管理正是协调各参与主体关系、连接科学研究与市场的纽带，因此，科技成果"转化"过程的管理十分重要。风险投资的参与强化了"转化"过程的管理。第一，风险投资将独特的管理机制引入到"转化"过程中，刺激了参与主体的活力，并增强了他们的凝聚力；第二，风险投资强化以市场为导向的科技开发管理，并借此有效地配置各类资源，保证"转化"目标的顺利实现；第三，风险投资推动科研与市场的结合，强化了科技人员的市场观，对科技产品的定型和市场开拓及资金有效利用起着重要作用。

4. 投资"接力"作用

科技成果"转化"是一个长周期和多阶段的复杂过程，"转化"的每一阶段都需要有资金支持才能进行，而且，这种资金需求量还会随着"转化"的进行而逐步增加。据统计，在发达国家，从科技开发到产品中试再到产品投产所需资金的比例是 1∶10∶100，这种对资金逐步追加的投资要求（而且长时期没有盈利）使得传统资本对之"望而生畏"。风险投资通过其独特的运作方式满足了科技成果"转化"过程对资金的巨额需求。风险投资的全过程类似于一场资本接力，既降低了资本成本，同时也保证了科技成果"转化"的不同阶段对资金的巨额需求，并满足了具有不同投资理念的风险投资者的投资偏好。

8.1.5 风险投资的高风险与高收益性

风险投资不同于一般产业投资，它所追求的是高风险下的高收益率。

一般的投资价值分析判断是建立在务实价值基础上的，重视对有形资产的精确计算，而风险投资更加重视无形资产，特别是权益的价值。它追求的是极不确定且成功可能性极低的未来的极大增值价值。风险投资承担的风险属于一种对投资结果把握的极不确定性及实现投战略目标的极低可能性。特别是由于风险投资所投资的企业大多是具有较高增长潜力、高风险性的高新技术企业,根据美国的风险投资经验,在投资项目中一般只有 1/3 相当成功,1/3 持平,还有 1/3 血本无归。风险投资所涉及的主要风险包括:技术风险、管理风险、市场风险、财务风险和其他风险等。关于各种风险的含义及评估分析,参看本章 8.4 节。

风险投资的高风险性与高增长性是并存的,两者有着较强的相关性。风险投资的高收益主要来自于以下几个方面。

(1) 风险投资公司的投资项目是由非常专业化的风险投资家,经过严格的程序选择而获得的。选择的投资对象是一些潜在市场规模大、高风险、高成长、高收益的新创事业或投资计划。其中,大多数的风险投资对象是处于信息技术、生物工程等高增长领域的高技术企业,这些企业一旦成功,就会为投资者带来少则几倍、多则几百倍甚至上千倍的投资收益。

(2) 由于处于发展初期的小企业很难从银行等传统金融机构获得资金,风险投资家对这些企业的资金投入非常重要且成本很高。风险投资家也能获得较多的股份。

(3) 风险投资家丰富的管理经验弥补了一些创业者管理经验的不足,保证了企业能够迅速地取得成功。

(4) 风险投资家通过企业上市的方式,从成功的投资中退出,从而获得超额的资本利得收益。

8.2 风险投资的运作机制

8.2.1 风险投资的生命周期与投资人的介入时机

通常风险投资的生命周期划分为 5 个阶段:种子期、启动期(导入期)、成长期(初期)、扩张期(发展期)和成熟期(过渡期),如表 8-2 所示。每一阶段的完成和向后一阶段的发展,都需要风险资金的支持,并且每个阶段所需资金的性质和规模都是不同的。为了控制风险,风险投资人通常采用分段投资的方法。

表 8-2 风险投资各阶段基本特点比较

项目	种子期 (seed stage)	启动期 (start-up stage)	成长期 (development stage)	扩张期 (expansion stage)	成熟期 (bridge stage)
特点	只有构思、概念; 只有创业者或技术专家,没有管理人员; 产品原型,未开发测试; 没有企业计划; 只做过市场调研	完成企业计划; 产品原型在测试中; 产品准备上市; 管理队伍组成; 第二代产品开始构思; 尚未有销售	开始有销售; 管理队伍健全; 产品在生产中; 验证企业计划并调整; 实施营销推广; 需要资金支持生产和销售	销售增加; 接近盈亏平衡点; 管理队伍成熟; 产品工艺技术完善; 营销体系健全; 第二代产品研究完成	生产和销售规模扩大; 达到盈亏平衡点,产生利润; 企业和产品已经形成良好形象; 产品市场占有率较高; 准备上市发行或并购; 第二代产品上市

续表

项目	种子期 (seed stage)	启动期 (start-up stage)	成长期 (development stage)	扩张期 (expansion stage)	成熟期 (bridge stage)
目标	制造出产品原型；完成企业计划；创建公司，组织管理队伍；完成市场评估	完成原型测试，准备生产；完成生产准备工作；建立管理制度；进一步熟悉市场，制定营销策略	达到市场渗透目标；接近盈亏平衡点；增加产能、降低成本；强化内部管理	达到销售增长目标和市场份额目标；提高生产效率；引入第二代管理队伍；从地区市场向全国市场扩张；积极准备第二代产品上市	增加市场占有率；公司规模大幅扩张；向国际市场进军；实施并购和多元化策略
目标投资回报率	50%以上	40%~60%	25%~50%	25%~50%	20%~40%

种子期是指创新项目处于创意、发明或仅有实验室初级产品阶段。这一阶段的产品和经营方式还停留在一个概念和计划的阶段。这时投入资金往往风险很大，设计的产品可能无法生产、成本太高或开发延迟，同时还可能面临市场潜力不够、技术发展迅速而使新产品遭淘汰等外部风险。此阶段的投资大多数是天使投资人和准政府投资，如私募基金和申请风险投资基金。当项目的发展确实需要风险资本家的支持时，风险资本家会投入少量资金，而要求很高的预期回报。

启动期是指风险投资项目产品完成商品化（中试）并进入试销阶段，这是技术完善和产品试销阶段。由于企业还没有经营业绩，很难获得商业信贷，这一阶段通常是风险投资的进入阶段，投入的资金也称为启动资本（start-up capital）。人们普遍认为这是风险资本的精髓所在。风险投资家所承担的风险因项目启动期时间长短的不确定而加大，包括技术风险、市场风险和管理风险。一般是风险投资公司和风险投资人提供启动资金。这时企业开始生产运作，但投资风险依然很高，存在的问题包括：产品性能不佳，管理层无法吸引人才；资金消耗过多，销售量不够；潜在市场份额不够，竞争者领先占领同类产品市场，等等。

成长期是指中试之后到形成初步规模的阶段。这是企业开始正式生产时期。在这一阶段的风险投资出现了新的问题：风险企业有可能转向新的风险投资者。特别是出现以下情况时，这一问题有可能表现突出：融资规模超过风险企业家能力或是风险企业家已经持有风险企业大量股权而不愿进一步扩大比例；风险企业家不希望已有的股东进一步扩大所有权比例或是对他们失去信心；风险企业家希望扩大股东数目分散所有权；风险企业家希望通过吸收新投资者带入需要技术或是产品市场份额。在这些情况下，风险企业的融资结构将随着新投资者的介入而变得复杂起来。

扩张期是指产品进入市场到大规模地占领市场阶段，这是技术发展和生产扩大阶段，这时产品销售已经能回笼相当的资金，银行的稳健资金也会在这个阶段介入。此时开始产生盈利，风险已下降，但现金流量少。内部风险主要是管理不够规范，无法适应扩大了的企业的规范运作，盈利不足以支持企业继续扩大。例如，出现创业者管理能力不够、制造成本过高、财务控制失当等问题。外部风险主要是产品竞争力不够，出现了预料之外的竞争者，以致市场增长缓慢。例如，由于技术已经成熟，竞争者开始效仿，或者在已有技术基础上推出新产品、新技术，往往会夺走一部分市场。如果企业营销策略错误，甚至会导致市场需求萎缩。

成熟期是指企业的技术成熟，产品进入大工业生产阶段。这也是企业上市前的最后一个阶段和风险投资的退出阶段。从风险角度来看，此阶段虽然风险较小，但仍存在管理者流失、财务控制失当的内部风险和市场增长率降低、公司上市受阻的外部风险。此时的风险投资家主要考察投资对象能否成功上市、证券市场的接受程度等一系列财务操作的效果。

一般来说，预期收益和风险呈正相关关系。种子期的风险资本具有最高的年收益率和最大的风险，而成熟期的风险资本收益和风险都最小，启动期、成长期、扩张期的资本收益和风险则介于两者之间。

由于不同性质的资金对风险的承受能力和对收益的预期不同，不同的投资主体在介入风险企业的时机也有所不同。种子期是创业者的乐园，通常除政府支持以外，会吸引大量的天使基金进入。在启动期、成长期、扩张期，风险投资家（风险投资公司和风险投资基金）开始介入，扶持好的项目或企业。在成熟期，投资银行介入、策划和帮助企业到资本市场私募或上市，实现资本变现；届时，商业银行等金融机构也开始进入；风险投资家则逐渐撤出，进入新的一轮投资循环。整个过程如图8-1所示。

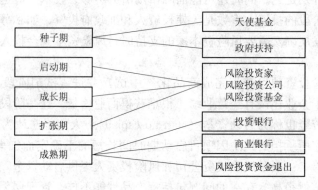

图8-1　风险投资运作流程

天使投资人通常是创业企业的朋友、亲戚或商业伙伴，他们的投资大多是出于对创业企业家的信任或其他感情因素，投资也不需太多的考察和评估，而且投资额也不大。他们对风险和收益不太在意。例如，在进行种子期天使投资中介中，比较有名的中介网站是美国麻省理工大学的风险投资网站。政府作为风险投资企业的一个投资主体，对中小企业进行的投资主要是直接投入资金和建立风险投资基金。在现实中，大多数政府投资都是准政府投资，它们对风险企业的投资多采取无偿资助、股权投资和提供贷款等方式。政府投资在资金规模上比天使投资人要大些，比较愿意承担较大的风险，而对于收益的要求不是很强烈，其主要的目的在于培育市场，为本国的企业创造良好的环境。风险投资家（风险投资公司和风险投资基金），是风险投资的灵魂人物。相较于前两类投资主体，他们对风险和收益都更加敏感，更加追逐风险的高额回报，因而也更愿意承担风险，所以他们在介入风险的时机上较早。当然，由于风险投资家自身对风险和收益的偏好不尽相同、对不同项目的预测不同，以及本身的资金情况不同，造成风险投资家在介入时机的具体选择上也各不相同。在投资的介入时机上,为了降低风险一般采用分段投资等方法。因此,同一个风险投资家可能对同一个企业的不同阶段进行投资,也可能同时介入不同国家、行业、企业的不同阶段。与风险投资家不同的是,投资银行一般只提供融资服务,既不自己投资,也不代表投资者参与企业管理,其收益不是通过利润分配获得,而主要是靠收取一定的手续费佣金或认股权证(warrants)等。投资银行在投资中更加注重收益的实现与资金的安全,因而在介入时机上比风险投资家普遍滞后。商业银行在风险企业的成熟期介入,对风险企业进行融资,提供贷款。

8.2.2 风险投资的参与方

风险投资的运作模式,一般都涉及风险资本供给方(投资方)、风险资本运作方(风险投资公司等)、风险资本需求方(风险企业)、风险资本退出市场4方面。这4方面之间的相互关系及风险投资的运行机制可参见图8-2。

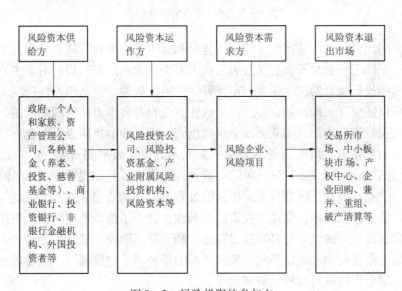

图8-2 风险投资的参与方

8.2.3 风险投资的运作流程

具体而言,从风险投资的投入到退出,一般要经历如下阶段:筹集风险基金,建立风险投资公司或者风险投资基金;选择投资项目;项目评估;谈判并达成投资协议;投入资本并参与经营管理;实现投资回报并退出,如图8-3所示。

1. 筹集风险资本,建立风险投资公司或风险投资基金阶段

对于风险投资的筹集资本而言,一般风险资本市场的资本供给者包括养老金、慈善机构捐赠基金、富裕家庭和个人、银行及其他非银行金融机构等。可是,由于不同国家的经济和文化环境不同,风险资本的主要来源渠道也存在着很大差异。在美国,在20世纪80年代以前,风险资本主要由富有的家庭和个人提供。到20世纪70年代末,美国政府修改法规,允许养老基金等机构基金进入风险投资领域,从而导致养老基金成为风险投资的最大投资者。相对而言,在德国和日本风险投资的资金来源中,由于都限制养老基金进行风险投资,银行

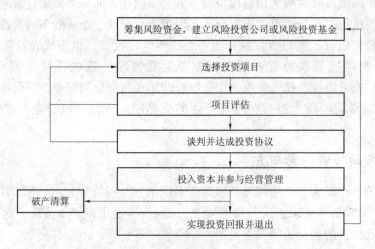

图8-3 风险投资的运作流程

资金占了很大的比重,这与德国的全能银行体制和日本的主办银行体制有很大关系。

风险投资不同于一般投资,它是智力与资本高度结合的产物,投资对象主要是高新技术产业,需要承担投资项目的技术研发和市场开拓的巨大风险,其高风险性决定了它并不是任何投资者都可以随便介入操作的,并且由于这些资金自身各个方面原因的限制,不可能过多地直接从事风险投资。因此,设立由专业风险投资专家管理的风险投资基金或公司成为风险投资运作中的关键环节。风险投资基金从一方或多方投资者募集资金,由专业人员经营管理,选择适当的风险企业或项目进行风险投资,并向投资者分发投资本利。风险投资基金的设立具有两个优点:一是能够较好地解决风险投资者与风险企业家之间的信息不对称问题;二是有效地降低了经营成本,保证了投资的营利性,减少了投资的风险性。根据风险投资公司或基金的发起设立方式,有公募风险投资基金和私募风险投资基金两种形式;在法律组织形式上可以是上市公司、非上市公司、集团公司的子公司或附属部门,或者是一种协议,如美国盛行的有限合伙协议及信托投资契约等。

2. 选择投资项目阶段

选择投资项目是指风险投资公司在大量的风险企业或项目中,筛选出部分有发展前景的项目进行尽职调查与评估,主要工作是取得投资方案、进行筛选和评估。一般涉及以下3个阶段。

第一阶段:项目收集,即风险投资公司接受和收集风险企业的提案或投资申请书。

第二阶段:商业计划书的初步筛选,即对商业计划书进行浏览以判断是否进入下一阶段,风险投资公司一般根据其所在风险基金的投资原则,对商业计划书进行简单浏览,来判断其是否违背基本原则,一般主要考虑其所处行业、投资规模、发展阶段和地理位置。

第三阶段:商业计划书的一般筛选,即对商业计划书进行细致的阅读,以判断是否进入具体项目的评估阶段。在这个阶段,风险投资公司会对商业计划书进行详细的阅读,以判断是否值得投资,而商业计划书的表述、内容和信息量是主要的评阅指标。

商业计划书的初步筛选与一般筛选阶段的核心内容与目标,都是从众多的申请提案中筛选出符合风险基金投资原则的项目提案。两个阶段的核心内容、目标、对象均一致,只是后者更详细一点儿。

风险投资公司筛选项目时,首先要考虑投资项目所处的行业领域,其市场、技术情况是否与自己的投资原则一致。一般情况下,风险投资公司筛选时通常只考虑自己熟悉的领域。因为只有对投资的风险企业所处的行业有深刻的认识和理解,风险投资公司才能充分利用自己的丰富经验和良好的网络关系,为企业在技术、市场与管理等方面提供增值服务,才能更好地规避技术与市场风险,取得预期的投资收益。其次,风险投资公司根据不同的偏好,选择处于不同阶段的风险企业或项目,这是因为投资于风险企业的不同发展阶段,其投资风险不同,收益也不同。再者,选择合适的投资规模。就一般风险基金而言,其投资规模是有上限和下限约束的。任何一家风险投资公司既不会把所有风险资本集中在少数几个风险企业上,也不会把资本分散于大量规模过小的风险企业之中。在管理费用与投资风险的权衡中,风险投资公司通常会根据其风险资本的规模大小及风险偏好确定一个适合自身的投资规模。最后,风险投资公司对风险企业的筛选与评估,主要依赖商业计划书,因此要求商业计划书表述清晰,内容真实,信息充足,分析全面,包括合理周详的目标与战略等。一般要求商业计划书中的信息包括经济、社会、法律等环境的分析,风险企业所在行业的分析、竞争分析、需求分析、产品市场定位分析、财务分析等,以及企业发展目标、战略规划等内容。

3. 项目评估阶段

风险投资能够选择合适的投资机会所依托的就是对风险投资企业或项目的评估与分析,因此风险投资的评估与分析是决定风险投资运作成功与否的关键一环。评估阶段是风险投资公司对筛选通过的方案进行详细分析的阶段,并且决定是否投资。评估内容分为两方面:一是评估风险企业的总体预期风险和收益,包括评估风险企业或者项目的营利能力、产品与技术特征、市场特征、竞争对手的威胁、抗御风险的能力等;二是评估风险投资公司能得到的收益,包括进一步评估风险企业的投资规模,并对风险企业或项目进行投资估价,从而得出风险投资的预期收益。具体实施包括以下内容。

(1) 与风险企业的管理人员会谈,考察风险企业、咨询专家、顾客、市场中介等,获取相关信息,得出评估结论。通常认为风险企业的管理人员的影响十分巨大,因此在风险投资公司决定对风险企业进行投资以前,应当重点评估风险企业管理人员的各种能力,如经营管理能力、市场营销能力、财务管理能力、风险预期能力、产品与技术创新能力等,目的是考察这些人员的能力对风险企业未来发展的影响,并由此作出相应的投资决策选择。

(2) 评估风险企业的产品与技术能力。风险投资公司会全面了解有关企业的核心技术、风险、产品功能特性,也就是对产品和技术的市场运作的可能性进行全面详尽的分析。任何一个投资项目或者产品都必须有足够的市场规模、市场竞争力与顾客需求潜力,才可能维持企业的生存与发展。

(3) 对风险企业的财务状况与投资规划进行评估。评估企业的财务状况、当前的股东结构、未来财务计划的合理性、申请投资金额的合理性、项目的市场价值、回收年限与投资报酬的实现可能性等。

(4) 对风险企业的估价。在风险投资领域,这也是最为棘手的问题之一。因为这个估价关系到风险投资公司投资所得到的权益及未来的投资收益。解决这个问题一般分为3步:第一步,对风险企业或者项目、管理队伍及未来的发展前景进行信息采集;第二步,利用这些信息评估投资风险和预期收益,并进一步估计未来的自由现金流;第三步,运用一种或几种估价方法，并结合风险、收益、现金流来计算风险企业的价值。

4. 谈判并达成投资协议阶段

风险投资公司经过评估阶段后，如果认为一个投资项目具有投资价值，便开始转入谈判阶段。通过与被投资的风险企业进行实质性谈判，共同协商投资方式、投资条件、双方的权利义务及退出方式等，最后形成有法律效力的合同文件。在本阶段，工作的重点主要集中在以下3个方面。

（1）风险投资的安排及保障方式。内容包括对风险投资在风险企业中股权形式、价格、数量和股权保障方式做出协商。股权形式影响投资公司日后的投资风险，价格与数量也与日后的风险报酬相关。有时投资公司为降低投资风险，会要求企业家提供抵押品保证等。同时风险投资公司为降低风险，保障股权，防止股权稀释和资本结构发生变动，通常会在协议书上明确股权保障方式。

（2）资金投放与撤回的时机与方式。内容包括对风险投资资金的回收年限、出售所持股份的时机、风险企业股票公开上市的时机与方式、风险企业无法达到预期财务目标时所应承担的责任等进行谈判。

（3）参与经营管理的方式。内容包括对风险投资公司在风险企业中所承担的责任义务、参与决策及协助经营管理的范围与程度加以确认，以及对风险企业的管理人员和日常经营的监督事项确认等。

5. 投入资本并参与经营管理阶段

风险投资作为一种资金与管理相结合的投资，具有很强的"参与性"。这一点与普通投资公司在投资后通常不干预企业经营管理的做法有所不同。风险投资公司和风险企业在签订投资协议以后一般都保持紧密的联系，积极参与风险企业的经营决策。通过审核财务报表和经营报告，定期访问企业，担任企业董事会成员，对企业进行监控，以便及时发现问题解决问题。这种参与性原因有二：其一，投资的对象都是高收益高风险的项目，为了控制风险，确保收益，需要积极参与企业管理，随时监控项目的发展全过程；其二，风险企业的管理人员多数来自技术研究领域，一般熟悉产品和服务的技术性，但缺少技术商品化及管理运作的经验，而风险投资公司拥有市场研究、生产经营、战略规划、金融投资等方面的管理经验，并且在市场上拥有广泛的信息网络，不仅可以为风险企业提供各种咨询和服务，帮助企业建立规范的管理体系，如很多风险企业的财务计划、发展目标、市场营销都是在风险投资公司的帮助下制定并实施的，必要时还可以替企业物色所需的专业管理人才。通过风险投资公司对风险企业的监管辅导，一方面减少了风险投资公司的投资风险，另一方面也降低了风险企业的经营风险，有利于激发科技人员的创业热情，有助于提高创业成功率。

6. 实现投资回报并退出阶段

退出阶段是整个风险投资循环的完成阶段。从风险企业回收投入的资本加上投资收益，是风险投资公司资本循环周转的关键环节，其作用主要体现在以下几个方面。

（1）风险资本的退出途径是实现其投资收益的唯一途径。风险投资和普通资本市场的投资获得投资收益的方式不同：普通资本市场的投资主要是通过分红派息和股价变波动来获得收益的；但是风险投资则一般不以企业分红为目的，而是以股份增值作为报酬。因此必然要求有一个能创造出资本大幅增值的变现方式，这就有赖于一个能顺利撤出风险资本的退出渠道。

（2）风险资本最根本的特征之一是其资本和投资活动的循环周转性。这就要求在风险企业顺利成长后,风险资本能够从中退出并进行新一轮投资。

(3) 由于风险企业本身所固有的高风险,必然要求有高回报。但在风险企业进入成熟阶段后,企业的利润率会下降,风险资本也就不会获得高额回报率。因此要想获得高额回报率就必须在风险企业结束高速成长前退出投资以获得期望的资本收益。因此一个畅通的退出机制将帮助风险资本获得最大限度的回报。

(4) 风险投资退出机制为风险投资活动提供了一种客观的评价标准。大多数风险投资的对象是一些高新技术产业,这些产业是新思想、新技术、新产品市场的集成,其价值不能通过简单的财务指标来确定,只能通过市场价值而评价,因而其投资价值最好的标准就是看风险资本退出时能否得到大幅度增值。

专栏 8-2

风险投资案例——美国 TTI 公司获得风险投资过程分析

转换科技公司(Transition Technology Inc,TTI)在 1987 开始寻求风险资本,直到 212 天后终于获得了 3i 风险投资公司等提供的 300 万美元风险资本。这是一个比较常规的风险投资过程,但其曲折历程也颇耐人寻味。

1. 寻求风险投资的过程

第 1 天:3i 公司的副董事长 Tom Stark 曾于 20 世纪 70 年代初与 Albert Libbey 一同共事过。Tom 从 Albert 处得知有一家叫 TTI 的新创公司正准备寻求风险资本融资。于是,Tom 主动打电话联系 TTI 的董事长 Walter。Walter 向 Tom 简要介绍了 TTI 寻求风险资本的意图,并告诉他预计需要的资金额。Tom 对 Walter 的想法颇感兴趣,并表示愿意合作的意向。Walter 告诉 Tom,他需要 2~6 个星期来准备投资建议书。

第 50 天:TTI 的投资建议书送达 3i 公司。

以下是投资建议书的内容摘要:"通过适宜的技术改进将使以下这些目标成为可能:改善工业输入/输出(I/O)产品性能;降低工业输入/输出系统造价达 20%~40%;设计出一套能与多种工业自动化计算机配套的工业输入/输出系统。企业发展目标:5 年内营业收入超过 3 000 万美元;税前收益达 17%~20%,税后利润达 8%~11%;在工业自动化计算机输入/输出市场处于主导地位。上述目标需要大约 275 万美元的股东权益投资。"

第 57 天:在波士顿,3i 在其每周例行工作会议上讨论 TTI 项目。Tom 认为这是一个非常好的机会,应当认真考虑 TTI 的投资建议。与会者同意 Tom 的意见。接下来,Tom 需要确定投资建议中哪些内容是关键之处,并需要进行大量的研究。他也开始考虑寻找其他会对 TTI 感兴趣的风险投资基金。

如果 3i 向 TTI 提供所需的全部资金,并采取最简单的直接的融资结构,那么 3i 将处于控股地位;但 3i 向来不愿意控制所投资的公司。而且,3i 与 TTI 都希望组成一个小型的辛迪加,这样既可以为 TTI 的后续阶段融资带来更多的后备资源,也可以带来更多的经验与商业联系以协助公司发展壮大。Walter 继续寻找其他基金,Tom 也在考虑他所认识的并能够加入此项目的风险投资基金。

第72天：Tom第一次参观TTI，并与其3个创建者深入地讨论该投资建议。TTI的创建者们曾一同在另外一家公司共事两年多，他们的技能也是互补的。这个3人小组可以出色地完成设计、制造与销售产品的整个流程。尽管由于公司仍处于初建阶段，还没有完整的实物产品可供演示，但是他们成功地演示了产品的其中一个重要部件：电波—频率链路模块。

第74天：Tom写了一份长达4页的信，描述TTI的创建者、计划产品及营销计划，然后附上预测的资金平衡表、收入与现金流报告及可能投资回报的计算结果，并寄给了在伦敦、英格兰、纽波特、比奇、加州等其他3i分支机构中熟悉工业自动化或相关领域，能够对市场、竞争与技术作出评价的其他同事。他们将凭借自己的经验与网络，协助Tom完成对TTI的调查评估。

第77天：Tom与Walter会面并讨论了融资的一些具体细节，包括：Walter需要的资金额，而不是Tom能够提供的资金额是多少；Walter在投资建议书中所列数字的可信度如何；Walter如何估价其公司；Walter正在接触的其他投资者都有哪些人，他们的反应如何。根据Walter的回答及其他讨论结果，Tom初步决定分阶段投资。这样有利于减少风险投资企业的初始投入，但必须保证公司有足够的资金以展示其具有制造产品的能力。

第86天：Tom与Walter再次会面，围绕着融资规模与开展公司业务所需最小资金额继续讨论。投资建议书中列明的融资总额为275万美元，但只要150万美元就足够让公司运转直到产品开发进入Beta测试阶段。同时，对公司的估价问题成为双方讨论的焦点。Walter作为所有者之一，对公司的估价较高；而Tom对TTI也有一个估价，他不愿意付出更高的代价。通过几次会晤，Tom与Walter不断地磋商交易的细节。

第94天：从伦敦与纽波特、比奇来的报告认为，TTI的产品存在一个潜在的良好市场。但是，从雷丁与英格兰来的报告却发现了该产品存在竞争者。Tom把这些情况，告诉了Walter。

第109天：完成了主要交易问题的谈判之后，Tom整理出一份详细材料。首轮投资是150万美元。Tom向3i的法律顾问Ropes和Gray送去了一份投资条款清单草案和一份预想的资本结构说明书。投资条款清单是3i的初步投资承诺，其中包含了交易的关键条件。

第111天：投资条款清单送达TTI，双方很快就达成了协议。

第112天：直到目前为止，3i仍然是唯一一家对TTI继续保持兴趣的投资者。其他几家风险投资企业虽然也曾考察过TTI，但都没有产生投资的意愿。Walter有一个名叫Rube Wasserman的顾问，不断帮助他接触更多的风险投资企业。Rube曾经是Gould（一家有数十亿美元的业务多元化的公司）的一位战略投资负责人。Tom与他们共进午餐，讨论还有谁会愿意参与投资，并且该如何去做。

第113天：北大西洋创投基金（North Atlantic Venture Fund，NAVF）表示愿意投资于TTI。Tom与NAVF的一位合伙人Gregory Peters见面，讨论Gregory还需要哪些信息以开展他的调查评估工作及他们如何确保TTI能达到预定目标。一些关键问题包括：因为有产品竞争者的存在，是否存在足够大的市场支撑TTI按照预定的利润卖出预定数量的产品；TTI能否最终生产出产品，并在行业中保持主导地位；TTI的创建者们能否对潜在的机会或问题作出有效的反应。Tom与Gregory都有自己的一套信息源，而且重合之处不多。两人对需要集中处理的问题与信息共享达成了共识。

第115天：Tom完成了一份内部投资计划书，一共有9页文字与4个数字表格。以下是这份投资计划书的摘要内容："以每股20美元的价格购买A系列可转换优先股37 500股，3i的总投资额为75万美元，占公司份额的19.5%。每股A系列优先股可以转换为一股普通股。A系列优先股拥有正常的投票权、反稀释保障（antidilution protection）及共同证券登记权利（piggyback registration rights）。建议中的首轮150万美元，风险资本应当足够支撑TTI完成其几件输入/输出模块及其与IBM个人电脑和DEC Macro Vax的计算机接口的开发与推广。预计在首轮融资后的14个月左右，该公司需要第二轮融资，以应付流动资金增加的需要。首轮融资应当证明产品有足够市场接受程度与可行性。董事会通过后生效。"

第121天：Tom的投资计划书在3i董事会上得到通过，3i承诺投资，前提是有其他风险投资企业同时投入至少75万美元。

第122天：Tom送给NAVF的Gregory一份投资条款清单。

第135天：投资条款清单与调查评估记录被送往另一家风险投资企业——Hambro International Venture Fund（简称Hambro）。

第138天：黑色星期一——华尔街股市危机爆发。在接下来的几天里，Tom都忙于应付打来的电话。Tom所投资的许多公司都怀疑，上市公司股价的暴跌，是否意味着他们公司的估价显得过高。Walter也打来了电话，但他关心的是随着金融环境的剧烈变化，Tom是否还有能力提供约定的风险资本及3i的承诺是否依然有效。Tom保证仍然有效。

第148天：Walter与Rube会面。虽然到目前为止，只有3i承诺提供75万美元，NAVF承诺提供40万美元，但人们似乎正逐渐对TTI产生兴趣。有10家其他的投资者也在考察TTI。在金融市场一片糟糕的时候，大萧条极有可能随之而来。这样，风险资本将会变得稀缺，因此他们决定尽其所能筹集到更多的资金。

第155天：Tom与TTI的创建者们共进午餐，讨论融资进程。他们重新评估了潜在的投资者及其投资的可能性。

第161天：Tom与Rube见面，讨论为什么还是没有其他风险投资企业承诺投资这一问题的原因。是否二人的努力不足？但他们想不到做错了什么，所以决定继续接触潜在的投资者。3i既然承诺了投资，就再没有退出的余地。但在私下里，Tom不得不开始怀疑他与Gregory所共同作出的判断。

第186天：Tom向Aegis Fund Limited Partnership送去了一份投资条款清单。

第188天：突然间，投资者对TTI的兴趣又浓烈起来。在几天之内，Tom收到了2份各100万美元的初步投资承诺。目前，初步承诺的风险资本总额已经超过了300万美元。

第190天：又来了一份75万美元的初步投资承诺。

第193天：Tom继续收到了更多投资者打来的电话，表示愿意向TTI投资。

第194天：Tom与Walter讨论总共需要的风险资本额。按照原来制定的股票价格，这次融资最多只能接受300万美元。

第195天：投资者们开始协商如何把总风险资本供给额降至300万美元。

第211天：所有投资者来到Ropes和Gray处，讨论融资的细节。

第212天：TTI在这一天收集到了所有的300万美元，风险资本：Aegis投资90万美元，Harmbro投资100万美元，NAVF投资40万美元，3i投资70万美元。Walter和他的伙伴们终于有足够的资金可以开展计划的业务了。

2. 案例分析

根据以上背景情况，可以总结出风险投资过程的几个关键之处。

1) 风险投资过程的几个重要步骤

风险投资企业一般化的投资决策流程主要包括以下几个环节。

（1）搜寻投资机会。投资机会可以来源于风险投资企业自行寻找、企业家自荐或第三人推荐。

（2）初步筛选。风险投资企业根据企业家交来的投资建议书，对项目进行初次审查，并挑选出少数感兴趣者作进一步考察。

（3）调查评估。风险资本家会花大约6~8周的时间对投资建议进行十分广泛、深入和细致的调查，以检验企业家所提交材料的准确性，并发掘可能遗漏的重要信息；在从各个方面了解投资项目的同时，根据所掌握的各种情报对投资项目的管理、产品与技术、市场、财务等方面进行分析，以作出投资决定。

（4）寻求共同出资者。风险资本家一般都会寻求其他投资者共同投资。这样，既可以增大投资总额，又能够分散风险。此外，通过辛迪加还能分享其他风险资本家在相关领域的经验，互惠互利。

（5）协商谈判投资条件。一旦投、融资双方对项目的关键投资条件达成共识，作为牵头投资者的风险资本家就会起草一份"投资条款清单"，向企业家作出初步投资承诺。

（6）最终交易。只要事实清楚，一致同意交易条件与细节，双方就签署最终交易文件，投资生效。

2) 风险资本家对投资项目的考察方式

风险资本家考察投资项目一般包括以下几个环节。

（1）阅读投资建议书。看项目是否符合风险投资家的企业特殊标准，并初步考察项目的管理、产品、市场与商业模型等内容。

（2）与企业家交流。重点考察项目的管理因素。

（3）查询有关人士与参观风险企业。从侧面了解企业的客观情况，侧重检验企业家提供的信息的准确性。

（4）技术、市场与竞争分析。主要凭借风险投资企业自己的知识经验，对项目进行非正规的市场、技术与竞争分析。

（5）商业模型与融资分析。根据企业家提供的和自己掌握的有关信息对企业的成长模型、资金需求量及融资结构等进行分析。

（6）检查风险企业。主要考察企业以往的财务与法律事务。

3) 风险资本的投入方式

风险资本家一般不会向风险企业一次性投入所需资金，而是根据项目的具体情况，分阶段投入资金。每阶段都有一个阶段性目标，上一阶段目标的完成，是下一阶段融资的前提。但是,每一阶段投入资金应当保证足够支撑企业家完成该阶段的目标。这样做既有利于投资者降低投资风险,又可对企业家构成一定的压力与动力。

4) 辛迪加在风险投资中的作用

投资项目一般都会组建辛迪加共同投资。这对风险资本家与企业家双方都有好处。首先,这样既能够为风险企业后续阶段融资带来更多的后备资源,也可以带来更多的经验与商业联系以协助公司发展壮大。其次,对于企业家来说,由于风险资本的提供者分散了,其控制公司的余地也更大了;对于风险资本家来说,在放弃控股地位的同时,原来集中的风险也被分散了。

5) 风险资本家与企业家的关系。在风险投资中,风险资本家与企业家实际上是在共同创业。从风险资本家与企业家达成初步投资协议时开始,双方就是一种合作关系,共同计划融资方案,寻找尚缺资金,以求最终实现投资;此后双方继续紧密合作,共同的目标只有一个——让企业顺利成长并促其最终成熟,使企业家圆其创业梦,风险资本家也得以撤出投资获得高额回报。随着投资过程的逐步进展,双方关系越来越紧密。

6) 投融资双方的目标调整

风险投资作为一种动态的投资过程与创业过程,必须能适应金融、商业环境的变化要求。投融资双方要针对金融、商业环境的客观变化作出及时反应,适时调整自己的目标与对策。在本例中,华尔街股市暴跌之后,由于估计日后融资难度将会增大,TTI 及时调整了其融资目标,决定首次融资就要募集到尽可能多的资金。而对于 3i 来说,尽管已经计划自己投资 75 万美元,占总投资额的 50%,但由于形势的变化,共同投资者突然增多,为了顾全各方利益,最终决定投入 70 万美元,只占总投资额的 23%,不到 1/4。

8.3 风险投资的决策分析

选择正确的投资项目远比经营管理项目重要,这是风险投资最重要的原则。风险投资的对象一般是没有任何经营业绩记录的新设企业,企业或者项目通常面临着巨大的市场风险、经营风险、财务风险等,甚至在投资回收前,风险投资公司还需要持续不断地注入资金,因此属于一种高风险性的投资活动。为了降低风险,投资前能否正确有效地进行各项投资方案的收集、筛选、评估工作,挑选出最具获利潜力的投资方案,将成为成败的关键因素。

普通的投资公司在审查投资项目时,重点分析财务状况、投资收益率、净现值等指标。而风险投资公司在选择高新技术项目时,财务分析居于次要地位,风险投资企业或项目本身的科技含量和市场发展前景成为选择的决定性条件。因此对风险投资项目进行投资决策分析时,重点是对风险投资企业或项目进行技术分析、产品生命周期分析、知识产权分析、风险企业分析,从而建立风险投资决策的基本框架。

8.3.1 技术分析

因为风险投资一般投资于高新技术产业,所以企业或项目的技术水平是风险投资的前提,直接决定企业或项目在市场上的竞争力。因此对风险投资项目的分析,首先要对项目的技术水平进行分析。分析的主要内容包括：技术的先进性、技术的实用性、技术的生命周期等方面。

1. 技术的先进性

技术的先进性是指属于当前技术水平之上，符合科技发展方向的技术，是投资价值的前提。独创、先进的技术可以为产品带来独特的优势，从而给风险企业和投资者带来巨大的效益，主要表现为技术特性、生产工艺、管理水平等方面，只有这些方面都属于行业领先的，才能确定项目技术水平是先进的。技术的先进性一般通过技术的基础参数反映，风险投资公司对技术先进性的判断可以通过检索国内外同类技术达到的参数来确定处于何种水平。

2. 技术的实用性

技术的实用性是指项目或产品是否能够满足市场需要。很多风险投资项目属于实验室研究阶段的成果，是否具有实用性需要进一步分析技术。而成果的非实用性会抑制购买需求，从而加大项目的风险。一般风险投资公司对高新技术的实用性的分析主要包括以下几个方面：技术是否适用行业发展要求；技术是否受文化状况与自然资源的制约；技术与市场上现有的技术标准、产品是否兼容或者促进这些标准的改进；技术是否能够适应市场的需要等。

3. 技术的生命周期

技术的生命周期是指一项技术从产生到淘汰所经历的时间，一般分为投入期、成长期、成熟期与衰退期4个阶段，它反映了该项技术被更新的速度，著名的摩尔定律则把这个周期分为：早期市场期、中断期、保龄球道期、旋风期和衰退期。对这个周期的分析应包括以下两个方面。

（1）技术在生命周期中所处阶段的分析。判断技术在生命周期中所处的阶段，一般根据新技术研究发展的状况来分析。新技术进入应用领域要经过研究阶段、试制阶段、制造阶段。若所投资项目采用的技术已完成研究阶段，则表明所投资的项目处于成长初期；若投资项目采用的新技术进入试制阶段，则表明所投资的项目正处于成长期；若所投资项目采用的新技术已完成制造阶段，则表明所投资的项目已处于成熟期。

（2）技术生命周期长短分析。这是因为不同行业、不同领域和不同产品，其技术发展速度不同。有些行业，如信息技术领域的某些技术，寿命期仅3年左右，有些行业的技术周期则长达20～30年。对技术生命周期长短分析的目的，主要用来说明高新技术项目投资前景。一项高新技术项目的技术寿命期越长，技术效益发挥期也越长，投产后的效果就越好；反之，则技术效益发挥期越短，效果越差。

8.3.2　产品生命周期分析

产品生命周期是指一个产品完成试制后，从投入市场开始到被淘汰停产所经过的周期。它分为初始期、成长期、成熟期和衰退期4个阶段。产品生命周期理论是美国哈佛大学教授费农1966年在其《产品周期中的国际投资与国际贸易》一文中首次提出的。费农认为，产品生命是指产品的营销生命，产品和人的生命一样，要经历形成、成长、成熟、衰退这样的周期。不同类型产品的生命周期是不同的，有的产品成长很慢，有的产品成长很快；有的成熟期维持时间很长，有的则很快衰退而被新产品替代。因此，风险投资者在评估产品生命周期时，首先要分析产品处于哪一个周期，这个周期的持续时间，与周期相应的产品销售的变化情况，从而决定这个项目是否值得投资。一般运用龚伯兹曲线和逻辑曲线等对产品生命周期进行分析。

龚伯兹曲线模型为双指数模型，是分析某种新产品的未来发展趋势，采用市场绝对饱和量控制而导出的生命曲线。它既做到事前描述，又可以反映产品市场趋势。当预测对象的发展趋势有极限，且有相近增长趋势时，可用龚伯兹曲线进行预测。对某种具体商品来说，总要经过进入市场、销售量快速增长、市场饱和、销售量下降这样几个阶段。因此，龚伯兹曲线是预测市场上各种产品生命周期的最佳拟合曲线之一。龚伯兹曲线预测模型：$\hat{y}_t = ka^{b^t}$，式中，$\hat{y}_t$ 为预测值，t 为时间变量，a、b、k 为参数[①]。

逻辑曲线又名皮尔曲线或推理曲线，适用于对产品生命周期作出预测分析，尤其是适用于处于成熟期的商品的市场需求饱和量（或称市场最大潜力）的分析与预测。逻辑曲线预测模型：$\hat{y}_t = \dfrac{k}{1 + me^{-at}}$，式中，$\hat{y}_t$ 为预测值，t 为时间变量，a、m、k 为参数。在逻辑曲线模型中，参数 k 代表市场对该产品需求饱和量（需求量的极限值），参数 m 相当于产品刚刚投放时市场需求的初始实际销售量占需求极限值的比重。而实际销售量占潜在总需求量的比重的变化率（即产品渗透率的变化率），在产品刚投放市场时，变化较慢，随着时间的延伸，该种产品影响越来越大，其变化率会越来越快，实际销售量也会越来越大，但不会超过需求饱和量。但当实际销售量达到一定水平，产品渗透率的变化率又会越来越慢，达到饱和量时，产品渗透率的变化率减少到零。参数 a 确定了产品渗透率变化率增减变化的强度。

8.3.3　知识产权分析

知识产权通常是指专利权、版权、技术秘密及商业秘密等，具有权利法定性，即通过专利制度、商标制度、著作权制度及反不正当竞争制度获得国家赋予的权利。风险投资与传统的产业投资有明显的不同。传统的产业投资的标的，几乎都是价值容易评估、质量容易确认、投资成本容易核算的财产对象；而风险投资则投向高技术创新企业，投资的财产对象有较大成分是知识产权，知识产权资本化的情况几乎出现在所有的投资项目中。因此，风险投资过程中对知识产权的分析非常重要，产品或技术是否拥有合法的知识产权是投资与否的重要因素甚至是决定因素。

风险投资中因为知识产权产生的风险主要有：为风险投资公司带来市场拓展和维护上的风险，因为它具有快速复制性，一旦公开，就迅速传播，它的复制成本、边际成本相对较低，由此为产权所有者占有市场并获利带来了很大的困难；投资价值上的风险，如果风险投资公司对所投资的知识财产的价值作出了错误的判断，则投资行为从一开始就会隐藏着巨大风险。为避免投资失误、减少风险，在对知识产权进行分析时，需要掌握一些简单的原则。

（1）采取专利权和技术秘密的保护措施。包括以下两个方面。

① 专利保护措施。风险企业应积极主动地将开发出来的技术成果及时申请专利并取得专利权，利用专利保护手段抢占市场。对于已申请专利的核心技术，应采取多种手段和方式，阻止在核心技术残留未开发的领域被他人获得专利。由于专利有一定保护时效，为长期占据垄断优势，必须对已产生专利的核心技术做一定的技术储备。

② 技术秘密保护措施。风险企业技术秘密的保护措施可以由以下内容构成：明确技术

[①] 关于龚伯兹曲线和逻辑曲线的预测，可以采用线性化的计量方法或"三和法"的代数估计方法，详见：李子奈．计量经济学．北京：高等教育出版社，2005.

秘密的内容、确定技术秘密的等级、拟定技术秘密保护方案、落实技术秘密保护手段等。具体做法包括建立技术保密，信息通信加密，处理对外交流合作时的材料，订立保护技术秘密的合同，限制接触技术秘密人员的范围等制度。只有很好地采取了保密措施的技术秘密，才具有竞争性和投资性。否则，投资价值会大打折扣。

（2）制定应对竞争性专利的对策。风险企业在制定战略规划时，需充分考虑到竞争对手会在与自己相关的技术领域提交专利申请的情形，由此制定相应的处理机制。首先风险企业要对可能的竞争性专利进行分析，然后制定应对对策，并及时采取行动。因为如果不对竞争对手提出的专利采取相应的对策，那么已有的市场将会被竞争对手吞食，使风险投资面临损失。为实现风险最小化，企业必须对竞争对手可能提出专利的各个技术领域里的专利活动进行严密监控。当竞争对手一个特定的专利申请公开后，需及时采取一系列的应对措施。

8.3.4　风险企业分析

对风险企业进行分析，重点是对风险企业总体战略、组织结构、技术能力等进行评估。

1. 风险企业总体战略

风险企业的总体战略规定了企业在未来一定时期内发展的基本方向和规划。企业的其他战略都是在这一总体战略所规定的框架之下制定的，因此，企业总体战略在企业战略体系中居于主导地位。

一般分析风险企业的总体战略可以采用 SWOT 分析法。SWOT 分析法是确认风险企业各项业务经营面临的强势、弱点、机会和威胁要素，并据此选择发展战略的方法。其理论基础是有效的战略应能最大限度地利用业务优势和环境机会，同时使业务弱点和环境威胁降至最低程度。进行 SWOT 分析时，主要需处理以下几个方面的内容。

（1）分析环境因素。运用各种调查研究方法，分析出组织所处的各种环境因素，即外部环境因素和内部环境因素。外部环境因素包括机会因素和威胁因素，它们是外部环境对组织的发展直接有影响的有利和不利因素，属于客观因素，一般归属为相对宏观的如经济的、政治的、社会的等不同范畴；内部环境因素包括优势因素和弱点因素，它们是组织在其发展中自身存在的积极和消极因素，属主动因素，一般归类为相对微观的如经营管理的、人力资源的等不同范畴。在调查分析这些因素时，不仅仅考虑历史与现状，而且要站在未来的发展角度来衡量。

（2）构造 SWOT 矩阵。将调查得出的各种因素根据轻重缓急或影响程度等排序方式，构造 SWOT 矩阵，如表 8-3 所示。

表 8-3　SWOT 矩阵分析

OT/OS＼S/W	内部优势 S（如劳动关系简单，组织结构简单，具有较高的灵活性等）	内部劣势 W（如家族制、人治成分大，产业技术水平低，存在融资瓶颈，抗风险能力低等）
外部机会 OT（如有一个公平与开放的市场，关税降低等）	SO 战略（依靠内部优势，利用外部机会）	WO 战略（克服内部劣势，利用外部机会）
外部威胁 OS（如竞争日益激烈；与外资相比，低成本优势逐步消失，人才流失等）	ST 战略（依靠内部优势，规避外部威胁）	WT 战略（克服内部劣势，规避外部威胁）

（3）制订行动计划。在完成环境因素分析和SWOT矩阵的构造后，便可以制订出相应的行动计划。制订计划的基本思路是：发挥优势因素，克服弱点因素，利用机会因素，化解威胁因素；考虑过去，立足当前，着眼未来。运用系统分析的综合分析方法，将排列与考虑的各种环境因素相互匹配起来加以组合，得出可选择对策。这些对策包括：最小与最小对策（WT对策），即考虑弱点因素和威胁因素，目的是努力使这些因素都趋于最小；最小与最大对策（WO对策），着重考虑弱点因素和机会因素，目的是努力使弱点趋于最小，使机会趋于最大；最大与最小对策（ST对策），即着重考虑优势因素和威胁因素，目的是努力使优势因素趋于最大，使威胁因素趋于最小；最大与最大对策（SO对策），即着重考虑优势因素和机会因素，目的在于努力使这两种因素都趋于最大。

2. 企业组织结构分析

企业组织结构体现了管理者的经营理念，决定着企业的运行方式和管理体制，因此它对企业管理活动中的指挥、协调、控制等都起着统领作用，直接关系到风险企业的成败；同时企业组织作为外部环境的一个子系统，必须及时调整和改革组织结构，以适应不断变化的形势。因此，合理的组织结构，是风险企业得以生存和发展的关键。

风险投资公司对风险企业组织制度的分析主要包括两个方面：分析风险企业组织原则，分析的依据主要是专业化原则、统一性原则、合理管理范围原则、权责利对等原则等；分析风险企业的各种组织结构形式及其特点是否适应风险企业经营需要，如组织结构的扁平化、权力分配的两极化、管理层小型化、管理体制的人性化等。

3. 技术创新能力分析

风险企业是否具有持续的技术创新能力是关系到风险企业能否持续稳定发展的关键。技术创新能力培育是风险企业核心竞争能力形成过程中的重要内容。分析技术创新能力主要考察以下内容。

（1）企业科研经费的总额和人均科研经费量。这是衡量企业技术创新能力的重要指标。高科技企业由于本身的科技含量高，同时为了在激烈的市场竞争中处于有利地位，就必须不断地创新，开发出新产品。这就需要企业对研究开发有较大的投入。

（2）研究开发经费占风险企业销售额的比重。通常都采用"R&D"（研究开发经费占企业销售额的比重）来表示风险企业研究开发经费的标准，R&D经费低于销售额的1%，则风险企业难以生存；R&D经费为销售额的2%～3%，则企业只能走模仿创新的道路；R&D经费达到销售额的4%～5%或以上，则企业能进行自主创新。

（3）研究开发人员的结构层次。研究开发人员的素质和能力非常重要，它关系到高新技术项目在涉及多学科、跨专业的情况下是否能研发成功，这也是由高新技术的综合性和复杂性所决定的。因此，研究开发人员的整体素质也是一项重要分析项目，包括研究开发人员占风险企业员工总数的比例、研究开发人员中具有中、高级职称的员工比例等指标进行分析。

8.4 风险投资的风险分析

风险投资中的风险贯穿于风险投资的全过程，对于每一个风险投资公司来说，风险防范是必然面对的问题。虽然风险是客观存在的、不可避免的，但是可以通过各种方法分析、识别和度量风险，判断风险发生概率及造成的不良影响，从而可以依靠适当的方法和技术以规避、减少或控制风险。

8.4.1 信息不对称风险

在风险投资公司与风险企业两大主体互动的过程中，双方信息的分布可能不均匀：或一方掌握的信息多，另一方所掌握的信息少；或一方信息准确，另一方信息失真。一般来说，风险企业家掌握更多、更真实的信息，具有信息优势，风险投资公司则无法掌握风险企业诸多方面的真实情况。具体来说，两者之间的信息不对称主要有以下两个方面。

（1）逆向选择。是指信息不对称所造成市场资源配置扭曲的现象。风险投资过程中逆向选择问题来源于行为人关于项目信息的不对称：对于所有申请风险投资的项目，风险企业拥有更多的私人信息，如项目的成熟程度、发展潜力、可接受程度、项目经营者素质、资金需求量等，而这些对于风险投资公司是不拥有或不完全拥有的。在这种情形下，由于利益的驱使，风险企业有可能因急于获得资金而隐藏上述信息。当信息不对称时，风险投资公司无法知道项目的真实质量，这时风险投资公司将根据项目的平均质量程度来确定其选择项目的投资回报。于是对于那些质量高于平均质量程度的项目来说，相当于提高了它们使用风险资本的代价，而这些项目由于质量程度较高，完全能以较低的代价找到其他融资途径，结果是它们宁愿放弃申请风险投资。对于那些低于平均质量程度的项目来说，由于其固有融资成本可能大于项目选择者的回报要求，会更热衷申请风险资金。这样市场上只留下质量较差的项目，项目的平均质量程度下降，风险程度提高。结果造成质量低的项目驱逐质量高的项目，这便是投资过程中的逆向选择现象。

（2）道德风险。是指人们享有自己行为的收益，而将成本转嫁给别人，从而造成他人损失的可能性。在风险投资过程中，不仅项目的筛选有信息不对称的现象，而且项目的执行仍存在着信息不对称，主要体现在：风险企业管理、运行及收益的信息，风险投资家很难预料和完全掌握。一种极端情况是有的风险企业得到风险投资资金后，根本没有去经营风险企业投资的项目，而是另做他用，但是风险投资公司并不能对风险企业这些行为实行有效的监督。在信息不对称情况下，出于个人或企业单方面利益，风险企业会在投资规模、投资方向等方面作出不利于风险投资公司的选择，如超出双方已达成的协议范围过度投资，投资方向偏离原定计划，只重视技术开发投资而忽视产品市场开拓等，导致风险企业的发展与风险投资公司预期的不一致，从而出现道德风险。

8.4.2 风险企业面临的一般风险

风险投资作为一种投资行为，同时风险企业也是处于经济活动中的经营主体，因此也具有普通投资所具有的一般性风险。

1. 技术风险

技术风险是指风险企业的新技术不能达到原来设想的水平或者不能满足新产品生产的需要而使项目面临失败的可能性。技术风险的大小由下列因素决定。

（1）技术成熟的不确定性。新技术在诞生之初都是不完善的、粗糙的，对于在现有技术知识条件下，能否很快使其成熟完善起来，风险企业家不能确定。

(2) 技术效果的不确定性。是指对于产品能否满足消费者的要求、达到市场的要求及新产品是否会对使用者造成伤害等问题，风险企业无法确定，形成了新产品技术效果的风险。

(3) 技术生命周期的不确定性。高新技术产品往往生命周期短、更新换代快，新技术取代旧技术的周期越来越短。由于高新技术产品的生命周期越来越短，因此对高新技术产品创新者而言，肯定无法准确地预期技术的生命周期，从而为投资带来不确定性。

对于技术风险的控制，必须采取以下措施。

(1) 选准投资方向。风险投资的投资方向必须符合产业发展的方向，符合产业升级和产业结构调整趋势，具有相对的技术垄断性，只有符合这些条件的产业才能实现投资的回报要求。

(2) 要求投资的风险企业必须具有完全知识产权。风险投资公司将知识产权看作是风险企业价值创造的综合反映。专利、技术秘密等知识产权可以在市场上为风险企业提供竞争优势。但是如果没有适当的措施保护核心技术，就不能在较长时期内处于技术的领先优势，未来前期占有的市场优势就会丧失。

(3) 采取审慎的技术可行性论证，必要时请中介机构或者技术专家对技术的先进性、可行性及市场发展前景等进行全面鉴定，把风险控制在萌芽状态。

2. 财务风险

风险投资的财务风险有两大类：一是普通财务风险，是指由于财务管理的复杂性、认识的滞后性、可控范围的局限性，以及判断、决策失误等多种因素的作用，使企业财务管理结果与预期目标产生偏差的可能性；二是风险投资特有财务风险，产生的根源在于风险企业的创新特性及其运作过程涉及风险企业从无到有的生命周期过程，并在其成熟之后风险投资选择退出。按风险投资的不同阶段，特有财务风险分为投资前财务风险、投资后财务风险两类。

项目投资前的财务风险分析直接关系到投资项目的价值认定问题。风险投资的价值多少，不仅根据项目的技术是否先进，有没有市场来定性判断，还需要详细的经济可行性分析，判断投资的财务风险。财务风险过大的项目是没有投资价值的。在风险投资公司的投资决策程序中，一个环节就是由财务部门参与并出具对投资项目的财务审核意见，为风险投资公司制定一套标准的《尽职调查——财务风险分析》，包括从资产、负债、权益的个体评价到风险企业整体财务风险的规范性描述，使财务风险分析有章可循。

对于投资后财务风险，一般在风险投资公司与风险企业签订合同文本时，会从财务审核与监督的角度出发专门设计财务管理方面的约定，如由风险投资公司委派财务经理，指定会计师事务所审计，对应股东定期公布财务信息，等等。除此之外，还可以建立财务风险信息系统监控风险企业，即通过动态地控制风险企业的财务数据，以及各种财务比例数据等，建立企业财务风险自动预警系统。这些必要的制度保证了投资后财务风险能够最大限度地被降低。

3. 市场风险

市场风险是指市场主体从事经济活动所面临的盈利或亏损的不确定性。风险投资面临的市场风险主要体现在以下几个方面。

(1) 不能确定市场对新产品的容量。市场容量决定了产品的市场价值，如果一项高新技术产品的推出投入巨大，而产品的市场容量较小或者短期内不能为市场所接受，那么，产品的市场价值就无法实现，投资就无法收回，表明该产品进入市场存在巨大风险。

(2) 不能确定市场接受时间的长短。从新产品进入市场到新产品获得市场的认可之间有一段时间间隔，时间间隔越长，风险越大。高新技术产品往往是全新的产品，需要一个适应市场，为市场所了解、接纳的过程。特别是对一些高新技术小企业而言，因缺乏雄厚的财力投入到广告宣传中去，产品为市场接受的过程就会更长。

（3）不能确定产品的竞争力。影响高新技术产品市场竞争力的因素很多，要想确定高新技术产品的竞争力，就要找出各种影响因素。例如，对于高新技术产品的潜在市场竞争能否有一个全面的了解和正确的认识，是否能够正确对待潜在的竞争者，等等。

（4）不能确定产品的市场战略。由于高新技术产品是出现在市场上的全新产品，因此并没有现成的市场开拓模式可以借鉴，导致企业的管理者很可能没有合适的市场战略策划，在价格定位、用户选择、上市时机、市场区域划分等方面出现失误，就会给产品的市场开拓造成困难，从而带来巨大的市场风险。

4. 管理风险

管理风险是指风险企业在生产过程中因管理不善而导致投资失败所带来的风险。风险投资的管理较为复杂，从技术开发、项目评估、市场预测，到管理风险企业、退出风险企业等环节，都涉及先进的技术和复杂的管理知识。这就给管理带来很大的困难，使投资主体和投资企业的管理、决策存在着很大的风险。风险企业往往是由一些专业技术人员发起创立的，他们可能是某一领域的技术专家，对于解决技术问题、把握科技前沿，甚至把技术转化成产品都能得心应手；但对于作出企业管理决策、进行生产管理、降低成本、建立经销网络、开拓市场、加强财务核算等方面却没有专业的管理经验。而风险投资家主要是一些投资专家，重点解决资本筹措、运用问题，也并非高新技术型企业的管理专家。这些导致在风险投资过程中合格企业管理人员的缺失，这也正是很多风险企业很快倒闭的原因所在。

8.4.3 风险分析方法

1. 分析方法

分析方法主要有确定型风险分析方法和不确定型风险分析方法两类。其中，不确定型风险分析方法，主要有小中取大原则（大中取小原则）、最大可能原则、最大数学期望原则、贝叶斯概率法等。

确定型风险分析方法主要有以下 3 种方法。

（1）盈亏平衡分析。又称为损益平衡分析，是根据风险投资项目在正常生产年份的产量或销售量、成本费用、销售利润等数据，分析产量、成本和盈利这三者之间的关系，从中找出三者之间联系的规律，并确定成本和收益相等时的盈亏平衡点的一种分析方法。在盈亏平衡点上，风险投资项目既无盈利也无亏损。通过盈亏平衡分析可以看出风险投资项目是否具有相应的投资价值。

（2）敏感性分析。是基于风险投资项目的一个或多个主要因素与该项目投资价值指标的影响关系，测度某些因素变化时对投资价值的影响程度。通过敏感性分析，可以掌握投资项目分析中由于某些参数估算的错误或是使用的数据不准确而造成投资价值指标的影响程度，有助于确定风险投资决策过程中需要重点分析的风险因素。

（3）概率分析。是指运用概率论与数理统计方法来预测和研究各种因素对风险投资项目投资价值指标影响的一种定量分析方法。通过概率分析对风险投资项目的风险情况作出比较准确的判断。

2. 评价方法

评价方法主要有定性风险评价方法和定量风险评价方法。

定性风险评价方法主要有：经理观察法，是由富有经验的风险投资公司经理，观察一个风险企业的生产经营现状，从而判断它的风险程度的方法；资产负债表观察法，是通过观察企业的资产负债表上资金的来源与运用情况，分析风险企业的风险程度的方法；事件预期法，是利用风险企业内部和外部的信息，对于风险企业的发展作出一定时期内的预期，并由此确定风险程度的方法；"A 记分"法，这个方法首先将与风险企业有关系的各种因素列出，然后根据它们对企业经营成败的影响大小进行赋值，最后将这个企业的所得值或记分加起来，就可以知道该企业的确切风险程度。这个方法给分析和判断风险企业的风险提供了很好的依据。

定量风险评价方法，主要有：财务比率分析法，这个方法根据所有来自风险企业的财务数据计算各种财务比率，主要包括资本结构比率、流动比率、存货周转率、资本回报率、收入结构比率、资产周转率、酸性试验比率、利润边际率、债务比率等，分析风险企业的风险程度；"Z 记分"方法，是一种综合评价风险企业风险的方法，首先选择出一组决定企业风险大小的最重要的财务和非财务的数据比率，然后根据这些比率再预测企业风险方面的能力大小赋予不同的权重，最后加权计算，就得到一个风险企业的综合风险数值，将其与临界值对比就可知风险的大小。其他常用的定量风险评价方法还有等风险图法、决策树法及网络模型法（包括关键路线法、计划评审法、图形评审法），等等。

8.5 风险投资的退出机制

8.5.1 风险投资退出机制概述

风险资本顺利流动是保持其活力的基本前提，而顺利流动的决定因素是退出。风险投资的目的是资本高效增值，实现这一目的的关键是风险资本能否从目标企业中成功退出，也就是能否采用合适的风险投资退出机制。所谓风险投资退出机制，是指风险投资机构在其所投资的风险企业发展到相对成熟之后，将所投资的风险资本由权益形态重新转化为资本形态的机制及其相关的配套制度安排。

风险投资退出机制是推动风险投资发展的关键环节之一，具有以下重要的作用。

（1）促进风险投资循环。风险投资是由筹资—投资—融资三个环节构成的投资活动，如果没有退出机制，风险投资活动的循环就会中断，风险投资就无法实现投资增值和良性循环，也就无法吸引资本加入风险投资。没有退出机制或退出机制不完善，风险投资就很难生存和持续发展。

（2）评价风险投资。风险投资退出机制为风险投资活动提供了一种较为客观的评价方法，衡量风险投资的效率和价值高低的最好标准，是风险投资退出时风险资本的增值大小。

（3）实现投资收益。投资者之所以愿意承担高风险，其动力就在于追求经济上的高收益，缺乏完善的风险投资退出机制，即使成功项目的投资收益也很难实现，其他失败项目的投资损失更无法得到补偿，风险投资活动也就难以继续下去。

(4) 规避风险。由于风险投资企业本身所固有的高风险，使风险投资项目非常容易失败。一旦风险投资项目失败，不仅不能使资本得到增值，连收回本金也成为很大的问题。因此，一个畅通的退出机制有助于风险资本最大限度地避免损失。

8.5.2　风险投资退出的时机选择

在风险投资退出机制中首先要选择风险投资退出的时机。退出时机选择是否恰当，直接影响到风险投资退出的效率和效果。

风险投资人应当分析风险投资在各个阶段上的规律，判断所投企业的风险程度，把握退出时机。特别是由于高新技术产品在任一发展阶段都有可能突然"死亡"，因而风险投资人应该利用自己掌握的信息，一旦察觉到有此迹象，就应将工作重心迅速转移到投资退出上来，及时作出决策，转让部分乃至全部股权，达到保值资产、规避风险的目的。

在种子阶段，由于资金主要投向专利技术、商业计划等无形资产，企业的发展途径的不确定性很大。如果此时风险投资选择退出，将会面临两方面困难：一是流动性比较差；二是定价方面的困难。特别是无法对无形资产进行有效、准确的定价。此时选择退出，在寻找交易对手、评估企业价值方面会花费相当多的时间和费用，使得退出的效率和退出的效果较差。

在启动和成长阶段，资金主要投向风险企业的建立、运营和销售网络等建设，风险企业开始步入正常的运营轨道。如果此时风险投资选择退出，由于产品的市场前景和企业发展战略等影响企业价值的重要因素仍然存在很大的不确定性，仍然面临退出效率和退出效果方面的问题。

在扩张阶段，资金一般投向公司业务领域的扩展和新产品、新工艺、新技术的后续开发研究，企业已经在市场竞争中形成了较强的竞争力，如果此时风险投资选择退出，由于风险企业的成长性等价值因素得到市场的广泛认同，退出回报也将得到有力的保障。

在成熟阶段，风险企业的市场地位比较稳定，此阶段的风险企业价值主要受企业的市场地位、核心竞争力的稳定性和其对产业的整合效果等因素影响，如果此时风险投资选择退出，退出效率和退出效果要比前面3个阶段高。

8.5.3　风险投资的退出方式

一般来说，风险投资退出机制主要包括：公开上市（IPO）、股权出售、股份回购、破产和清算等。

1. 公开上市

风险投资者通过风险企业股份的公开上市，将拥有的私人权益转换成为公共股权，在获得市场认可，并转让后实现资本增值。股份公开上市被一致认为是风险投资最理想的退出渠道。其主要原因是，在证券市场公开上市，可以让风险资本家取得高额的回报。风险企业的股份公开上市一般是通过"第二证券市场"进行的。在西方发达国家中，著名的"第二证券市场"包括：美国专为没有资格在纽约证券交易所等主板市场上市的中小企业进行股票交易而建立的OTC（柜台交易）市场及在此基础上发展起来的NASDAQ（全国证券自营商协会自动报价系统）；英国于1980年建立的USM（未正式上市公司股票市场）；日本政府于1983年在大阪、东京和名古屋建立的"第二证券市场"等。

我国于2009年3月在深圳证券交易所启动"创业板"，截至2009年10月20日，共有

28家公司完成发行程序。"创业板"的推出,为大力发展我国的风险投资产业奠定了重要基础。

2. 契约式转让——出售或回购

股份出售是指一家一般公司或另一家风险投资公司,按协商的价格收购或兼并风险投资企业或风险资本家所持股份的一种退出渠道,也称收购。股份出售分为两种:一般购并和第二期购并。一般购并主要是指公司间的收购与兼并;第二期购并是指由另一家风险投资公司收购,接受第二期投资。股份回购是指风险企业(包括管理层或员工)或风险企业家本人出资购买风险投资企业家手中的股份。在20世纪末的第五次国际兼并浪潮中,风险资本更多地采用回购或出售的方式退出。

3. 强迫式转让——破产清算

清算退出是指当风险投资公司意识到风险企业缺乏足够的成长性而不能取得预期的投资回报,或者当风险企业经营陷入严重困境出现债务危机时,风险投资公司采取清算的方式收回部分或全部投资的一种退出方式。风险资本的高风险性决定了风险企业破产的可能性,总会有一些风险企业以破产或解散而告终。如果风险企业经营不成功,投资家确认企业已失去了发展的可能或成长缓慢,不能给予预期的高回报,就不会再追加投资,而是宣布企业破产或解散,对企业资产进行清算。因此,风险资本退出模式中必然包括破产和清算,这是投资失败后资本退出的唯一选择。

以上退出渠道的优劣分析如表8-4所示。

表8-4 退出渠道自身优缺点比较

退出渠道	优 点	缺 点
公开上市(IPO)	(1) 投资收益最高,往往是投资额的几倍甚至几十倍,有的甚至更高; (2) 企业获得大量现金流入,增强了流动性; (3) 提高了风险企业的知名度和公司形象,便于获得融资便利; (4) 股票上市是很大的激励,可以留住核心层人员并吸引高素质人才进入; (5) 风险投资家及风险企业的创始人所持有的股权可以在股票市场上套现	(1) 有上市限制; (2) 对出售股权的限制会影响创始人投资收入的变现; (3) 上市成本很高,上市的费用十分高昂
出售或回购	(1) 最大的优点在于符合风险资本"投入——退出——再投入"的循环,投资者可以在任意时期将自己拥有的投资项目股权随时变现,使风险投资的收益最大化; (2) 操作相对于IPO较为简单,费用低,可以实现一次性全部撤出且适合各种规模、类型的公司; (3) 股份的出售或回购还可以作为风险投资企业回避风险的一种工具	(1) 由于收购方太少,导致企业价值被低估,收益率与公开上市相比明显偏低,只有它的1/4到1/5; (2) 就出售而言,风险企业被收购后就不易保持独立性,企业管理层有可能失去对风险企业的控制权; (3) 对于回购来说,如果企业创始人用其他资产(如其他公司股票、土地、房产等)和一定利息的长期应付票据支付回购,会涉及变现及风险问题; (4) 若产权界定不清,产权交易市场不发达,产权成本过高,会阻碍这种退出渠道的运用

续表

退出渠道	优　点	缺　点
破产清算	是风险投资不成功时减少损失的最佳退出方式	（1）承担很大程度上的损失，这是投资失败的必然结果； （2）我国《公司法》要求在出现资不抵债的客观事实时才能清算，从而很可能错过投资撤出的最佳时机，也就无形中扩大了风险企业损失

8.5.4　国际风险投资退出渠道分析

美国具有发达健全的产权市场，一直是世界各国争相模仿的对象。美国的风险企业既可以通过NASDAQ市场公开上市，也可以在不同发展时期在私人资本权益市场上以出售或回购的方式实现退出。

NASDAQ是全世界风险投资公开上市最大的市场，20世纪90年代美国通过风险基金和原始股上市等途径进行的风险投资每年都在450亿～650亿美元，其中NASDAQ吸纳的约占半数。更有微软、英特尔、思科、戴尔、雅虎等著名的风险企业都在NASDAQ实现了成功退出和再度融资。NASDAQ不仅是美国的创业板市场，更是世界优秀风险投资企业展示自己的舞台。

所谓私人权益资本市场，是指不必经过美国证券交易委员会审批登记的，在私人之间或各金融机构与非金融机构之间进行的权益资本交易的市场。最常见的权益资本投资是普通股和可转换的优先股或带有优先权及认股权证的次级贷款。这些有价证券可能是上市公司发行的，但大多数是由私人公司和非上市公司发行的，其中私人权益资本又包括了风险资本和非风险资本。美国私人权益资本市场是整个资本市场的一个重要组成部分。私人权益资本市场一般具有4种形式：有组织的私人权益资本市场、天使市场、非正式的私人权益资本市场及144法规资本市场。可以说，私人权益资本市场为风险投资进行出售或回购提供了广阔的舞台。根据有关资料统计，2000年美国风险投资的出售或回购的发生概率达到60%，成为最主要的退出渠道。在这种方式下，风险投资的投资年限最短，报酬率中等。对于风险投资企业来说，只有投资资本的盈利性和流动性相统一，才能达到收益最大化，所以多数风险投资企业会选择这种退出渠道。公开上市回报率最高，达到了7.1倍，属于完全成功，但发生概率仅20%。破产清算是无奈之举，不仅长期占用资金，而且成本都只能回收20%。

8.5.5　创业板市场概述

从风险投资的实践经验来看，主要是通过"创业板"实现公开上市退出。创业板市场主要是指以扶持中小型高新技术企业发展为使命的新型市场。从广义来说，凡属与针对大型成熟公司的主板市场相对应的，面向中小企业的证券市场都是创业板市场。而从狭义来说，则仅指针对中小型公司和新兴企业，协助高增值成长公司及科技公司集资的市场。

1. 称谓概念

创业板市场又被称作二板市场、小盘股市场、自动报价系统、可供选择的投资市场及高科技板等，世界主要创业板市场的命名大概可以分为 3 种：一是后面加"SDAQ"（意为"证券交易商自动报价系统"）后缀，包括美国的纳斯达克（NASDAQ）、韩国的高斯达克（KOSDAQ）、新加坡的赛斯达克（SESDAQ）、日本的加斯达克（JASDAQ）等；二是称为新市场，主要集中在欧洲，如德国新市场、法国新市场、意大利新市场等；三是另外命名，主要是以形象名词或功能性的名词为创业板市场命名。以一个比较形象的名词来命名的创业板市场主要有两个，一个是日本的创业板市场，叫"母亲市场"（MOTHERS），另一个是中国台湾的创业板市场，叫作"老虎市场"（TIGER）。另外，还有一些创业板市场是以功能定位缩写或者词义直接翻译作为自己的名称，如英国伦敦证券交易所的 AIM（即"另类投资市场"）和 TECH. MARK（即"市场内的市场"）。中国香港创业板简称 GEM，是"成长性企业的市场"的意思。

2. 创业板市场的特性

就狭义的创业板市场而言，其有以下特征。

（1）创业板市场是前瞻性市场，市场认同的也是公司的独特概念与高成长性。以 NASDAQ 市场的 @ Home Network 公司为例。公司于 1996 年 7 月上市发行股票。该公司的主要业务是利用在技术上的突破，通过自己的网络提供 Internet 服务，使下载信息的速度大大超过传统的拨号方式。独特的概念刺激了投资者的需求，在发行日公司股票涨幅超过 130%。相比公司第一季度只有 8 万美元的收入、开支却达 1 100 万美元财务状况，显然投资者购买的是一家"概念"公司，而不是一家盈利丰厚的成熟公司。从这个意义上来讲，创业板市场并非只是主板市场之外的一个市场，它具有很强的针对性，主要是吸纳那些能提供新产品与新服务，或公司运作有创意，具有较大增长潜力的公司。

（2）创业板市场上市标准低。因为创业板市场是前瞻性市场，因此其上市的规模与盈利条件都较低，大多对盈利不作较高要求。例如，美国 NASDAQ 小盘股市场仅要求公司有 10 万股的上市规模，中国香港创业板也仅要求公众持股的最低量为 3 000 万港元，并且均不要求有盈利记录。

（3）创业板市场是高风险市场。与主板市场相比，创业板市场上公司规模小、业务属于初创时期，有关企业属于新兴行业，缺乏盈利业绩，面临的技术风险、市场风险、经营风险及内幕交易和操纵市场风险都很大，上市公司破产倒闭的概率比主板市场要高。

（4）针对熟悉投资的机构投资者与个人投资者。由于高风险的特性，创业板市场主要针对寻求高回报、愿意承担高风险、熟悉投资技巧的机构投资者和个人投资者，包括：专项基金，如小盘股基金，高科技、电信或生物科技等行业基金；风险投资公司；共同基金；有经验的私人投资者。

3. 创业板市场的监管

创业板市场是一个高风险市场，世界各国和地区的创业板市场都采取了一系列的措施，以防范风险，保护投资者利益，促进市场的发展。创业板市场从发行、流通到退出均按照一整套市场化制度运行，是一个真正市场化、法制化的市场，具体体现在：严格有效的信息披露制度、保荐人制度、做市商制度，从而形成市场的有序竞争和优胜劣汰机制。

> 专栏 8-3

中国的创业板市场

1. 我国的创业板市场发展历程回顾

1999年8月,为解决我国经济发展面临的深层次问题,进一步提高国民经济的整体素质,党中央、国务院颁布《关于加强技术创新,发展高科技,实现产业化的决定》,并明确提出,适当时候设立高新技术企业板块,创业板市场建设的帷幕正式拉开。

此后10年,根据形势的变化和发展的需要,党中央、国务院审时度势,就创业板的市场建设做出了一系列的安排和部署。1999年8月20日,中共中央、国务院出台的《关于加强技术创新,发展高科技,实现产业化的决定》指出,适当时候在现有的上海、深圳证券交易所专门设立高新技术企业板块。2000年4月下旬,中国证监会向国务院报送了《关于支持高新技术企业发展设立二板市场有关问题的请示》,建议由深圳证券交易所尝试建设我国的"二板市场"。同年5月16日,国务院召开会议,原则同意中国证监会的意见,将二板市场定名为创业板市场并设在深圳证券交易所。2000年8月,经国务院同意,中国证监会决定由深圳证券交易所承担创业板市场筹备任务,随后深圳证券交易所停止了新股发行,全面启动创业板筹备工作。2004年1月31日,国务院发布《关于推进资本市场改革开放和稳定发展的若干意见》,明确"分步推进创业板市场建设,完善风险投资机制,拓展中小企业融资渠道"。2004年5月17日,中国证监会同意深交所设立中小企业板块。5月27日,中小企业板块正式启动。2007年8月7日,中国证监会向国务院上报《中国证监会关于稳步推进多层次资本市场体系建设,加快建立多层次股票市场的方案和工作安排的请示》。8月下旬,国务院批复原则同意该方案,创业板建设思路进一步明确。2008年3月21日,中国证监会开始就《首次公开发行股票并在创业板上市管理办法(征求意见稿)》向社会公开征求意见。2009年3月31日,经国务院批准,中国证监会发布《首次公开发行股票并在创业板上市管理暂行办法》,该办法于5月1日起施行。这标志着创业板市场建设迈出具有历史意义的一步。2009年5月,创业板发行审核制度和保荐制度基本明确,深圳证券交易所就《创业板股票上市规则(征求意见稿)》向社会公开征求意见。2009年7月1日,中国证监会正式发布《创业板市场投资者适当性管理暂行规定》,自2009年7月15日起施行。2009年7月26日,中国证监会正式开始受理创业板发行上市申请材料。2009年8月14日,中国证监会第一届创业板发行审核委员会成立。9月17日,创业板发审委召开第一次会议,首批7家公司过会。2009年9月25日,首批10家创业板公司开始申购。

截至2009年10月20日,共有28家公司完成发行程序。2009年10月23日,中国证监会举办创业板启动仪式,标志着我国创业板正式启动。

2. 我国开设创业板市场的意义

创业板的推出和发展,将发挥对高科技、高成长创业企业的"助推器"功能,为各类风险投资和社会资本提供风险共担、利益共享的进入和退出机制,促进风险投资良性循环,逐步强化以市场为导向的资源配置、价格发现和资本约束机制,提高我国资本市场的运行效率和竞争力。

(1) 推出创业板有利于发挥资本市场的资源配置功能，推动经济发展方式转变，拉动民间投资，引导社会资源向具有竞争力的新兴行业、创新型企业集聚，培育新的经济增长点，推动产业结构调整升级，增强经济发展的协调性和可持续性。

(2) 推动创业板是落实国家自主创新战略，促进科学技术向现实生产力转化的重要举措。改革开放以来，我国中小企业特别是科技型、创新型中小企业迅速崛起，成为国民经济中最有活力、最具成长性的发展群体。适应这些企业发展的要求，推出创业板，进一步创新金融服务体系，有助于完善科技型中小企业的投融资链条，促进一批发展潜力大，带动作用强的高成长、高科技中小企业和自主创新企业加速发展，加快构建以企业为主体，市场为导向，产、学、研相结合的技术创新体系，推进国家自主创新战略的实施。

(3) 推出创业板是拓展市场覆盖面，完善多层次资本市场体系的重要环节。随着近年来我国产业结构调整步伐加快，我国企业规模分化日趋明显，不同区域，不同成长阶段的企业迫切要求创新金融服务体系，单一的主板市场和同质化的制度安排已经难以满足资本市场多样化的投融资需求和风险管理的要求。创业板的推出适应了中小创新型企业的多元化融资要求，也满足了广大投资者的不同风险偏好，有利于扩大资本市场服务范围，逐步完善有机联系的多层次资本市场体系。

思考题

1. 简述风险投资的特征与组成要素。
2. 简述风险投资与科技成果转化的关系。
3. 比较国际、国内投资市场中风险投资主体的构成。
4. 比较风险投资机构的组织模式选择。
5. 分析风险投资的分段投资与介入时机。
6. 风险投资的退出渠道包括哪几种？试作出比较分析。
7. 创业板市场的特性表现在哪些方面？
8. 创业板市场与主板市场的关系如何？
9. 如何进行创业板市场的监管？

第 9 章

投资银行的其他业务

学习目标

1. 掌握证券投资分析和咨询的具体操作方法,了解咨询业务的风险控制和管理,了解我国投资咨询业务的发展现状和发展方向。
2. 了解金融工程学的研究对象,掌握金融工程在投资银行的主要应用。
3. 了解委托理财业务的具体含义,掌握委托理财契约的主要内容。
4. 掌握我国证券公司开展集合资产管理计划的合同主要内容。

9.1 证券投资咨询业务

9.1.1 证券投资咨询概述

1. 证券投资咨询的概念

投资咨询业务是随着证券市场的发展而诞生、发展起来的。最初,投资咨询业务只是投资银行的辅助性业务,相对于证券领域的经纪、承销等业务而言,该业务并不是投资银行的主体业务。但是,随着证券市场的壮大和对专业化证券投资分析需求的扩大,这项业务越来越显示出其重要性和影响力,并最终成为一项重要的业务而走向独立,当前证券投资咨询已经成为一个独立的行业——证券投资咨询业。在我国,除了投资银行机构,其他咨询公司也开展证券投资咨询业务。

从广义上讲,证券投资咨询是指投资银行接受投资人或者客户的委托,向客户提供证券投资咨询服务、财务顾问服务和资产管理顾问服务及投资建议咨询服务等。从世界各国来看,投资咨询业务都是紧紧围绕证券市场而展开的。但由于不同国家证券市场的发展历史、成熟程度、监管方式各不相同,各国具体的证券投资咨询业务内容也不尽相同。一般来说,主要包括两种:通过合同或契约,以发送投资分析报告等形式,向特定客户提供有价证券的投资咨询建议;通过公开发表投资分析报告、出版报刊书籍、开展证券投资讲座等形式,向社会公众提供关于特定有价证券投资价值的判断和建议。

2. 证券投资咨询的主要功能

在 18 世纪国际市场上，股票买卖出现不久便有了投资咨询。随着通信、电子等技术的不断发展，证券咨询业信息的传播方式日益更新，传播渠道不断增强，传播速度大大加快，传播内容也不断丰富。证券投资咨询业务的发展，一方面符合证券市场公正、公平、公开的原则，另一方面也适应了证券市场专业化的要求。通过收集、整理、分析、研究和传播信息，证券投资咨询业务在各个方面都发挥着不可或缺的作用。

（1）培育证券市场。证券市场的运作离不开信息，因为信息是投资决策的基础。证券投资咨询机构作为市场信息的提供者和传播者，通过收集、整理、分析和传播信息，为投资者和筹资者架起了桥梁。其信息的提供，直接影响着证券市场股价的波动和市场的效率。如果投资咨询业能提供客观、公正的分析，并能准确、及时、充分地传递信息，就会吸引越来越多地投资者，从而提高市场配置资源的能力和效率，促进证券市场的健康发展。

（2）服务投资者。随着证券市场的发展，投资者数量不断增加，在投资者的结构组成中，绝大多数是中小投资者，与机构投资者和大户相比，其获取市场信息的手段最少，对市场状况的分析预测能力最弱，防范和抗衡市场风险的能力最低。如果没有专门的机构为其提供信息和建议，他们往往会在证券市场中感到盲目而无所适从。而证券投资咨询业通过收集、整理、分析和研究市场信息，可以为他们提供充分、准确、迅速的市场信息，提供有依据且深入准确的市场分析和预测，还可提供投资决策及风险防范的建议。

（3）引导理性投资。对于大多中小投资者而言，他们很多不具备从事证券投资所需要的理论知识和丰富的投资经验，面对不确定的市场波动，往往会表现出盲从、贪婪、冲动、犹豫等弱点。这种非理性引导下的投资，不仅使投资者产生偏离预期的亏损，也使市场孕育极大风险。而证券投资咨询业凭借其信息网络和专业知识，不仅为投资者提供大量有用的信息，而且能够帮助他们形成科学的投资战略，培养健康的投资心态，使他们面对证券市场的风起云涌，能够更多一份理性和思考，少一点儿盲从和跟风。

3. 证券投资咨询业的发展特征

经济的发展推动着证券市场的繁荣和膨胀，伴随着全球性金融管制放松的浪潮和先进的电子、通信技术的不断产生和应用，证券市场跨越了民族传统和经济法规的限制得以迅速国际化。随着证券市场的发展和扩大，机构投资者迅速成长，市场中的证券品种也应投资者的各种需求而日益丰富。在这样的背景下，以证券市场作为生存空间的证券投资咨询业在发展过程中也表现出了与此相应的一些特征。

1）证券投资咨询业的国际化

国际化的证券市场为证券投资咨询业的国际化提供了丰富的土壤，市场消费群体的培育和成熟、服务载体的发展和深入、信息技术的出现和应用，这些都为证券投资咨询业务的国际化创造了有利条件。在这样的背景下，证券投资咨询机构纷纷在世界各地设立子公司、办事处和代表处等分支机构，将他们的咨询业务推向各地的用户；另一方面，机构投资者不再局限自己的目光，开始放眼于一体化的证券市场，从而成为证券投资咨询市场重要的国际性的消费群体。全球化的机构投资者和证券投资咨询机构共同构成了国际证券投资咨询市场的两大重要主体。

2）证券投资咨询服务的多样化

证券投资咨询服务的多样化是指证券投资咨询的形式和服务方式的多样化。证券投资咨询机构在发展过程中，越来越重视提供多形式、多层次的服务以满足客户的需求。他们可以按照不同的要求向顾客提供参考性的证券市场统计分析资料、宏观经济及证券市场方面的研究分析报告和投资建议，可以通过公众传播媒体和电信设备系统等多种渠道，编辑出版证券市场方面的资料、刊物和书籍，举办有关证券投资咨询的报告会、分析会，发表各种形式的文章、评论、报告等。同时，随着证券咨询业务的国际化，咨询机构对客户服务的方式也趋于多样化。由过去的有限时间、受地域限制的服务开始转向全天候、全球性的服务，由以前的单向传输式服务转变为现在的双向交互式的交流。

3）证券投资咨询业务的综合化和专业化

在证券投资咨询业发展进程中，证券投资咨询业务的综合化和专业化是一个明显的特征。所谓业务的综合化，是指证券投资咨询业务的开展，通常和投资银行的其他业务相结合，或与新闻、信息系统业务相结合。而业务的专业化则是针对证券投资咨询自身的内容而言，表现为证券投资咨询的分类越来越细化，对证券投资咨询的质量和深度要求也越来越高。证券投资咨询业务在发展过程中逐渐综合化和专业化是投资银行在激烈市场竞争中的必然选择。随着资本市场的不断扩大，投资银行在证券投资咨询业务的竞争日趋白热化，客户对投资银行提供的投资咨询服务的要求也越来越综合和深入。而投资银行出于自身发展和壮大的需要，也希望能够将咨询业务的外延扩大，将咨询的成果深化应用，付诸实践。国际上许多著名的投资银行常常利用它们在信息收集和分析上的优势，向新闻、媒体业进军，利用它们在研究、咨询上的优势，在产业间资本流动、企业间并购重组和资产管理等方面拓展主要业务。即使在后金融危机时代，随着竞争的日益激烈和证券市场不断向纵深发展，证券投资咨询业走综合化和专业化相结合的道路仍将是以后的发展方向。

4）证券投资咨询手段的现代化

当今时代的显著特点就是技术的飞速发展。电脑、通信等领域高新技术的出现和应用不仅构筑了证券投资咨询业务发展的宏观环境，而且还直接促进了证券投资咨询业务的延伸和拓展，使得客户获得的服务更加多样化和全面化。通信技术的应用，使得服务的范围突破了地域的限制，咨询业务的消费群体迅速扩大；电脑技术的应用，使得对资料、信息的收集、处理和分析的时间大大缩短，效率显著提高；网络技术的应用，使得证券投资咨询服务的渠道得到极大的拓展。可以说，证券投资咨询业务的国际化、综合化、专业化和服务的多样化与先进技术手段的应用是密不可分的。

9.1.2 投资银行开展证券投资咨询的具体业务

从内容上来看，投资银行在证券投资咨询业务中的主要工作就是进行证券投资分析，并向客户或投资者提供咨询服务。

1. 证券投资分析

证券投资分析是投资银行从事投资咨询业务的主要内容之一，同时也是投资银行为客户或者投资者提供咨询服务的基础。从分析方法来看，证券投资分析主要包括基本面分析和技术分析。投资银行往往会根据投资者的具体目的开展证券分析，投资者的投资目的不同，则分析的侧重点也不同。一般来说，基本面分析适用于长期投资，而技术分析适用于短期投资。

1) 基本面分析

基本面分析，主要是对决定证券价值和价格的基本因素如宏观经济指标、经济政策走势、行业发展状况、产品市场状况、公司销售及财务状况等进行综合分析和评估，以判断证券的合理价值，提出适当投资建议的一种分析方法。其主要内容包含3方面：宏观分析、行业分析和企业分析。这3方面的分析在投资决策中相互关联，通过宏观分析来主要把握政治、经济及宏观经济政策的变化趋势，作出长期投资的时机决策；在此基础上进行行业分析，找出有发展前途的行业，作为投资的目标方向；在确定了方向的基础上，进一步进行企业分析，选出行业内生产经营能力强、有市场竞争优势的企业作为长期投资的具体对象。

（1）宏观分析。宏观分析主要分析一国政治因素和宏观经济因素对证券市场或单个证券的影响。其主要内容又包括宏观经济运行分析、宏观经济政策分析和政治环境分析3个方面。

① 宏观经济运行分析。首先，分析GDP变动对证券市场的影响。一般而言，若GDP持续稳定高速增长，表明居民收入不断提高，上市公司的利润持续上升，人们对经济发展形成良好预期，此时证券市场将呈现上升趋势。反之，证券市场会趋于下跌。值得注意的是，证券市场往往反映预期的GDP变动，而当GDP的实际变动公布时，证券市场只反映实际变动与预期间的差别。其次，分析宏观经济运行周期对证券市场的影响。一般来说，在经济周期的繁荣阶段，证券价格会上涨，而在衰退阶段，价格会下降。但是，证券市场走势与经济周期在时间上并不完全一致，前者通常提前反映后者的变化，即在经济繁荣之前，价格会先上升，反之亦然。因此，证券市场价格往往为先行指标。再次，分析通货膨胀对证券市场的影响。通货膨胀对证券市场所产生的影响相对复杂，在进行分析时必须从该时期通货膨胀的原因、程度，结合当时经济结构和形式及政府可能采取的干预措施等方面综合考虑。一般而言，温和、稳定的通货膨胀对证券价格的影响较小，证券价格上升的可能性较大，而严重的、恶性的通货膨胀对证券市场的价格影响较大较深，证券价格下降的可能性较大。最后，分析利率和汇率对证券市场的影响。利率水平的变动对证券市场的影响有直接的，也有间接的。直接的影响主要体现在利率引导社会资金的流向，而间接影响主要体现在利率的提高会使公司借款成本增加，导致公司利润下降，从而引起股票价格下跌，反之，利率降低，则促使股价上涨。汇率的变动对证券市场的影响是多方面的，因具体情况而异。一般情况下，一国的经济开放程度越高，证券市场国际化程度越高，证券市场受汇率影响也越大。其中，受汇率变动最直接影响的是那些从事进出口贸易的上市公司。

② 宏观经济政策分析。宏观经济政策主要是指财政政策和货币政策。其中，财政政策对证券的影响主要是通过对宏观经济整体运行状况的影响来间接实现的。扩张性的财政政策通常会刺激经济的发展，增加经济主体收入，同时提高居民收入，这一切都有利于证券价格的上涨；而紧缩的财政政策则往往会起到相反的作用。货币政策对证券市场的影响则是通过对利率和证券的需求的影响来实现的。扩张性的货币政策增加了货币供给量，一方面通过利率的下降而促使证券价格的提高，另一方面通过人们对证券需求的增加而使证券价格上涨；相反，紧缩的货币政策往往会导致证券价格下跌。

③ 政治环境分析。在进行宏观分析时，除了要从宏观经济因素角度分析，还要考虑政治因素对证券市场的影响。政治因素包括对证券价格有一定影响力的国际、国内政治活动、政治事件和政治风波，这些因素会影响投资者对政府政策和外部经济条件的预期，从而直接

影响证券市场。

（2）行业分析。宏观分析对社会经济运行进行整体状况的评判，为证券投资提供了背景条件。但是在相同的宏观背景条件下，不同行业的发展前景差别很大，相应地，不同行业的上市公司在证券市场的表现差别很大。在进行分析时，需要对上市公司所属行业的生命周期、市场类型、相关行业、国家政策等因素进行研究、归纳、总结，以判定该行业的发展前景，从而为具体投资对象的选择提供依据。

（3）企业分析。通过行业分析，可以对众多的行业进行合理甄别。但是，在每个行业中有许多企业，不同的企业在规模大小、经营好坏、实力强弱、盈利多寡等方面存在差异，因此为了选择合适的投资对象，还要进行企业分析。企业分析主要包含企业基本素质分析和财务分析两部分。基本素质分析是指分析企业发展的基本因素，包括了对企业竞争地位、企业经营管理能力和企业盈利能力的分析等。只有具有竞争优势的企业才可能生存并不断壮大；只有具有高效经营管理能力的企业才能良性运转并长期发展；也只有具有稳定盈利能力的企业，才有可能使其股票在证券市场中有长期的优越表现。通过对上市公司基本素质的分析，可以把握企业的发展态势，从而预测股票的市场表现。财务分析是通过计算和分析企业的财务状况，从而对企业的各种能力及成长性作出评估。财务分析以财务报表为主要依据，分析方法有比率分析、比较分析和综合分析等。其中，最基本的方法是比率分析，即在同一张财务报表的不同项目之间，或多张财务报表的有关项目之间，用比率来反映它们之间的相互关系，以求从中发现问题并据以进行判断。通过对企业财务的财务分析，可以为具体投资对象的选择提供重要的决策依据。值得注意的是，财务报表的数据只是账面上的，仅仅是表象，不一定能够真实反映企业的客观实际。此外，当企业的经济环境或经营条件发生变化后，原有财务数据与新财务数据相比，可能失去可比性。因此，在进行财务分析时，不仅要进行数据的计算，也要对报表数据所反映的现实情况进行具体分析。

2）技术分析

技术分析是对证券市场的市场行为所作的分析，包括对证券价格的高低、价格的变化、成交量及完成这些变化过程所经历的时间等分析。技术分析的特点是通过对市场过去与现在行为的分析，应用数学和逻辑方法，归纳总结一些典型的投资行为，从而预测证券市场未来的变化趋势和完成这些变化所需经历的时间，以选择最佳的投资机会及方式，来控制风险，获取收益。技术分析有3条理论假设：市场行为包含一切信息；价格是沿趋势发展；证券市场行为历史会重演。

技术分析法主要有以下3类。

（1）趋势分析法。趋势是指股价在一段时间内的运动方向。该方法认为，股价的运动趋势一旦形成，就很有可能持续一段时间，因此股价技术分析的任务主要在于确认股价趋势的形成和识别股价趋势的尾声。在证券投资实际活动中，趋势分析者们主张随行就市，在趋势上升时买进，在趋势下降时卖出。在趋势分析中，最常用的是道氏理论、移动平均线法和波浪理论。

（2）形态分析法。形态是指股价经过一段时间的盘档后，在走势图上形成一种特殊形态。它可以归纳为几种有一定规律的几何图形，分别反映了股价运动的不同特点。一般而言，形态可以分为反转形态、整理形态和缺口形态3种。形态分析就是根据实际股价的变动情况，对照各种形态的特征，对股价未来的变动趋势作出判断估计，以便把握买卖时机。

（3）指标分析法。指标分析法中的技术指标大部分是以趋势分析理论为基础，根据统计学原理，结合证券市场上的价格与成交量的变动关系来发出买入卖出的信号指示。当然，也有一些技术指标并不拘泥于价格和成交量，如股票市场中的涨落指数便是以上涨股票数和下跌股票数的对比关系来衡量市场的强弱程度的。

虽然技术分析法是目前国际上进行证券投资分析最常用的方法之一，但是由于该方法假设信息都包含在市场行为中，其只关心证券价格的变动，而基本不关注证券市场以外的影响，使其在应用上有一定局限。尤其对于尚不成熟的中国证券市场而言，市场受非技术因素影响较大，这种局限性表现得更为显著。

2. 证券投资咨询

证券投资咨询是在证券投资分析的基础上进行的，主要分为债券投资咨询和股票投资咨询。

1）债券投资咨询

债券投资咨询包括债券投资品种的选择、债券价格选择和债券投资风险分析等内容。

（1）债券投资品种的选择。债券根据不同的划分标准，可以有不同的分类。按发行主体分为国债、地方政府债券、金融债券、公司债券等；按偿还期限可以分为长期债券、中期债券和短期债券等。不同种类的债券有着不同的风险收益特征，因此对各种债券品种的选择要因人因时而异。投资银行要帮助客户根据自身的实际情况，选择合适的债券投资品种，在具体推荐时可以参考有关机构的对债券的信用评级。

（2）债券价格选择。债券的价格与其收益率密切相关。债券的发行一般有溢价发行、平价发行和折价发行3种。在债券发行时，投资银行应根据不同的发行价格计算出相应的收益率水平，供投资者参考。债券的转让可以通过债券市场进行，也可以协议转让，但前者的流动性要强于后者。因此，投资银行不仅应估计出在当前价格下的收益率，还要针对债券的质量、期限、流动性、市场利率走势等提出投资建议，以供投资者综合判断。

（3）债券投资风险分析。债券虽然有固定的回报收益，但是也存在风险，主要包括政治风险、经济风险、通货膨胀风险、再投资风险、违约风险等。所以，投资银行要帮助投资者有效规避风险。主要采用的方法有以下几种。

① 提供各种债券的风险分析报告，进行债券评级，帮助投资者决策。

② 指导投资者根据组合投资理论分散投资，确定各债券的投资比例，同时对债券的期限、收益率、变现能力等进行组合，以此分散风险。

③ 指导投资者对债券投资采取套利的方法，利用市场基差来消除风险。

2）股票投资咨询

股票投资咨询内容包括股票市场行情分析、投资理念引导和选择合适的投资方法等。

（1）股票市场行情分析。投资银行通常下设专门的部门对股票市场行情进行动态跟踪和分析评论，然后通过新闻媒介、交易网络和传真等形式提供给其机构客户或大众投资者。由于投资者本身也存在差异，有重视基本面的，有重视技术面的，有重视股票价值的，有重视股票走势的，有短线操作的，也有长线操作的，因此，投资银行在对股市分析时，应该适合投资者的操作风格，做到有的放矢。

（2）正确的投资理念引导。投资银行应帮助投资者克服诸如急于求成、盲目跟风等不良投资心态，在充分分析基本因素和技术因素的基础上获得经济发展和公司成长所带来的利益，避免过于频繁的操作引起交易成本的增加。

（3）合适投资方法的选择。在股票投资中，投资方法和投资分析是相辅相成的。如果没有有效的投资方法进行资金管理，投资分析的一着不慎就会导致投资的严重损失。因此，投资银行应帮助投资者选择适合自己的投资方法，其主要有：盈亏停止法、摊平操作法、拨档操作法、顺势操作法和投资计划法等。

9.1.3 证券投资咨询业务的风险管理

证券投资咨询机构以其特有的职能，广泛参与一系列的证券市场活动，包括收集市场信息、提供投资咨询和投资管理服务等。如果不能很好地规范证券投资咨询机构的业务行为，那么就会产生证券投资咨询业务风险。证券投资咨询业务风险，是指证券投资咨询机构及其专业人员在业务开展过程中，由于违法、违规、违约操作，市场分析判断失误，信息误导等原因造成危害和损失的可能性。这一风险的影响范围非常广泛，它既会对证券市场的稳定性产生影响，也会给客户或广大投资者带来风险，且对证券投资咨询机构及其专业人员本身，也会造成各种有形或无形的损失。

1. 证券投资咨询业务风险的来源

（1）违法违规风险。是指证券投资咨询机构及其专业人员在业务活动中因违法违规行为所造成的证券市场投资者的利益、证券投资咨询机构及其工作人员自身的利益损失的可能性。证券投资咨询机构是证券市场的重要组成部分，有着不可忽视和替代作用，它们通过媒体所开展的投资咨询活动，已成为影响投资者决策及市场走向的重要力量。因此，世界各国的证券主管机关都制定了一系列相关的法律法规来规范其业务活动。然而，由于利益的诱惑或其他原因，有些机构或个人在开展咨询业务时，仍然会铤而走险进行各种违规操作以谋求利益，这极大地破坏了证券市场秩序，也给广大投资者和其他咨询机构及专业人员带来很大风险。

（2）违约风险。是指证券投资咨询机构及其专业人员在业务活动中，违反委托协议约定的有关事项，对客户造成的利益损失的可能性。其主要包括未能按期提出咨询报告或者提出的咨询报告不符合约定而给客户造成损失的可能性；未履行保密义务而给客户造成损失的可能性。

（3）信息误导风险。是指证券投资咨询机构及其专业人员在证券投资咨询业务过程中，由于对信息的分析处理错误而给客户或投资者造成利益损失的可能性。在证券市场中，信息杂乱，真正的可用信息只占很少一部分，证券投资咨询机构及其专业人员的职能之一就是对市场中的大量信息进行收集整理、分析研究，把实用可靠的信息抽离出来，及时提供给客户。如果分析人员对信息不加分析就提供给投资者，或对信息分析错误，甚至故意将含有虚假水分的信息传播给投资者，造成信息误导，不仅给投资者带来极大投资风险，也很容易造成市场混乱，从而对证券市场造成不良的影响。

（4）市场分析风险。是指证券投资咨询机构及其专业咨询人员在对市场分析和为客户和投资者提供投资建议方面判断错误所造成的投资风险。虽然证券投资咨询机构及其专业人员不因其提供的错误市场预测或投资建议而承担投资者或者客户的直接投资损失，但是一个分析经常偏离市场，投资建议经常失败的咨询机构或专业咨询人员将会面临失去客户甚至整个市场的风险。因此，证券投资咨询机构及其专业人员对市场的准确把握和判断是其生存和发展的基础。

2. 证券投资咨询业务风险的控制和管理

控制和管理主要可以从外部和内部两个方面着手。

从外部控制看,主要措施包括以下几个方面。

(1) 加强证券市场法律和规章制度的建设。证券市场法律和规章制度的建设是保证证券投资咨询业健康发展的基本条件。没有法律制度的保障,投资咨询市场只能处于盲目无序的状态,不可能健康发展;只有加强证券市场的法律制度建设,明确证券投资咨询机构开展业务的范围和各项规定,才能维持正常的市场秩序,使得证券投资咨询业在法制化的道路上规范发展。

(2) 建立严格的投资咨询从业确认制度。作为一个提供高智力服务的行业,证券投资咨询业对人才有着极高的要求,从某种意义上说,证券投资咨询业务的风险因素实际上主要是来自于人的因素,因此对于证券投资咨询业来说,严格的资格确认、行业准入制度显得尤为关键。只有通过学习、训练与实践达到一定的能力标准的人员,方可进入咨询行业从事投资咨询业务。这样才能使咨询机构专业能力受到投资者的普遍信任,树立良好信誉。

(3) 建立证券投资咨询的行业自律组织。所谓自律,是指证券投资咨询市场参与者组成自律组织,在国家有关证券投资咨询法律、法规和政策的指导下,依据证券投资咨询业的自律规范和职业道德,实行自我管理、自我约束。建立证券投资咨询业的行业自律组织是控制证券投资咨询业务风险的重要手段,是对政府监管的重要补充。

从内部控制看,主要措施包括以下几个方面。

(1) 完善内部管理制度。企业内部管理制度对企业的生存和发展至关重要,它是企业在市场竞争中立于不败之地的坚实基础。对于提供高智力服务的证券投资咨询机构来说,这一点尤为重要。一方面高智力需要高投入,员工工作的积极性要依靠科学的内部管理制度加以激励;另一方面,智力型行业通常属于风险较高的行业,而且证券投资咨询机构业务运作的好坏对证券市场会产生较大影响。可见,完善的企业内部管理制度对于证券投资咨询机构而言显得更为重要。

(2) 提高从业人员的业务水平和职业道德。证券投资咨询从业人员的业务水平直接影响其提供的咨询服务的质量,也直接关系证券投资咨询业务的风险,而提高从业人员的职业道德对于证券投资咨询业务风险的控制也尤为重要。良好的声誉是投资咨询机构的生命,而证券投资咨询从业人员的业务水平和职业道德很大程度上影响着投资咨询机构的声誉。

(3) 建立科学的决策机制和有效的业务风险防范体系。随着证券市场的快速发展及人们对专业证券投资分析需求的扩大,证券投资咨询的业务范围也在不断地扩大。证券投资咨询的业务范围不仅包括从事企业、行业的调查研究与股市评价,提供证券组合信息,而且也涉及参与一系列证券投资决策。因此建立一个科学的决策机制和有效的业务风险防范体系,对于决策风险的控制十分必要。只有建立科学的决策机制,才能保证决策的科学性,避免受个人主观影响;只有建立有效的风险防范体系,才能应对决策的微小失误所带来的巨大冲击。

(4) 制定合理的生存与竞争策略。证券市场的不断完善与发展使得证券投资咨询机构间的竞争越来越激烈,在这种环境下,竞争策略的优劣直接关系到咨询机构乃至整个行业的生存和发展。例如，通过违规操作获得利润，或通过恶性竞争降低费用标准来应对竞争，对于咨询机构和行业的长远发展都是不利的。制定合理的竞争策略不仅可以避免恶性竞争带来的不良后果，而且还可以使咨询机构避免为了竞争而从事违法行为，它是证券投资咨询机构总体发展战略的重要组成部分，也是加强内部控制的主要措施。

9.1.4 我国证券投资咨询业务的发展

1. 我国证券投资咨询业的发展历程

中国证券投资咨询业的发展开始于20世纪90年代，在当时大众对股票和证券投资了解还不多的情况下，证券公司的证券营业部为了开发客户，对个人投资者进行启蒙和入门指导。1992—1993年，上海和深圳出现了一些较为专业的投资咨询公司，其研究方法主要模仿技术派分析方法和进行咨询信息的整理，研究人员被称为"股评家"。当时"股评家"的水平很大程度上取决于是否有内部消息（即从一些非正常渠道获取的证券投资信息），而且很多"股评家"更是一边炒股一边做股评，并从事一些代客理财的业务。股评报告会的传真文件成为这一时期咨询机构的主要产品。

从1996年开始，部分证券公司的研究机构形成了以公司研究为核心的基本面研究体系，开始对公司的其他业务提供支持。1998年，国务院证券委员会发布了《证券、期货投资咨询管理暂行办法》。该法的颁布是证券投资咨询业发展史上的一个里程碑，从而结束了证券投资咨询业处于监管真空和无序的状态。

进入21世纪以后，一些证券公司的研究机构开始为外部的机构客户提供研究服务，尝试走市场化道路，脱离母公司独立运作。与此同时，独立的证券投资咨询机构的业务也开始分化，许多公司进行客户和业务细分。在面向个人投资者的投资咨询机构以外，也出现了以机构投资者为目标客户的独立的证券投资咨询机构，并以此培育自己的核心能力和构建自己的客户关系网络。从形式上看，证券投资顾问业务仍然是证券投资咨询业务的主要形式。为了规范新形势下证券公司、证券投资咨询机构从事证券投资顾问业务、发布证券研究报告行为，保护投资者合法权益，中国证监会于2010年7月制定了《证券投资顾问业务暂行规定》和《发布证券研究报告暂行规定》（征求意见稿），公开向社会征求意见，相关法规仍在建设中。截至2010年5月底，我国经中国证券监督管理委员会批准、获得证券投资咨询业务资格许可证的咨询公司共有98家。

2. 我国证券投资咨询业存在的问题

我国的证券投资咨询业的发展时间很短，虽然近年来证券投资咨询队伍不断壮大，业务也在不断扩展，但是，从目前证券投资咨询机构及其业务来看，我国证券投资咨询业的发展还处于起步阶段，无论是与国外成熟证券市场的投资咨询业相比，还是与我国证券市场健康发展对证券投资咨询业的需求相比，我国的证券投资咨询业仍存在一些问题。

1）服务业务内容单调，缺乏特色

作为一种提供高智力服务的行业，证券投资咨询业并不是简单传递信息的媒介，重要的是将市场上已有的原始信息进行加工处理，并在整理和分析的基础上，为投资者提供投资建议和投资服务。所以，投资银行提供的咨询服务应该是一种具有创造性的思维成果。然而，从我国目前证券投资咨询业的实际情况来看，无论是专业投资咨询机构还是券商开展的咨询业务大都性质、品种趋同。由于没有进行合理的市场定位和分工，业务限制与狭小的范围使得各种证券投资咨询机构不能形成自己的专业特色,既无法为投资者提供多种多样的高质量服务,也无法实现自己高水平的盈利目标,同时也造成了人力、财力等资源的浪费。

当前,我国的证券投资咨询机构普遍将信息的传播,尤其是每日股市行情信息作为主要业务,业务内容单一。有的咨询机构在为投资者提供信息资料时,原始的、重复的、模棱两可的信息居多,这些信息不仅投资参考价值不大,有的甚至含有许多虚假成分,在传播方式多样化的情况下,这样的信息容易造成市场的混乱。

2) 专业从业人员素质有待提高

证券投资咨询从业人员的素质直接影响到提供服务的质量,这就要求证券投资咨询机构必须聘任具有投资分析和投资管理方面专门知识和能力的人才。但是,许多证券投资咨询业从业人员文化水平、专业知识及职业素质还不高,其知识结构和证券投资咨询业的要求存在很大差距。他们为投资者提供咨询信息时,往往只是简单拼凑信息,而非深入分析;空谈大势的多,实地调研的少,不负责任、误导投资者屡有发生。此外,由于我国尚未建立起成熟的证券投资咨询业从业人员资格考试体系和从业后期教育计划,使得我国在培养具体有投资分析和投资管理方面专门知识和能力的高级人才上显得动力不足。

3) 机构内部设置过于简单,发展空间受限

证券投资咨询机构作为一个服务性部门,其内部设置应该有利于客户准确表达其投资要求,有利于机构本身展示其投资方针和投资理念,以及有利于其功能的有效发挥。国外大型投资银行的证券投资咨询机构内部通常设置4个部门,即资金管理部、分析研究部、营业部和管理部。其中,资金管理部和分析研究部是投资咨询机构的主要职能部门,前者负责具体的投资操作等资产运用业务,后者则以有价证券投资调查,尤以有价证券市场分析和上市股票分析为主要业务。而我国目前的证券投资咨询机构内部设置和分工过于简单。许多券商的投资咨询部虽然有雄厚的资金实力,也在市场调查、信息分析和研究等方面做了大量工作,但出于本位利益的制约,在很大程度上只是服务于其自营业务。目前,我国证券投资咨询业的发展现状是:有资金实力的业务空间受限制;有业务发展空间的却缺乏资金实力。

4) 行业规范及相关法制建设不完善

证券投资咨询业的规范发展对于有效控制证券市场的风险,保护广大投资者的合法权益,保证证券市场的健康发展都有重要意义。在我国,虽然早在1998年4月1日,正式颁布实施的《证券、期货投资咨询管理暂行办法》使我国证券投资咨询业步入规范发展的阶段,但仍有一些未取得从事证券投资咨询业务资格的机构和个人无证从业。一些已取得证券投资咨询业务资格的机构和个人在业务活动中存在违规行为,有的证券投资机构和人员甚至编造并传播虚假信息和市场传言,与庄家进行内幕交易,极大地扰乱了市场秩序。因此,证券投资咨询业的规范化发展,仍然任重道远。

3. 培育和发展我国证券投资咨询业务的主要方向

一是建立健全证券投资咨询法律法规体系。任何一个运作正常的证券投资咨询市场都离不开一个完善的法制环境的支撑。证券投资咨询市场的法制建设,关系到投资者信心与市场安全、高效发展,关系到社会公众投资者特别是中小投资者合法利益的保护,关系到证券投资咨询市场的依法管理和依法运作。我国虽然已经颁布了《证券法》和《证券、期货投资咨询管理暂行办法》,但是还没有《投资顾问法》等相关配套法律。因此,为了规范证券投

资咨询业的管理，促进证券投资咨询业的健康发展，我国必须加大立法进程，尽快出台《投资顾问法》等相关法律法规，使得在法律上明确规定证券投资咨询业的业务内容、经营申请注册方式、经营者责任、监管部门及其权力责任等，为管理部门对证券投资咨询机构进行行政监督提供公正合法的依据，也使证券投资咨询业的运作有法可依。

二是加强对证券投资咨询业的监管。投资者是证券市场的支柱，投资者对证券市场的信心是证券市场得以生存和发展的保障，特别是对于我国这样处于发展初期的新兴证券市场来说，中小投资者占了大多数。因此，为了保证我国证券市场的健康、稳定发展，保护投资者权益，必须加强对证券投资咨询业的监管。从内容上看，在监管方面，首先应该加强对各种公开信息传播的管理，对各种公开发表刊行的相关分析报告及其他直接出版物和著述，要进行严格审查和监控，以维护市场的有效性，保护投资者利益；其次要对各种投资顾问合同的签立和执行情况进行监督，为合同的顺利履行提供保障；再者，要加强对证券投资咨询机构的监督和管理，要求各证券投资咨询机构以书面形式，适时向主管部门和客户提供其有关投资咨询能力和背景方面的基本信息资料，并要求其财务公开化，以加强对客户的保护。同时，我国还需要尽快制定行业道德标准和职业规范、咨询收费及质量检验标准，实行行业资格准入审核和个人职业资格考核定级发证制度，并严格加强监管。

三是放开并规范我国证券投资咨询业的业务范围。我国目前的证券投资咨询机构主要业务集中于二级市场的信息提供及分析评论。而目前市场上这些业务基本上都是免费的，经营者只有寻求"灰色"收入来填补咨询业务的损益，也没有多大的精力去实地考察研究，从而制约了咨询行业向更深层次的发展。同时对于"灰色"收入的业务，管理层也很难监管。面对这样的情况，管理层只有放开市场，并对证券投资咨询业务规范化才能一方面加强监管，另一方面使得咨询机构有更大的生存空间可供选择，从而使业务品种单一的现象得到解决，咨询质量也可相应得到提高。

四是强化证券投资咨询机构的业务定位。我国的证券投资咨询业务网络分散，各自为营的倾向严重，没有形成系统的定位。这阻碍了证券投资咨询机构对市场的把握和业务的创新，造成证券投资咨询机构在狭小的市场上竞争，使得证券公司在面对市场更新更高的要求时，不能及时调整。因此，我国的证券投资咨询机构应该根据自身的情况，给自己的业务合理定位，在自己的业务领域内集中精力，积极探索、不断开拓，形成独特的业务优势。

五是提高我国证券投资咨询从业人员素质。证券投资咨询业的行业性质要求从业人员知识面广、专业性强。我国目前已经实行持证上岗制度，明确规定从事这一行业的人员需要大学本科以上的学历，并要有一定的从业经验。但是，由于我国证券市场是近些年发展起来的，多数从业人员是从其他行业转入的，其知识结构也与证券投资咨询业所需的知识结构存在较大差距。因此，提高我国证券投资咨询从业人员的素质已成为我国投资咨询业发展中的一个重要问题。具体来说，首先应制定从业人员所需要的知识体系；其次建立并实施我国证券从业人员资格考试制度；再者还要加强对证券从业人员的后期再培训。对证券投资咨询从业人员自身而言，也应在反复实践学习中，不断扩大自己的知识面，提高自己的专业素质。

9.2 委托理财业务

9.2.1 委托理财业务概述

1. 委托理财的概念与内涵

投资银行的利润来源主要是传统业务，但是随着市场环境、客户偏好的多样性要求和竞争的不断加剧，传统业务已远远不能满足市场，其利润空间也在降低。在这样的背景下，委托理财就应运而生了。目前，在国外，委托理财已经成为一种普遍的间接投资方式，很大一部分的金融投资活动都是通过委托理财的方式实现的。

委托理财，又称客户资产管理，是同一业务从委托方和管理方不同的角度而言的，是指专业管理人接受资产所有者委托，代为经营和管理资产以实现委托资产的价值增值或其他特定目标的行为。这里主要分析的委托理财业务特指证券市场内的委托理财，即投资银行作为资产管理人，依据有关法律、法规和客户的投资意愿，与客户签订委托理财契约（资产管理合同），根据契约约定的方式、条件、要求及限制，对客户交付的资产进行经营运作，为客户在证券市场上从事股票、债券等金融工具的组合投资，以实现客户资产收益最优化的中介业务。根据委托投资的目的，委托理财可分为增值账户理财和特别账户理财，前者指委托投资以委托资产增值为主要目标；后者的委托投资是为实现其他特定投资目的。

广义的投资银行资产管理业务包括委托理财和投资基金业务两种形式，虽然两者都是接受客户委托管理其资产的业务，但是也存在着明显的差异，具体表现如下。

（1）客户群体定位不同。投资基金是面向社会公众发行，其客户多是不确定的散户投资者，资产数量一般较小，对资金具体投向和投资收益没有特殊要求；而委托理财业务客户网络的建立主要是靠市场信誉和社会亲友关系等，其客户一般是规模资产拥有者，主要是机构投资者和富有的个人投资者，资产数量较大，对资金投资和规模收益都有特别的要求。

（2）投资决策目标不同。基金业务以集合投资方式服务于众多投资者，投资决策目标难以体现委托人的个性要求，只能满足委托资产增值的共性要求，所以基金一般以委托资产增值为首要目标；而委托理财由于是以独立账户开展一对一资产管理，所以既可以定位在以资产增值为管理目标，也可以定位在委托资产其他特定要求目标，而且能兼顾委托资产的共性和个性特征，满足客户的具体偏好和要求。

（3）服务方式不同。投资基金采取的是一对多方式，所有的资产开立于一个统一的账户，统一管理；而委托理财则是一对一方式，每个客户都有独立的账户，分别管理。

（4）委托方式不同。投资基金业务客户通过购买基金股份或基金单位的方式完成委托行为，基金公司的公司章程、契约都要符合法律法规的要求；而委托理财业务的客户一般是单独与管理人签订协议，当事人在法定范围内享有较大的契约自由。

（5）参与管理程度不同。投资基金的投资决策最终取决于多数基金持有人的投资偏好，投资者个人并无决定权，因而参与程度较低；委托理财业务中，投资者可将自己对资产管理的意图融入到协议里，在管理中，投资者还可以通过与资产管理经理经常性接触，随时对资产的运作发表管理意见，因此参与程度较高。

（6）投资组合调整的自由程度不同。投资基金的具体投资组合由基金经理决定，投资者无法根据市场的变化而及时更改资产组合；而委托理财业务中，投资者可以根据市场情况的变化，依据自己的风险承受能力和收益预期及时与资产管理经理协调，进行调整。

（7）风险收益特征不同。对于投资者而言，投资基金和委托理财一般比个人直接投资都具有风险收益比较优势，但不同的业务仍遵循风险收益对应的市场特征。对于管理人来讲，基金业务由于透明运作、组合投资和收取固定管理费用的特点，使其表现出低风险稳定收益特征；而委托理财具有定向集中投资和客户参与决策的特点，使其具有低风险低收益或高风险高收益的业务特征。

（8）信息披露和投资限制不同。投资基金在基金管理过程中必须履行经常性的信息披露义务，且其可以投资的金融品种和投资组合结构严格受到法律的限制；而在委托理财业务中，通常管理人只需向投资者定期报告资产的风险、收益情况，相对基金的法律法规来说限制较弱。

可见，投资基金方式虽然有管理规范、客户基础面广、控制资金量大等优点，在整个资产管理业务中所占份额也大于委托理财方式，但是委托理财方式所具有的灵活性、参与管理性和服务个性化等优点是投资基金所不能取代的，单对单的资产管理方式有其特定的细分市场和合理的生存空间。

2. 委托理财的类型

委托理财业务在长期发展过程中，针对不同规模的客户和不同的利益分配机制衍生了4种基本类型，具体如下。

1）根据服务的方式不同，可分为集合型委托理财和个体型委托理财

集合型委托理财是指投资银行集合众多委托人的资产，并对托管资产实行集中统一管理；而个体型委托理财表现为投资银行对大宗客户实行一对一的委托理财服务。集中型委托理财可以被认为是一种基金管理模式，但不同于证券投资基金，其在操作上是将具有相似投资偏好的中小规模投资者资产集中起来，成立一个私募基金，投资银行作为私募资金的管理人。个体型委托理财的主要客户是一些资金实力雄厚的机构投资者、富有的个人投资者及社会公益性的基金等。由于实施的是一对一的服务，管理人可以将更多的精力用于满足委托人个性需求上，避免集合型委托理财"众口难调"的难题。

具体采取哪种委托理财方式，投资银行往往根据客户的资产规模来确定，同时要考虑自身的实力并结合市场状况，有时可能还与委托人和管理人之间的关系密切程度有关。在一定条件下，投资银行可以择机引导客户在私募基金和个体型委托理财形式间相互转换。当管理人发现若干账户理财业务委托投资目标雷同、风险偏好相似时，可针对相应范围内投资者发起设立私募基金，以降低委托成本，发挥委托资产总体规模优势。同样，当私募基金中某一持有人所占份额较大时，为防止该持有人与同一基金其他持有人发生理念冲突，给重要客户提供更细致的理财服务，管理人可以考虑将该客户的委托理财方式转换为个体型委托理财。

所以，灵活运用类似的管理方式和品种转换，不但可以使委托资产收益最大化，还为管理人控制运作风险、提高管理效益提供条件。

2）根据收益方式不同，可分为完全代理型委托理财和风险共担型委托理财

完全代理型委托理财是指委托资产管理人只负责对委托资产的管理与运作而不对委托人

资产的收益作保证。委托资产的收益与损失完全由委托人自身承担，受托人在向委托人收取管理费用的前提下，再根据委托资产的经营业绩提取适当的业绩回报。风险共担型委托理财是指委托资产管理人根据证券市场的平均收益率并且结合自身的资产管理水平和风险承担能力对委托人资产的年收益率作出适当的许诺。管理人运用委托资产投资产生的超出保证收益率部分的收益将由受托人单独享有或与委托人共同享有。

完全代理型委托理财对于委托人而言承担的风险较大，享受的收益也较高，而管理人则不用承担投资风险，但是收益也较为稳定，所以在这种运作模式中管理人以往的投资业绩成为委托人选择管理人的主要标准。在风险共担型委托理财业务中，委托人和管理人体现了反向的风险和收益关系。两种委托理财业务不同的风险收益关系是由委托双方的利益分配机制决定的。在完全代理型委托理财业务中，管理人主要通过收取固定的管理费用来获取稳定收益，有时为了提高管理人的经营积极性，也可以设计在微降管理费率的前提下，允许管理人提取适当的业绩提成，但是无论是否提取业绩提成，管理人的年度收益率水平基本保持稳定。向客户承诺一定收益率的做法，在国外也相当常见，在这种机制下，管理人会尽可能提高委托资产的经营效率，以实现委托人资产杠杆的最大化。开展风险共担型委托理财的另一作用就是有利于自身实力较强、投资技术成熟的投资银行在客户竞争中确立优势。

在实际运作过程中，上述4种委托理财类型并不是独立存在的，投资银行通过组合可以形成4种委托理财的综合类型：集合型与完全代理型、个体型与完全代理型、集合型与风险共担型、个体型与风险共担型，投资银行可以根据不同客户特点来选择不同类型的委托理财。

我国以往的委托理财业务也存在风险共担型的委托理财方式。但是2003年以后，我国委托理财市场进一步规范，2003年12月中国证监会出台的《证券公司客户资产管理业务试行办法》明确规定，证券公司开展资产管理业务时，禁止对客户资产收益或赔偿投资损失做出承诺。在这一法规约束下，现实中的投资银行委托理财主要是以完全代理型方式运行。

3. 委托理财业务与其他业务的关系

近几十年来，随着投资银行委托理财业务的日益创新和完善，其独具的社会功能和经济功能得到全面的发挥。在投资银行委托理财业务迅速增长的同时，也带动了其他业务的大幅度增长，如投资银行传统业务和交易业务等。事实上，现代投资银行业务在一定程度上是相互关联的，业务客户在许多领域也具有同一性。委托理财业务给投资银行带来的客户网络等，对投资银行的其他业务有着广泛的波及效应，使其与众多业务形成多赢局面。

（1）在委托理财业务运作过程中，投资银行与投资者始终保持着频繁的联系和交流。一定业务规模下的各类投资者对收益的预期、风险的偏好和投资的兴趣等各方面信息，对于投资银行研判市场走势，发现投资热点十分重要，是指导投资银行各业务运作的重要参考情报。美国市场研究机构有关统计数据表明，委托理财业务净流量的显著变化与市场整体走势具有较强的关联性。

（2）依照现代投资银行理论的观点，证券承销是投资银行发展的轴心业务，证券承销能力的高低代表着投资银行业务发展的整体水平，而证券承销能力主要取决于发行定价和市场销售两方面因素的综合。委托理财业务自身的特点要求投资银行全面了解各类投资者的需求，掌握委托资金的个性和风险偏好，对投资者进行分类并给予指导，进而将委托资金进行相应组合。投资银行委托理财业务广泛的客户群体，自然成为证券承销中战略投资人和专业投资人的主体，委托理财业务中投资银行与市场投资者密切的业务关联性，客观上为证券发行询价、路演推介交流、寻找战略投资人、向专业投资群体促销等证券承销环节提供了广阔而坚实的客户基础，有效促进了投资银行承销能力的提高。同时，证券投资品种的理性选择和顺利发行流通，也使得委托理财业务获得了相应的利润，二者相得益彰。

(3) 委托理财业务与自营业务都是资产增值业务，对于投资银行来说，在任何时候，资产增值业务都应该是其业务核心之一。但是自营和委托理财又有本质的区别：自营业务是投资银行自身管理自身的资产，并实现资产的增值；而委托理财是投资银行受他人委托代为管理资产并实现资产增值。因此，自营是一种自担风险、自负盈亏的业务，而委托理财是一种委托代理业务，属于无风险业务。在证券市场发展的初级阶段和不完全市场条件下，自营业务是投资银行获取超额利润的主要渠道之一。但是随着证券市场规模的扩大和市场规范程度的加强，很多投资银行为了规避金融风险，正在不断收缩高风险的自营业务，并且利用其在市场沉浮多年所形成的资产增值能力，向中介服务发展，通过委托代理业务纯粹收取佣金获得新的利润来源。

(4) 信用交易和融资融券是证券市场发展到一定阶段的必然结果，也是投资银行利润增长的又一新来源。而委托理财业务正好可以为投资银行针对客户的资金营运业务提供客户信息和服务对象，从而成为信用交易的突破口和重要筹码。同时，委托理财业务与融资融券业务可以共同组成投资银行与众多客户间的"资金池"，有效支持投资银行与客户双方的业务发展需求，在降低资金成本的同时为双方赢得资金的时间价值。

(5) 成熟市场委托理财业务的参与者既有政府部门和各类企事业单位，也有许多个人投资者。与前两类客户的长期合作，对投资银行财务顾问、兼并收购、项目托管等业务的拓展大有裨益。而针对个人投资者的理财业务，事实上可与投资基金业务、经纪业务联系，形成三项业务互促共赢局面。

4. 委托理财契约（资产管理合同）的主要内容

投资银行规范化的委托理财业务是以资产委托人和投资银行之间所订立的委托理财契约为运作基础的。委托理财契约是规范委托理财行为，保障委托人和受托人权益的重要法律文件，是委托人和受托人实现其利益目标的重要依据。

由于委托理财业务中委托人的需求各不相同，这就根本上决定了不同资产委托人和不同资产管理人所订立的委托理财契约也是不一样的。即便如此，委托理财契约大体上可以包括以下几部分内容。

(1) 基本状况。详细阐述某项委托理财业务的具体状况，需要从委托理财的类型、委托人的性质、委托理财的有效期限等几方面加以说明。由于不同的委托理财类型将决定委托理财当事人间的不同权利义务关系，因此委托理财的类型必须首先在契约中明确。而不同性质的委托人委托理财的目的不一样，对资产运作的要求也就不同。此外，委托理财的有效期限在很大程度上也影响委托资产的组合和运作方式。

(2) 资产托管方式。一般情况下，委托理财的当事人只有资产委托人和资产管理人两方，这时投资银行充当了资产托管人和资产管理人双重角色。但资产规模较大的委托人，特别是一些社会公益性基金，可能会从资产安全性出发，要求由第三方的银行、信托投资公司、保险公司或证券公司来充当专门的资产托管人，监督资产管理人的行为。当第三方的资产托管人加盟委托理财业务之后，不仅会由于收取托管费用而提高委托理财的运作成本，而且参与委托理财业务的当事人之间的关系也可能发生微妙变化。

(3) 投资策略和投资组合。确定委托资产的投资策略和投资组合的过程也是体现管理人独特的投资风格和委托人个性化需求的过程，这一过程建立在双方相互协商的基础上。在这一过程中，客户需要向投资银行传达自己的投资目的、投资偏好及风险承受能力，而投资银行需要据此向客户提供独特且有效的投资策略和初步的资产组合建议。另外，委托人对于投资品种和投资行为的限制也是确定投资策略和投资组合的前提。

(4) 当事人的权利义务。委托理财业务当事人的权利义务主要分为基本的权利义务（表9-1）和个性化的权利义务两方面。

个性化的权利义务主要表现在对投资策略和投资品种的明确，另外委托理财契约关于利益分配和信息披露的要求也是对资产委托人和资产管理人权利义务的补充。

表9-1 相关当事人的权利与义务

当事人	基本权利	基本义务
资产委托人	要求管理人根据自己的意见对委托资产进行管理；充分了解管理人的资产运作状况和委托资产净值的变化；享受委托资产的投资收益	将委托资产信用托付给资产管理人进行运作；向资产管理人支付管理费用，并给予资产管理人适当的业绩提成；承担委托资产的投资损失
资产管理人	运用委托资产进行组合投资；按规定收取资产管理费用；按规定享受业绩提成	保管（除第三方托管）并管理委托资产；向资产委托人支付收益；向资产委托人公开资产管理状况
资产托管人（可选）	收取资产托管费用	保障委托人资产安全并执行管理人的投资指令

(5) 净值的评估。委托理财业务启动以后，管理人必须逐日对委托资产净值进行评估确定，其目的是及时定期向委托人公开委托资产的经营状况，这也是作为提取管理费用的依据。为了提高委托资产净值评估的公信力，在年中、年末及委托理财契约到期之前，资产管理人应当委托专业的审计或会计事务所对委托资产净值进行评估并对以往记录进行审核。通常情况下对委托资产净值的计算原则如下：已上市流通的有价证券以该证券评估日的收市价格来计算，如果该证券当日没有交易则以最近一个交易日的收市价计算；未上市的股票应以买入成本价计算；派发的红利、股息、利息以实际获得值计算；未上市的债券、银行存款以本金加应收利息来计算；委托资产净值中应该扣除各项应扣除的费用。

(6) 管理费用。一般来说，管理费用采用确定的固定费率，逐日计算，定期提取，当然在特殊情况下可以由双方协商确定。管理费率的高低主要取决于委托理财类型、投资技术、承担风险大小及是否提前业绩报酬等。

(7) 收益分配机制。委托理财收益的分配主要取决于委托理财业务的类型。集合型委托理财由于存续的时间较长，委托人数量和委托资产规模不确定，适宜采用定期分红制度。而对于风险共担型委托理财，由于资产管理人承担较大的经营压力，所以理应提取较高比例的业绩提成，管理人甚至可以享受到超过保证收益率部分利润的50%～100%。对于完全代理型委托理财，管理人原则上不提取业绩提成，但是为了提高管理人的经营积极性，往往也允许适当的业绩提成。

（8）委托理财的信息披露。委托理财的信息披露主要是指资产管理人向委托人进行财务公开和操作公开。其主要包括：随时向委托人公布最近一日资产管理的投资组合；随时向委托人提供最近一日委托资产的净值、盈亏情况与持有证券的变动情况。与投资基金管理的信息披露相比，委托理财业务的信息披露在时间上强调的是随时性，而不是定期性，披露的对象是委托人而非社会公众。在集合型委托理财中，由于委托人和委托资产的数量和规模都可能是不固定的，管理人应该及时公布委托人与委托资产增减变动的数量和时间，并且定期编制详尽的资产管理业务报告向委托人公开。同时为了完善资产管理服务，管理人还应该根据委托人的要求提供被投资证券的基本状况及关于宏观背景和市场走势方面的分析报告。

（9）契约修改与终止。委托理财契约的修改主要包括作为管理人变更和契约条款修改两方面。当管理人自身状况发生重大变化，无法继续履行契约规定的义务时，委托人有权要求更换管理人。当国家政策和市场环境发生重大变化使得部分契约条款无法继续执行时，委托理财双方可以协商对原契约条款进行修改。

一般来说，当出现以下情况之一时，资产委托人从保护自身利益角度出发可以与资产管理人提前解除委托管理关系。

① 委托资产出现严重亏损，具体衡量严重程度的比例由双方协商确定。
② 资产管理人出现解散、依法被撤销、破产等不可抗力情况。
③ 管理人被证券监管部门撤销委托理财业务资格。
④ 管理人严重违反资产管理契约。

（10）争议的解决方法。委托理财当事人在签署委托理财契约时，必须对可能发生的冲突事先注明处理方法，当纠纷发生后，本着互让互利的原则进行协商解决。若不能协商解决，则指定一家仲裁机构调节和仲裁，或者通过法律诉讼的方法来解决。

除了上述内容，《证券公司客户资产管理业务试行办法》还对合同契约的其他方面作了规定，具体可以参看该办法的有关部分。

5. 委托理财业务的国际发展趋势

投资银行的委托理财业务源于最早的私人银行业务，自委托理财业务产生以后，其服务对象日益扩大、功能日益完善。目前，国际上开展委托理财业务的机构有很多，包括私人银行、投资银行、资产管理公司和投资顾问公司等。在国际金融全球化发展的大背景下，几乎所有的国际知名金融集团都从事委托理财业务。从国际发展的趋势看，委托理财业务的发展呈现以下特点。

（1）各类金融机构多是通过设立单独的资产管理公司来进行委托理财业务的开展。例如，摩根、汇丰、瑞士信贷等大集团公司都是通过新设或者并购资产管理公司来开展和扩大其委托理财业务。

（2）委托理财业务的机构客户与个人客户并重。由于近年来各类退休计划和保险公司对资产管理的需求增加，委托理财业务的机构投资者的份额逐步增加，特别是由于各类养老计划和保险公司成了托管客户，机构投资者的份额已经接近甚至超过了个人投资者份额。

（3）委托理财业务的投资对象日益基金化。委托理财的运作方式虽然与基金不同，但其投资对象可以是基金，因而资产管理机构通常针对托管基金的特性设计一些新的基金作为投资对象，这样可以更主动地满足不同客户的不同投资需求。

9.2.2 投资银行开展委托理财业务的模式、管理与创新

1. 委托理财业务的模式

从国际经验来看,投资银行开展委托理财业务一般采取以下3种模式。

(1) 投资银行通过下设的资产管理部直接从事委托理财业务。这种模式也是当前我国投资银行开展委托理财业务的主要方式。其优点在于资产管理人可以借助投资银行现有的品牌、人员和交易系统来开展业务,但该模式的缺陷也较为明显,由于资产管理人并不是独立的法人主体,资产管理人与其所属的投资银行之间可能会引起一些不规范的交易行为,如资产管理人利用托管资金配合所属投资银行的自营盘,或者是利用委托理财资金参与其他内部交易,所以投资银行如果设立资产管理部门单独从事委托理财业务时,应该协调好委托理财业务和其他业务特别是自营业务间的关系。该种模式一般对投资银行的资产规模和运作规范程度有相对较高要求,为了防止不规范行为,通常只有那些运作规范、规模较大的投资银行才有资格采用这种模式从事委托理财业务,并且这类投资银行在资产质量指标、内部风险控制等方面都要达到一定要求。在我国,证券公司在开展资产管理业务过程中,相关法规明确规定委托理财业务和公司其他业务要设立防火墙,在账户、岗位和业务活动等方面严格分开操作。

(2) 投资银行(或与其他专业性投资机构共同)设立独立的资产管理公司来从事该委托理财。这种模式的优点在于资产管理人在组织上是相互独立的,有利于从制度上消除混合操作和内部交易的行为;并且这种模式为中小规模的投资银行从事委托理财业务开辟了一条新的道路。投资银行如果采取这种模式,应着眼于寻求战略合作伙伴,拓展规模,发现业务机遇。与投资银行通过下设的资产管理部门直接从事委托理财业务相比,通过设立独立的资产管理公司来从事委托理财业务略显势单力薄,要弥补这一点,资产管理公司一方面需要建立完备的组织结构,另一方面还需要不断加强与外界的合作交流来完善自身服务。

(3) 投资银行通过设立私募基金来从事委托理财业务。这是一种创新模式,可以由投资银行作为发起人之一,联合少数机构投资者或富有的个人投资者设立私募基金。投资银行组织委托理财业务人员加盟私募基金的管理层,负责对私募基金资产的运作。与前两种运作模式相比,其优点在于投资银行既是私募基金的出资人,同时也参与私募基金的经营管理,这样投资银行在资产运作管理过程中,会将其他投资者的利益和自身利益紧密结合,从而有效实现利益均等、风险共担的目标。但是由于私募基金管理层所掌握的资产规模的大小由各投资者出资额决定,业务规模相对较为固定。如果要进一步扩大私募基金的规模,只有以增资扩募的形式来吸引新的投资加盟。

总之,不同的委托理财运作模式有不同的设立背景,每一种模式都有其自身的优势和不足。但是作为投资银行,无论采用哪一种模式,都要在经营规范上加强透明度,使得委托理财业务在一个健康的环境中运行,而3种模式的同时存在也有利于投资银行委托理财业务的整体延续和有效规范。

2. 委托理财业务的管理

委托理财业务作为一种以信托关系为基础的业务,投资银行无论采取哪种模式,都需要以规范运作为基础,在开展业务时都要做好管理工作。

(1) 契约(合同)管理。委托理财业务的契约应当明确以下内容:委托理财的类型和

有效期限；资产托管方式；投资策略；当事人权利义务；净值评估方法；费用核算方法；投资收益分配方法；委托理财的信息披露；修改和终止契约的条件及争端的解决方法等。

（2）委托权限。投资者对资产管理人的委托限制应该较为灵活，其授权范围大到全权委托，小到单纯执行客户指令。

（3）账户管理。投资银行在办理委托理财业务时，必须保障委托理财账户与投资银行的自营账户独立运作，不得混合操作；账户应保持完整记录，以随时接受委托人的查询。

（4）受托资产的投资管理。投资银行委托理财业务的投资限制包括两个方面：投资范围的限制，委托理财业务的投资范围不能超出委托理财契约（合同）所限制的范围；投资组合的限制，与投资基金管理相似，委托理财虽然必须坚持分散投资原则，但各品种所占的比例，则根据投资者的个性化需求及风险承受能力决定。

（5）收益分配管理。与投资基金运作模式相仿，委托理财运作也应该遵循"利益共享、风险共担"的投资原则。委托方需承担投资失败所带来的投资风险，其风险补偿主要来源于较高的投资收益；投资银行需承担决策失误导致的经营风险，其经营风险补偿主要来源于管理费用和业务报酬。在完全代理型委托理财中，投资银行仅是受托资产管理人，委托资产运营中的收益和风险都主要由投资者承担，投资银行不向客户承诺收益或者给予风险补偿。而在风险共担型委托理财业务中，投资银行对受托资产的收益率做出适当的承诺，承担一定的风险，因此享有超出保证收益率部分的收益，或与委托人共享这部分收益。

（6）费用管理。目前，委托理财的费用管理主要采取两种方法：一是不考虑管理金额多少，统一固定收费；二是根据管理金额以不同比率提取。委托理财一对一的管理模式，决定了收费管理基本上都是由投资者与资产管理人之间一对一协商确定。因此，在同一投资银行内部，通常允许同时采用上述两种不同的费用管理方法，即便是采取同一种费用管理方法，对于不同的投资者也可以采取不同的提取比例。

（7）风险控制管理。一是信息披露制度。委托理财业务在信息披露上的要求不像投资基金业务那么严格，其形式和内容可以灵活多样。投资银行可通过不定期的电话交流、会议及书面形式与客户经常保持联系，信息披露的具体内容由投资者与投资银行协商确定。为了避免投资银行运用受托资产操纵市场，应该强化证券监督管理机构及自律性组织对投资银行的监控，要求投资银行必须向证券监管部门定期提供报告，在必要时可以公开披露投资银行的财务报告、投资组合情况及资产净值等。二是风险准备金制度。为了避免投资银行信用风险、道德风险及经营风险给投资者利益造成损害，应强制要求投资银行建立风险准备金制度，从其收取的管理费用或业绩红利中提取一定比例的风险准备金，以有效保障资产委托人的利益。

3. 委托理财业务的创新

投资银行的委托理财业务是满足客户个性化需求而提供的服务，面对日益激烈的市场竞争，必须开展业务创新。

从广义上讲，委托理财业务的创新可以分为两大部分：理财品种的创新，即如何设计契约内容，缩小投资银行供给和投资者需求的差距，增加委托理财业务的市场竞争力，降低委托资金成本；投资工具的创新，即研究投资策略与组合方式，如何分散规避市场风险，提高理财资金投资收益。以下仅讨论品种创新。

1) 资金流动型委托理财

一般委托资金管理方式的特点是在委托期限内额度固定，也就是期初客户将委托资金全额存入理财账户，期末将原始金额与应得收益取出，委托期间不能随意调拨委托资金。这种固定方式的管理，要求客户必须在期初筹措固定期限的全额资金进行委托，委托期间的委托资金相当于定期存款，缺乏使用灵活性；而投资银行在实际运作中，因为要考虑初始投资时机、资金分批投入和全部资金套现时间的因素，往往会造成部分委托资金在期初和期末相当一段时间内是闲置的，资金的时间价值没有得到有效利用。为此，可以考虑对委托资金实行流动式管理，即将一定额度的资金自期初分批流入理财账户，投资银行也分批将资金运作投资，到期逐步套现再分批返还客户。例如，一笔 1 亿元额度的委托资金，在一季度、二季度、三季度初分别以 3 000 万元、3 000 万元和 4 000 万元投入。这种类型的委托理财品种在设计时综合考虑了客户现金流和投资银行策略的需要，而且在账户收益计算上较为复杂。

2) 附加期权型委托理财

虽然资金流动型委托理财可以有效缓解理财资金的流动性问题，但并不能增加委托资金的总体流量。委托资金使用的时限性会对理财业务的投资策略和收益造成直接的负面影响，理财规模越小表现越明显。因此，对于发展初期规模较小的委托理财业务，可以先从增强委托资金计划性角度来缓解资金时限性的负面影响。若投资银行对有潜在需要参与委托理财业务的资金和有可能续期委托理财的资金拥有委托要求权，则客观上能增强其对委托资金的控制力和计划性，从而有利于投资策略的必要延期。利用期权合约原理，可以设计出附加期权内容的委托理财合约，投资银行作为期权买入方，拥有新的委托理财协议起始时间决定权（美式期权）和现有委托理财协议续约权（欧式期权）。当投资银行认为市场时机恰当或后续资金紧缺时可要求履行其权利，反之则可选择放弃。客户与投资银行签订附加期权协议的前提是其拥有充足的闲置资金。作为期权的卖出方，客户会得到委托理财手续费折扣、其他额外服务和固定数额的期权费。这样，当附加期权型委托理财规模足够大时，实际上就能起到增加委托资金总流量的效果。

3) 经营平衡型委托理财

在参与委托理财业务的客户中，不乏大规模的生产经营性的企业机构投资者，生产经营的稳定性对于它们是十分重要的。然而由于经济周期的波动和上下游产品价格的变动等原因，它们的生产经营效益也变得较为不确定。除了其他业务手段，委托理财也可以发挥平衡其经营利润的作用。例如，可以为生产经营性企业客户设计平衡型理财品种，将委托资金投入与其行业周期波动相反的行业股票组合，或者投入其上下游行业股票组合，或者投资期货套期保值等，进而达到经营收益与理财收益的反向波动，最终保持企业效益的稳定。经营平衡型委托理财业务能否发挥作用，主要依赖于委托资金的相对规模和投资组合的合理搭配。

4) 或有条件型委托理财

作为个人或投资性机构的理财，资金个性偏重于承担风险获取最大收益可能的倾向，收取固定收益和按固定比例分成的方式通常不能满足其偏好需求。为此，可以设计含有或有条件的委托理财品种，当各种预期或有条件发生时，客户可以最大限度分享可能获取的投资收益，同时也承担可能发生的损失。例如，可以根据指数的涨跌幅度，计算委托理财的相对收益，据此制定理财手续费比例，而当市场受到不可抗力影响所造成的投资的相对收益偏低时，则可以免收手续费，甚至终止协议。

5）多方合作型委托理财

投资银行委托理财业务一般为双方协议形式，体现了投资银行与投资者间直接的委托代理关系，理财收益也仅限于在投资银行和客户之间进行分配。随着社会分工的细化和行业平均利润率的趋同，市场中各方利益主体，如投资公司、银行、营业部甚至个人都有可能参与到委托理财业务中，发挥中介、托管、策划等第三方功能，由此可以设计出形式多样的多方合作型委托理财品种。例如，投资银行可以考虑与商业银行开展长期合作，利用银行丰富的客户资源和投资银行本身的专业投资业务，共享彼此服务内容，开发稳健与收益并重型的委托理财业务，实现多方合作型理财品种的创新。而作为银行方，只要新业务总体收益大于存款减少的损失，就会主动推进多方合作型委托理财业务的发展。

以上归纳了部分委托理财业务创新，对于投资银行来说，创新的道路是无止境的，客户对于委托理财业务的每一个新需求和投资银行在开展该业务中所遇到的每个困难，都有可能成为委托理财业务创新的时机。随着投资银行多元化业务向纵深发展，会涌现越来越多的委托理财品种创新，来满足客户不断产生的新需求和适应不断变化的市场环境。

9.2.3　委托理财业务在中国

1. 发展历程

我国证券公司资产管理业务的发展大致分为以下几个阶段。

第一，萌芽阶段（1993—1995年）。在股市大规模扩容的背景下，投资群体快速发展。证券公司出于保障经纪业务发展的目的，开展了接受客户全权委托，代理从事证券投资来实现客户资产保值增值的委托理财业务，主要服务对象是个人投资者，业务规模较小，证券公司通过增加交易量而获取稳定的佣金收入。

第二，形成阶段（1996—1997年）。沪深股市长达两年的大牛市、银行利率的连续下调及大量机构投资者特别是资金充裕的上市公司的加盟为证券公司大规模开展代客理财业务提供了十分有利的基础。到1997年，资产管理这项业务在券商中逐渐风行，各家券商开始设立专门的部门。

第三，无序高速发展阶段（1997—2001年）。由于投资渠道的有限，证券公司获得的资金主要是投资股市。借钱—建仓—拉升—出利好消息（业绩或者重组）—出货，是当时资产管理业务标准的业务流程。1996年9月18日，深圳人民银行发布的《深圳市证券经营机构管理暂行办法》把资产管理明确地列入券商经营范围，并且将资产管理业务与自营业务、代理业务区分，但是对于什么是资产管理业务没有详细规定。1998年12月底颁布的《证券法》第129条虽然没有明确规定，资产管理业务属于综合类证券公司的业务范围，但出于立法技术的考虑，第四项规定综合类证券公司可以经营"经国务院证券监督管理机构核定的其他证券业务"。但是在法律上，混合操作的行为已经明确禁止。《证券法》第132条明确规定了"证券公司的自营业务必须使用自有资金和依法筹集的资金"，同时第142条规定了"证券公司办理经纪业务，不得接受客户的全权委托而决定证券买卖、选择证券种类、决定买卖数量或者买卖价格"。可见，这是在以法律的形式保证了委托理财业务和经纪业务与自营业务的分开运作，形成一套规范化的独立业务体系。1999年3月中国证监会发布

《关于进一步加强证券公司监管的若干意见》，该文在涉及综合类券商的业务范围时指出："综合类券商经批准除可以从事经纪类证券公司业务外，还可以从事证券的自营买卖，证券的承销和上市推荐，资产管理，发起设立证券投资基金和基金管理公司以及中国证监会批准的其他业务。"这算是为资产管理业务争得了一个名分。但是对于资产管理业务的规范非常的简略，并且没有具体的法律制裁措施。总的来说，国家对于什么是资产管理业务、资产业务的风险如何防范等诸多问题没有规定，对资产管理业务基本上处于放任状态。

 专栏9-1

委托理财违规案

2002年4月，某证券公司L营业部根据公司授意，违反国家规定，以7%～10%的高额合同回报及1.5%～3%的中介费为诱饵，在当地开展违规委托理财业务。2002年5月，营业部经理王某结识了社会人员袁某，袁某称，给2%的中介费可以联系当地某公益性资金中心业务，王某将中介费按3%向公司汇报得到同意。经袁某从中撮合，该营业部与某公益性资金中心于2002年8月达成了口头委托理财协议，合同金额为4 000万元，合同回报率为7%，期限一年。某公益性资金中心开户将4 000万元转入后，营业部另外以肖某在营业部开户，证券公司总部打入肖某账户120万元，56万元由袁某提走作为中介费，24万元由王某取走支付给某公益性资金中心领导及经办人员，40万元由王某购入股票再转托到其他证券公司变现取出自用。委托资金被证券公司购入国债用于回购，回购资金除用以支付合同约定的回报外，绝大部分被转移。2003年9月，该笔资金到期后又以同样方式继续进行操作，后因该证券公司违规被关闭，无力偿还相关资金，相关责任人员被追究刑事责任。

专栏9-2

中富证券非法吸收存款案
——"德隆系"案委托理财陷阱

曾经风光一时的"德隆系"以令人咋舌的扩张速度，迅速成为金融市场上的一段传奇。在它旗下，既有上市公司，又有证券机构，而中富证券只是其中并不显赫的一员。作为"德隆系"后期的主要"提款工具"，委托理财这一看似合法的金融产品被频频运用。然而市第二中级人民法院对中富证券非法吸收公众存款的判决认定，终究揭开了这一并不高明的敛财手段真面目。

1. 中富证券之"死"

2007年4月4日，一条简短的消息出现在各大财经媒体上，寥寥几行，很快便被各种利空利好的议论、追涨杀跌的鼓动所淹没："中国证券业协会今日发通知称，中富证券有限责任公司、北京证券有限责任公司因严重违规经营，已被中国证监会撤销经营证券业务许可。根据《中国证券业协会章程》及《中国证券业协会会员管理办法》的相关规定，中国证券业协会也决定自即日起终止上述两家券商的会员资格。"曾经显赫一时的"德隆系"，主角唐万新被判处有期徒刑8年，罪名是非法吸收公众存款、操纵证券交易价格和挪用资金。

中富证券早在2005年9月就因非法吸收公众存款7.9亿元，被上海市第二中级人民法院判处罚金100万元，其他"德隆系"中涉案机构和个人也各自领受了应得的处罚。

2. 被"德隆系"收购

对中富证券的前世今生，有媒体用"生于海南，死于上海"作为总结。1999年成立于海南，此后经过改组、引入新股东及增资扩股，2002年1月迁址上海时已经颇具规模。

2002年6月，"德隆系"中的上海友联经济战略管理研究中心有限公司通过中企东方资产管理有限公司，完成了对中富证券的收购，后者成了德隆在2003年后期的重要融资工具。

唐万新曾经坦言，收购中富证券最直接的目的，就是通过开展约定保底收益的委托理财业务来吸收资金。收购后，唐万新委派得力助手彭军担任中富证券的总裁助理，主要工作就是开展委托理财。

鼎盛时，"德隆系"正式控股的上市公司一度达到6家，有着密切合作关系的上市公司共40余家。各种名目的"资金运作"固然发挥了资本的最大效应，却也给"德隆系"带来了极大的风险。

2004年4月14日，"德隆系"股票湘火炬、合金投资和屯河股份首度全面跌停，随后"德隆系"的资金链迅速断裂，唐万新再也无法掌控自己和德隆的命运。

2004年10月5日，在华融资产管理公司托管德隆资产近两个月后，有关部门首次公布了德隆系的债务情况，其总负债高达570亿元。

3. "委托理财"真面目

随着"德隆系"的崩塌，各种触犯刑律的敛财手段也逐渐浮出水面，其中涉及中富证券案件审理的重任落在了上海市第二中级人民法院法官的肩上。

"中富证券的核心问题，主要就是非法吸收公众存款。"虽然如今听承办法官费晔娓娓道来，案情似乎简单明了，然而审理时面对厚厚的案卷材料、财务账册，以及从公众到媒体的广泛关注，法官的压力可想而知。在法庭上，辩护人的意见也和公诉机关针锋相对："这是合法的资产管理业务，是受托投资管理，不能以犯罪论处。"然而事实终究胜于雄辩。

"受托投资管理业务有3个特征，即证券公司开展资产管理必须以客户的名义进行，体现的是客户的意愿，并且风险也由客户自己承担。"费晔表示，中富证券的受托投资管理却是另一种方式，"辩护人的理由之一是双方签订了'资产管理合同'，但我们认为合同叫什么名称，和实质如何是两回事，从合同内容来看，其实质是与客户约定到期兑现的承诺书。"在给予承诺从而取得客户资产后，公司以自己的名义对外投资，体现的是证券公司的意愿，客户既然不用承担风险，因此也就不关心如何投资。这与储户将钱款存入储蓄机构，由储蓄机构向储户承诺给予还本付息的吸收公众存款在性质上是完全一致的。

合议庭对案件的认定和判决，最终得到了市高级人民法院终审判决的维持。

第四，逐步规范、发展、创新阶段"2001年至今"。为了促进证券公司规范发展，有效防范和化解金融风险，维护证券市场的安全与稳定，2001年1月31日，证监会发布了《证券公司内部控制指引》。2001年11月28日，证监会颁布了《中国证券监督管理委员会关于规范证券公司受托投资管理业务的通知》，这标志了国家尝试着规范和监管证券公司的资产管理业务。2003年4月29日，为了规范证券公司从事的集合性受托投资管理业务，证监会发布了《证券监督管理委员会关于证券公司从事集合性受托投资管理业务有关问题的通知》。为了对证券公司进行综合治理，2003年8月12日证监会召开了"证券公司规范发展座谈会"。2003年12月18日，证监会发布了《证券公司客户资产管理业务试行办法》，第一次以立法的形式明确界定了券商资产管理业务的类型，即定向、专项与集合资产管理三项业务。随后，证监会就资产管理业务的相关事项发布了相应的文件：2004年10月12日出台《中国证券监督管理委员会关于进一步加强证券公司客户交易结算资金监管的通知》；2004年10月21日出台《中国证券监督管理委员会关于证券公司开展集合资产管理业务有关问题的通知》；2005年11月3日出台《中国证券监督管理委员会关于印发〈对证券公司自营、资产管理业务账户和投资行为加强监管的职责分工方案〉的通知》；2006年4月7日出台《证券登记结算管理办法》等。2005年修订的《证券法》第125条第六项明确规定证券资产管理是证券公司业务之一。可以说，资产管理业务从概念到立法，已经实现了质的飞跃。2004年8月12日，证监会发文《关于推进证券业创新活动有关问题的通知》，鼓励证券公司在"法制、监管、自律、规范"的基础上进行创新。2005年以来，证监会已经批准了莞深高速公路收费收益权、中国网通、南京城建污水处理收费资产支持收益等专项资产管理计划。

2. 资产管理业务的基本要求

1）管理的基本原则

根据中国证监会《证券公司客户资产管理业务试行办法》的规定，证券公司从事资产管理业务应当遵守以下原则。

(1) 遵守法律、行政法规和中国证监会的规定，不得有欺诈客户的行为。

(2) 遵循公平、公正的原则，维护客户的合法权益，诚实守信，勤勉尽责，避免利益冲突。

(3) 应当按《证券公司客户资产管理业务试行办法》的规定向中国证监会申请资产管理业务资格。未取得资产管理业务资格的证券公司，不得从事资产管理业务。

(4) 应当依照《证券公司客户资产管理业务试行办法》的规定与客户签订资产管理合同，按资产管理合同的约定对客户资产进行经营运作。

(5) 应当在公司内部实行集中运营管理，对外统一签订资产管理合同，并设立专门的部门负责资产管理业务。

(6) 应当建立健全风险控制制度，将资产管理业务与公司的其他业务严格分开。

2）证券公司办理资产管理业务的一般规定

(1) 证券公司办理定向资产管理业务，接受单个客户的资产净值不得低于人民币100万元。证券公司可以在规定的最低限额的基础上，提高本公司客户委托资产净值的最低限额。

(2) 证券公司办理集合资产管理业务，只能接受货币资金形式的资产。证券公司设立限定性集合资产管理计划的,接受单个客户的资金数额不得低于人民币5万元;设立非限定性集合资产管理计划的,接受单个客户的资金数额不得低于人民币10万元。

(3)证券公司应当将集合资产管理计划设定为均等份额。客户按其所拥有的份额在集合资产管理计划资产中所占的比例享有利益、承担风险。但是按照以下规定(5)另有约定的除外。

(4)参与集合资产管理计划的客户不得转让其所拥有的份额,但是法律、行政法规另有规定的除外。

(5)证券公司可以自有资金参与本公司设立的集合资产管理计划。证券公司应当按照《公司法》和公司章程的规定,获得公司股东会、董事会或者其他授权程序的批准。在该集合资产管理计划存续期间,证券公司不得收回所投入的资金。以自有资金参与本公司设立的集合资产管理计划的证券公司,应当在集合资产管理合同中,对其所投入的资金数额和承担的责任等作出约定。证券公司参与一个集合计划的自有资金总额,不得超过计划成立规模的5%,并且不得超过2亿元;参与多个集合计划的自有资金总额,不得超过证券公司净资本的15%。证券公司投入的资金,根据其所承担的责任,在计算公司的净资本额时予以相应的扣减。扣减后的净资本等各项风险控制指标应当符合中国证监会的规定。

(6)证券公司可以自行推广集合资产管理计划,也可以委托证券公司的客户资金存管银行代理推广。客户在参与集合资产管理计划之前,应当已经是证券公司自身或者代理推广机构的客户。

(7)证券公司设立集合资产管理计划的,应当自中国证监会出具无异议意见或者作出批准决定之日6个月内启动推广工作,并在60个工作日内完成设立工作并开始投资运作。集合资产管理计划设立完成前,客户的参与资金只能存入资产托管机构,不得动用。

(8)证券公司进行集合资产管理业务投资运作,在证券交易所进行证券交易的,应当通过专用交易单元进行,集合计划账户、专用交易单元应当报证券交易所、证券登记结算机构及公司住所地中国证监会派出机构备案。集合资产管理计划资产中的证券,不得用于回购。

(9)证券公司将其所管理的客户资产投资于一家公司发行的证券,不得超过该证券发行总量的10%。一个集合资产管理计划投资于一家公司发行的证券不得超过该计划资产净值的10%。

(10)证券公司将其管理的客户资产投资于本公司、资产托管机构及与本公司或资产托管机构有关联方关系的公司发行的证券,应当事先取得客户的同意,事后告知资产托管机构和客户,同时向证券交易所报告。单个集合资产管理计划投资于前述证券的资金,不得超过该集合资产管理计划资产净值的3%。

3)客户资产托管

客户资产托管是指资产托管机构根据证券公司、客户的委托,对客户的资产进行保管,办理资金收付事项、监督证券公司投资行为等职责。

证券公司办理定向资产管理业务,客户委托资产应当按照中国证监会的规定采取托管方式进行保管。资产托管机构应当是依法可以从事客户交易结算资金存管业务的商业银行或者中国证监会认可的其他机构。

资产托管机构应当安全保管客户委托资产。资产托管机构发现证券公司的投资指令违反法律、行政法规和其他有关规定，或者违反资产管理合同约定的，应当予以制止，并及时报告客户和证券公司住所地中国证监会派出机构；投资指令未生效的，应当拒绝执行。

定向资产管理合同约定的投资管理期限届满或者发生合同约定的其他事由，应当终止资产管理合同的，证券公司在扣除合同约定的各项费用后，必须将客户账户内的全部资产交还客户自行管理。

证券公司办理集合资产管理业务，应当将集合资产管理计划资产交由资产托管机构进行托管。证券公司、资产托管机构应当为集合资产管理计划单独开立证券账户和资金账户。资金账户名称应当是"集合资产管理计划名称"。证券账户名称应当是"证券公司名称—资产托管机构名称—集合资产管理计划名称"。

资产托管机构应当由专门部门负责集合资产管理计划资产的托管业务，并将托管的集合资产管理计划资产与其自有资产及其管理的其他资产严格分开。资产托管机构办理集合资产管理计划资产托管业务应当履行下列职责。

（1）安全保管集合资产管理计划资产。

（2）执行证券公司的投资或者清算指令，并负责办理集合资产管理计划资产运营中的资金往来。

（3）监督证券公司集合资产管理计划的经营运作，发现证券公司的投资或清算指令违反法律、行政法规、中国证监会的规定或者集合资产管理合同约定的，应当要求改正；未能改正的，应当拒绝执行，并向中国证监会报告。

（4）出具资产托管报告。

（5）集合资产管理合同约定的其他事项。

资产托管机构有权随时查询集合资产管理计划的经营运作情况，并应当定期核对集合资产管理计划资产的情况，防止出现挪用或者遗失。

集合资产管理合同约定的投资管理期限届满或者发生合同约定的其他事由，集合计划不展期，应当终止集合资产管理计划运营的，证券公司和资产托管机构在扣除合同规定的各项费用后，必须将集合资产管理计划资产按照客户拥有份额的比例或者集合资产管理合同的约定，以货币资金的形式全部分派给客户，并注销证券账户和资金账户。

3. 集合资产管理业务规范

在我国，为多个客户办理集合资产管理业务，是指证券公司通过设立集合资产管理计划，与客户签订集合资产管理合同，将客户资产交由依法可以从事客户交易结算资金存管业务的商业银行或者中国证监会认可的其他资产托管机构进行托管，通过专门账户为客户提供资产管理服务的一种业务。

1）集合资产管理计划说明书

证券公司申报设立集合资产管理计划应按照规定编制集合资产管理计划说明书。集合资产管理计划说明书应当清晰地说明集合资产管理计划的特点、投资目标、投资范围、投资组合设计、委托人参与和退出集合资产管理计划的安排、风险揭示、资产管理事务的报告和有关信息查询等内容，最大限度地披露影响委托人作出委托决定的全部事项，以充分保护委托人利益，方便委托人作出委托决定。其主要内容包括以下几个方面。

（1）重要提示。集合资产管理计划（以下简称"集合计划"）说明书应在显著位置载明下列文字作为重要提示。

①本说明书依据《证券公司证券资产管理业务试行办法》(以下简称《试行办法》)及其他有关规定制作,管理人保证本说明书的内容真实、准确、完整,不存在任何虚假内容和误导性陈述。

②委托人保证委托资产的来源及用途合法,并已阅知本说明书和集合资产管理合同全文,了解相关权利、义务和风险,自行承担投资风险。

③管理人承诺以诚实信用、谨慎勤勉的原则管理和运用集合计划资产但不保证集合计划一定盈利,也不保证最低收益。本说明书对集合计划未来的收益预测仅供委托人参考,不构成管理人、托管人和推广机构保证委托资产本金不受损失或取得最低收益的承诺。

④中国证监会对本集合计划出具了批准文件(名称和文号),但中国证监会对本集合计划作出的任何决定,均不表明中国证监会对本集合计划的价值和收益作出实质性判断或保证,也不表明参与本集合计划没有风险。

(2)释义。对说明书中具有特定含义的词汇作出明确的定义、解释和说明。

(3)集合计划介绍。

①集合计划的名称和类型。

②集合计划的投资目标和特点。

③集合计划的投资范围和投资组合设计。

④集合计划的目标规模(总份额)。

⑤集合计划存续期间。

⑥集合计划的推广时间。

⑦每份集合计划的面值、参与价格。

⑧集合计划推广对象和参与集合计划的最低金额。

⑨推广机构和推广方式。

(4)集合计划有关当事人介绍。

①管理人简介。

②托管机构简介。

③推广机构简介。

(5)委托人参与集合计划。说明委托人参与集合计划的时间、方式、价格、程序及最终确认等。

(6)集合计划的成立:

①集合计划成立的条件和时间(应说明集合计划成立前委托人的资金只能存入托管银行,不得动用)。

②集合计划设立失败(应说明委托资金返还方式)。

(7)投资理念与投资策略。

(8)投资决策与风险控制。

①决策依据。

②集资程序。

③风险控制。

(9)投资限制。列明《证券公司客户资产管理业务试行办法》、《证券公司集合资产管理业务实施细则(试行)》、集合资产管理合同及其他有关规定禁止的事项,包括但不限于下列投资行为。

① 将集合计划资产中的债券用于回购。

② 将集合计划资产用于资金拆借、贷款、抵押融资或者对外担保等用途。

③ 将集合计划资产用于可能承担无限责任的投资。

④ 将集合计划资产投资于一家公司发行的证券超过集合计划资产净值的10%。

⑤ 证券公司所管理的客户资产（含本集合计划资产）投资于一家公司发行的证券，按证券面值计算，超过该证券发行总量的10%。

(10) 集合计划的资产。

① 集合计划的账户（说明设立专门账户管理）。

② 集合计划资产的构成。

③ 集合计划资产的处分。

说明集合计划资产由托管机构托管，并独立于管理人及托管机构的自有资产及其管理、托管的其他资产。管理人、托管机构以其自有资产承担法律责任，其债权人不得对集合计划资产申请冻结、扣押请求权及其他权利。依《试行办法》、《证券公司集合资产管理业务实施细则（试行）》、集合资产管理合同及其他有关规定处分外，集合计划资产不得被处分。

(11) 集合计划的资产估值。包括：资产总值、资产净值、估值目的、估值对象、估值日、估值方法、估值程序、错误与遗漏的处理等。

(12) 费用支出。列明集合计划应承担的各项费用，包括管理费、托管费等，并具体说明其计提标准、计提方法、支付方式等。说明集合计划推广期间的费用、管理人和托管机构因未履行或未完全履行义务导致的费用支出或集合计划资产的损失，以及处理与集合计划运作无关的事项发生的费用等不得列入集合计划费用。

(13) 收益分配。包括：收益的构成、收益分配原则、收益分配方案、收益分配方式等。

(14) 集合计划的退出。

① 在集合计划存续期间，委托人退出集合计划的方式、价格、程序等事项。

② 在集合计划存续期间发生委托人巨额退出、连续巨额退出时的处理办法。

③ 在集合计划存续期间，单一客户大额退出的预约处理。

(15) 集合计划的展期。如果集合计划有存续期，可对展期的条件、方式、程序等安排作出详细约定，保障委托人到期自主终止合同的权利，并明确说明展期须事先经中国证监会核准。

(16) 集合计划的终止和清算。包括描述集合计划应当终止的情形。集合计划终止的，证券公司应当在发生终止情形之日起5日内开始清算集合计划资产。在开始清算一日内完成清算工作。管理人和托管机构应在扣除管理费、托管费等费用后，将集合计划资产按照委托人持有集合计划份额的比例或集合资产管理合同的约定，以货币形式分派给委托人。证券公司应当在清算结束后15个工作日内，将清算结果报住所地中国证监会派出机构备案。

(17) 信息披露。

① 至少每3个月一次按照集合资产管理合同约定的方式向委托人提供准确、完整的资产管理报告和资产托管报告，对报告期内集合计划资产的配置状况、价值变动情况作出详细的说明。

② 说明委托人查询的时间、方式和途径。

③ 列明重大事项的披露和披露方式。

（18）风险揭示。包括：市场风险、管理风险、流动性风险、其他风险揭示。

（19）其他应说明的事项。

（20）特别说明。

2）集合资产管理合同

集合资产管理合同应当对集合资产管理计划开始运作的条件和日期、资产托管机构的职责、托管方式与托管费用、客户资产净值的估算、投资收益的确认与分派等事项作出约定，应当对客户参与和退出集合资产管理计划的时间、方式、价格、程序等事项作出明确约定。集合资产管理合同由证券公司、资产托管机构与单个客户三方签署。

集合资产管理合同应包括下列主要内容。

（1）前言。说明订立合同的目的、依据及合同是规定当事人之间基本权利义务的法律文件。当事人按照《试行办法》、《证券公司集合资产管理业务实施细则（试行）》、集合计划说明书、本合同及其他有关规定享有权利、承担义务。委托人保证委托资产的来源及用途合法，并已阅知本合同和集合计划说明书全文，了解相关权利、义务和风险，自行承担投资风险。管理人承诺以诚实信用、谨慎勤勉的原则管理和运用本集合计划资产，但不保证本集合计划一定盈利，也不保证最低收益。托管人承诺以诚实信用、谨慎勤勉的原则履行托管职责，保护集合计划资产的安全，但不保证本集合计划资产投资不受损失，不保证最低收益。中国证监会对本集合计划出具了批准文件（名称及文号），但中国证监会对本集合计划作出的任何决定，均不表明中国证监会对本集合计划的价值和收益作出实质性判断或保证，也不表明参与本集合计划没有风险。

（2）集合资产管理合同当事人。委托人（名称、住所、法定代表人/自然人的姓名、身份证号码、有效联系方式等）、管理人（名称、住所、法定代表人、联系方式等）、托管人（名称、住所、法定代表人、联系方式等）。

（3）集合计划的基本情况。包括名称与类型、投资范围和投资比例、存续期间（如集合计划无固定存续期间，明确终止或解散的条件）、集合计划份额的面值为人民币元、参与本集合计划的最低金额、本集合计划开始运作的条件和日期等。

（4）参与集合计划。明确委托人参与本集合计划的时间、方式、价格、程序及最终确认等。

（5）管理人以自有资金参与本集合计划时的特别约定。包括明确：参与金额（比例）；收益分配和责任分担方式；管理人关于参与资金在集合计划存续期内不得退出的承诺等。

（6）集合计划账户管理。管理人和托管人对集合计划资产单独设置账户，账户名称为＊＊＊。明确管理人和托管人对集合计划资产独立核算、分账管理，保证集合计划资产与其自有资产、集合计划资产与其他客户资产、不同集合计划的资产相互独立。

（7）集合计划资产托管。明确集合计划资产交由托管人负责托管，管理人与托管人必须按照《试行办法》、《证券公司集合资产管理业务实施细则（试行）》、本合同及其他有关规定签订托管协议。

（8）集合计划费用。

① 管理人在本集合计划运作期间投资所发生的交易手续费、印花税等有关税费，作为

交易成本直接扣除。

② 管理人管理费计提和支付。

③ 托管人托管费计提和支付。

④ 其他费用。

（9）投资收益与分配。明确收益的构成、收益分配原则、分配方案、分配方式等内容。

（10）集合计划信息披露。

① 管理人、托管人至少每3个月向委托人提供一份准确、完整的资产管理报告和资产托管报告。

② 委托人查询集合计划资产配置状况等信息的时间和方式。

③ 对关联交易等重大事项的披露作出约定。

（11）委托人的权利与义务。主要包括委托人的权利和委托人的义务。

（12）管理人的权利与义务。主要包括管理人的权利和管理人的义务。

（13）托管人的权利与义务。主要包括托管人的权利和托管人的义务。

（14）集合计划存续期间委托人的退出。

① 明确集合计划存续期间委托人退出（全部或部分）的时间、方式、价格及程序等。

② 明确集合计划存续期间发生巨额退出、连续巨额退出处理办法及单一委托人大额退出的提前预约处理办法。

（15）集合计划展期。如果集合计划有存续期，可对展期的条件、方式、程序等安排作出详细约定，保障委托人到期自主终止合同的权利，并明确说明展期须事先经中国证监会核准。

（16）集合计划终止和清算。

① 明确终止的具体情形，如集合计划存续期限届满且不展期或未能展期，管理人因重大违法违规行为被中国证监会取消业务资格，或其他终止集合计划的情形。

② 集合计划清算和委托人资产的返还事宜。集合计划终止之日起5个交易日内，证券公司应当开始清算集合计划资产。在开始清算一个交易日内完成集合计划的清算工作。管理人和托管人应当在扣除管理费、托管费等费用后，将集合计划资产按照委托人拥有份额的比例或其他约定，以货币形式分派给委托人。

（17）不可抗力。

（18）违约责任与争议处理。包括：违约责任、争议的处理等。

（19）合同的成立与生效。

① 约定合同成立、生效的条件。

② 明确说明集合计划说明书是本合同不可分割的一部分。

③ 本合同正本一式三份，委托人持有一份，管理人持有一份，托管人持有一份。

（20）合同的补充与修改。明确说明委托人、管理人、托管人不得通过签订补充协议、修改合同等方式约定保证集合计划资产投资收益，承担投资损失，或排除客户自行承担投资风险。

（21）委托人、管理人、托管人签章及时间。在签章及日期前，明确载明如下内容："管理人、托管人确认，已向委托人明确说明集合计划的投资风险，并不保证集合计划投资收益或承担投资损失；委托人确认，已充分理解本合同的内容，并自行承担投资风险。"

9.3 金融工程业务

金融工程（financial engineering）一词最早出现于20世纪50年代的有关文献中，随着20世纪80年代末、90年代初投资银行产业的兴盛和国际资本市场的迅速扩张，金融工程开始崛起于金融领域，并且作为一门独立学科逐渐成为现代金融理论和实务领域的研究前沿。

目前比较权威的观点，即约翰·芬尼迪（John Finnerty）给出的金融工程学定义是：金融工程包括创新性金融工具与金融手段的设计、开发与实施，以及对金融问题创造性的解决。这个定义揭示了金融工程学的3个主要内容，具体如下。

（1）新兴金融工具的设计和创造。包括新型银行账户、新型基金、新型保险品种、新的住宅抵押形式等针对普通投资者的金融产品，也包括新的债务工具、股权工具、风险控制工具等基于企业需要而设计的金融产品，这是金融工程最核心，也是最重要的运作领域。

（2）创新性金融过程的设计和发展。例如，市场套利机会的发掘和利用，运用新技术降低金融运作的成本等。

（3）针对企业整体金融问题的创造性解决方案。例如，创新性现金管理策略、债务管理策略、企业融资结构等。

9.3.1 金融工程的理论基础

金融工程的产生、发展和强盛除了得益于市场经济的巨大发展和科技迅猛进步外，还归功于历次以来的金融理论的不断发展和创新。金融理论的发展是金融工程得以确立的基础，每一种基本的金融理论的产生、发展和在实践中的推广都推动了金融工程的发展。基础金融理论的发展简要历程所示如下。

（1）1896年Irving Fisher提出资产时间价值，奠定了金融学、财务学发展最重要的基础。

（2）1934年Benjamin Graham和David Dodd共同提出证券估值思想，奠定了现代意义上证券价值评估的理论基础。

（3）1938年Frederick Macaulay提出久期和利率免疫概念，导出了目前金融工程学最普遍适用的市场风险管理工具。

（4）1952年Harry Markowitz提出证券组合理论，为衡量证券风险收益提供了基本思路，奠定了证券投资学的基础。

（5）1953年Robert A Jarrow提出了证券市场一般均衡模型，其中套利、最优化与均衡思想为以后资产定价理论奠定了基础。

（6）1958年Franco Modigliani和Robert Miller提出了无风险套利均衡分析原理，成为金融工程学的基本原理，该理论的提出构建了现代金融理论的第一根支柱。

（7）1963年Leland Johnson和Jerome Stein提出了现代的套期保值理论。

（8）20世纪60年代William Sharpe Jan和Mossin John Lintner提出了资本资产定价模型，构建了现代金融理论体系的第二根支柱。

（9）1973年Fisher Black和Myron Scholes推导出Black-Scholes期权定价模型，构建了现

代金融理论体系的第三根支柱，以此为基础孕育了金融工程学。

（10）1979年John C. Cox Stephen和A. Ross Mark Rubinstein在Black-Scholes期权定价模型基础上提出了二项式期权定价模型。

20世纪80年代以后，人们不断结合金融市场实际，拓展早期的理论，不断完善金融工程的运作体系。

9.3.2 金融工程在投资银行中的应用

金融工程产生以来的一切发展变化几乎都与投资银行分不开，投资银行则借助金融工程开展相关活动。下面主要是考察金融工程在投资银行的3个具体应用。

1. 资产负债管理：演变、基本技术与最新技术发展

1）资产负债管理技术的变迁

资产负债管理是选择最佳的资产组合和与之匹配的最佳负债组合的管理技术。其主要策略是跨国公司、银行等金融机构和非银行金融机构通过选择资产负债表内资产与负债的恰当组合，在实现自身既定目标的同时减少其面临的市场风险。因而资产负债组合的恰当与否、优化与否也就成了该风险管理技术的关键所在。

最早使用这种风险管理策略的是养老基金。数十年来，这种策略已逐渐为大商业银行和投资银行及著名跨国公司所采用，以管理所面临的市场风险（包括利率和汇率风险的管理）。尽管资产负债管理技术也应用于汇率风险管理、商品价格变动风险管理和股票价格变动风险管理等，但其中尤以利率风险管理手段和技术发展最完善，应用也最广泛。最早发展的资产负债管理技术是利差管理，由此引出了缺口和缺口管理概念。

自20世纪70年代布雷顿森林体系瓦解后，西方世界中金融领域利率和汇率急剧动荡，从而引发了新一轮的以规避价格风险为主要目的的金融工具创新的浪潮。各种金融机构及非金融机构在市场风险激增的情况下，为了规避风险都积极寻求有效的风险管理手段和技术。这种需求直接导致了资产负债管理的创新，一些新的资产负债管理技术和理念也相继发展起来，如总收益最优化、固定收益证券组合和风险受控套利等。

2）久期、免疫策略

资产负债管理技术的关键在于构筑资产负债表内资产项目和负债项目的优化组合与匹配，因此最理想的情况莫过于资产的收入现金流与负债的支出现金流在时间、数额和风险收益特性的完全匹配，但这近乎经济学中的完全竞争市场假设，在现实中几乎不存在。

因此，较为可行的方案是使资产价值和负债价值之间的差额对利率的变动完全不敏感，这一策略就是利率风险免疫策略（immunization strategy）。要正确运用该策略，首先必须度量出资产价值和负债价值对利率的敏感程度，于是久期的概念便应运而生。

由Frederick Macaulay在1938年提出的久期，最初是用于衡量债券价格对利率的敏感性，后来被移植到资产负债管理技术中。在复利计息的前提下，久期公式为

$$D = \sum_{t=1}^{n} \frac{t\frac{CF_t}{(1+y)^t}}{P_0} = \frac{1}{P_0}\sum_{t=1}^{n} t\frac{CF_t}{(1+y)^t} \qquad (9-1)$$

式中，D为久期，t为债券产生现金流的各个时期，n为债券到期期限，y为利率（债权型

金融资产的到期收益率），CF_t 是债券在第 t 期产生的现金流，P_0 为债券的理论价格，即 $P_0 = PV = \sum_{t=1}^{n} \frac{CF_t}{(1+y)^t}$。式 (9-1) 是久期的原始形式，也即麦考莱久期。对于此概念可以从两方面理解：从时间角度考察，式 (9-1) 表明债券的久期是债券在未来时间产生的收益现金流的加权平均时间长度，权数为各期收益现金流的现值 $\frac{CF_t}{(1+y)^t}$ 在债券理论价格中所占的权重。可以证明，对于任何零息债券，其久期一定是它的到期期限。如果通过剥离技术将任一生息债券分解为一系列零息债券组合，则该债券的久期便为这一系列零息债券到期日的加权平均期限。

从久期的功能和作用来看，久期本质上反映了债券价格对利率的敏感程度，它衡量了债券未来收益的平均时间，也反映了投资于该债券或债券组合而使投资者资产或资产组合暴露于风险之中的时间长短，所以，久期越长风险就越大。而且，久期也可以解释为债券价格对利率变化的弹性，这是久期的本质所在，通过一阶导数关系来体现：

$$\frac{dP_0}{dy} = -\sum_{t=1}^{n} t \frac{CF_t}{(1+y)^{t+1}} = -\frac{DP_0}{1+y} \tag{9-2}$$

所以

$$D = -\frac{\frac{dP_0}{P_0}}{\frac{dy}{1+y}},$$

于是便证明了久期是债券价格对利率的弹性。

在实际运用中，经常对上述久期值进行修正，可以得到修正久期（modified duration），其定义为：$D_m = \frac{D}{1+y}$。显然修正久期是衡量债券或债券组合的利率风险暴露的有效工具和手段。

在金融实践中，由于投资机构、银行等金融机构及非银行金融机构所持有的资产和负债通常来源广泛，如何计算资产组合或负债组合的久期很困难。但是，久期是具有可加性的，任一资产组合或负债组合的久期是构成组合的各项单一资产或单一负债的久期的加权平均值，权重为该项资产或负债的价值在整个资产组合或负债组合的价值中所占的比重，即资产或负债的久期 $D_p = \sum_{i=1}^{n} w_i D_i$，其中 $w_i = \frac{v_i}{v_p}$，D_i 为第 i 项资产或负债的久期值，v_i 为第 i 项资产或负债的价值，v_p 为资产组合或负债组合的价值。这一性质是免疫策略运用到实际风险管理中的关键。

免疫策略最早由雷丁顿提出，其目的是通过使资产组合价值与负债组合价值之差对利率敏感性最小来进行资产负债的搭配和选择。

假定某一投资公司发行了 n 项债券，第 i 项债券到期期限为 N_i 年，年利率为 r_i，且假定 n 项债券折现后的现值之和为 PV，同时根据债券付息方式、发行期限与利率即可分别计算出各项债券的久期 D_i，则该债券组合的久期值 $D_l = \sum_{i=1}^{n} D_i w_i$，其中 w_i 为第 i 项债券价值在总负债价值中的比重。

现在该公司决定将这 n 项债券筹集到的 PV 金额的资金投资于 m 项公债。假定第 j 项公债到期期限为 m_j 年，年利率为 R_i（一般期限越长，年利率也越大），根据投资情况可以分别计算出该 m 项资产的久期，设为 $D_{Aj}(j=1,2,\cdots,m)$。现在的问题是如何进行资产的配置决策，也即如何将资金 PV 恰当地投资于 m 项债券，使得这 m 项债券对利率风险免疫，亦即在利率发生变动时，其资产组合的价值变动和负债组合的价值变动相等。

在公司资产价值和负债价值相等，利率期限结构成平坦状，且利率以平移方式变动的假设下，可以证明，实现利率风险免疫策略的充要条件是资产组合的久期等于负债组合的久期，即

$$\sum_{j=1}^{m} D_{Aj} p_j = D_l$$

$$\sum_{j=1}^{m} p_j = 1$$

式中，$0 \leqslant p_j \leqslant 1$；$p_j$ 为第 j 项资产占总资产的比例。

此方程的解涉及线性规划方法。但是只要有 $D_{Aj} = D_l$ 即可知 $p_j = 1$，即整个资产组合只有一种公债构成；在 $D_{Aj} \neq D_l$ 时，可以证明只要有两项债券就可以构成该资产组合。这样在利率发生变动时，m 项公债构成的资产组合的价值变动一定正好等于 n 项债券构成的负债组合的价值变动，也就是实现了利率风险的免疫。

但是，利用久期进行利率风险免疫也有局限性。其一，其隐含的假设是利率期限结构是平坦状的，且利率以平移方式变动，这两点与现实经济生活中利率曲线的形状及移动情况相背离；其二，久期是静态的概念，在极短暂的时间间隔中，资产组合与负债组合可能相互匹配，从而有效进行风险免疫。但是随着时间的消逝，由于资产组合与负债组合的久期变化可能不一致，因此就需要不断调整资产组合与负债组合，以使二者的久期趋于一致，但是这无疑会带来高额的交易成本；其三，由于久期衡量的是债券价格或债券组合价格对利率变动的弹性，在数学上表现为一阶导数关系，因此只有在利率变动较小时，久期才能准确反映债券或债券组合价格对利率的敏感性。一旦利率发生大幅度振荡，久期的运用效果便会差强人意。在这种情况下，可以引入凸度概念来准确刻画利率大幅度振荡对债券或债券组合价值的影响，其中凸度的计算公式为

$$c = \frac{\partial^2 P_0}{\partial y^2}$$

2. 期货套期保值：基本原理与套期保值比例的确定

资产负债管理并不能完全解决风险暴露问题，此类策略的运用主要有两个缺陷：一是机会成本较大；二是频繁调整组合带来高额交易成本。因此，作为表外风险管理方式，期货套期保值的作用就显现出来了。

1）套期保值的基本原理

套期保值，又称对冲，是指构筑一项头寸来保护现有某项资产或负债头寸的价值免遭损失，直到其得以变现而采取的行动。其通常采取表外项目的形式，基本上可以分为多头套期保值和空头套期保值。多头套期保值是在持有某一资产的同时持有期货合约空头以防止资

产未来价格下跌而导致损失的策略；空头套期保值策略是在预期未来买入某一项资产的同时买入期货合约，以防止未来资产价格上涨所带来的高昂交易价格。在这两种情况下，套期保值者在资产现货价格上的变动都为期货合约的价格变动所抵消，因而组合价值保持基本稳定。

归纳起来，套期保值的基本原理就是构筑对冲组合，使得影响组合价值变化的因素出现时，组合的总价值变动为零。假定由 n 项资产构成的组合，令其价值

$$V_p = \sum_{i=1}^{n} N_i A_i \quad (i = 1,2,\cdots,n)$$

式中，A_i 为组合中第 i 项资产，N_i 为第 i 项资产或合约的比重或份数。则当某一影响组合价值变动的因素 x 出现时，应该选择合适的资产份数 $N_1, N_2, \cdots, N_n$，使得

$$\frac{\partial V_p}{\partial x} = N_1 \frac{\partial A_1}{\partial x} + \cdots + N_n \frac{\partial A_n}{\partial x} = 0$$

在这种情况下，x 的变化对组合价值基本上没有产生影响，从而实现了套期保值的目的。

2）套期保值比率的确定

（1）风险最小化下的套期保值比率的确定。所谓套期保值比率，是指持有期货合约的头寸大小与暴露在风险中的资产头寸大小的比率。该比率一直是套期保值理论研究的重点。在套期保值理论的初始研究阶段中，该比率一直被假定为1，即一份期货合约可以用来对冲一份资产头寸。但是这一假定违背了基本的投资理论和实践，在理性人追求风险最小化的假设下，该比率是不可取的。

记 ΔS 为套期保值期内现货价格 S 的变化量，$\Delta S = S_t - S_{t-1}$；ΔF 是套期保值期内期货价格 F 的变化量，$\Delta F = F_t - F_{t-1}$；σ_S 是 ΔS 的标准方差；σ_F 是 ΔF 的标准方差；ρ 为 ΔS 与 ΔF 之间的相关系数；h 为套期保值比率。

对于空头套期保值而言，该套期保值者持有资产的同时卖空期货合约，则其组合头寸的价值变化为 $\Delta S - h\Delta F$；而对于多头套期保值者而言，其组合头寸的价值变化为 $h\Delta F - \Delta S$。对于这两种情况，记该套期保值组合头寸变化的方差为 δ^2，根据概率论的基本原理可以推导出

$$\sigma^2 = \sigma_S^2 + h^2\sigma_F^2 - 2h\rho\sigma_S\sigma_F \tag{9-3}$$

该式两边对 h 求导可得

$$\frac{\partial \sigma^2}{\partial h} = 2h\sigma_F^2 - 2\rho\sigma_S\sigma_F$$

$$\frac{\partial^2 \sigma^2}{\partial h^2} = 2\sigma_F^2 \geq 0$$

要使组合价值变动风险最小，只需使 σ^2 最小即可，因此在 $\frac{\partial \sigma^2}{\partial h} = 0$ 时求得

$$h = \rho \frac{\sigma_S}{\sigma_F}$$

这就是在风险最小化下的最佳套期保值率。

(2) JSE 方法下的套期保值比率的确定。20 世纪 60 年代，约翰逊（1960）和斯腾（1961）提出了风险最小化前提下确定最佳套期保值比率的回归分析方法。到 70 年代，艾德灵顿（1979）在其研究基础上将研究结果由商品期货的套期保值推广到金融期货的套期保值。这一系列研究成果被简称为 JSE 模型。该模型假定现货价格 S 与以其为标的资产的期货价格 F 之间存在稳定的线性关系，因而可以利用现货价格与期货价格的历史数据进行回归分析，然后利用最小二乘法进行参数估计就可以得到最佳套期保值比率。其回归模型是 $S = \alpha + hF + \varepsilon$，式中 α 为截距项，h 为最佳套期保值比率，ε 为随机扰动项。

该回归模型还可以采用现货价格的变化量与期货价格的变化量之间的关系进行参数估计，而且这种方法在理论上要优于上述的回归方法，其模型为 $\Delta S = \alpha + h\Delta F + \varepsilon$。

但是上述两种传统的确定最佳套期保值比率的方法存在很大缺陷，尤其是第二种方法，即 JSE 回归分析法本身就存在模型假设上的内在缺陷。回归分析假定随机干扰项之间不存在序列相关的关系，但是对于某些商品而言，随机干扰序列相关性是存在的，这就影响到参数估计的准确性和可信度。而且回归分析假定解释变量与被解释变量之间存在稳定的线性关系，根据这个假设，现货价格与期货价格之差基本上稳定，但是根据套利原理，随着期货到期日的临近，期货价格会逐渐与现货价格趋于一致，否则会产生无风险套利机会，因此该方法的第二个假设与现实金融活动不符，运用该方法进行套期保值就可能存在严重的模型风险。

(3) HKM 方法。这种分析方法引入变动的现货价格与期货价格之差因素，考虑这一因素，期货价格由现货价格和全部持有成本两部构成。后者由利息成本加上存储成本减去现货资产所提供的便利收益（Convenience Yield）得到，从而期货价格与现货价格的关系被界定为

$$F = S_t(1 + r + w - c)$$

式中，r 为持有期间利率，w 为储存成本，c 为便利收益，w 与 c 均以现货价格的百分数表示；$r + w - c$ 为全部持有成本。

由于 w 与 c 以现货价格 S 百分数形式表示，所以可以将 $r + w - c$ 转换为按连续复利计算的年率，记为 y。设期货合约到期的剩余时间为 λ（以年计量），则有

$$y\lambda = \ln(1 + r + w - c)$$

因此可以推得

$$F = S_t e^{y\lambda}, \quad \frac{S_t}{F} = e^{-y\lambda} \tag{9-4}$$

等式右边即为套期保值比率，可见，该比率与时间是保持非线性关系的，这一点与 JSE 方法存在差异。

下面考虑 HKM 方法在直接套期保值[①]中对套期保值比率的确定（赫伯斯特、凯尔、马

---

① 直接套期保值（direct hedging）是指套期保值者选择与所要套期保值的资产头寸在各方面完全一致的标的资产期货合约的策略，任何不一致的情况都归为交叉套期保值（cross hedging）。

歇尔,1990)。在直接套期保值情况下,HKM 模型同样是利用回归分析进行比率的求解。对式 (9-4) 取自然对数得

$$\ln \frac{S_t}{F} = -y\lambda$$

于是可以写出该模型的回归形式:

$$\ln \frac{S_t}{F} = \alpha + \beta\lambda + \varepsilon$$

式中,$\beta = -y$ 为回归直线的斜率,其他符号同上。

这样,利用 S_t,F 的历史数据可以得到各参数的估计值,从而确定最佳套期保值比率为

$$h = e^{\bar{\beta}\lambda}$$

式中,$\bar{\beta}$ 为回归方程中参数 β 的估计值。

在以上分析基础上,HKM 模型又将套期保值理论在直接套期保值中的应用推广到现实金融活动更为常见的交叉套期保值交易中。

记 F_1 为商品 1 的期货合约价格,S_1 为商品 1 的现货价格,S_2 为套期保值者持有的商品 2 的价格。假定期货市场不存在标的资产为商品 2 的期货合约,但商品 1 与商品 2 之间的价格相关性很高。并且假定商品 1 和商品 2 的现货价格之间为线性关系,因而两者的相关关系可由回归分析得到。此时该套期保值者对其所持有的商品 2 的头寸进行套期保值,那么在风险最小化前提下,如何确定最佳套期保值比率呢?

可以根据式 (9-4) 得到

$$S_1 = F_1 e^{-y\lambda} \tag{9-5}$$

再根据商品 1 和商品 2 的价格之间的线性假设建立回归方程

$$S_2 = \alpha + \beta S_1 + \varepsilon \tag{9-6}$$

然后将式 (9-5) 代入式 (9-6) 可得

$$S_2 = \alpha + \beta e^{-y\lambda} F_1 + \varepsilon$$

根据 S_1,S_2 的历史数据可得到 α,β 的估计值,从而得到最佳套期保值比率为 β 的估计值和 $e^{-y\lambda}$ 之积。

3. 运用期权进行的套期保值策略

很多金融衍生工具,如互换等均可以用作套期保值的有效手段和策略,但是理论界和实务界最关注的是期货和期权。考虑到期权在运用套期保值策略上与期货有不同之处,这里单独就运用期权进行套期保值策略进行探究。

由 Black-Scholes 期权定价模型可知,欧式期权价格主要取决于标的资产股票的价格 S、期权执行价格 X、无风险利率水平 r_f、期权到期时间 T 及股票价格波动率 σ 等 5 个因素。所以期权价格波动的风险也就基于上述 5 个因素。同时由上面分析知,套期保值的基本原理就是构筑套期保值组合或对冲组合,使组合头寸价值变化对可能引起风险的各

种因素不敏感，即 $\dfrac{\mathrm{d}V_p}{\mathrm{d}x} = 0$。因此鉴于这种分析，就可以利用影响期权价格的各种主要因素进行套期保值组合的构筑与设计。对应于标的资产股票的价格 S、无风险利率水平 r_f、期权到期时间 T 及股票价格波动率 σ 等因子，就可进行 Delta（Δ）套期保值、Gamma（γ）套期保值、Rho（ρ）套期保值、Theta（θ）套期保值和 Vega（Λ）套期保值策略的设计。

1）标的资产股票价格的变动：Delta 套期保值和 Gamma 套期保值

由于金融衍生工具的价值基于其标的资产的价格变动，因此标的资产的价格直接构成衍生工具市场风险的首要因素。所以，衡量因标的资产价格变化而引致的期权等金融工具的价值变动即成为衡量衍生工具市场风险和利用期权等衍生工具进行套期保值的首要任务，衡量指标为期权的 Delta（Δ）值和 Gamma（γ）值。

Delta（Δ）衡量的是期权的价格对其标的资产股票价格变化的敏感程度，具体值表示为期权价格 f 对标的资产股票价格的一阶导数。根据期权定价公式，欧式买权价格为

$$c = S\Phi(d_1) - Xe^{-r_f T}\Phi(d_2)$$

欧式卖权价格为

$$p = Xe^{-r_f T}\Phi(-d_2) - S\Phi(-d_1)$$

式中，$d_1 = \dfrac{\ln\left(\dfrac{S}{X}\right) + \left(r_f + \dfrac{\sigma^2}{2}\right)T}{\sigma\sqrt{T}}$；$d_2 = d_1 - \sigma\sqrt{T}$；$\Phi(\cdot)$ 为标准正态分布函数。

由此可知：

对于欧式买权有

$$\Delta_c = \frac{\partial c}{\partial S} = \Phi(d_1)$$

对于欧式卖权则有

$$\Delta_p = \frac{\partial p}{\partial S} = -\Phi(-d_1) = \Phi(d_1) - 1$$

在得到 Δ 值之后，即可利用该值对所持有的股票进行 Delta 套期保值。定义 Delta 套期保值就是构筑一个组合，使得组合价值在标的资产价格发生变动时保持不变，即套期保值组合的 Δ 值为 0。

$$\Delta = \frac{\partial V_p}{\partial S} = N_1\frac{\partial A_1}{\partial S} + \cdots + N_n\frac{\partial A_n}{\partial S} = 0$$

如果在持有一单位股票的同时持有 $\dfrac{1}{1 - \Phi(d_1)}$ 份以该股票为标的资产的卖权合约，即可以实现完全的套期保值，在股票价格发生变动时，组合的价值对此反应并不敏感，因为组合的 Delta 值为零，即

$$\Delta = \frac{\partial V_p}{\partial S} = 1 + \frac{\partial p}{\partial S}\frac{1}{1-\Phi(d_1)} = 1 + \frac{1}{1-\Phi(d_1)}[\Phi(d_1)-1] = 0$$

从而实现完全的套期保值目的。

然而，类似于以久期计量债券价格对利率变动的敏感性一样，Delta 值只有在标的资产股票价格变动幅度较小时才准确可靠。而一旦标的股票价格发生大幅度波动时，就需要考虑期权价格对其标的股票价格的二阶导数值——Gamma（γ）指标。Gamma 指标实际上衡量的是 Delta 值变动的速率，是计量期权凸度的指标：

$$\gamma = \frac{\partial^2 f}{\partial S^2}$$

显然对于欧式期权而言，

$$\gamma_c = \gamma_p = \frac{\partial^2 c}{\partial S^2} = \frac{\Phi'(d_1)}{S\sigma\sqrt{T}}$$

式中，$\Phi'(d_1) = \frac{1}{\sqrt{2\pi}} e^{-\frac{d_1^2}{2}}$。

这样可定义 Gamma 套期保值策略，就是构筑组合使该组合 Gamma 为零的策略或方法，在数学上表示为：$\gamma = \frac{\partial^2 V_p}{\partial S^2} = N_1 \frac{\partial^2 A_1}{\partial S^2} + \cdots + N_n \frac{\partial^2 A_n}{\partial S^2} = 0$。若某一套期保值的组合同时实现 Delta 套期保值和 Gamma 套期保值，则该组合即可规避资产股票价格的大幅度变动风险。

2）无风险利率、到期时间和股票价格波动率：Rho 套期保值、Theta 套期保值和 Vega 套期保值

Rho（ρ）指标衡量的是期权价格对无风险利率变动的敏感程度，即

$$\rho = \frac{\partial f}{\partial r_f}$$

对于欧式买权与欧式卖权而言，分别有

$$\rho = \frac{\partial c}{\partial r_f} = XTe^{-r_f T}\Phi(d_2)$$

$$\rho = \frac{\partial p}{\partial r_f} = -XTe^{-r_f T}\Phi(-d_2)$$

Theta（θ）值是用来衡量期权价格合约到期时间对期权价格影响程度的指标，

$$\theta = \frac{\partial f}{\partial T}$$

由于 θ 值同样衡量了在其他条件既定情况下，随着到期日的临近期权价格在理论上下降的数量，因此有时 θ 值也被称为期权的时间损耗。

显然欧式看涨期权的 θ 值为

$$\theta_c = \frac{\partial c}{\partial T} = -\frac{S\Phi'(d_2)\sigma}{2\sqrt{T}} - r_f X e^{-r_f T}\Phi(d_2)$$

而欧式看跌期权的 θ 值为

$$\theta_p = \frac{\partial p}{\partial T} = -\frac{S\Phi'(d_2)\sigma}{2\sqrt{T}} + r_f X e^{-r_f T}\Phi(-d_2), \quad \text{其中} \; \Phi'(d_2) = \frac{1}{\sqrt{2\pi}}e^{-\frac{d_2}{2}}$$

期权的 Vega（Λ）值是衡量期权价格变化对其标的股票价格波动率 σ 的敏感程度的比率，其可表示为期权价格对标的股票价格波动率 σ 的一阶导数关系，该值又称为 Lambda 值、Kappa 值或者 Sigma 值。对于欧式买权或欧式卖权而言：

$$\Lambda_c = \Lambda_p = \frac{\partial c}{\partial \sigma} = S\sqrt{T}\Phi'(d_1)$$

式中，$\Phi'(d_1)$ 同前。

根据前述套期保值的基本原理，同样可以构筑 Rho（ρ）套期保值策略、Theta（θ）套期保值策略和 Vega（Λ）套期保值策略。同时根据 Black-Scholes 微分方程：

$$\frac{\partial f}{\partial t} + r_f S\frac{\partial f}{\partial S} + \frac{1}{2}\sigma^2 S^2 \frac{\partial^2 f}{\partial S^2} = r_f f$$

式中，$\theta = \frac{\partial f}{\partial t}, \Delta = \frac{\partial f}{\partial S}, \gamma = \frac{\partial^2 f}{\partial S^2}$，

所以，$\theta + r_f S\Delta + \frac{1}{2}\sigma^2 S^2 \gamma = r_f f$。

此即为 Delta 和 Gamma 和 Theta 之间的关系方程式。

以上对于 Delta、Gamma、Rho、Theta 和 Vega 值的分析是在假定其他影响期权价格因素不变情况下，单独探讨某一个影响因素的影响。在多个影响因素或所有影响因素共同起作用时，则分析更加复杂。总的来说，对于仅包含股票和期权的某一组合而言，在可能对该组合价值产生影响的各种因素产生时，只要组合同时达到上述条件，即组合的 Delta、Gamma、Rho、Theta 和 Vega 值同时为零，即可同时实现组合 Delta、Gamma、Rho、Theta 和 Vega 套期保值策略，或称组合同时达到了 Delta 中性、Gamma 中性、Rho 中性、Theta 中性和 Vega 中性。

专栏 9-3

MG 套期保值亏损案例

1992 年，MGRM（德国排名第 14 大的工业公司——德国金属工业集团）在美国为了赢得市场占有率，承诺在未来 10 年内将以固定的价格出售原油给客户，价格是在双方签订合约时以议价的方式决定，基本上是当时的现货价格加 3～5 美元。当时石油的价格普遍认为处于世纪低点，对于顾客而言，这样的合约等于锁定了未来 10 年内石油价格波动

的风险，MGRM 承担了油价上涨的风险，从而非常有吸引力。MGRM 则在期货市场上使用套期保值策略，从而规避石油价格上涨的风险。如果 MG 的策略成功，计划获利约 6.4 亿美元，而市场占有率方面的提升带来的额外收益就更为可观。

通过上述交易计划，在当时看来风险似乎完全获得了对冲，预期收益也非常可观，很快这个计划得到高效执行。但最后的结果是，由于油价波动，仅仅在 1993 年，MG 套期保值合约损失就达到了 13 亿美元以上。

大部分的远期供油合约都是在 1993 年夏天签订的，当时能源价格处于相对低档，许多原油小盘商都认为这是一个锁住成本的绝佳时机，而站在 MGRM 的立场则是看到这纸合约将会带来下游厂商的长期合作契机，有助于该公司在美国能源市场的产业整合策略。最后与该公司签订合约的有汽油零售、大型生产事业及政府机构，很显然地，MGRM 提供固定价格的远期供油合约的营销手段，已获得市场相当程度的认同。但是该公司这种承诺在未来一段时间内，以事先约定的价格买卖油品的合约，使其暴露在未来能源价格上涨的危险之中，假设未来能源价格上扬，该公司将会因为仍须以低于当时的现货价格的原约定价格卖出油品而产生损失，更严重的是若能源价格涨势持续下去，MGRM 将会产生相当严重的亏损。

MGRM 当然也认识到这个潜在的风险，所以 MGRM 利用能源期货及在柜台交易市场（OTC）交易的交换合约，以规避隐藏在远期供油合约中未来油品价格上涨的风险。当 MGRM 决定从事避险措施时，首先面对的问题是应该选择何种商品作为避险工具？以及如何设定适当的避险比率？除了标的商品的选择之外，还包括避险的期间选择。该公司最终是利用短天期的能源期货与 OTC 能源掉期合约来规避能源价格上涨的风险，该公司在纽约商业交易所（NYMEX）买进期货，掉期合约则采用支付固定金额来换回会随能源价格变动的浮动金额，其锁住原油价格风险的效果与原油期货相同；所不同在于掉期合约涵盖期间较长，其间并有多次原油交易，所以，掉期合约是由多笔不同到期日的原油期货组合而成。MGRM 的掉期合约的交易对手都是大型的自营商（dealer）。在 1993 年第四季时，MGRM 在 NYMEX 买进的期货相当于 55 百万桶原油，在掉期合约的头寸更高达 100 百万～110 百万桶原油，该公司所有在原油衍生性金融产品的头寸，刚好等于其远期供油契约所承诺的 160 百万桶原油，所以其避险方式是一桶对一桶，也就是说避险比率等于 100%。在财务学领域中，对于避险比率的讨论颇多，尤其是如何设定最佳避险比率，也是实务界相当关心的议题。基本上，学者普遍认为以最小方差法（minimum-variance）可以把基差风险降到最低，如果是采用完全避险（即避险比率等于 1）可能导致避险过度（over-hedged），MGRM 正是有"避险过度"的现象，而造成这种现象有两个非常重要的原因。

首先，采取 100% 的避险比率。要使损失与利益完全对冲，油品的即期价格与远期价格（非期货价格）间的走势必须也是 1:1，也就是说当即期价格上涨 1 元时，远期价格也要跟着上涨 1 元；当即期价格下跌 2 元时，远期价格也要下跌 2 元，或者说两者的相关系数是 +1。不过，很不幸地，这个现象并不存在于能源期货市场。因为 MGRM 是利用近月份期货合约对冲长期性的远期合约，所以，两者间的价格相关程度会影响 1:1 的避险结果。理论上，期货合约价格的变动与即期价格息息相关，而远期供油合约的价值变动则受远期价格影响，因为 MGRM 的远期合约有的是在数年后才会交割，所以，远期合约的价值是决定于未来预期的即期价格，因而 MGRM 的避险头寸与远期合约的评价价格是两种不同的价格，那么以 1∶1 的比例进行避险而想要达到损失与收益刚好完全抵消，即期价格与远期价格间必须完全正相关，而这个现象是不可能存在的，因为当期供需的消长虽然会对即期价格造成立即的价格波动，但就像涟漪的扩散效果会往外减弱一样，对越久期才交割的远期价格就越没有影响。例如，即期油价上涨 2 美元，次月到期的期货价格可能也跟着上涨 2 美元，半年到期者可能只会上涨 1.5 美元，一年后到期者可能会变成只涨 0.5 美元，那么远到 5 年以上才到期的合约，价格很可能闻风不动，所以，远期价格的波动幅度往往比即期价格小得多。MGRM 以敏感性高的较近月份期货合约百分之百对冲长期性的远期合约，自然产生"避险过度"的结果。

其次，会让 MGRM 陷入困境应归咎于百分之百避险比率的背后并没有考虑到期日的因素，因为未来的现金流量无法匹配，使得避险过度，产生重大的资金缺口。即使近月份期货合约与远期合约间的价格相关系数为 +1，但是 MGRM 的远期供油合约的获利时点仍然落后于避险头寸，所以，没有考虑现金流量的进出时点可以说是 MGRM 整套避险过程中最大的缺陷。

现在来看，很多研究都能够指出 MG 当初方案的一些问题，如现金流的风险，如避险过度，等等。但资料也表明，MG 预见到了这些风险，而对应的策略就是由德意志银行提供金融支持。MG 的方案核心是套期保值，让现货市场的盈利抵消期货市场的亏损，或者相反。其最大的问题在于，现货市场的收益特征是平稳而且在 10 年内均匀分布，期货市场的收益特征却是大起大落，MG 的方案计划通过德意志银行的金融支持来平衡这两者之间的差别。

然后，墨菲定律①在这个交易里发挥了作用。1993 年，预期的油价下跌的风险发生，MG 期货头寸的浮动亏损达到了 10 亿以上。理论上说，即使油价维持在低水平，这部分的亏损也将在未来的时间内通过与 MG 客户的现货供应合约得到弥补。但是，意料之外的风险发生了，德意志银行发现，在这样的现实风险面前，他的资金管理体系没有办法长期屡次地支撑这样巨大的现金流的波动，同时，德意志银行的衍生品交易专家认为，短期内油价仍将继续下行，在此基础上，MG 采纳了德意志银行的建议，调整其期货持仓，平掉了大多数的避险部位。这就是很有趣的一点，MG 的整个计划的基础是套期保值，却因为短期的浮亏将交易转换成了追市策略。但 MGRM 清理完他的头寸以后，油价不久就开始上升了，反向市场又变回了正向市场。最终，MG 挫败，德意志银行也元气大伤。MG 犯了错误，错误地预估了德意志银行资金管理能力和支持 MG 的决心。

一次很简单的无风险套利（MG 的重点倒也不是这一交易本身的盈利，他看重的是拥有长期合作的客户，从而站稳美国市场），结果导致 MG 的巨额亏损。

---

① 墨菲定律是指"凡是可能出错的事均会出错"（Anything that can go wrong will go wrong.）。引申为所有的程序都有缺陷，或若缺陷有很多个可能性，则它必然会朝令情况最坏的方向发展。

思考题

1. 简述投资银行在证券投资咨询业务中的具体操作。
2. 什么是金融工程的三大理论支柱?
3. 简述利用久期进行利率风险免疫的局限性。
4. 概述根据标的资产股票的五项因素而进行的 Delta 套期保值、Gamma 套期保值、Rho 套期保值、Theta 套期保值和 Vega 套期保值策略的设计。
5. 比较传统的风险管理手段和金融工程在风险管理中的应用。
6. 简述委托理财与自营业务的关系。

第 10 章

投资银行的内部管理与外部监管

学习目标

1. 理解投资银行从合伙制向公司制演变的原因。
2. 了解投资银行的主要组织架构。
3. 熟悉投资银行的风险分类。
4. 了解现代风险控制技术——VAR 方法。
5. 掌握投资银行不同监管体制的区别,理解它们的优缺点。
6. 掌握对投资银行的经纪业务、承销业务、自营业务的主要监管内容。

10.1 投资银行的内部管理

10.1.1 投资银行的组织结构

1. 组织形式

投资银行的组织形式主要是从整体上考察投资银行的组织结构和特点。影响投资银行的主要因素包括投资银行的产权结构、治理模式及其内部的制约制衡关系。按照投资银行的资本构成划分,现代投资银行的组织形式有合伙制和公司制,其中以现代公司制为主要组织形式。

1) 合伙制投资银行

在 20 世纪 70 年代之前,合伙制是投资银行最主要的形式。其最显著的法律特征是:有两个或两个以上的当事人,合伙组织无法人资格,普通合伙人主管企业的日常业务和经营,并承担无限责任;有限合伙人承担的业务局限于财务方面,并不参与组织的日常经营管理,其对合伙人的债务责任仅为其出资额负有限责任。

在合伙制投资银行中,人的因素十分重要。一般来说,合伙制投资银行中的合伙人是那些在投资银行业务方面具有较高声望和地位的专业人士。

2) 公司制投资银行

在现代公司制下,投资银行以普通股方式向社会公众出售其公司的股权,股东享有公司的利润分红,或保持红利作为再投资的权利。除此之外,公司再通过对外举债,如银行借款、发行债券等,或发行优先股及普通股配股等方式筹措资金。

与合伙制投资银行相比,公司制投资银行,尤其是上市的投资银行具有以下优点。

(1) 增强筹资能力。现代公司制包括有限责任公司和股份有限公司,其中股份有限公司利用股票市场公开上市后成为上市公司,能够充分发挥筹资能力。

(2) 完善现代企业制度。上市的投资银行要求有更完善的现代企业制度,包括组织管理制度、信息披露制度,要求有较好的盈利记录。上市后公司能避免合伙制所有权与管理权不分所带来的弊端,使公司具有更大的稳定性。

(3) 推动并加速投资银行间的并购浪潮,优化投资银行业的资源配置。投资银行上市,资本金增加,本身便使其增加了收购其他专业投资银行的能力;同时,投资银行上市也增加了他们股权的流动性,使兼并收购的渠道和方式增加。

(4) 提高业务运作能力和公司整体运行效率。随着公司资本规模的扩大和高级管理人才的加盟,公司的业务能力和整体运行效率将进一步提高。

目前,世界上只有比利时、丹麦等少数国家的投资银行仍限于合伙制;德国和荷兰虽然法律允许可有不同的组织形态,但事实上只有合伙制;中国香港、马来西亚、新西兰等大多数国家和地区允许投资银行采取合伙制和公司制;新加坡、巴西等国则只允许采取股份公司制。但从投资银行比较发达的美、欧、日等国家和地区来看,公司制是具有典型意义的投资银行组织结构形式。

2. 组织结构

组织结构是人们为了达到一个共同的目标而通力协作的形式。由于组织结构规定了各组成人员的职务及其相互关系,所以组织结构是以职务与职务之间的分工和联系为主要内容的。不同企业按照经营规模和特点,应采取不同的内部组织结构,投资银行也不例外。关于组织结构原理和原则的理论有很多种,其目的都是如何使设立、建立的管理体制和组织机构在实现基本目标中起重要作用。

西方投资银行尤其是大型投资银行的组织结构及运作机制方面的主要特点如下。

(1) 奉行"大部门结构",实施扁平化管理。西方大型投资银行普遍奉行"大部门结构",同时配合以合适的协作机制,使组织结构充分地扁平化,以拓宽管理跨度,提高管理效率。这是投资银行实现简单、快速、高效地组织管理的有效途径。

(2) 集中统一管理下的分权制。各个投资银行在管理结构中加入了"委员会模式"以加强统一协调和总体风险控制,实现集中统一管理。与此同时,他们的业务运作又都是通过设立诸多彼此相对独立的附属公司或联营公司来进行,这是为了调动各业务单位积极性所采用的典型的分权模式。这样,投资银行就将业务的分权运作与集中统一管理很好地融入到组织结构中。

(3) 强化风险管理。大型投资银行一般都在其组织结构中设有"风险管理委员会",它们大多设在董事会下或要向董事会报告;各业务部门也都有相应的风险经理。委员会的集中统一协调更是有利于公司整体风险的防范和控制。

(4) 强调团队合作。投资银行因为实行"大部门结构",所以广泛采用团队工作方式。

通过这种方式公司可以把各有关方面的专家聚集在一起，进行团队合作，从而有利于公司开拓大型综合类业务项目。

西方的投资银行常常根据各自规模、业务要求和发展战略的不同而采取不同的组织结构，并随着技术和市场环境的发展变化对其加以调整以最大限度地提高组织效率，增强自身的综合竞争力。

因此，不同时期的投资银行具有不同的组织结构，不同规模、不同业务取向的投资银行的组织结构可能大相径庭。下面通过对西方大型跨国投资银行的组织结构进行分析，来探讨西方大型投资银行组织结构的特点。

在传统上，投资银行根据自身的业务情况倾向于采用比较简单的直线性、职能型结构，但是随着国际一体化的发展，西方投资银行在国际资本市场竞争异常激烈，投资银行规模和业务范围逐步扩大，这种组织结构显然不能适应新的需要，为了适应市场需要，一些复杂的组织模式对传统的理论提出了挑战，主要包括矩阵式组织结构及多维立体组织结构。

1）矩阵式组织结构

矩阵式组织结构目前在欧洲大陆投资银行实行较多（如德意志银行）。矩阵式组织结构是在原有的直线职能结构基础上，再建立一套横向的组织系统，以一个任务或项目为中心形成一个二维或多维的矩阵。这一结构中的人员既受各职能部门的纵向领导，同时又接受为执行某一功能而设立的工作小组的横向领导。矩阵式组织结构可以分为以下两种类型。

（1）覆盖型矩阵。一项业务的开展需要由不同部门来协调操作，并把部门间的职责、权力及业务流程、报告方式以文件形式正式确定下来，投资银行的这种矩阵结构一般采取"客户—产品"模式或"地区—产品"模式，以及在此基础上形成的"三维矩阵"式，它是以产品、客户、地域各为一轴形成的矩阵结构模式，分部的业务除了直接向总部报告的相应客户和产品部门配合进行外，还需向分部领导汇报，形成业务的三角报告关系，荷兰银行和德意志金融控股公司就是采取这种三维矩阵结构。

（2）择一型矩阵。在这类组织中，雇员或者在项目小组工作或者在职能部门工作，在这种情况下，项目组织对资源的控制权是从雇员进入项目或任务小组，到返回职能部门这一段时间内完成。

2）多维立体组织结构

多维立体组织结构是目前西方投资银行比较盛行的组织模式。该组织模式由3方面的管理系统组成：第一，按业务划分的部门（事业部），以业务利润为中心；第二，按职能划分的专业参谋机构，如市场研究、财务和其他专业参谋部门；第三，按地区划分的管理机构，是地区利润中心。在这种组织结构形式下，每一系统都不能单独作出决定，必须由三方代表通过共同协调才能采取行动。因此，多维立体组织结构能够促使每个部门从整个组织的全局来考虑问题，减少业务、职能、地区各部门之间的矛盾。多维立体组织结构是适应于国际投资银行跨国、大规模经营的产物。

10.1.2 投资银行的风险管理

随着世界经济和金融形势的迅速发展，带有更大风险的金融工具不断被投资银行创造，宏观政治经济政策及微观经营环境的不确定性因素在不断增加，这使得投资银行面临比以往更大的风险，新一轮由美国次贷危机诱发的全球性金融危机充分印证了这一点。因此，风险管理是投资银行业永恒的主题之一。

1. 投资银行风险概述

风险是指由于事物的不确定性而遭受不利结果或经济损失的可能性。纯粹的风险是指因不可抗力因素而产生的风险，这类风险与收益无关。收益风险是指在获取收益的过程中，由于人们的认识不全面而伴随着一些不确定的因素所产生的风险。在当今的经济生活中，通常所说的风险多指收益风险，这里所说的风险也是指收益风险。

投资银行业务，无论是传统的证券承销和证券交易业务，还是并购重组、风险投资、公司理财、信贷资产证券化等创新业务，都伴随着风险。一般来说，收益越高的业务所伴随的风险也越高。和商业银行不同，投资银行没有存贷款业务，没有相对较稳定的收益和利润来源，因此为了获取较高的收益，它就必须敢于开拓具有较高风险的各项业务。但是，高风险并不能确保高收益，这样，投资银行业务管理的轴心就不是资产负债比例管理，而是风险与收益的对应管理：在收益性、安全性、流动性三者的协调统一的基础上，合理开展低、中、高不同风险程度（从而不同收益程度）的业务，尽可能以最小的综合风险来获取最大的收益。

2. 投资银行风险的分类

投资银行面临的风险可以按照风险的起因和投资银行不同业务的风险两个方面进行分类。

1）根据引起风险的原因分类

根据引起风险的原因，可以把投资银行面临的风险分为市场风险、信用风险、操作风险、流动性风险、政策风险、法律风险、系统风险7类。

（1）市场风险。市场风险是指由于价格、利率、汇率、波动率、相关性或其他市场因素水平的变化给金融机构带来的风险。在有关市场风险的模型中，往往把它定义为金融工具及其组合的价值对市场变量变化的敏感程度。根据市场变量的不同，市场风险具体可以分为以下几种。

① 利率风险。是指利率变动致使证券供求关系失衡，从而导致证券价格波动而造成投资银行发生损失的可能性。美国奥兰治县的破产充分说明了利率风险的危害性：该县的司库将"奥兰治县投资组合"大量投资于"结构性债券"和"逆浮动利率产品"等衍生证券，由于利率上升，"奥兰治投资组合"所持有的衍生证券的收益和这些证券的市场价值随之下降，结果奥兰治县的投资组合出现了17亿美元的亏损。

② 汇率风险。是指由于外汇价格变化而对投资银行的经营造成损失的可能性。投资银行在外汇买卖业务、承销以外币面值发行的证券业务及外汇库存保值等方面要承担汇率风险。

③ 资本市场容量风险。资本市场容量是指由居民储蓄总额、可供投资的渠道及投资者的偏好所形成的投资证券的最大资金量。资本市场容量风险是指投资证券的最大资金量的变化引起投资银行业务损失的可能性。测算资本市场容量对投资银行业务有指导作用，尤其是在证券发行和交易方面。

④ 市场发育程度风险。是指资本市场的监管程序和投资者的成熟程度对投资银行业务可能带来的损失。以我国为例，由于资本市场是一个新兴的市场，与西方发达国家相比，市场监管还不完善，投资者也很不成熟，投资银行业务中的暗箱操作时有发生，二级市场投机

色彩较浓，所有这些都可能会使得投资银行业务暴露在风险之中。

（2）信用风险。信用风险是指合同的一方不履行义务的可能性，包括贷款、掉期、期权及在结算过程中的交易对手违约带来损失的风险。投资银行在签订贷款协议、场外交易合同和授权时，将面临信用风险。通过风险管理控制及要求交易对手保持足够的抵押品、支付保证金和在合同中规定净额结算条款等程序，以最大限度地降低信用风险。

需要注意的是，在金融实践活动中，随着人们对信用风险重视程度的提高和信用风险管理技术的发展，信用风险的概念得到了更大扩展。在传统的定义中，只有当违约实际发生的时候，风险才转化为损失，在此之前，投资银行资产的价值与交易对手的履约能力和可能性无关——这样会让很多潜在的风险无法在转化为损失之前引起充分的重视并做好相应的准备。现在，很多金融机构采取盯市的方法，对手的履约能力和信用状况会随时影响金融机构有关资产的价值，而且在纯粹信用产品交易市场上，信用产品的市场价格是随着履约能力不断变化的。这样，信用风险在转化为现实的损失之前就能在市场和银行的财务报表上得到反映，从而它的定义也相应地扩展为交易对手履约能力的变化造成的资产价值损失的风险。

（3）操作风险。操作风险是指金融机构由于内部控制机制或者信息系统失灵而造成意外损失的风险。这种风险主要是由人为的错误、系统的失灵、操作程序的设计或应用发生错误、控制不当等原因引起的，它主要由财务风险、决策风险、人事管理风险及信息系统风险构成。

① 财务风险。是指财务管理上的漏洞、财务处理出差错及财务人员的蓄意违规使投资银行遭受损失的可能性。

② 决策风险。是指由于决策者的决策失误而造成投资银行损失的可能性。投资银行的决策是对未来经营活动的抉择，是根据对整个宏微观经济环境的分析和对经营结果的预测得出来的结论，故难免会因个人主观认识、占有资料不充分、分析和判断的经验不足等原因造成预测与未来实际状况的偏差。

③ 人事管理风险。是指在人事管理方面的失误而导致投资银行损失的可能性。人事管理风险可以说是一种体制风险，投资银行内部管理体制越不健全，人事管理风险越大，其对投资银行的业绩甚至生存的潜在威胁性也越大。

④ 信息系统风险。是指计算机信息与决策系统风险。随着信息技术在金融领域的广泛应用，在投资银行信息与决策系统中，无论是各营业部局域网子系统或通信子系统等，都存在系统数据的可靠程度问题、信号传递的及时程度问题、决策模型的完善程度问题及网络系统的安全问题，等等。

（4）流动性风险。对于金融机构而言，流动性风险往往是指其持有的资产流动性差和对外融资能力枯竭而造成的损失或破产的可能性。由于投资银行属于高负债经营的金融机构，因而要求资产结构向高流动性、易于变现的资产倾斜，而不宜过多参与长期投资，以免陷入兑付危机。

（5）法律风险。法律风险是指交易一方不能对另一方履行合约的可能性。引起法律风险，可能是因为合约根本无从执行，或是合约的一方超越法定权限作为的行为。所以，法律风险包括合约潜在的非法性及对手无权签订合同的可能性。

（6）系统风险。系统风险主要包括：因单个公司倒闭、单个市场或结算系统混乱而在整个金融市场产生多米诺骨牌效应，导致金融机构相继倒闭的情形；引发整个市场周转困难的投资者"信心危机"。

（7）政策风险。资本市场是市场经济发展的必然产物，而投资银行又是基于资本市场的发展而产生的，因而它与资本市场乃至整个市场经济休戚相关，从而也就使得其受国家经济政策影响较大。这一点，对于处于经济体制转轨时期的发展中国家而言更是如此。所以，投资银行的从业人员，尤其是管理者，必须熟悉国家最新的政治经济形势，了解国家最新的宏微观经济动态，预测国家或其他经济管理部门有可能制定的一些影响投资银行的政策，使投资银行不至于因为运作滞后于政策而招来巨大的风险。

2）根据投资银行业务的不同分类

按照投资银行业务的不同，投资银行面临的风险包括证券承销风险、证券经纪风险、证券自营风险、兼并收购风险、信贷资产证券化风险和风险投资业务风险等。

（1）证券承销风险。证券承销风险是指投资银行在承销股票、债券、金融衍生工具等经营活动的过程中，由于不能在规定时间内按事先约定的条件完成承销发行任务而造成损失的可能性。承销风险又包括发行方式风险、市场判断风险、违法违规操作风险等。

发行方式风险的大小是和承销方式联系在一起的，投资银行的证券承销方式分为代销、余额包销和全额报销3种方式。在代销情况下，发行结束后未售出的证券退还给发行人，投资银行不承担发行风险。在后两种情况下，由于投资银行有义务购进未售出的证券，因此要承担一定的风险，对此投资银行一般通过联合多家机构组成承销团，每家分别承销总发行额中的一部分来分散发行风险。另外，在包销情况下，市场条件变化给投资银行带来了相应的销售风险。对于新购进债券，投资银行面临的风险主要是利率上升，这将导致最终发行给公众的债券价格下跌；对于新发行的股票，投资银行会降低它们的报价以抵御因价格不确定性可能带来的经济损失，但这会导致在承销竞标中其竞争地位下降。

市场判断风险是指如果投资银行在对市场未来的走向进行研究和判断的基础上确定项目后，在争取项目过程中介入太深，投入太大，则一旦在竞争中失败，就要承担先期投入等方面的损失。如果所选择的发行企业或行业的发展并非如原来预料的那样好，得不到市场的认可，则会导致承销的证券无法按原计划出售，或者上市后业绩表现太差，而有损投资银行的信誉和形象。

违法违规操作风险是指由于业务人员在承销业务过程中贪污受贿、违法犯罪，给公司承销业务造成损失及由于上市公司违反有关规定，披露信息不实而带来的风险。在证券承销的过程中，作为企业和投资者之间的"桥梁"，作为信息高度不对称的交易双方的媒介，投资银行从业人员的职业道德、公司内部监管制度和来自外部的有关监管机构对投资银行的行为构成了"三重监视"，但在巨大的经济利益和激烈的市场竞争面前，还是有违法行为的出现。

（2）证券经纪风险。证券经纪风险是指投资银行在接受客户委托，代理交易股票、债券、金融衍生工具的时候所面临的风险。证券经纪风险主要包括：第一，规模不经济的风险，指的是当开户数量和经济规模低于一定水平的时候，投资银行的经纪业务由于运行成本过高难以获得理想的经济利益，甚至出现亏损的风险；第二，信用风险，指的是投资银行向客户提供融资时产生诈骗、亏损及政策限制的可能性；第三，操作风险，是指由于人为的或者信息系统的错误，在委托、受托和交易的过程中，使得交易结果违反委托人意愿或者不能及时有效地进行正常交易而给投资银行带来经济损失的风险。

(3) 证券自营风险。证券自营风险是指投资银行在进行证券投资活动中面临的风险，包括投资产品本身内含风险、证券市场价格异常波动的风险、投资决策不当风险等。相对一般投资者而言，由于投资银行在投资技巧、投资经验、信息渠道、研究水平和资金实力等诸多方面具有一定的优势，因此其规避和抵御风险的能力较强。但是，由于投资规模巨大，一旦风险形成，其可能遭受的损失也是非常大的。

(4) 兼并收购风险。进入20世纪90年代后，兼并收购业务在投资银行业务收入中所占的比重不断增加，而且投资银行对企业并购活动的参与正朝着全方位、深层次的方向发展。投资银行在进行并购业务的时候主要面临着以下几种风险。

① 融资风险和债务风险。在企业的并购活动中，投资银行在为其提供咨询、策划操作的同时，一般还会为企业提供一定的并购活动所需资金，通常叫作过桥贷款，企业并购成功以后会将其还给投资银行。这笔资金可能是现金，也可以通过举债方式筹集，但不管采取何种方式，一旦企业并购失败，并购资金就存在着不能全额按期收回的风险。

② 营运风险。如果并购后企业运营不理想就会面临营运风险。如果投资银行在与企业签署的契约文件中忽略了这些问题而没有将其列入"免责"条款，则企业的营运风险就可能会波及投资银行，从而投资银行也就可能要因此而承担相应的经济责任。

③ 操作风险。这主要体现在企业并购目标公司的时候，被目标公司部署反并购战略，出现反并购风险。

④ 信息风险。投资银行在策划企业并购的过程中，作为财务顾问却因为调研不充分、信息不准确而造成决策失误，并购失败。

⑤ 法律风险。包括两方面：一是投资银行制订出来的并购方案违反目标公司所在地的某些法律而使并购策略落空；二是投资银行在帮助企业并购过程中因操作不当或疏忽与某些法律规定相背离而出现被起诉、败诉和并购成本增加。

上述风险是投资银行在参与、帮助企业并购目标公司过程中面临的主要风险。这些风险从经济上来看，轻则会增加投资银行的费用成本，重则不仅收不回策划企业并购的费用，而且可能收不回对企业并购行为的融资贷款，从而给投资银行带来极大的损失。

(5) 信贷资产证券化风险。信贷资产证券化的风险来源主要是证券化资产本身的质量和预期效应及投资者和资本市场对其认同程度。具体来说，投资银行作为这一业务中的特别目的机构（SPV），主要面临以下几种风险。

① 资本风险。即投资银行如果是购买信贷资产再将其证券化，那么在这一过程中就存在着本金损失的可能性。

② 收益风险。投资银行在操作证券化的过程中，由于多种原因而导致未能获取收益或未能足额获取收益的可能性。

③ 市场风险。是指投资银行在承销资产支撑证券后，卖不出去或者只能高买低卖的可能性。

④ 价格风险。是指投资银行在承销资产支撑证券的过程中由于证券价格制定不当而导致损失的可能性。

⑤ 汇率风险。如果信贷资产证券化业务是跨国际市场来运作的，投资银行还面临着汇率波动的风险。

（6）风险投资业务风险。投资银行进行风险投资业务的高风险主要来自投资企业或项目的市场风险和企业或项目负责人的信用风险。一是产业风险，由于风险投资往往会投资于一些新兴产业，希望将最新的科技成果转化为生产力，但因新兴产业的发展前景不明，造成企业遭遇失败的可能性很大；二是信用风险，主要是指被投资对象在产品开发成熟前，通过转移成果的方式为个人谋求超额回报的可能性；三是决策风险，主要指风险投资者对市场判断有失误或者任命的参与管理者对项目前景所做的判断有失误的可能性，从而会损失极佳的投资机会，或浪费投资银行的物力和财力。

3. 投资银行的风险控制系统

有效的风险管理需要具备一个有效的风险管理和控制系统，建立体系完善的全面风险管理体系，具备全面的风险管控能力。

1）制定风险管理总的原则和指导思想

有效的风险管理要根据银行自身的特殊情况和特殊要求制定用于日常和长期业务操作的风险管理总的原则和指导思想，并在总的原则和指导思想的框架下设计具体而详细的风险管理的政策和程序。这些政策和程序应该包括：风险管理过程中的权力和遵守风险政策的责任、有效的会计控制、内部和外部审计等。投资银行在有必要建立集中、自主的风险管理部门的情况下，特别需要重视给风险管理部门配备适当的专业人员，并让风险管理部门独立于产生风险的部门。

2）明确风险管理机构的责权

投资银行的决策机构（如董事会或相应机构）对公司所有者负责，对了解公司面临的风险、保证高级管理层采取必要措施监督和控制这些风险、确保风险管理系统的有效运作负有最终责任。相应地，高级管理层则应负责公司日常业务的监督，实施适当的风险管理政策，监控公司面临的风险。决策层和高级管理层有责任提高员工的风险管理意识。对于规模庞大、业务复杂的投资银行，应设立内部的独立风险管理机构。风险管理机构由决策和高级管理人员牵头，并建立相关的分支部门，这是建立风险管理系统的重要一步。

3）建立和实施风险管理战略

公司的整体业务战略和风险监控政策应该由决策机构或风险管理的核心机构审批。制定风险管理及控制战略，首先是根据风险对资本比例情况，对公司业务活动及其带来的风险进行度量；在风险分析的基础上，规定每一种主要业务或产品的（风险）业务数量限额，批准业务的具体范围，并应保障有充足的资本加以支持；最后，则应对业务和风险不断地进行常规监察，并根据业务和市场的变化进行定期的重新评估。

4）选择科学的风险计量和控制办法

从定量角度对风险进行测量和从定性角度加强纪律的监管，是投资银行风险管理中必不可少的两个方面。定量检测是采用数学模型对风险进行科学的测量。但是，仅仅依靠数学上的风险计量模型不能精确量化重大金融事件，还需要加强风险纪律的监管，减少和杜绝重大金融事件发生的可能性。如果没有有效的实施程序和对员工的操守教育，再好的模型或制度也是一纸空文。很多发生巨额亏损的金融机构，经常会发现事故的源头是内部以文件形式存在的书面控制制度没有得到有效实施。

5）检验和评估风险管理制度的执行

检验和评估是风险管理系统的关键因素之一。投资银行如果不能建立一套完整的检验程序，内部失控的风险就会不断增加。投资银行需要确认，决策机构和管理层制定的风险管理制度确实是按照设计的要求在有效地运作，并能适应新产品和技术的发展。检验程序至少应该独立于交易柜台及业务部门内部审计和独立会计师的外部审计。外部审计至少应该包括对内部会计控制系统的检查，把它作为投资银行年度审计程序的一部分。监管当局应该强制要求投资银行执行外部审计。

4. 现代风险控制技术——VaR方法[①]

在信息时代的今天，任何管理都离不开技术工具。尤其是对充满风险的投资银行业，如果不运用现代化的风险管理技术工具，则很难在纷繁复杂、瞬息万变的市场上生存与发展。由于市场风险和信用风险两者共同构成了投资银行的核心业务风险，现代金融理论的有关风险管理模型和技术工具也主要是围绕如何量化、控制和规避这两类风险展开讨论的。

1）VaR方法

VaR风险管理技术是近年来在国外兴起的一种金融风险评估和计量模型，目前已被全球各主要银行、非银行金融机构、公司和金融监管机构广泛采用。

在险价值（VaR）是指在正常的市场条件和给定的置信度（通常是95%或99%）内，在给定的持有期间内，某一组合投资预期可能发生的最大价值损失。或者说，在正常的市场条件和给定的时间段内，该投资组合发生损失超过VaR值的概率仅仅是给定的概率水平，即1－置信度。

要确定一个金融机构或资产组合的VaR值或建立VaR的模型，必须先确定以下3个系数。

（1）持有期限或目标期限。它是指衡量回报波动性和关联性的时间单位，也是取得观察数据的频率，如所观察数据是日收益率、周收益率、月收益率还是年收益率等。持有期限应该根据组合调整的速度来具体确定。调整速度越快的组合，如有些银行所拥有的交易频繁的头寸，应选择较短的持有期，如1天；调整期相对较慢的组合，如某些基金较长时间内拥有的头寸，应选用较长的持有期，如1个月或稍长。在既定观察期间内，选定的持有期限越长，在观察期间内所得的数据越少，进而就会影响到VaR模型对投资组合风险反映的质量。

（2）观察期间。也就是样本的采集时段，它是对给定持有期限回报的波动性和关联性考察的整体时间长度。观察期间的选择要在历史数据的可能性和市场发生结构性变化的危险之间进行权衡。为了克服商业周期性等变化的影响，历史数据越长越好。但时间越长，收购兼并等市场结构性变化的可能性也就越大，这会使得历史数据越来越难以反映现实和未来的情况。

（3）置信度。置信度过低，资产的安全性降低，就会使VaR值失去意义。置信程度过高，监管力度越大，束缚了公司的发展空间；巴塞尔协议对一般银行等金融机构的资本充足性要求的置信度为99%，而一般金融公司如JP Morgan公司的置信度为95%。

[①] 王春风. 金融市场风险管理. 天津：天津大学出版社，2001.

除了要确定 VaR 模型的 3 个关键系数外，另一个关键问题就是确定金融机构或资产组合在既定的持有期限内回报的概率分布。如果能够根据历史数据直接估算出投资组合中所有金融工具的收益的概率分布和整个组合收益的概率分布，那么作为该分布的一个百分位点的 VaR 值就会很容易地推算出来。一般来说，可以将金融工具的收益转化为若干风险因子的收益，这些风险因子是能够影响金融工具收益的市场因素，如利率、汇率、股票指数等，然后把投资组合转化为风险因子的函数，再通过各种统计方法得到这些风险因子收益的概率分布，再在此基础上得到整个组合收益的概率分布，最终解出 VaR 的估计值。

目前，推算组合收益风险因子分布的方法主要有以下 3 种。

(1) 历史模拟法。是以历史本身可以在未来重复为假设前提，直接根据风险收益因子的历史数据来模拟风险收益因子的未来变化。在这种方法下，VaR 值直接取自于投资组合收益的历史分布，而投资组合收益的历史分布又来自于将组合中每一金融工具的盯市价值表示为风险因子收益的函数。因此，风险因子收益的历史数据是该 VaR 模型的主要数据来源。

(2) 方差—协方差法。假定风险因子收益的变化服从特定的分布（通常是正态分布），然后通过历史数据分析和估计该风险因子收益分布的参数值，如方差、相关系数等，从而根据下式得出整个投资组合收益分布的 VaR：

$$VaR_\alpha = k(\alpha)\sigma_p = k(\alpha)\sqrt{\sum_{i=1}^{I}\sum_{j=1}^{J}x_i x_j \rho_{ij} \sigma_i \sigma_j}$$

式中，$k(\alpha)$ 是与置信水平、持有期限和正态分布相关的参数[①]，σ_p 为整个投资组合收益的标准差；σ_i、σ_j 为风险因子 i 和 j 的标准差；ρ_{ij} 为风险因子 i 和 j 的相关系数；x_i 为整个投资组合对风险因子 i 变化的敏感度（称为 Delta 值），在正态分布的假设下，x_i 是组合中每个金融工具对风险因子 i 的 Delta 之和。

(3) 蒙特卡罗模拟法。它是通过（计算机）随机产生的风险因子回报值来模拟组合的收益分布。风险因子的回报值既可以通过历史数据模拟产生，也可以通过假定参数的方法产生。

VaR 方法把对预期的未来损失的大小和该损失发生的可能性结合起来，所以比起敏感性分析、波动性方法等技术，它的适用范围非常广泛；作为一种用规范的统计技术来全面衡量风险的方法，它能够更客观、更全面、更准确地反映金融机构所处的风险状况，从而大大增加了风险管理系统的科学性。但是，它也有局限性：第一，它主要适用于正常条件下对于市场风险的衡量，在市场出现极端情况的时候则无能为力，所以压力测试被作为 VaR 方法在这个方面的重要补充手段；第二，由于 VaR 对数据的要求比较严格，所以对于交易频繁、市场价格数据容易获得的金融工具的风险衡量效用比较显著，但对于缺乏流动性的资产，由于缺乏每日市场交易的价格数据，有时需要将流动性差的金融产品分解为流动性较强的金融产品的组合，然后才能使用 VAR 模型来进行分析；第三，使用 VaR 方法来衡量市场风险还存在模型风险，对同一资产组合采用不同的模拟法时，会得到不同的 VaR 值，这就使得其可靠性难以把握；第四，总的来讲，VaR 模型对历史数据有很强的依赖性，但未来却并不

---

① 王春风. 金融市场风险管理. 天津：天津大学出版社，2001.

一定总能重复历史,所以这是一个固有的缺陷;第五,按照最新发展的总体风险管理 3P 理论,风险的价格、投资者对风险的心理偏好、概率 3 个因素共同决定了现代金融风险管理的框架,但是在 VaR 管理体系下受到重视的只是概率因素。

2) VaR 模型的检验

为了确保风险评估计量模型的质量和准确性,经常对模型进行检验。"返回检验"就是一个评价公司的风险计量模型,特别是 VaR 模型的一种常用的计量检验方法。它的核心是将实际交易的结果与根据模型生成的风险值进行比较,以确认和检验 VaR 风险计量方法的可信度。巴塞尔银行监管委员会在《关于使用"返回检验"法检验计算市场风险资本要求的内部模型法的监管构架》文件中也专门对这一检验方法的使用作出了详细说明。目前,这一方法已被许多使用 VaR 模型的机构用于模型检验。

10.2 投资银行的外部监管

证券市场是一个高风险市场,投资银行作为证券市场的灵魂,时刻都面临着巨大的系统性风险和非系统性风险。在证券市场上,投资银行在其所经营的一切业务中,总是会持有股票、债券等金融资产,但这些本身是虚拟资产,其价格非常容易受到市场信心、投机及信用的影响,因而资产价格波动较大,使得投资银行常常面临巨大风险。另外,投资银行本身的高负债经营也使得它处于高风险之中。因此加强对投资银行的监管,促使其规范、稳健运行,保障证券市场稳定,是各国的普遍做法,也是保障一国金融安全,促进国民经济发展的重要手段。投资银行是证券市场的核心。从某种意义上讲,加强对证券市场的监管,就是指加强对投资银行的监管。

10.2.1 投资银行监管的基本原理

监督(supervision)与管制(regulation)简称为监管,投资银行监管实质是指由监管机构为了实现证券市场的公平、公正、公开而对投资银行所采取的一种有意识的和主动的干预和控制活动。

1. 监管的理论分析

在经济学中,关于监管的理论与观点各式各样,相对而言,公共利益理论、俘虏论和监管经济学 3 种观点则较为成熟。

1) 公共利益论

公共利益论的假设条件有二:其一是市场本身是有缺陷和脆弱的,要是不进行监管而放手让市场本身发挥作用,其运行必缺乏效率;其二是要提高市场的运行效率,必须有政府的干预。市场运行的无效率或低效率可能来自自然垄断、外部性或信息不对称,等等。该理论认为,广大公众希望纠正某些社会个体与组织的不公平、不公正和无效率或低效率等现象,监管是政府对公众这样希望的一种回应,即通过监管,可改善资源配置,保证收入分配的公平。

2) 俘虏论

俘虏论一个代表性的模型是"生命周期模型",其假设条件有:一些公众或团体在共同利益的驱使下组成了短暂的同盟，并迫使立法机关通过立法成立旨在保护公共利益的监管机构；新成立的监管机构就是要对被监管者实施有效的监管；由于被监管者削弱了监管机构的力量并最终将监管机构演变为保护其自身利益，所以该理论认为，伴随着时间的推移，监管机构会越来越受被监管者所支配，监管将不是保护公众利益，而是保护被监管者的利益，从而使得监管严重损坏正常合理的资源配置。

3）监管经济学

监管经济学把监管现象看作是一种商品，此种商品的分配受到供求关系的支配。在某些情况下，监管将使生产者和消费者双方受益。也就是说，监管的需求来自于国家可以通过监管使得利益集团的经济地位得到改善。企业可以从政府监管中得到阻止竞争者进入、直接的货币补贴等利益。而监管的供应则来自于那些想方设法谋求当选的政治家，他们需要选票和资源。由于接受监管的利益集团明白，通过监管能够从政治家那里得到好处，因而它们愿意承担相应的成本。由于这种供求关系的相互作用而产生了监管。

上述关于监管的3种理论，发展得最完善的是公共利益论，即由于存在市场失灵而产生监管的需求，通过监管可以消除市场失灵所带来的价格扭曲，从而弥补市场机制在资源、配置过程中的效率损失。但该理论不能解释为什么监管者会背离初衷而与被监管者形成相互依赖的关系，也不能解释此种监管需求是如何转化为监管实际的。俘房论则论证了究竟是什么原因导致了对监管的需求，深入地考察了监管者的实际行为和动机。但该理论不能解释监管的供给是如何产生的，不能解释监管者为何会背离初衷而与被监管者形成相互依赖的关系。监管经济学是在前两种理论基础上发展起来的一种新的监管理论。该理论运用了经济学中的供求理论，阐述了监管的供给是如何产生的及监管的供给与需求之间是如何相互作用的。

各国的实践证明，投资银行业存在着市场失灵问题。加强对投资银行业的监管，应该是在维护公平竞争的基础上保护公共利益，因此在分析时更多地侧重于公共利益论方面的基本原理。

2. 投资银行监管的目标与原则

如前所述，投资银行是证券市场的主角。对证券市场的监管，从某种意义上讲就是对投资银行的监管。1998年9月，国际证监会组织在肯利亚内罗毕召开的大会上，通过了《证券监管的目标和原则》（Objectives and Principles of Securities Regulation），这份文件概括了国际证券监管的标准是3个目标、30个原则。3个目标是指：保护投资者；确保一个公平、公开、足够透明的市场；尽量减少系统性的金融风险。这份文件用30个原则来体现上述3个目标，这30个原则共分为8项，具体为：监管机构应该具备的基本标准；资本市场发行机制应该具备的条件；发行之后的公司治理与公众持股公司的监管，包括持续性的信息披露；二级市场的监管标准，其中包括结算制度、交易制度等监管标准；中介机构应该具备的条件和监管的标准；法规执行的监管标准；基金管理和集体投资的监管标准；自律机构的监管标准等。根据这一国际准则，现代投资银行监管的目标和原则的具体内容概述如下。

1）投资银行监管的目标

（1）切实保护投资者的合法权益。投资银行的重要服务对象是投资者，投资者是金融市场的参与者和出资者。投资者的利益必须得到保护，免受因误导、欺诈或操纵造成的损失。

(2) 促进投资银行业的安全与稳定。投资银行面临着公司风险、市场风险、利率风险、汇率风险、违约风险、政治风险、社会风险、流动性风险等，因而是一个高风险行业。由于存在"多米诺骨牌"效应，一旦某投资银行发生危机，则可能殃及整个金融市场，造成金融危机。因而加强对投资银行监管，促使投资银行在合法范围内稳健经营，降低和防范风险，保证投资银行体系的安全性和稳定性，是投资银行监管的重要目标。

(3) 保证投资银行公平竞争、高效运行。竞争的公平性是通过对投资银行的监管，创造一个平等的竞争环境，从而鼓励投资银行在竞争的基础上提高效率。这就是，通过监管，既要保护投资银行的机会均等和平等地位，又要防止和打破垄断，提高投资银行运作效率。

2) 投资银行监管的原则

投资银行的监管原则同其目标是相辅相成的，具体的原则为具体的目标服务，而具体原则常常也体现在法规之中。概括而言，投资银行监管原则有以下几个方面。

(1) 依法监管的原则。是指投资银行必须受到国家金融管理当局的监管；对投资银行的监管必须依法而行，必须保持监管的权威性、严肃性、强制性与一贯性，从而达到有效性。具体而言，对投资银行监管的主体应由法律确定，监管主体必须在法律授权的范围内行使权力，监管主体行使权力不得有悖法律。如果监管主体行使权力时程序违法，则行为视为无效。从投资银行监管的实践来看，实施监管活动的主体是多元化的，可以是国家也可以是证券业协会或者证券交易商协会，还可以是证券交易所或别的什么机构。选择什么样的机构作为投资银行监管主体，不完全是从经济角度考虑的结果，是政治、经济、历史、传统等各个方面共同作用的产物，因此各个国家都有自己的特色。几乎所有国家的投资银行监管活动都是由政府部门、行业协会和证券交易所共同完成的。

(2) 适度竞争原则。是指投资银行监管的重心应该是创造适度的竞争环境；形成和保持适当竞争的格局；避免造成投资银行高度垄断，失去竞争的活力与生机；防止出现过度竞争、破坏性竞争从而危及投资银行业安全与稳定等。总之，对投资银行监管，要鼓励、倡导和规范竞争，提高投资银行体系的整体效率，而不得压制竞争。

(3) 配合性原则。是指对投资银行的监管行为应该相互配合。首先，不同监管主体之间要高度配合。一方面不同监管主体之间的职责范围要明确划分，另一方面在具体执法时，不同监管主体之间不能相互推诿或相互扯皮，而应该加强配合。其次，同一监管主体之间及上下级机构之间职责划分要合理明确，相互配合。再次，监管要与宏观调控之间相互配合。

(4) 监管成本最小化和收益最大化原则。由于存在市场失灵，作为社会公共利益代表的政府，必须通过建立证券市场监管机制来对证券市场与投资银行的运作进行不同程度的干预。然而，此种监管是有成本的，一方面表现为不合理的监管行为（监管不足或监管过度或滥用监管权）会对证券市场与投资银行的规范发展造成重大的损害；另一方面是政府监管本身要耗费大量的人力、物力和财力。这两方面的成本就构成监管机制的运行成本。所以投资银行监管应当遵循监管成本最小化与收益最大化的原则，合理地设计投资银行监管组织体系的结构，制定行之有效的监管制度，建立一支精通证券市场专业技术知识和具有高度敬业精神及职业道德的高级监管队伍，是充分发挥和提高投资银行监管机制的功能和效率，降低投资银行监管机制运行成本的必要条件。

 专栏 10–1

国际证监会组织（IOSCO）

1. 概况

国际证监会组织（International Organization of Securities Commissions，IOSCO）是证券监管领域最重要的国际组织，成立于1983年。其前身为成立于1974年的证监会美洲协会。IOSCO总部设在西班牙马德里，现有193个会员机构，其中包括110个正式会员（ordinary member）、11个联系会员（associate member）和72个附属会员（affiliate member）。根据IOSCO章程，同一辖区（jurisdiction）下只能有一个监管机构成为正式会员，其他监管机构可成为联系会员（无选举权和被选举权），而交易所、金融机构等可成为附属会员。作为专业性国际组织，IOSCO强调非政治原则，所有国际会议上不悬挂国旗、不奏国歌。中国证监会于1995年加入该组织，成为其正式会员。

国际证监会组织每年召开一次会员大会，就全球性证券和期货市场的重要问题进行研讨，并在年度会议上推出关于证券市场国际监管方面的纲领性文件。作为全球证券市场监管的论坛性组织，国际证监会组织关于证券市场国际监管的原则、标准等的论述已经具有相当广泛的权威性。

2. 宗旨

IOSCO的宗旨包括以下几个方面。

（1）维护证券市场的公正、有效和合理发展。

（2）会员相互交流经验、交换信息，促进内部市场的发展。

（3）设立国际标准，建立对国际证券与期货交易的有效监督。

（4）严格遵守有关准则，有效打击违规行为，相互提供协助，确保市场完善与发展。

3. 组织结构

国际证监会组织结构包括主席委员会、4个地区常设委员会、执行委员会、秘书处和自律机构咨询委员会。其中，主席委员会（Presidents' Committee）为IOSCO非常设机构，由正式会员和联系会员机构的主席组成，是IOSCO最高权力机构；执行委员会（Executive Committee）是国际证监会组织的实际决策核心，目前由19个会员机构的代表组成，每年召开3次会议，在制定IOSCO方针政策时有较大的发言权，执行委员会下设技术委员会和新兴市场委员会。中国证监会已连续数届当选为IOSCO执行委员会委员，并于2009年和巴西、印度等3个新兴市场国家的证券监管机构一起加入技术委员会；秘书处（General Secretariat）负责IOSCO日常事务，由秘书长直接领导，秘书长由执行委员会任命，任期为3年；按会员所属地理区域，地区委员会分为亚太地区委员会、欧洲地区委员会、美洲地区委员会和非洲/中东地区委员会；自律机构咨询委员会（SRO Consultative Committee）由全部附属会员组成，包括世界上主要的证券交易所和其他金融机构。

10.2.2 投资银行监管体制

理顺投资银行监管体制,是加强投资银行监管的一个重要前提。由于各国的政治体制、经济体制、证券市场发育程度和历史传统习惯不同,形成了各种不同的投资银行监管体制。而随着证券市场的发展变化,投资银行监管体制也或多或少地发生了变化。但就总体而言,投资银行监管体制可以分为集中型监管体制、自律型监管体制和综合型监管体制3种类型,并且近年来这3种监管体制出现了融合的趋势。

1. 集中型监管体制

集中型监管体制是指政府通过专门的证券市场管理法规,并设立全国性的专门的证券监管机构来实现对全国证券市场及投资银行的集中统一管理。在这种体制下,政府积极参与对证券市场及投资银行的管理,并且在监管中占主导地位,而各种自律性组织,如证券业协会等则起协助政府监管的作用。美国、日本、韩国和中国等都属此类,其中美国最为典型。

1) 集中型监管体制的特点

(1) 强调立法管理,具有专门的、完整的、全国性的证券市场管理法规。例如,美国的立法管理上分为3级,一是联邦政府立法,如《1933年证券法》、《1934年证券交易法》、《1935年公用事业控股公司法》、《1939年信托契约法》、《1940年投资公司法》、《1940年投资咨询法》、《1970年证券投资者保护法》等;二是各州政府立法,即《蓝天法》,它大致可分为防止欺诈型、登记证券商型、注重公开型、注重实质管理型4种;三是各种自律组织,如各大交易所与行业协会制定的规章。日本则以《1948年证券交易法》为核心,构建了一系列证券专项立法并形成完整的法规体系。

(2) 设立统一的、全国性的证券管理机构来承担证券市场及投资银行监管职责。这类机构由于政府充分授权,通常具有足够的权威维护证券市场与投资银行的正常运行。这种全国性的专业监管机构可分为以下两种。一是由专门机构专职监管证券市场与投资银行。例如,美国证券市场的专门管理机构是根据《1934年证券交易法》设立的联邦证券交易委员会(TM Securities and Exchange Commission,SEC),它由总统任命、参议院批准的5名委员组成,委员全部为专职,不得兼任其他公职,也不得直接或间接从事证券交易。SEC领导全国市场咨询委员会、联邦证券交易所、全国证券商协会。证券交易委员会具有对全国的证券发行、证券交易所、证券商、投资公司等依法实施全面监管的权力,是统一管理全国证券活动的最高管理机构,是美国证券市场的政策中心、管理中心和信息中心。以SEC为塔尖,包括各州设立的监管机构和各种自律组织,形成了美国式金字塔形投资银行监管体制。美国国会负责投资银行业监管的立法,美国证券交易委员会对国会负责;美国证券交易委员会负责根据国会立法来制定有关投资银行监管方面的法规,并依法对投资银行及其业务活动进行监管,是最为重要的投资银行监管机构;各州设立的监管机构依据各州的立法,在其管辖范围及区域内对投资银行及其业务活动进行监管;各种自律组织负责监督各自市场上交易及其成员的活动,他们制定和修改的规则必须由美国证券交易委员会批准。二是由附属机构来对证券市场与投资银行进行监管,这种附属机构是政府的某部门,如中央银行、财政部。例如,日本的政府监管职能是由大藏省证券局承担,日本的《证券交易法》规定,投资银行在发行有价证券前必须向大藏省登记,证券交易的争端由大藏大臣调解。法国的证券交易所管理委员会从属于财政部。财政部长还有权发放、取消经纪人的执照,对经纪人实施惩罚,决定开设或关闭证券交易所，并制定适用于它们的规章。但是财政部长一般不干预证券管理机构和经营机构的业务决策和具体活动，而是通过证券交易委员会调节交易市场。而巴西证券监管机构是该国中央银行体系的一部分。巴西投资银行的监督机构是证券委员会，它根据巴西国家货币委员会（巴西中央银行的最高决策机构）的决定，行使对投资银行的监管权力。这一体制可能会产生过多的行政干预等现象，但因将一国宏观金融的监管权高度集中于中央银行，有利于提高监管效率。

2）集中型监管体制的优缺点

集中型监管体制的特点决定了它具有两个明显的优点：其法规、机构均超脱于证券市场的当事之外，能更严格、更公平、更有效地发挥其监管作用，更注重对投资者的利益进行保护，并且能起到协调全国证券市场的作用，防止政出多门、互相扯皮的现象；具有专门的证券市场及投资银行监管的法规，统一监管口径，使市场行为有法可依，提高了监管的权威性、严肃性和公正性。

集中型监管体制的缺点是：在实际的监管过程中，政府主管机构与自律部门的相互配合可能难以完全协调，当市场行为发生变化时，有时不能作出迅速反应，并采取有效措施，即由于证券市场与投资银行具有特殊性，任何立法都不可能规定得详尽无遗，而且法律的废、立、改必须经过特定的程序，因而证券立法监管难以贴切于市场，并跟上市场的变化和发展；政府作为监管机构直接管制证券市场与投资银行，很难做到适度，实现既保持市场稳定秩序，又促进市场高效运作的管理目标。

2. 自律型监管体制

自律型监管体制是指政府除了某些必要的国家立法外，较少干预证券市场及投资银行，对证券市场及投资银行的监管主要由证券交易所及证券商协会等组织进行自律监管，强调证券业者自我约束、自我管理的作用。自律组织主要通过其章程和规则对其成员的行为进行引导和制约。自律组织有权拒绝接受某个证券商为会员，并对会员的违章行为实行制裁，直至开除其会籍。实行自律型监管体制的典型代表是英国，其他原英联邦国家和地区也多采用这一监管体制，如澳大利亚、新加坡、马来西亚及我国的香港地区。

1）自律型监管体制的特点

（1）对证券市场及投资银行的监管主要依靠自律机构的自我管理。以英国为例，英国是世界上证券市场发展较早的证券发达的国家，但一直没有设立专门的证券监管机构，对证券市场及投资银行的监管主要由独立于政府机构之外的证券市场及其交易参加者组成的自律组织负责。在1986年以前，这种自我管理主要通过英国证券业理事会和证券交易所协会及收购与合并问题专门小组等为核心的非政府机构实行的。证券交易所也承担自我管理的职责。1986年，英国通过了《金融服务法》（TK Financial Services Act，FSA），该法案将投资业的自我管理与政府的立法管理相结合，同时根据《金融服务法》，英国成立了半官方性质的证券监管机构——证券和投资局（The Securities and Investments Band Board，SIB），形成由贸工部、证券和投资局、自律组织三级组织构成的监管体制。三级制的证券监管体制的建立并未完全改变英国证券自律监管体制。因为，其一，贸工部的监管职能大多通过证券和投资局间接执行，而证券和投资局的管理实际上更近似于自律管理；其二，由于立法并未将所有的自律规则纳入贸工部及证券和投资局复查范围内，自律组织仍根据自己管理的特定投资行业的特点制定了大量详细的可操作的自律规则，实现对证券市场自律监管。

(2) 政府很少干预证券市场。在英国，政府没有一个专门负责管理证券市场及投资银行的机构。贸工部公司登记处仅登记公开说明书，不加审核。英格兰银行基于金融目的仅对一定以上的发行行使同意权，而实质审查完全操纵在交易所手中。此外英国也没有一个专门的有关证券交易的法规，对证券交易的一些法律规定都分散在其他不同的经济法规中，如《公司法》、《防止欺诈（投资）法》等。

2) 自律型监管体制的优缺点

自律型监管体制的优点表现为：它将政府对证券市场及投资银行的干预减少到最低程度，从而保证证券业自主地按市场规则进行证券活动，为投资保护和创新竞争的市场并存提供了最大的可能性；它不仅让证券交易商参与制定和执行证券市场管理条例，而且鼓励它们模范地遵守这些条例，这样的市场管理将更有效；具有丰富专业知识和市场管理经验的自律机构，在操作上具有灵活性，对市场变化和突发事件具有高度的敏感性，更能适合复杂多变的证券市场的特点和证券业发展的需要。

自律型监管体制也存在自身的局限性，表现为：自律型监管通常把重点放在市场的有效运转及保护证券交易所会员和其他证券业自律组织成员的经济利益上，对投资者利益往往没有提供充分的保障；其监管者本身又是市场的参与者，其非超脱的地位难以保证监管的公正性；由于没有一套完备的证券立法为基础，缺乏强硬的法律后盾，其监管手段往往显得软弱无力；由于没有全国性的监管机构，比较难以实现全国证券市场的协调发展，容易造成混乱状态。

3. 综合型监管体制

综合型监管体制是介于集中型监管体制和自律型监管体制之间的一种监管体制，它既强调集中统一的立法管理，又注重自律约束。该体制又称为分级管理型监管体制，它包括二级监管和三级监管两种子模式。二级监管是中央政府和自律型机构相结合的监管；三级监管是指中央、地方两级政府和自律机构相结合的监管。采用这一监管体制有德国、意大利等国，其中德国最为典型。

综合型监管体制的特点表现为以下两个方面。

(1) 证券市场和投资银行监管的法律多，但没有统一的证券法。德国投资银行监管法律、法规在《证券交易法》、《证券交易条例》、《银行法》、《投资公司法》、《外国投资公司法》、《联邦储备银行法》、《贸易法》和《刑法》等法律中都能找到，但没有建立统一的证券法来规范证券市场的运作。

(2) 没有建立相对独立的法律实体统一监管投资银行。以德国为例，其对投资银行的监管主体包括5个层次。第一是银行监管局，负责履行法律手续，如机构审批、撤换执照、日常监督等。银行监管局依据《银行法》、《投资公司法》、《证券交易法》、《股份公司法》等银行的业务经营进行监管，以控制银行所承担的风险。为保护投资者利益及避免利害冲突，1991年1月银行监管局发布了银行行员交易规则，要求信用机构应注意其行员在从事有价证券、外汇、贵金属及衍生性商品交易时，不得侵害银行及客户的利益。第二是德国联邦储备银行，不仅有权对银行的存款、贷款、支持结算等商业银行业务进行管理，而且有权干预证券市场的活动，并收集各家银行的有关股本、资产、负债等详细统计数据，向银行监管局提供，以便银行监管局对银行的监管。第三是证券交易委员会，由证券交易所的主要参加者组成，负责对证券交易进行日常监管。第四是证券上市批准委员会，由银行和产业界的代表组成，负责核准证券的上市，审查上市证券的信息公开情况。第五是注册证券经纪人协会。按规定，所有的正式证券经纪人都必须加入注册证券经纪人协会。该协会由州法律管辖，它也有自己的决策与执行机构。当遇到重要法规时，它必须同证券交易委员会进行协商。

需要指出的是，由于集中型监管体制和自律型监管体制各有优点，也各有局限性，因此在经历了多次股灾之后，以及随着证券市场日益国际化，各国都十分注意吸收其他类型的证券监管体制的优点，改革国内证券监管体制。因此出现了证券市场及投资银行监管体制融合的趋势，即实行集中型监管体制的国家开始注重自律监管的作用，通过立法和监管制度的改革，承认和加强自律监管的作用，如美国是集中型监管体制的典型代表，但其证券商协会、证券交易所等在证券监管中也发挥日益重要的作用，特别是场外交易市场，主要靠证券商协会的管理。另外，实行自律型监管体制的国家也开始注重通过立法局建立统一的证券监管机构，加强对证券市场及投资银行的政府监管和立法管制，如自律型监管体制的典型代表英国，在1986年通过《金融服务法》后，建立了证券和投资局，专门负责证券市场及投资银行的管理。尽管这一机构不是官方机构，但其管理方面吸收了集中型监管体制的很多做法。

10.2.3 投资银行资格监管

为了保障金融体系的安全，世界上任何一个存在证券与证券市场的国家，都对投资银行设立了最低的资格要求。只有达到了这一最低资格要求，投资银行才能开业并开展业务。投资银行的资格监管，包括对申请人的资格审查、推荐、验资、核发特许证等程序。由于投资银行的主要业务包括证券的承销、代理及自营买卖等经营活动是一种高度复杂而充满风险的金融活动，其经营行为直接关系到众多投资者的切身利益，关系到一国经济的正常运行，所以各国政府和证券监管机构都非常注重对投资银行的监管。对投资银行资格监管因对投资银行设立方式而表现为不同的特点。综观世界各国，投资银行的设立方式主要包括注册制、特许制和承认制3种。

1. 注册制下的投资银行资格监管

投资银行资格监管的注册制是指投资银行设立及从事某种证券业务必须首先到有关证券监管机关注册登记，否则即为违法。其特点是对投资银行设立的审查讲求客观标准，通常申请人只要符合法律规定的投资银行设立条件，证券主管机关就会批准注册申请。

美国是实行注册制的国家，美国证券交易法规定，所有经营全国性证券业务的投资银行，包括证券承销商、证券自营商和证券经纪商，都必须取得联邦证券交易委员会注册登记批准，并成为证券交易所的会员，才能开展经营活动。首先，向证券交易委员会申请注册。注册申请人首先填写一份注册登记表，其内容包括：注册申请人希望从事的证券业务活动种类和范围；注册申请人资产净值及其来源构成；注册申请人主要高层管理人员的简历；保证遵守证券交易委员会的规章制度和有关证券法规等。通常情况下，联邦证券交易委员会在投资银行提交的注册申请表后，应在45天内（必要时可延长到90天）对注册申请作出答复。证券交易委员会在审查批准时主要考虑：投资银行是否有必要的交易设施和合乎要求的资本；是否有合格的管理人员；能否遵守有关法律和证券交易委员会制定的规则等。其次，向联邦性证券交易所或全国证券商协会登记注册。投资银行要想在某一全国性证券交易所从事交易活动，就必须向该交易所申请注册，成为其会员；要想在场外交易市场进行交易活动，就要向全国证券交易商协会申请注册，成为其会员。联邦性证券交易所或全国证券交易商协会也各有一套自己的注册要求和注册程序，但基本内容与联邦证券交易委员会相同，注册程序也相似。如果投资银行被接纳为证券交易所的会员，则必须按规定缴纳一定金额的会员费。证券交易所在审查时主要考虑：投资银行是否事先取得证券交易委员会的注册批准，能否遵守证券交易所的规则等。全国证券商协会在审查时主要考虑：投资银行是否取得了证券交易委员会的注册批准；能否遵守全国证券商协会的规则等。

2. 特许制下的投资银行资格监管

特许制是指投资银行的设立和从事经营活动除必须具备法律规定的各种实质要件之外，还必须经有关主管机关的特许。特许制的特点是除客观标准外，证券主管机关还有权根据当时的证券市场状况乃至金融市场状况决定是否允许设立投资银行或其营业部。

日本是实行特许制的国家。在日本，任何投资银行在开展业务活动之前，都必须先向大藏省提出申请，申请书的内容主要包括：申请人名称、资本额、董事及监事的姓名、希望取得许可的种类，公司总部及其营业所的名称及所在地，并附上公司章程、公司登记簿副本、业务方法等文件，以及大藏省令规定的其他文件。经审核，按照大藏省核准其经营的业务发给不同的许可证。概括而言，日本对投资银行规定的资格许可标准有：财产基础和收支前景标准，即许可申请者必须拥有足以顺利实现其经营业务的财产基础，并且该申请必须有良好的财务收支前景，如从事证券承销的投资银行最少需要有30亿日元的资本金；人员组成标准，即许可申请者的从业人员构成必须具备可以保证其公正且恰当地实现其经营业务的知识和经验，并且拥有良好的信誉；地区合理性标准，即预定营业地区在证券交易状况、投资银行及其营业所数目及该地区的其他经济状况方面适宜，投资银行或其营业场所的设立有利于方便投资人。

为了促使投资银行遵守法规，进行正常的经营活动，大藏省定期派出官员对投资银行进行检查。其检查的内容主要包括：营业状况的检查，即检查投资银行的营业内容是否符合法规要求和客户需要，是否能保护投资者利益；经营管理状况检查，主要是对投资银行经营方针、经营姿态方面的检查；内部控制状况的检查，主要是检查投资银行是否注意防患于未然，是否有完善的监管系统；财务状况的检查，即检查投资银行的资金筹措和运用是否合理，是否有稳定的收益和发展潜力。

3. 承认制下的投资银行资格监管

承认制是指政府对投资银行的设立不予管理，而是由证券市场的自律管理机构管理，对于自律管理机构的会员均承认其作为投资银行的资格。对投资银行的设立实行承认制的国家较少，而且在实行承认制的国家里，承认制也仅作为一种补充。例如，英国是自律监管最典型的国家，在1986年金融改革以前，英国政府对于证券交易所的会员都承认其为合法的投资银行。但这种承认制只存在于正式交易市场，对于场外交易市场，因其不像正式市场那样受到交易所的严格监管，因此英国政府对此也实行许可制。场外交易市场的投资银行要经过贸工部的特别许可，并受到贸工部的监管。承认制现在已基本被取消，英国1986年金融改革后，加强了政府对证券市场的监管，投资银行的设立要受到贸工部及证券和投资局的监管。

必须指出，随着证券市场的日益国际化和证券市场的风险大量存在，各国政府都非常积极地参与投资银行的监管。实行特许制的国家，越来越趋向于规定明确的设立条件，使得在特许制中的人为决定的因素逐渐减少,出现了向注册制倾斜的趋势,如 1998 年日本修改后的证券交易法规定了投资银行申请登记的程序和申请被拒绝的条件。实行注册制的国家也对注册生效添加了越来越多特许制常用的评价申请人经营能力、社会信用及分布合理等方面的条件和标准。特许制与注册制之间的界限越来越模糊。

10.2.4 投资银行运行监管

投资银行的运行监管主要包括投资银行经营活动的监管和投资银行经营业务的监管。因为投资银行的业务种类众多,且创新业务、衍生业务层出不穷,各国金融管理机构的监管范围和监管程度各不相同,而且有时对一种业务的监管会涉及多部法律或多个政府部门,因此对投资银行经营业务的监管面广量多,这是投资银行监管的核心。这里主要介绍证券经纪、证券承销、证券自营等核心业务的监管。

1. 投资银行经营活动的监管

1) 经营报告制度

按规定,投资银行必须定期将其经营活动按统一的格式和要求书面向证券监管机构报告,报告可分为年报、季报和月报 3 种,如美国证券交易法及相关法律规定,投资银行在进行交易注册后,必须按证券管理委员会的要求,填写和报告反映该行资产、负债、盈利及财产状况的统计表格和财务报告。如果投资银行提供的公司财务信息又不完整、不真实时,证券管理委员会有权根据情节轻重对该行的在交易、流通中的证券发出不超过 10 天的暂停交易的命令。实行经营报告制度是为了让金融监管机构及时地了解投资银行的经营管理状况,以便更好地实施监管。

2) 资本充足率限制

资本充足率限制即净资本比例限制,美国证券交易委员会规定,投资银行净资本与其负债的比例最低不得超过 1∶15,以保证投资银行维持足够的流动性资产,防止投资银行因进行过度的风险投资而造成损失。根据《证券公司风险控制指标管理办法》(中国证券监督会,2008 年修订),我国证券公司应当按照规定的证券公司净资本计算标准计算净资本[①],并根据自身资产负债状况和业务发展情况,建立动态的风险控制指标监控和补足机制,确保净资本等各项风险控制指标在任一时点都符合规定标准。其中规定,证券公司经营证券承销与保荐、证券自营、证券资产管理、其他证券业务中两项及两项以上的,其净资本不得低于人民币 2 亿元。

3) 经营活动检查制度

投资银行检查制度是监管投资银行经营活动的重要手段,是促进投资银行遵纪守法,保持投资银行的流动性、安全性及保护投资者利益的重要环节。对投资银行的检查方法可分为两种:一是报表稽核,即投资银行监管当局根据投资银行定期或临时报送的业务和财务报表、统计资料,按照规定标准和检查程序进行的稽核,如 1948 年的日本证券交易法在规定了投资银行须及时报送有关报表的同时,要求大藏省对投资银行的各项指标进行稽核,这些

---

① 净资本是根据证券公司的业务范围和公司资产负债的流动性特点,在净资产的基础上对资产负债等项目和有关业务进行风险调整后得出的风控指标,净资本 = 净资产 − 金融资产的风险调整 − 其他资产的风险调整 − 或有负债的风险调整 − / + 中国证监会认定或核准的其他调整项目。

指标主要有各项准备金、净资产比率及交易的合法性,通过报表稽核,可以连续了解和监督投资银行的全面情况;二是现场检查,经常采取事先不知道方式进行,不事先向受检单位通知检查日期,以防弄虚作假。

4) 经营收费限制

各国证券监管机构规定了投资银行在开展业务时的收费标准。例如,美国证券交易委员会规定,美国投资银行经纪业务的佣金额不得超过交易额的5%,其他业务的佣金比例不得高于10%,否则均按违反刑法论处。我国长期沿用的证券交易佣金制度,是2002年出台的《关于调整证券交易佣金收取标准的通知》,该通知明确规定了"A股、B股、证券投资基金的交易佣金实行最高上限向下浮动制度,证券公司向客户收取的佣金(包括代收的证券交易监管费和证券交易所手续费等)不得高于证券交易金额的3‰,也不得低于代收的证券交易监管费和证券交易所手续费等"。中国证券业协会于2010年9月公布了《关于进一步加强证券公司客户服务和证券交易佣金管理工作的通知》,要求证券公司在经纪业务全成本核算的基础上,按照"同类客户同等收费、同等服务同等收费"的原则,针对不同分类客户制定相应的佣金标准,经备案、公示后方可执行。按新规定要求,监管部门已不再对全行业制定统一的佣金比例。

5) 交纳管理费规定

投资银行必须按照规定的标准,向证券监管机构和证券交易所交纳一定的管理费。这些集中起来的管理费主要用于对投资银行经营活动检查、监督等方面的行政开支。

2. 投资银行证券经纪业务的监管

作为证券经纪商的投资银行,其业务活动与广大投资者的利益息息相关。为了保护投资者利益,各国金融监管机构非常注意对投资银行经纪业务进行监管,其监管主要内容有以下几个方面。

(1) 按规定接受客户委托。经纪商首先要与客户签订买卖证券的委托契约,经纪商在为委托人开户前,应要求客户提供详尽的材料;经纪商在接受委托业务时,必须了解委托人是买入还是卖出,以及买卖证券的种类、数量;投资银行对委托人的一切委托事项负有严守秘密的义务,不得随意泄露。但金融监管机关和国家执法机关在进行调查时,则不在此列。

(2) 坚持诚信原则。诚信原则是民事行为中最根本的原则之一,它要求投资银行应诚实履行义务,不得有任何欺诈、违法、私自牟利行为。

(3) 坚持适当性原则。投资银行可以凭经验为客户分析不同证券的投资价值,自动或应客户的询问适宜地对某种证券作介绍。美国联邦证券管理委员会的适当性原则规定:投资银行在向顾客作有关证券的买卖介绍与推荐时,应当适当,不能许愿、诱导或强迫;不得限制某一客户的交易行为等。

(4) 对客户证券和款项尽保证义务。按照各国的惯例,投资银行与客户所订的开户契约一般规定:投资银行对客户账内的款券,不论是代为保管、代为定付或其他目的,均保有留置权。但目前各国的证券法规及投资银行主管机关对投资银行可自由支配客户款券,大多也采取措施予以限制,证券交易所也规定对客户款券的不当处理。例如,一些国家虽然允许设立"全权委托账户",但禁止投资银行做出不必要的买进或卖出,以多牟取佣金;而美国的证券交易法规定,投资银行以客户证券做抵押时要得到客户的书面许可,并不能与非客户的证券共同抵押。

3. 投资银行证券承销业务的监管

对投资银行证券承销监管的目的是：通过对证券承销市场中各种市场失灵因素的控制，尽可能地消除由此引起的证券发行价格形成机制的非市场化，以及发行价格的扭曲。由此各国对投资银行证券承销业务监管的重点是禁止其利用承销业务操纵市场，获取非法利润。其主要内容有以下几个方面。

（1）强调证券承销商发行的有价证券，在承销期满而未能全部售出时，承销商要认购剩余的证券。承销商代销的证券，在代销期满时，如果未能全部售出，剩余部分退还发行者。

（2）禁止承销商以任何形式进行欺诈、舞弊、操纵市场与内幕交易等。

（3）证券承销商在承销期内，不得过度投机和包销风险超过其自身所能承受的证券。

（4）为了防止收费过高，人为地提高社会筹资成本，侵害发行者与投资者的利益，规定证券承销商的收费标准，超过标准收费要予以处罚。

4. 投资银行证券自营业务的监管

为了防止投资银行利用其雄厚财力操纵市场，并保护投资银行本身的利益，各国和地区均对投资银行证券自营业务进行了严格的监管，如在美国，自营商从事自营业务时，必须以稳定证券市场为主，多数时间按上次成交价格买进或按高于上次成交价格卖出。概括而言，对投资银行证券自营业务监管的主要内容有以下几个方面。

（1）严格限制投资银行在自营业务中承担的风险。例如，我国台湾曾规定，投资银行从事自营业务时，其对外负债总额不得超过其资本净值的 4 倍，而且其流动负债不得超过流动资产；自营买卖有价证券收益超过损失额时，应按月按超过部分的 10% 提交买卖损失准备等；上市公司发生异常情况时，应限制自营买卖数量，等等。

（2）禁止投资银行操纵证券市场价格。例如，我国台湾曾规定，投资银行从事自营业务时，其持有任一公司股份总额不得超过该公司股份总额的 10%，其持有任一公司股票总额不得超过其自身资产总额的 10%。

（3）经纪业务与自营业务必须严格分开。投资银行必须将代客买卖与自营买卖以不同账户分开；实行委托优先、客户优先原则，即如果经纪证券与自营证券的买卖价格正好相同，即使投资银行叫价在先，仍以客户的委托优先成交；同一交易时间不得同时对一种证券既进行自营业务又进行经纪业务，等等。

（4）投资银行在自营业务中，必须把维护市场稳定、维持市场秩序作为首要考虑因素，禁止任何投资银行从事扰乱市场交易、分割客户利益和过度投机的行为。

思考题

1. 比较合伙制和公司制投资银行的利弊。
2. 试述 VAR 方法的主要内容。VAR 方法的局限性是什么？
3. 试述自律型监管体制。它有哪些优缺点？
4. 试述投资银行经营活动的主要监管内容。

附录 A 专业词汇（汉英对照）

第 1 章

投资银行业 investment banking
证券公司 securities company
私人承兑公司 private acceptance corporation
商人银行 merchant bank
实业银行 banque d'affaires
资本市场 capital market
证券承销 securities underwriting
证券交易 securities trading
兼并收购 merger and acquisition
企业重组 corporate restructuring
资产管理 assets management
项目融资 project financing
风险投资 venture capital
资产证券化 asset securitization
证券零售 securities retail
房地产中介 real estate agency
抵押贷款 collateral loan
初级市场 primary market
二级市场 secondary market
公司理财 corporate finance
财务顾问 financial consultant
投资咨询 investment consulting
商业银行 commercial bank
信托公司 trust company
基金公司 fund management company
财务公司 finance company
保险公司 insurance company
金融咨询公司 financial adversary firm
金融资产管理公司 financial asset management companies

直接融资 direct financing
间接融资 indirect financing
负债业务 liabilities business
存款业务 deposit-taking business
资产业务 asset business
表外业务 off-balance-sheet business
证券市场 securities market
证券发行者 securities issuer
证券投资者 securities investor
市场监管者 market regulators
中介机构 intermediaries
做市商（交易商）market maker or dealer
经纪商 broker
自营商 trader
期货 futures
期权 option
认股权证 warrants
利率互换 interest-rate swap
货币互换 currency swap
套期保值 hedging
互换基金 swap fund
效益最大化 benefit maximization
风险报酬比率 risk-reward ratio
票面利率 coupon rate
财务最优化 financial optimization
财务结构 financial structure
尽职调查 due diligence
金融创新 financial innovation
企业价值理论 enterprise value theory
组合投资理论 portfolio theory
金融工程原理 principles of financial engineering
内幕交易 insider trading
市场不完善性 market imperfections
信息不对称性 information asymmetry
横向并购 horizontal M&A
存款保险制度 deposit insurance system
《格拉斯－斯蒂格尔法案》Glass-Steagall Act
《金融服务现代化法案》The Financial Services Modernization Act（Gramm-Leach Bliley Act of 1999）

美国证券交易委员会 U.S. Securities and Exchange Commission（SEC）
纽约股票交易所 New york stock exchange（NYSE）
次级抵押贷款 subprime mortgage loan
抵押贷款支持证券 mortgage-backed securities（MBS）
资产支持证券 asset-backed securities（ABS）
抵押化债务债券 collateralized debt obligation（CDO）
信用违约掉期 credit default swap（CDS）
垃圾债券 junk bond
零息债券 zero-coupon bonds
龙债券 dragon bonds
扬基债券 yankee bonds
武士债券 samurai bonds
红筹股 red chips
蓝筹股 blue chips
存款吸收公司 deposit-taking company（DTC）
亚洲货币单位 Asian Currency Unit
银团贷款 syndicated loan
境外合格投资机构 qualified foreign institutional investors（QFII）

第2章

证券发行 securities offering
地方政府债券 local government bond
市政债券 municipal bond
注册资本 registered capital
机构投资者 institutional investor
个人投资者 individual investor
有效投资组合 effective portfolio
证券承销 underwriting of securities
承销商 underwriter
主承销商 lead underwriter
辛迪加经理人 syndicate manager
承销辛迪加 underwriter syndicate
承销协议 underwriting agreement
注册制 registration system
核准制 approval system
公募 public placement
私募 private placement

溢价发行 issued at premium

包销 firm commitment

尽力推销 best efforts

余额包销 standby underwriting

普通股 common stocks

优先股 preferred stocks

国有股 state shares

法人股 legal person shares

社会公众股 individual shares

优先认股权 preemptive right

首次公开发行 initial public offerings（IPO）

招股说明书 prospectus

股利分配政策 dividend distribution policy

股权结构 ownership structure

内部控制和决策 internal control and decision making

激励制度 incentive system

初步招股说明书 preliminary prospectus

最终招股说明书 final prospectus

红鲱鱼 red herring

资产评估报告 asset evaluation report

审计报告 audit report

路演 road show

经营业绩 business performance

税后利润水平 after-tax profit

预期价值 expected value

熊市 bear market

可比公司法 comparable company analysis

比率指标 ratios

市盈率 price to earnings ratio（P/E）

市净率 price to book value ratio（P/B）

每股净利润 net income per share

全面摊薄法 fully diluted method

加权平均法 weighted average method

每股净资产 net assets per share

贴现现金流量法 discounted cash flow method

自由现金流量 free cash flow

永续价值 sustainable value

加权平均资本成本 weighted average cost of capital

固定价格法 fixed-price method

公开定价法 open pricing model
代销商 selling group
承销辛迪加 underwriting syndicate
承销合同 underwriting contract
承销商间协议 agreement among underwriters
交易商协议 dealer agreement
承销协议 underwriting agreement
承销差价 underwriting spread
管理费 management fee
承销费 underwriting allowance
销售费 selling concession
绿鞋期权 green shoe option
超额配售权 over-allotment option
墓碑广告 tombstone
经理集团 managers group
承销集团 underwriting group
债券的信用评级 bond credit rating
偿债能力 solvency
资信状况 credit status
盈利预期 profit forecast
资产负债比率 debt/asset ratio
证券评级机构 bond rating agencies
产业分析 industry analysis
销售利润率 sales margin
投资收益率 rate of return
利息支付能力 capacity to pay interest on
负债比率 debt ratio
长期负债比率 long-term debt ratio
短期负债比率 short-term debt ratio
流动比率 liquidity ratio
速动比率 quick ratio
营运资金比率 working capital ratio
应收账款周转率 accounts receivable turnover ratio
存货周转率 inventory turnover

第 3 章

证券交易所 stock exchange

场外交易市场 over-the-counter（OTC）
全国证券交易商协会自动报价系统 National Association of Securities Dealers Automated Quotation System（NASDAQ）
现货交易 spot trading
远期交易 forwards trading
期货交易 futures trading
做市商交易 dealer trading
竞价交易 auction trading
信用交易（保证金交易）margin trading
初始保证金 initial margin
保证金比率 margin ratio
证券账户 securities account
第三方存管制度 third-party depository system
口头报价 verbal offer
书面报价 written offer
价格优先原则 price priority principle
时间优先原则 time priority principle
数量优先原则 number priority principle
清算 clearing
定期交易系统 regular trading system
连续交易系统 continuous trading system
指令驱动机制 order-driven mechanism
报价驱动机制 quote-driven mechanism
证券经纪业务 securities brokerage
限价委托指令 limit order
市价委托指令 market order
定价即时交易委托 immediate or cancel
定价全额即时委托 fill or kill
止损委托 stop order
开市和收市委托 market at open or close
集合竞价方式 call auction
连续竞价方式 continuous auction
佣金 commission
过户费 transfer fee
印花税 stamp tax
特许交易商制 specialist system
直接交易成本 direct transaction cost
存货成本 inventory costs
信息不对称成本 the cost of information asymmetry

自营交易 proprietary trading
投机 speculation
套利 arbitrage
风险套利 risk arbitrage
空间套利 space arbitrage
时间套利 time arbitrage
对冲 hedge

第 4 章

资产证券化 asset securitization
信贷资产证券化 credit asset securitization
担保抵押债券 collateral mortgage obligation（CMO）
发起人 originator
服务人 servicer
特殊目的机构 special purpose vehicle（SPV）
信用增级 credit enhancement
信用评级 credit rating
真实出售 true sale
破产隔离 bankruptcy remoteness
直接追索权 direct right of recourse
资产储备 asset reserve
购买从属权利 purchasing subordinated-right
超额担保 over-collateralization
次级证券 subordinated securities
不可撤销担保信用证 irrevocable standby credit letter
高级/次级证券结构 senior/subordinated participation arrangement
现金抵押账户 cash collateral account
内部信用增级 internal credit enhancement
利差账户 spread account
现金流分析 cash flow analysis
资产估价 asset valuation
现金流贴现估价法 discounted cash flow（DCF）
房抵押贷款证券化 mortgage-based securitization（MBS）
资产支持证券化 asset-based securitization（ABS）
表外融资形式 off-balance-sheet financing
过手证券 pass-through securities
转付证券 pay-through securities

表内证券化 on-balance sheet securitization
表外证券化 off-balance sheet securitization
不良资产证券化 non-performing assets securitization

第5章

投资基金 investment fund
基金份额 fund shares
单位信托基金 unit investment trust
证券投资基金 securities investment fund
产业投资基金（私募股权投资）private equity investment fund
契约型基金 contract fund
公司型基金 corporate fund
封闭式基金 closed-end fund
开放式基金 open-end fund
股票基金 equity fund
债券基金 bond fund
货币市场基金 money market fund
期货基金 future fund
期权基金 option fund
认股权证基金 warrant fund
基金中的基金 fund of fund
套利基金 arbitrage fund
指数基金 index fund
对冲基金 hedge fund
雨伞基金 umbrella fund
成长型基金 growth fund
收入型基金 income fund
平衡型基金 balanced fund
交易型开放式指数基金 exchange traded fund（ETF）
上市开放式基金 listed open-ended fund（LOF）
风险投资基金 venture fund
国际基金 international fund
离岸基金 off-shore fund
国内基金 domestic fund
国家基金 country fund
基金管理人 fund manager
基金托管人 fund custodian

定期报告 periodic report
不定期报告 non-periodic report
风险偏好型 risk preference
风险中立型 risk neutral
风险回避型 risk aversion
业绩评估 performance evaluation
资产配置 asset allocation
基金净值 net asset value
美国证券交易委员会 Securities and Exchange Commission (SEC)
夏普比率 Sharpe ratio (SR)
特雷诺比率 Treynor ratio (TR)
美国投资公司协会 Investment Company Institute (ICI)
共同基金 mutual fund

第6章

项目融资 project financing
项目发起人 project sponsor
项目公司 project company
表外融资 off-balance-sheet financing
出口信贷机构 export credit agency
总价承包合同 lump-sum contract
分包商 subcontractor
贷款担保 loan guarantee
融资结构 financing structure
可行性分析 feasibility analysis
货币风险 currency risk
系统风险 system risk
非系统风险 non-systematic risk
违约风险 default risk
公司型合资结构 incorporated joint venture
合伙制结构 partnership
有限合伙制 limited partnership
普通合伙人 general partner
非公司型合资结构 unincorporated joint venture
信托基金结构 unit trust fund
设施使用协议 tolling agreement
委托加工协议 commission processing agreement

杠杆租赁 leveraged lease
生产支付 production payment
特许权融资方式 build operate transfer（BOT）
资产支持债券 asset backed securities（ABS）
信用保证结构 credit guarantee structure
从属性债务 subordinated debt
无担保贷款 unsecured loans
可转换债券 convertible bonds, or convertible notes
零息债券 zero-coupon bonds
公募股权资金 quoted equity
贷款担保 loan guarantee
担保存款 security deposit
备用信用证担保 standby letter of credit
欧洲债券 Euro bond
商业银行贷款 commercial bank loans
国际辛迪加银团贷款 international syndicated loans
商业票据 commercial paper
直接担保 direct guarantee
间接担保 indirect guarantee
或有担保 contingent guarantee
安慰信 comfort letter

第7章

兼并收购 merger and acquisition（M&A）
实际控制权转移 transfer of actual control
经营协同效应 operational synergy
规模经济效应 economies of scale
财务协同效应 financial synergy
横向并购 horizontal merger?
纵向并购 vertical merger
混合收购 conglomerate merger
现金购买 cash tender offer
反向并购 reverse merger
善意收购 friendly merger
敌意收购 hostile takeover
熊抱 Bear hug
杠杆收购 leverage buyout

管理层收购 management buyout（MBO）
买壳上市（又称反向收购）reverse merger（RM）
要约收购 tender offer
白衣骑士策略 white knight
净资产账面价值法 net asset book value method
现金流量贴现法 discounted cash flow method
净现值 net present value（NPV）
意向书 letter of intent
优先股 preferred stock
陈述和担保 representation and warranties
保证条款 covenants
金保护伞 Gold Parachute
锡保护伞 Tin Parachute
皇冠上的明珠 Crown Jewels
毒丸防御计划 Poison Pill Defense
焦土政策 scorched policy
帕克门战略 pac-man strategy
反接管修正 anti-takeover amendments
拒鲨条款 shark repellant
实物回购 in-kind repurchase
现金回购 cash buy-back
股票回购 share repurchase
权益融资 equity financing
债务融资 debt financing
准权益融资 quasi-equity financing
垃圾债券 junk bonds
过桥贷款 bridge loans
反向杠杆收购 reverse LBO

第8章

风险投资 venture capital（VC）
风险基金 venture fund
杠杆并购基金 leveraged-buyout fund
企业重组基金 corporate restructuring fund
战略投资者 strategic investors
技术风险 technical risk
组织风险 organizational risk

生产风险 production risk
私人养老基金 private pension fund
公共养老基金 public pension fund
有限合伙制投资公司 partnership investment company
现金流量表 cash flow statement
预计收入报表 projected income statement
资产负债表 balance sheet
种子期 seed stage
启动期 start-up stage
扩张期 expansion stage
成熟期 bridge stage
认股权证 warrants
优先股 preferred stock
可转换债券 convertible debt
竞价式转让 auction-style transfer
柜台交易 over-the-counter
二板市场（创业板） the second board market
私人权益资本市场 private equity market
天使市场 angel market
主板市场 main board market
全美风险投资协会 National Venture Capital Association（NVCA）
天使投资者 angel capitalist
股本回购 equity repurchase
态势分析法 Strength，Weakness，Opportunity，Threat（SWOT）

第9章

证券投资咨询 securities investment advisory
证券投资分析 securities investment analysis
基本分析法 fundamental analysis
宏观经济分析 macroeconomic analysis
行业分析 industry analysis
财务报表分析 financial statement analysis
企业分析 business analysis
财政政策 fiscal policy
货币政策 monetary policy
技术分析法 technical analysis
趋势分析法 trend analysis

道氏理论 Dow Theory
移动平均线法 moving average line method
波浪理论 wave theory
形态分析法 morphological analysis
反转形态 reversal patterns
委托理财（资产管理）asset management
增值账户理财 increment account management
特别账户理财 special account management
集合资产管理 collective asset management
定向资产管理 directional asset management
专项资产管理 special asset management
金融工程 financial engineering
金融工具 financial instruments
基差 basic point
资产时间价值 time value of assets
久期 duration
利率免疫 rate immunization
零息债券 zero-coupon
风险暴露 risk exposure
无风险套利 risk-free arbitrage
套期保值理论 hedging theory
资本资产定价模型 capital asset pricing model（CAPM）
期权定价模型 option pricing model
现代资产组合理论 modern portfolio theory
无风险资产 risk-free asset
分布函数 distribution function
期权到期时间 option expiration date
资产负债管理 asset liability management
养老基金 pension funds
缺口管理 gap management
总收益最优化 total return optimization
风险受控套利 risk-controlled arbitrage
凸度 convexity
多头套期保值 long hedging
空头套期保值 short hedging
无风险利率 risk-free rate
欧式期权 European option

第 10 章

风险管理委员会 risk management committee
矩阵式组织模式 matrix organization
系统风险 systematic risk
市场风险 market risk
信用风险 credit risk
操作风险 operational risk
流动性风险 liquidity risk
资本充足性 capital adequacy
在险价值 value at risk (VAR)
置信水平 confidence levels
历史模拟法 historical simulation method
方差－协方差法 variance-covariance method
蒙特卡罗模拟法 Monte Carlo method
返回检验 back test
国际证监会组织 International Organization of Securities Commissions (IOSCO)
内幕交易 insider trading
集中型监管模式 central supervision
综合型监管模式 consolidated supervision
自律型监管模式 self supervision
市场准入 market access
全权委托账户 discretionary account

参 考 文 献

[1] 周莉. 投资银行学. 北京：高等教育出版社，2011.

[2] 何小锋，黄嵩. 投资银行学. 北京：北京大学出版社，2002.

[3] 谢剑平. 现代投资银行. 北京：中国人民大学出版社，2004.

[4] 李子白. 投资银行学. 北京：清华大学出版社，2005.

[5] 王玉霞. 中国投资银行论. 北京：中国社会科学出版社，2005.

[6] 任映国，徐洪才. 投资银行学. 北京：经济科学出版社，2002.

[7] 王长江. 现代投资银行学. 北京：科学出版社，2002.

[8] 宋国良. 投资银行学. 北京：人民出版社，2004.

[9] 任淮秀. 投资银行学. 北京：中国人民大学出版社，2006.

[10] 郑振龙. 金融工程. 北京：高等教育出版社，2003.

[11] 郭红，孟昊. 投资银行学教程. 北京：人民邮电出版社，2011.

[12] 栾华. 投资银行学. 北京：高等教育出版社，2011

[13] 韩复龄. 投资银行学. 北京：对外经济贸易大学出版社，2009.

[14] 阮青松. 投资银行学精讲. 大连：东北财经大学出版社，2009.

[15] 李敏波，焦健. 创业板市场上市操作与案例. 北京：中国发展出版社，2009.

[16] 阎敏. 投资银行学. 北京：科学出版社，2008.

[17] 赵智文，马晓军. 投资银行学. 北京：科学出版社，2008.

[18] 宋国良. 投资银行学运营与管理. 北京：清华大学出版社，2007.

[19] 郑鸣，王聪. 投资银行学教程. 北京：中国金融出版社，2005.

[20] 田美玉，鲍静海. 投资银行学. 南京：东南大学出版社，2005.

[21] GEISST C R. 华尔街投资银行史. 向桢，译. 北京：中国财政经济出版社，2005.

[22] SPENCER P D. 金融市场结构与监管. 戴国强，译. 上海：上海财经大学出版社，2005.

[23] WILLIAMSON P. The investment banking handbook. New York: Harper & Row Publishing, 1993.

[24] LIAW K T. The business of investment banking: a comprehensive overview. Hoboken, N.J.: Wiley, 2006.

[25] WALTER I, Smith R C. Investment banking in Europe: restructuring for the 1990s. Oxford: Basil Blackwell, 1990.

[26] GEISST C R. Investment banking in the financial system. Englewood Cliffs, N.J.: Prentice Hall, 1995.